NEW MEDIA

21世纪新媒体专业系列教材

彭 兰/著

社会化媒体

理论与实践解析

INTRODUCTION TO SOCIAL MEDIA

中国人民大学出版社
·北京·

序　言

周锡生

当今世界充满变革与创新。在阐释当今世界变革特征的时候，“新媒体”被时常提及，尽管人们对它的定义还有不少争议。

20多年来，随着数字技术、信息技术的飞速发展，以互联网为代表的新媒体从诞生到逐步发展壮大，深刻改变了旧有的新闻信息传播方式，系统重塑了新的媒介生态和传播格局。旧媒体时代，新闻信息的传播速度还曾与交通工具竞跑；新媒体时代，昨日甚至数小时、数十分钟之前的新闻，都可能瞬息即逝，转眼间“轻舟已过万重山”。旧媒体时代，“受众”这个词体现了公众被动接受各类新闻信息的地位；新媒体时代，媒体人已经不再是专属的职业称号，自制互动、共享交流成为普遍行为。旧媒体时代，内容占据着绝对的核心地位，其他各个环节只是附属；新媒体时代，内容为王的观念在被继续强调的同时，网络、渠道、平台和终端的作用和价值日渐凸显，服务与市场的理念正在逐步深化。可以说，当今的新媒体已经跨越了媒介形态的界限，跨越了时空的拘囿，甚至也跨越了文化的隔阂。在这种态势下，建设新媒体、发展新媒体，成为传统媒体求生存、寻突破、谋发展的必由之路。

滚滚而来的新媒体浪潮绝不仅仅是改变了传媒业本身，更深刻渗入世界的政治、经济、文化、科技等各个领域。“世界是平的”引发人们无限遐想，平的世界创造了无限的空间。放眼全球，新媒体已经成为世界政治较量的重要因素，成为各国执政者了解社情民意的重要手段，成为社会公众参政议政的重要平台，网络动员、网络聚集、网络拷问在社交媒体上成为常态，新媒体的运用和掌控能力日益成为执政水平的重要衡量标准。与此同时，以互联网产业为核心，逐步形成了包括媒体业、电信业、IT业等在内的比较完整的新媒体产业链，产业体系也日趋完善，有力地推动了文化创意产业的发展，成为国民经济的有机组成部分，且生机盎然，潜力巨大。新媒体的文化价值也在不断迸发当中，随着平板电脑、电子阅读器的迅速普及，数字阅读、数字出版势不可当，新媒体的文化传播和社会建设功能日益强大，跨界文化交流与合作的作用更加突出，极大地丰富和满足了人们的精神文化生活需求。从这个层面来说，建设新媒体、发展新媒体，已经不再单单是传媒业的职责，更需要从历史发展的宏观视野与现实的综合因素层面加以考量与谋划。

在全球加速向网络化社会、数字化生存转型的过程中，我国的新媒体建设也与世界同步，与时代同行。目前，我国的网民数量已经超过6亿，手机用户突破了12亿大关，均位居世界第一位，且还处于强劲增长当中。如此庞大用户规模的背后，是我国近年来新媒体征程中一个个开拓的脚印与卓然的成效。在当今中国，我们可以看到，新媒体的作用被普遍认可，新媒体的影响被广泛重视，新媒体的理念深入人心，传统媒体加快向新兴媒体战略转型，各类新媒体机构不断涌现且各具特色。从网络、手机、平板电脑到户外大屏、流动媒体，从主流新闻网站到各类商业网站和专业网站，新技术不断涌现，新功能不断被挖掘，新产品不断推出，呈现出万马奔腾、一日千里之势。

当然，新媒体在我国发展的时间还比较短，在采编、经营、技术、市场、管理、人才等方面还处于探索的阶段，实践过程中出现了诸多困惑与迷思，存在着各种矛盾与冲突，远未成熟。尽管如此，新媒体的蓬勃生机让我们对它的未来充满信心，而这蓬勃生机则是来自创新。创新是新媒体时代永恒的主题，谁能够加强创新，谁就能把握未来。新媒体本身就是创新的产物，创新是新媒体的生命力所在。为此，必须根据党和政府提出的新要求，适应时代的新特点，着力把握受众需求的新变化，着力把握技术突破的新契机，着力把握媒体发展的新态势，进一步创新思想观念、创新体制机制、创新内容生产、创新方式手段，加快新兴媒体建设，大力发展新兴业务，从而更好地贯彻落实中央战略部署，为加强国际传播能力建设、构建先进强大的现代传播体系做出贡献，为促进社会主义文化大繁荣、大发展发挥更加显著的作用。

新媒体是推动社会进步的重要力量，同时也要看到，新媒体是一柄双刃剑，随着新媒体地位和作用的日益增强，其所应承担的责任也越来越重要。从某些意义上讲，新媒体所应承担的社会责任甚至比传统媒体还要更重一些。多年来，我一直强调的一句话就是"网络无改稿"。如果说传统媒体的稿件签发后发现了错误，还有时间和可能予以纠正的话，新媒体的稿件一旦签发，几秒钟之内就可与全球不计其数的受众见面，根本没有时间和可能对稿件进行改正。因此，新媒体的把关责任十分重大，这既是对社会公众负责，也是对新媒体本身负责。在强调和开发新媒体的"媒体功能"的同时，有必要进一步强化其"媒体责任"。

新媒体领域日新月异的发展实践，以及在此过程中出现的矛盾与问题，要求理论研究总结规律、升华认识，并从理论层面加以阐释和指引。中国人民大学新闻学院有几位多年来潜心研究新媒体的专家学者，由他们领衔撰写的这套新媒体丛书，对新媒体的理论、技术、经营管理、业务流程、最新发展动态进行了全面深入的研究，反映了国内外新媒体研究的最新成果，对新媒体的管理者、研究者、学习者及业界从业人员都具有重要的参考价值。本套丛书的出版，相信会有助于推动我国新媒体的快速健康发展。

（作者系新华社副社长，中国记协副主席，新华网董事长）

目　录

第 1 章　理解社会化媒体

1969 年，互联网的雏形阿帕网（ARPANET）在美国诞生。

1989 年，欧洲粒子物理实验室的蒂姆·伯纳斯-李提出了万维网（WWW——World Wide Web）的技术构想。随着 WWW 的普及，互联网这一旧时技术人员的“堂前燕”，真正“飞入寻常百姓家”。

1994 年，中国全面接入互联网。但即使是被列入当年的中国十大科技新闻之一，互联网进入中国意义之重大，恐怕也是当时的人们无法预料的。

互联网进入中国之时，是被当作“第四媒体”迎接的，但是今天的互联网，已经不再仅仅是媒体。

“社会化媒体”这个概念，虽然还带有“媒体”这样的一个词，但是，它已经远远超出了传统意义上的媒体的范畴。它给互联网、传媒业以及社会的政治、经济、文化各个领域带来的影响都是深远的。

第 1 节　什么是社会化媒体

尽管“社会化媒体”（social media）已经成为今天的一个热词，但究竟什么是社会化媒体，无论是学界还是业界，都没有达成共识。

这种状况的形成，很大程度上是因为一日千里的技术发展。今天的互联网及相关领域技术就像河流一样，技术本身的形态不断发生变化，技术的“流域”也在不断拓展，当人们还没来得及对一个新的事物形成清晰的认识时，它已经在奔流不息的过程中面目全非。试图一劳永逸地给某个事物下一个定义，已经不太可能。

因此，下面关于社会化媒体的概念及特点的介绍，并非是永远有效的“教条”。它们只是在展示人们对于社会化媒体认识的过程。当然，社会化媒体有一些核心的要素与特征，应该是持续存在的，一旦这些核心要素发生了变化，它们就将向新的事物转化。

一、社会化媒体的含义

在 2013 年，维基百科关于社会化媒体的词条中提到，社会化媒体的含义包含三个层次。[①]

（1）它是基于互联网或移动通信的应用，它将传播变成一种互动的对话。

（2）它是建立在 Web 2.0 的思想与技术基础上的网络应用，它促成了 UGC（user generated content，用户生产的内容）的生产与交换。

（3）社会化媒体是社会性互动（social interaction）的媒介，而社会性互动是社会性传播（social communication）的一个超集[②]。借助随时随地联网且可扩展的通信技术，社会化媒体在很大程度上改变了组织、社群以及个体几者间的沟通方式。

①参见 http：//en.wikipedia.org/wiki/Social_media，2015-05-16。

②超集（superset）是集合中的一个概念，在此处，意指社会性互动比社会性传播涉及面更广。

而2015年2月，维基百科英文版中对社会化媒体的描述是：社会化媒体是一种以计算机为中介的工具，它帮助我们在虚拟社区里创造、分享与交换信息、观点以及图片、视频等。社会化媒体可以定义为，一系列以Web 2.0技术与思维为基础的互联网的应用，它们促进了“用户生产内容”的创造与交流。进一步而言，社会化媒体基于移动或Web终端的技术，创造了高交互性的平台，个体或社群在这里分享、协同创造、讨论以及修正用户生产的内容。①

2015年版的定义，强调了“移动终端”这样一种技术对社会化媒体的支持作用，同时，还强调了“平台”、“社群”、“协同创造”等与社会化媒体有关的新的关键词。

作为一个动态更新的知识系统，维基百科对于社会化媒体的描述、界定的变化，在一定程度上也反映了人们认识的不断发展。

2015年2月，百度百科关于社会化媒体的界定是：社会化媒体一般指社交媒体，社交媒体指允许人们撰写、分享、评价、讨论、相互沟通的网站和技术。社交媒体是人们彼此之间用来分享意见、见解、经验和观点的工具和平台。②

这样的关于“社会化媒体”的界定，借鉴了英文版维基百科的定义，但还是具有相当大的随意性。

> **概念**
>
> 社交网络是SNS（social network service）的中文简称，有时也被称为社交网站。它只是社会化媒体中的一种。

国内有研究者对社会化媒体的界定是：社会化媒体是以互动为基础，允许个人或组织进行生产内容的创造和交换，依附并能够建立、扩大和巩固关系网络的一种网络社会组织形态。它的思想与技术核心是互动，内容主体为UGC，关键结构是关系网络，表现为一种组织方式。③在这个界定中，一个重要的拓展是，把社会化媒体看成一种社会的组织方式，而不是媒体。

当然，强调社会化媒体是一种社会组织方式，也不应该忽略其具有的内容生产与交换的功能。因为，在社会化媒体平台上，内容在很多时候是人们关系形成与维系的纽带。

也有个别研究者将社会化媒体与社交网络混为一谈，这就是一个理解上的偏差了。

基于目前社会化媒体的应用及传播特点，本书把社会化媒体定义为：互联网上基于用户社会关系的内容生产与交换平台。④

“社会化媒体”一词来源于英文的social media。media既可以译作“媒体”，又可以译作“媒介”，但大多数时候，人们用的是“社会化媒体”这个表述。在中文中，“媒体”一词更多地与大众传播相联系。将social media称为社会化媒体，也许是一种下意识的习惯，这种下意识说明，我们看重的是这样一种新的传播模式的大众传播效应，尽管社会化媒体的意义绝不限于大众传播。

“社会化媒体”一词，也常常被译为“社交媒体”。虽然从英文原义来说，“social”一词的确有社交的含义，社会化媒体最早也强调其社交属性，但是当社会化媒体发展到今天时，我们有必要在更广的视角下来认识“social”一词。

社交在很大程度上强调的是个体与个体的交往，因此，“社交媒体”这个词更强调的是相关应用在个体的社会关系拓展层面的个别意义。但今天人们对社会化媒体的重视，更多的是因为其在公共信息传播与社会事务中的价值。在“social”后加上“媒体”一词，也表明了这种取向。“社会化”比“社交”一词可以更好地体现大规模的互动及其影响。

---

①参见http：//en.wikipedia.org/wiki/Social_media，2015-05-16。

②参见http：//baike.baidu.com/link?url=Atk_l3RyVm_YQkPOgoXBpbqfBdCfBGBDoahLmg10TdSAQmdk65hEcKxPjP2RyD_LqlEgIV8aKC7_sYHGsjZ-yjJu52aQadaJgVCU4C73VC19YRkAFa9SkDSDHV8GM-42QJWHhOVw-HJGCLU8yWT1uy4YC3CmZzkwTTcCCosb28HW4jCBjCD85ffHxJD9FnB3，2014-12-28。

③参见田丽、胡璇：《社会化媒体概念的起源与发展》，载《新闻与写作》，2013（9）。

④在本书中，将移动互联网看作传统互联网的延伸，也把移动互联网看成互联网发展的一个新时代。因此，本书所说的互联网，是将移动互联网包括在内的。

【知识窗】 安东尼·梅菲尔德："社会化媒体"一词的最早提出者

安东尼·梅菲尔德（Antony Mayfield）被认为是最先提出"社会化媒体"一词的人。2007年他在《什么是社会化媒体》（*What Is Social Media*）这一在线出版的著作中指出，社会化媒体是一系列在线媒体的总称，其主要特点是：参与、公开、对话、社区化、连通性。社会化媒体最大的特点是赋予每个人创造并传播内容的能力。作者将社会化媒体的基本形态分为七大类：社交网站、博客、维基、播客、论坛、内容社区和微博。*

*参见 http://www.icrossing.co.uk/fileadmin/uploads/ebooks/what_is_social_media_icrossing_ebook.pdf。

但"社交媒体"一词，也并非完全失去它的价值。社交强调人际交往，而"媒体"一词偏向大众传播。这两个看似对立的词放在一起，便传达了一种新的思维：将大众传播建立在人际传播基础架构上。在大众传播媒介出现之前，信息的广而告之便是靠人际传播的接力，但是在大众传播如此发达的今天，我们再次将大众传播的渠道建立在人际传播网络之上，这既是一个有意思的回归，又是大众传播的一次飞跃。

你怎么看

有人认为"social"就是社交，有人认为"social"是更广泛视角下的社会化。你怎么看？

社会化媒体可以包含三个层次：底层是社会化媒体技术，也就是相应的技术原理与支持技术；中间层次是社会化媒体应用与社会化媒体产品，即运用相关技术构建的特定应用软件，一种社会化媒体应用下可以有很多种同类产品，如微博这个应用类别下有 Twitter、新浪微博、搜狐微博、腾讯微博等；最高层次可以称之为社会化媒体平台，即某个产品及其所有用户和运营者构成的整体环境。

二、社会化媒体的基本特点

尽管关于社会化媒体各种定义的切入角度不同，但都强调了互动、用户参与和用户生产，并强调了与传统大众传播模式的不同。

总体来看，社会化媒体的主要特征有如下两个方面：

其一是，内容生产与社交的结合。

也就是说，社会关系与内容生产两者间是相互融合在一起的，社会关系的需求促进了社会化媒体平台上的内容生产，反过来，这些平台上的内容也成为联结人们关系的纽带。这些内容并非全都具有公共价值，但社会化媒体平台的传播机制可以很快地在无数的信息碎片中将有公共价值的内容筛选出来。

当然，在社会化媒体这个语境下，我们更关心的是公共性内容的生产及交换，而不是私密的个人化沟通。

在社会化媒体平台上，人们基于社交互动产生联系，并可以形成规模不同的关系网络，这些关系网络基本上可以用社会学中的"社会网络"这一概念来概括，第4章将详细介绍社会网络的含义。

其二是，社会化媒体平台上的主角是用户，而不是网站的运营者。

从这个角度看，门户网站应该是被排除在社会化媒体之外的，虽然门户网站也有与用户的互动入口，如新闻后的跟帖，但是门户网站的内容生产包括互动，其主导者是编辑。例如，是否开放评论、在哪些新闻后面开放评论，这些是由网站编辑来决定的。因此，虽然门户网站有很多通向社会化媒体的通道或入口，也内嵌了部分社会化媒体的产品（如论坛），但其本身的组织架构，并不能称为“社会化媒体”。

三、与社会化媒体相关的概念

在今天的学界与业界，下面这些词常常会与“社会化媒体”一词“结伴同行”，但它们之间也存在一定的差异。

（一）Web 2.0

你怎么看

Web 2.0 与社会化媒体之间是什么样的关系？

不少研究者在界定社会化媒体时，都会把它与 Web 2.0 关联起来。很多人认为 Web 2.0 是社会化媒体的前提条件；但也有人认为一些公认的社会化媒体应用，例如论坛，并非是 Web 2.0 时期的产物，而是出现在它之前，所以将 Web 2.0 作为社会化媒体的一个必要条件，未必是合适的。

但 Web 2.0 的各种应用的确促进了社会化媒体应用的发展，它也是和“社会化媒体”这个词同期出现的。

【知识窗】 蒂姆·奥莱利：首届 Web 2.0 大会

“Web 2.0”这个词最早出现于 1999 年，但这个概念被普遍认可和使用，则始于 2004 年。蒂姆·奥莱利（Tim O'Reilly）创办的 O'Reilly Media 公司联合其他几家公司在 2004 年发起了首届 Web 2.0 大会（Web 2.0 Conference，后来更名为 Web 2.0 峰会），这一会议预示着 Web 2.0 应用的兴起与普及。奥莱利本人也被视为 Web 2.0 思想的代表人物。

关于 Web 2.0 的定义，目前同样没有达成共识。从技术上来看，Web 2.0 主要指的是允许用户参与网站内容建设和交互的技术，也就是网络不仅是“可读”的，也变得“可写”。但更多时候，Web 2.0 被当作一种新的思维。蒂姆·奥莱利在《何为 Web 2.0》一文中指出，“正如许多重要的理念一样，Web 2.0 没有一个明确的界限，而是一个重力核心”。“Web 2.0 的经验是：有效利用消费者的自助服务和算法上的数据管理，以便能够将触角延伸至整个互联网，延伸至各个边缘而不仅仅是中心，延伸至长尾而不仅仅是头部。”“Web 2.0 的一个关键原则：用户越多，服务越好。可以说，有一种隐性的‘参与体系’内置在合作准则中。在这种参与体系中，服务主要扮演着一个智能代理的角色，将网络上的各个边缘连接起来，同时充分利用了用户自身的力量。”**

图 1—1 Web 2.0 概念的提出者蒂姆·奥莱利*

*蒂姆·奥莱利是计算机图书出版公司奥莱利传媒有限公司（O'Reilly Media. Inc）的创始人兼 CEO。

** 《O'Reilly 媒体总裁蒂姆·奥莱利：何为 Web 2.0》，载《互联网周刊》，2005-11-23。

另外一个有代表性的观点是：Web 2.0 是互联网的一次理念和思想体系的升级换代，从原来的自上而下的由少数资源控制者集中控制主导的互联网体系转变为自下而上的由广大用户集体智慧和力量主导的互联网体系。Web 2.0 内在的动力来源是将互联网的主导权交还个人，从而充分发掘个人的积极性使之参与到体系中来。[①]

虽然人们对于 Web 2.0 的定义和特征的概括不尽相同，但有一点是共同的，那就是指出了 Web 2.0 是以“人”为中心，而不是以内容为中心。同时，对于 Web 2.0 另一个共识是：它是一种用户参与的架构，这既指网站内容建设，也指网站的整体“生态系统”的建设。

与 Web 2.0 相关的主要技术有 RSS、博客、播客、维基（WiKi）、SNS、微博、微信等。

可以看出，Web 2.0 所强调的核心思想与社会化媒体的本质是一致的。但是 Web 2.0 还与时间相关，通常我们把 2004 年开始的互联网时期，称为 Web 2.0，而社会化媒体则是一个不受时间阶段限制的概念，它既包含了 Web 2.0 阶段的应用，也可以包括在此之前出现的相关应用。

社会化媒体在近十年来的迅速崛起，与 Web 2.0 带来的新的技术与传播模式相关。可以说，Web 2.0 是社会化媒体发展的新阶段。

（二）社会化软件与社会化计算

社会化软件（social software），也是与社会化媒体相关的一个概念。2014 年 2 月的维基百科英文版引用的克里斯多弗·阿伦（Christopher Allen）对社会化软件的定义为：社会化软件指的是基于互联网的通信工具与互动工具。通信工具主要用于解决信息的获取、存储与呈现等问题，通常以文本方式进行，但今天基于音频和视频的通信也越来越多。互动工具针对的是成对的或群组的用户之间的中介性交流，它致力于在用户之间建立和维持联系，促进对话与交谈的机制的发展。[②]

可以看出来，社会化软件与社会化媒体的含义有较高的重合度，但“社会化软件”一词强调的是作为交流工具的软件，而“社会化媒体”一词强调的是社会互动的效果。社会化媒体往往是以社会化软件为其技术基础的。

从计算机技术的角度看，“社会化软件”这个概念也与“社会化计算”（social computing）这个词相关。

国内研究者对社会化计算的一个界定是：社会化计算是使用系统科学、人工智能、数据挖掘等科学计算理论作为研究方法，将社会科学理论与计算理论相结合，为人类更深入地认识社会、改造社会、解决政治经济文化等领域复杂性社会问题的一种理论和方法论体系。[③]

在国内，social computing 还有另一个译法：社会计算。中国科学院自动化研究所复杂系统与智能科学重点实验室研究员王飞跃认为，可以从两个方面或角度看待社会计算。从计算技术到社会活动这一角度出发，社会计算的主要内容就是设计、实施和评估促进人与人之间交流、协调和合作的各种信息技术，其方式是以人和活动为中心的，其主要方法来自多学科的交叉，如心理学、人类学、广告学、工程学等等。在这个层面上，社会计算同社会软件和社会网络密切相关，甚至可以认为是一体的。社会计算的另一种认识角度是从社会人文到信息技术的角度出发的，即将人文理论嵌入信息系统，反过来促进人类的社会活动。[④]但他并不认同把“社

①参见《Web 2.0 时代下广告传播展望》，见 http：//news.sohu.com/20070416/n249471365.shtml。

②参见 http：//en.wikipedia.org/wiki/Social_software，2015-04-02。

③参见孟小峰、李勇、祝建华：《社会计算：大数据时代的机遇与挑战》，载《计算机研究与发展》，2013（12）。

④参见王飞跃：《社会计算——科学、技术与人文的数字化动态交融》，载《中国基础科学》，2005（5）。

会计算”与“社会化计算”当作一个词看待。

尽管存在着认识的分歧，但大多数研究者认同的是：不同于个人化计算的是，社会化计算关注的是在线行为中的协同与互动，因此，它与社会化媒体、社会化软件都产生了联系。虽然社会化计算不等同于社会化软件，但社会化软件常常可以用社会化计算的思想进行阐释。

（三）用户生产内容

在很多关于社会化媒体的定义中，都出现了“UGC”这个词，其中文译法是用户生产内容。顾名思义，它的生产主体是用户，而生产的平台基本上是社会化媒体。因此，这两个概念常常如影随形。

目前与 UGC 常常并提的另一个概念是 PGC（professional generated content），即专业生产内容，也就是专业媒体生产内容。

（四）公民新闻

“公民新闻”（citizen journalism）这个概念，与社会化媒体也有着天然的联系。

美国学者马克·格拉瑟（Mark Glaser）认为：“‘公民新闻’就是让没有经过专业新闻训练的普通公众通过运用新的传播技术和网络全球传播的特点来创作新闻信息，在为传统媒体提供的新闻信息增加新的素材的同时，也可以通过这种方式对媒体所提供的信息进行查证和检验。这些工作可能由某个人自己来完成，也可能由很多人共同完成。”①

2000 年年初成立的韩国新闻网站 Ohmynews. com 的创始人吴延浩提出“每个公民都是记者”，这家网站也被认为是公民新闻实践的一个先锋。

在国外，公民新闻常常与“参与式新闻”（participatory journalism）相关。国外研究者对于参与式新闻的一种定义是：它意指公民个体或群体在新闻与信息的收集、报道、分析与传播中扮演着积极的角色，这种参与的意图是，为民主的目标提供更为独立、可靠、精确和广泛的信息。②

无论研究者如何界定公民新闻，有一点可以达成共识，那就是：它是以普通公众作为新闻活动的主体。本书将公民新闻界定为：没有专业媒体背景的普通公众通过各种媒介传播自己所搜集或撰写的新闻信息，或主动参与媒体的新闻生产过程的行为及现象。无疑，公民新闻的普及，得益于互联网技术特别是社会化媒体相关应用的发展。

对于公民新闻活动的认识，不能仅限于原创性新闻的发布或传播这个层面，而应该把公民的各种新闻信息生产行为综合在一起考察，包括新闻的采集、发布、整合、传播，也应包括与之相关的评论和其他活动。

（五）自媒体

与基于参与式新闻角度的理解相较而言，“自媒体”这个概念在中国使用更为广泛。“自媒体”（we media）一词，源于美国专栏作家丹·吉尔莫（Dan Gillmor）。“自媒体”一词在中国出现之初，主要含义与公民新闻是相近的，偏向“人人即媒体”这样一种思想，或者说这是一种“人人媒体”的实践。在这个方向下的自媒体实践，带有较强的业余性、随意性，尽管它对专业媒体是一种补充，但也伴随着种种争议。

近几年来，自媒体的含义也在发生一些变化。

①转引自蔡雯、郭翠玲：《从“公共新闻”到“公民新闻”——试析西方国家新闻传播正在发生的变化》，载《新闻记者》，2008（8）。

②See Shayne Bowman, Chris Willis, “We Media: How Audience Are Shaping the Future of News and Information,” http://www. hypergene. net/wemedia/download/we_media. pdf.

伴随着微博、微信、移动客户端等平台的兴起，近年一些个人或团队所创办的自媒体成为热点话题。与“人人媒体”不同的是，这些自媒体有着明确的媒体定位，有着自己的运作规范，它们更多地可以看作不同于体制内媒体的独立媒体（self media）。

【知识窗】“自媒体”一词的来源

“自媒体”一词，源于美国专栏作家丹·吉尔莫。2002年7月，在他自己的博客中，他提出了“自媒体”的几大原则：

> 读者比我知道得更多；
>
> 与其说自媒体是威胁，不如说是机会；
>
> 我们可以利用它创建讨论或对话，使大家共同受教；
>
> 互动和沟通的技术，无论是电子邮件、博客、讨论区还是网站或其他，都可以造就自媒体。*

2003年，吉尔莫在《哥伦比亚新闻评论》上发表的名为《下一代的新闻业：自媒体来临》（News for the Next Generation：Here Comes “We Media”）的文章，进一步推动了自媒体概念的普及。他2004年出版的著作也命名为《我们即媒体》（*We the Media——Grassroots Journalism by the People，for the People*），we与media两个词被放在一起，而副标题则更明确地指出，这样一种媒体形态带来的是一种源于公众、服务公众的草根新闻。

在谈到博客的影响时，吉尔莫提到：博客代表着“新闻媒体3.0版”，媒体的发展线索是：旧媒体（old media）→新媒体（new media）→自媒体（we media）。**

2003年7月，在美国新闻学会媒体中心发布的报告《自媒体——受众将怎样塑造新闻信息业的未来》（We Media：How Audience Are Shaping the Future of News and Information），谢因·波曼（Shayne Bowman）与克里斯·威利斯（Chris Willis）两位作者也采用了“自媒体”这一概念。但他们并没有给出“自媒体”的明确定义，倒是在该报告的前言中，媒体中心的联合主任戴尔·佩斯金（Dale Peskin）指出，我们把自媒体视作一种新的认识途径，它可以帮助我们更好地理解那些将全球知识连接在一起的数字科技是如何推动普通公民参与挖掘他们所认为的事实、贡献他们自己的新闻的。**** 在这个报告中，对自媒体的分析更多的是基于参与式新闻角度。

图1—2　美国专栏作家丹·吉尔莫***

* Shayne Bowman，Chris Willis，“We Media：How Audience Are Shaping the Future of News and Information，” www.hypergene.net/wemedia/download/we_media.pdf.

** 参见方兴东：《何为博客》，见 http：//jiangeu.bokee.com/1140048.html。

*** 丹·吉尔莫是沃尔特·克朗凯特新闻与大众传播学院数字媒体创业主任，并且是哈佛大学伯克曼互联网中心的研究员。

**** See Shayne Bowman，Chris Willis，“We Media：How Audience Are Shaping the Future of News and Information，” http：//www.hypergene.net/wemedia/download/we_media.pdf.

而微博与微信的普及，也使得另一种形式的自媒体的意义凸显在我们面前，那就是政府机构、企业的自媒体。这些组织的微博账号、微信公众号，带有明显的媒体的属性，它们也使得政府机构与企业在面向公众进行传播时，可以绕开专业媒体的“中介”，与公众进行更直接的互动。尽管这个角度的“自媒体”的称呼不是那么普遍，但在实践中也有代表性。

四、社会化媒体的涵盖范围

对于互联网上哪些应用算作社会化媒体，人们的认识也同样存在着分歧。

在国内，有研究者总结过社会化媒体覆盖的应用范围并概括出了社会化媒体的全景图，例如研究机构 CIC 从 2008 年到 2014 年先后发布了六个版本①，图 1—3 是其 2013 年的版本。在这个图中，被列为社会化媒体应用的有：

基础功能网络类：在线问答、在线百科、博客 & 博客聚合、文档分享、签到与位置服务（LBS）；

核心网络类：微博、社交网站、即时通信、移动社交（如微信）、视频 & 音乐、论坛、消费评论、电子商务；

增值衍生网络类：社会化电子商务、社会化内容聚合、社交游戏、社会化搜索；

新兴/细分网络类：社会化电视、图片分享、企业社交、商务社交、婚恋交友网站、轻博客、在线旅游。

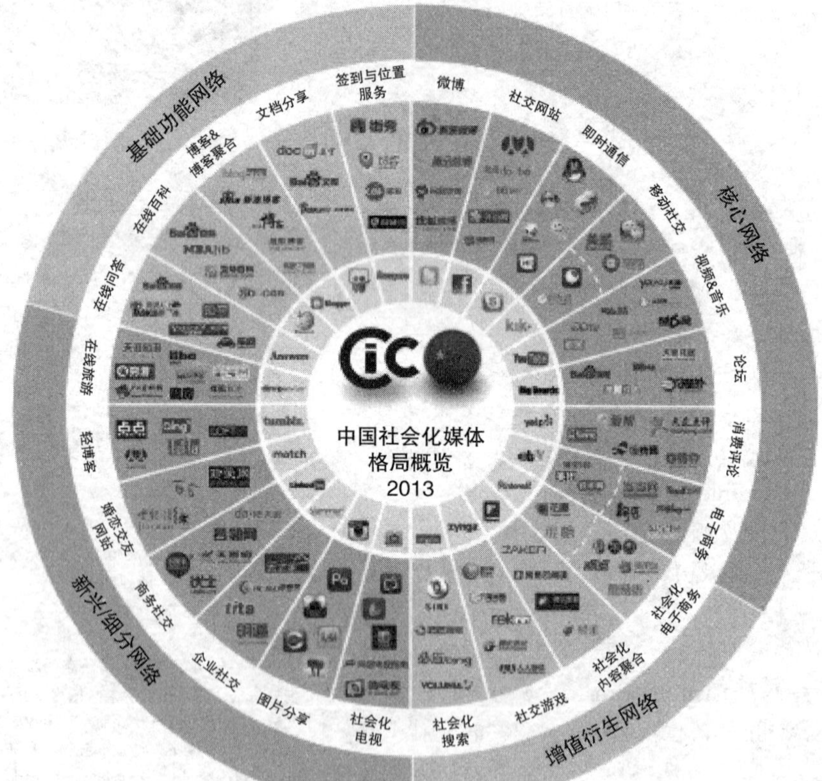

图 1—3 CIC 总结的中国社会化媒体格局概览图（2013 年版）

图片来源：http://www.ciccorporate.com/index.php?option=com_content&view=article&id=1079&catid=84:archives-2013&Itemid=194&lang=zh，2013-04-02。

①CIC 总结的 2014 年版社会化媒体格局图，是从营销的角度进行分类的，不如 2013 版客观，因此，本书介绍 2013 版。

论坛、游戏、即时通信、博客、视频分享、问答、SNS、微博、微信等作为社会化媒体应用，基本能达成共识，但是电子商务与社会化媒体的关系，却存在一定争议。

判断电子商务或未来新的网络应用形式是否属于社会化媒体应用，关键在于抓住社会化媒体的特点。

从上面提到的社会化媒体的两个特点来看，电子商务网站大多也包含了社会化媒体的元素。尽管商品的基本信息是由网站提供的，但是，有关商品的评论是由用户生产的，而这些评论，不仅促成了购买行为，也成为用户间关系的纽带。而那些不能成功地将电子商务平台营造成社会化媒体平台的经营者，也往往很难成为成功的电子商务经营者。因此，虽然电子商务平台在今天不能完全称为社会化媒体平台，但社会化媒体应用是它的一个重要元素。电子商务与社会化媒体的深层结合，也将是未来发展方向。

虽然大多数研究者都没有将电子邮件纳入社会化媒体范畴，但是，从某种意义上看，电子邮件也应该属于社会化媒体。因为它符合社会化媒体的基本特征。而且对于某些人群以及企业，电子邮件是一种非常重要的互动平台。当然，从社会化媒体角度去认识电子邮件，主要应从其公共信息的传播层面，而不涉及私人信息的交流。

换一个角度看，今天互联网上的应用，除了各类基于 Web 模式的门户网站和搜索引擎外，其他几乎所有的应用都或多或少具有社会化媒体的属性。

尽管社会化媒体的应用在互联网 1.0 时代已经出现，但在 1.0 时代，整个互联网是以门户网站为核心的。而门户模式是对传统大众传播模式的沿袭，在某种意义上，与网络本身的特性是相违背的，门户时代只能算是网络传播的热身阶段。

而今天的 Web 2.0 时代，互联网的重心正在转向社会化媒体。也可以说，互联网关键的变革之一，便在于从门户时代转向社会化媒体时代。社会化媒体真正代表了网络传播对传统大众传播的冲击。

第 2 节　社会化媒体演进的动力与背景

社会化媒体是信息技术演进的产物，而信息社会的发展，则是社会化媒体兴起的更深层背景。

一、信息技术：社会化媒体发展的持续动力

包括社会化媒体在内的互联网技术是信息技术的产物，信息技术是社会化媒体发展、演变的持续动力。其中一些技术在过去深刻地影响了社会化媒体的演变轨迹，另一些则将影响社会化媒体的未来方向。

(一) 计算机中介的互动：互联网的永恒主题

社会化媒体应用的核心是互动，过去人们的互动多是面对面的，或者基于书信、电话等传统的方式，有了互联网，才有了以计算机为中介互动的可能。

互联网诞生不久，人与人的沟通需求就开始出现，早期的 usenet（网络新闻）服务就是为人们提供一个个讨论组（newsgroup），让人们通过特定话题聚集在一

起，这是社会化媒体的古老形式之一。同样古老的社会化媒体BBS，虽然技术原理与usenet有所不同，但其指向都是一致的。而BBS也使人们之间的聚合结构变得更为自由，不必再囿于一个特定的话题。

电子邮件、即时通信工具的陆续出现，为人们基于网络的互动提供了新的可能，但是，这些互动工具早期主要是用于超越时空的一对一的交流，而人们并不满足于此，更多的群体互动工具或应用被开发出来。

过去几十年间，互联网最活跃的创新要素与动力，主要出现在与互动相关的领域，与互动相关的技术也不断推陈出新。

美国学者波斯特（Mark Poster）曾总结过“网络交往”的几大特点：（1）它们引入了游戏身份的新的可能性；（2）它们消除了性别提示，使人际交往无性别之差；（3）它们动摇了业已存在的各种等级关系，并根据以前与它们不相干的标准重新确立了交往等级关系；（4）最为重要的是，它们分散了主体，使其在时间和空间上脱离了原位。①

除了波斯特总结的这几个特点外，今天的网络互动，还使人们有了新的自我展示的空间，也有了寻找社会归属的新可能。

而Web 2.0技术，则是把信息传播与社交互动两者更紧密地融合在一起。尽管今天的互联网特别是基于PC电脑终端的互联网上，万维网技术仍是信息传播的主要方式，建立在这一技术之上的门户网站，还在扮演着重要角色。但是，也有越来越多的用户，是在社交互动过程中完成信息获取的，而互动手段的多元化，也为他们参与内容生产与传播提供了更多可能。因此，今天网络中的互动，也成为信息传播的重要基础与动力。这也推动着更多的互动思路与产品的形成。

（二）移动传播：社会化媒体应用的碎片化与场景化

社会化媒体应用并不是一个孤立的技术现象，它的发展，也不仅仅取决于网络互动技术的创新。在今天，对社会化媒体发展走向形成重要影响的，还有移动传播技术。这不仅仅包括手机、平板电脑技术，也包括正在兴起的物联网技术、可穿戴设备技术以及云计算等。

根据美国互联网分析师玛丽·米克尔（Mary Meeker）及其所在的研究机构KPCB发布的《2014互联网趋势》报告，截至2014年5月，全球移动互联网使用量占互联网使用量的25%，亚洲更是达到37%。②而根据CNNIC发布的《第34次中国互联网络发展状况报告》，2014年6月，中国手机上网比例首次超过传统PC机上网比例，手机网民规模超八成。③这些数据都意味着，移动互联网时代已经到来。

移动互联网时代，用户接触和使用网络的时间更为碎片化，这既是对媒体惯性和用户共性的一种冲击，也可能泛化到对人自身行为方式、思维方式、表达方式等的影响。

对于社会化媒体应用来说，移动终端的普遍采用，同样也意味着人们的社交时间、社交行为变得更为碎片化。基于碎片时间的社会化媒体应用，也可以在更多时空条件下侵入人们的生活。永远在线、永远连接，变成用户的一种常态。但这样一种方式，也可能会使人们随时随地被强大的社会化氛围包裹、左右，失去个人的自主性。

①参见吴冠军：《中国社会互联网虚拟社群的思考札记》，载《21世纪》，2001（2）。

②参见Mary Meeker：《2014互联网趋势》，见http://www.36kr.com/p/212449.html，2014-05-31。

③报告下载地址：http://www.cnnic.net.cn/hlwfzyj/hlwxzbg/201407/P020140721507223212132.pdf。

另外，与PC时代的互联网传播相比，移动时代场景的意义大大强化，移动传播的本质是基于场景的服务，换一句话说，移动互联网时代争夺的是场景。同样，移动时代的社会化媒体，越来越多地要基于各种场景来进行社交互动的设计。

罗伯特·斯考伯和谢尔·伊斯雷尔所著的《即将到来的场景时代》一书指出了与场景时代相关的五个要素：大数据、移动设备、社交媒体、传感器、定位系统。他们把这五种要素称为“场景五力”，并认为：“五种原力正在改变你作为消费者、患者、观众或者在线旅行者的体验。它们同样改变着大大小小的企业。”①

构成场景的基本要素包括：空间与环境、用户实时状态、用户生活惯性、社交氛围。

空间与环境：场景不仅仅是一种空间位置指向，也包含着与特定空间或行为相关的环境特征，以及在此环境中的人的行为模式及互动模式。空间与环境不等同，但又不可分割，所以需要把它们当作一个要素来看待。它们与人们的生活惯性这个变量密切相关，在很多时候，也与一定的时间相关。

用户实时状态：包括用户在此时此地的各种身体、行为、需求等数据，它们既可能基于用户以往的惯性，也可能具有偶然性、特发性。无论是在固定场景还是移动场景中，人们的实时状态，都会与空间因素共同作用。仅仅只注意空间要素而忽略个体的实际状态，很难实现真正的个性化服务。

用户生活惯性：人们在各种场景下的需求与行为模式，常常会带着他们以往的生活经验，打着惯性的烙印，惯性是理解他们行为走向的基本依据。因此，场景的分析，往往也要结合用户以往的习惯。

社交氛围：社交氛围对于人们的活动（包括空间的变化方向）的确是有影响的，而且在今天的影响越来越明显。因此，对于社交媒体中用户及其相关者的数据的分析，可以为场景分析提供另一个维度的支持。

移动互联网就要提供特定场景下的适配信息或服务。适配意味着，不仅仅要理解特定场景中的用户，还要能够迅速地找到并推送出与他们需求相适应的内容或服务，同时还意味着信息表现形式或服务提供形式与特定场景下人们的行为方式相适应。

场景思维，也会在很大程度上影响未来的社会化媒体的应用。

首先，场景会成为社交平台结构构建的一个新要素。

今天的社交平台，多是以人们的现实关系为逻辑来组织的，但是，在很多社交应用中，已经出现了以空间或其他场景要素为基础建构社交关系的功能，“陌陌”②等移动社交产品，更是把空间这个要素发挥到极致。未来应该会有更多的社交产品，继续发挥“场景”思维，通过场景来聚合人们的社交行为与社交关系。

这也意味着，越来越多的社交应用建立起来的关系，不再是持续的，而可能是在特定空间上匹配起来的临时关系。例如，滴滴、快的打车等移动应用，在司机与乘客之间建立的就是这样的一次性关系。尽管它们在今天被放在移动服务的产品大类中，但某种意义上也有着社会化媒体产品的痕迹。而未来，类似的社会化媒体产品应用可能越来越多。

其次，社交氛围本身也是场景的一个要素，因此，对社交氛围的理解、分析与应用，也应该在未来的社会化媒体产品的设计中得到强化。

①［美］罗伯特·斯考伯、谢尔·伊斯雷尔：《即将到来的场景时代》，11页，北京，北京联合出版公司，2014。

②陌陌（momo）是一款基于地理位置的移动社交工具，用户可以通过陌陌认识周围任意范围内的陌生人，查看其个人信息和位置，并与其互动。

（三）大数据：社会化媒体数据资源开发的深化

大数据是近年来越来越令人瞩目的一个技术方向。

用于计量计算机数据的单位的不断拓展，在一个侧面反映了全球数据量的剧增。几年前，G 和 T 还是人们较少接触的单位，而今天，它们已经变成日常的数据单位，P、E、Z、Y 等新的数据单位不断出现，这意味着，数据在以难以想象的速度扩张。①

业界通常会将大数据的特点归纳为四个“V”，即多样性（variety）、体量（volume）、速度（velocity）和价值（value）。IBM 网站关于大数据四个特点的界定中，则用真实性（veracity）替代了“价值”。

概念

尽管对于大数据的定义仍难达成共识，但一般认为，大数据是基于相当大的量级（尽管这个量级也在不断发生变化）的数据进行数据收集、分析、挖掘与应用的技术。

“大数据”时代意味着数据的处理、分享、挖掘、分析等能力将得到前所未有的提升。不同行业、不同领域的数据之间的交换和相互利用也变得十分频繁。

大数据领域代表性的研究者维克托·迈尔-舍恩伯格在《大数据时代：生活、工作、思维的大变革》一书中指出，大数据是人们获得新的认知、创造新的价值的源泉，大数据还是改变市场、组织机构以及政府与公民关系的方法。②

大数据对政府工作方式、企业营销方式以及媒体的运营都带来了深刻影响，它也与社会化媒体产生了深层互动。

大数据的来源十分丰富，其中，用户的行为数据、用户生产的内容，是大数据的重要来源。而这些数据，今天比较多地集中在社会化媒体平台上。这些平台上的大数据的一个主要应用方式，是用户的深层分析。

大数据对于用户的分析，包括需求分析、行为及其特征分析、态度与意见分析、传播效果分析等。大数据的研究不是强迫用户对他们的行为习惯以问卷的方式做出回答，而是对他们日常的自发行为本身进行分析，因此，能更真实地反映用户的需求、偏好以及行为模式。

大数据分析可以用于不同规模的用户对象，包括整体用户、群体用户和个体用户等。相较传统的用户分析方法，大数据在这三个层面上的分析都有优势。

1. 对于整体用户的全样本、跨平台分析

以往的大规模用户分析是以传统的抽样调查手段为主的，尽管抽样方法不断改善，但由于调查对象的有限性，这样得出的研究结论，仍然未能全面反映市场的完整面貌。而大数据通常可以进行全样本的分析，尽管也有研究者认为大数据时代也需要进行抽样，但无论是全样本的分析还是大数据规模基础上的抽样，都比传统抽样调查涉及更大规模的研究对象，结论也可以更为全面、深入。

传统的用户分析研究更多地关注孤立的行为，而大数据技术基础上的用户分析，将不仅关注某一个行为习惯本身，还可以通过跨平台的数据收集与关联分析，研究用户的整体行为规律。

2. 对于群体用户的细分化分析

尽管过去传统的用户分析也试图将用户群体进行细分，但那时的细分只是基于简单人口指标的划分，例如性别、年龄、地域等，对这些人群的研究，也只能得出简单的态度与行为方面的差异。

而大数据可以将用户的各种指标特征与他们的态度、行为甚至价值观偏好等关联起来，形成一个完整、立体的群体画像。例如某一电视剧中某一角色的粉丝群

---

①数据单位之间的关系是：1K＝1024Byte，1M＝1024K，1G＝1024M，1T＝1024G，1P＝1024T，1E＝1024P，1Z＝1024E，1Y＝1024Z。

②参见［英］维克托·迈尔-舍恩伯格、肯尼思·库克耶：《大数据时代：生活、工作、思维的大变革》，9页，杭州，浙江人民出版社，2013。

【案例】《纸牌屋》的成功：基于大数据的用户分析

美国电视剧《纸牌屋》的成功，使人们对基于大数据的用户分析对内容生产行业的意义有了初步认识。2011年年初，由导演大卫·芬奇和演员凯文·史派西作为主创、翻拍自英国BBC同名电视剧的《纸牌屋》在完成初期创作后，向包括HBO在内的电视台推销该剧。当时有多家电视台都对这部剧集产生了兴趣，但这些电视台都希望看过试播集后再决定是否购买，而美国视频网站Netflix则仅仅靠网站统计数据就做出了预定全部两季的决定。Netflix拥有3 000万付费用户，网站每天产生海量的用户评论及收视行为数据。Netflix的节目内容首席主管泰德·萨兰德斯是英国BBC版《纸牌屋》的忠实观众，他通过自己网站海量的用户数据得出判断，认为大卫·芬奇和凯文·史派西的合作会吸引大量观众收看本剧，于是网站决定买下此剧集的播出权，并且是一次性预定了本剧集前两季全部26集。2013年2月1日Netflix网站在全球同步首播该剧，第一季13集同时放出。《纸牌屋》也成为Netflix播出的首部原创剧集。这样一种基于大数据的市场分析，将在未来的内容生产市场中越来越普遍。

图1—4　美剧《纸牌屋》海报

体，在性别、学历、所在城市等方面具有什么样的特征，他们喜欢什么样品牌，他们实际消费能力如何，他们在网上通常会谈论什么话题，他们的政治立场是偏左还是偏右。

3. 对于个体用户的精准性分析

大数据技术与用户跟踪、记录等技术的结合，可以使对个体用户的定向精确研究变得可行。

同时，大数据研究可以将个体用户在各种平台各种行为中产生的数据进行关联并在此基础上进行挖掘与分析。例如，一个人购买的书籍的类型，与他的新闻阅读偏好之间有什么样的联系。这样得出的判断，比单纯基于用户的信息消费行为的分析更为全面，也能揭示出更深层的规律。

基于以上三个层面的用户分析，大数据技术可以帮助社会化媒体平台的运营者更好地理解用户的行为与需求，为平台运营策略提供更多依据。

采用大数据技术的用户分析，也会在较大程度上改变社会化媒体的盈利模式，广告推送、电子商务、会员服务等，在未来都将更多地依赖大数据提供的分析。

此外，对于社会发展的动向（如舆论、舆情）及发展趋势的研究，也将越来越多以社会化媒体平台的大数据分析为基础或参照。

来源于社会化媒体的用户行为数据，也可以为互联网的内容平台（如新闻网站）和服务平台（如电子商务网站等）提供更好的基础支持，从而进一步提升社会化媒体平台的价值，为其开拓更多的盈利方向。

因此，社会化媒体中的大数据应用，将使得用户生产的内容、用户行为等数据的价值得到充分挖掘，使社会化媒体的利用空间得到拓展。

（四）技术发展的变与不变

在各种技术的推动下，社会化媒体的引领者在不断发生变化。论坛、博客、SNS、微博、微信等，作为不同阶段的代表性的社会化媒体应用，基本上只是“各领风骚”三两年。

社会化媒体相关技术的发展，是一个永远不会停歇的过程。这似乎会令人沮丧。对于开发者来说，任何的自大、松懈、停滞不前，都可能意味着会被潮流甩下。作为用户，似乎不能一劳永逸地停留在某个技术、某个平台上。媒体、企业、政府机构在利用社会化媒体时，也需要不断迁移。

这是否意味着，对最新应用的追逐与应用是没有意义的？答案显然并非这么简单。

从社会化媒体的开发者角度来看，无论技术的外壳如何变化，与社会化媒体相关的技术发展，总有着一些不变的内核。

人是社会化媒体的核心，因此，任何社会化媒体技术，都要基于对人性的理解、对人的需求的把握，特别是对于作为“社会化动物”的人的认识。而“社会化”这个词意味着，这些技术应该为人与人的连接、沟通提供服务，能带来连接、优化连接的应用，往往有更强的前行的动力。

此外，即使是如网民所说，网络应用是“长江后浪推前浪，前浪死在沙滩上”，每一种社会化媒体应用仍然有其独特的历史价值，而且一些有生命力的社会化媒体应用会保持着长期共存的局面。虽然有些社会化媒体应用在逐渐衰落，但每一种技术中那些优秀的“基因”，会被新的技术所继承、发扬。新技术的波涛总在现有技术的基础上逐步推进。

而对于应用者来说，无论是个体用户，还是机构用户，面对已经到来的社会化媒体时代，都只能顺应、适应，而不能逃避。社会化媒体所构造的新的政治、文化、经济及传播生态也在孕育着未来的社会形态，跟随技术的步伐，才不至于被未来的时代所抛下。

认识和运用社会化媒体，并不仅仅是了解和掌握那些最时髦的应用方式，而且是要理解社会化媒体应用的核心思维，认识社会化媒体发展的内在逻辑。

本书介绍的目前最有代表性的这些社会化媒体应用，也许会在未来的某一天渐渐淡出人们的视野，但理解与运用好今天的这些平台与手段，特别是在此过程中接受新思维的挑战与熏陶，才能更好地过渡到未来。

二、信息社会：社会化媒体兴起的深层背景

互联网是信息技术发展到一定阶段的产物，也是信息社会的一种表现形态。社会化媒体是这种新兴的社会形态中最具革命性意义的一个部分。

经历了农业社会和工业社会后，人类社会已经进入了信息社会。信息社会中，

信息成为比物质和能源更为重要的资源。而更重要的是，信息技术的变革也推动了政治、经济、文化以及社会结构等各个层面的变革。

【知识窗】 阿尔温·托夫勒：信息革命带来的冲击

20世纪80年代初，阿尔温·托夫勒（Alvin Toffier）在他的畅销书《第三次浪潮》中分析了在继工业革命带来的第二次浪潮之后的第三次浪潮，也就是信息革命带来的冲击。

针对第三次浪潮对传播业的冲击，托夫勒指出，多样化的传播工具、非群体化的传播，将是信息时代传播业的一个重要特征。* 尽管在那个年代他只是看到了传统媒体的小众化趋势，但是，从今天的角度看，信息社会的非群体化传播，在网络中得到了充分的体现，尤其是在社会化媒体普及之后。

他还指出，非群体化的、多样化的传播工具，还意味着我们思想的非群体化，以及瞬息即变的文化，"第三次浪潮人民对这种连珠炮式的瞬息即变的文化的袭击，却泰然自若……但他们也非常注意把那些瞬息即变的文化，总结和组成一个完整的新概念、新形象"**。这样一种文化特质，在社会化媒体中得到了最充分的体现。

托夫勒还提到，"消费者自愿被吸引到生产过程中，产生了意想不到的影响"，"市场恰恰是在生产者和消费者相互分离这个前提下才出现的，而现在这两者之间的界限在混同起来。""产消合一的兴起，开始改变市场在人们生活中的地位与作用"***。虽然他是从一般意义上谈产消合一的趋势，但是，这种产消合一趋势，首先是在信息生产上得到体现的，因为在信息技术发展的背景下，信息生产资源与生产工具的草根化、普及化，是最容易实现的。而社会化媒体使得信息的产消合一变得更为日常化。

对于信息社会的组织结构，托夫勒使用的也是"分权化"的表述。虽然他更多是基于企业的组织架构的变化来进行分析的，但是，他也指出："随着第三次浪潮文明的冲入，人们可以通过对整个第二次浪潮文明的法则——从标准化，同步化，直到集中化，好大狂，专业化，以及集权化，系统地逐个解剖，就可以看到，统治着我们日常生活和决定社会命运的旧的基本法则，正经历着巨大的变革。"**** 今天社会化媒体对于信息传播的分权意义，也会进一步演变为对社会结构的冲击。

图1—5 《第三次浪潮》作者阿尔温·托夫勒***

*参见［美］阿尔温·托夫勒：《第三次浪潮》，228～240页，北京，三联书店，1984。

**同上书，240～242页。

***同上书，370页。

****同上书，357页。

*****阿尔温·托夫勒是一位作家，同时也是一位未来主义者，以其讨论数据革命、信息革命和技术特征的作品闻名。

今天我们进一步认识信息社会的意义，我们还会感受到其中一个重要影响，那就是人与人的关系模式的变化。美国学者克莱·舍基在《认知盈余》一书中指出，媒体是社会的连接组织（connective tissue）。①这样一种表达，完全颠覆了传统意义上的媒体概念，但却的确与今天的社会化媒体的特征是相吻合的。

国内研究者熊澄宇认为，信息社会发展可以分为四个阶段。②

信息社会 1.0 是信息技术应用阶段，即以信息基础设施建设为主的阶段；

信息社会 2.0 是信息产业发展阶段，主要体现为信息技术产业（包括软、硬件）的形成；

信息社会 3.0 是信息社会的经济推进期，信息技术在社会经济各个领域广泛应用；

信息社会 4.0 是信息社会的构建期，这个阶段，人类社会现有的政治、经济、文化等各个方面将产生质的飞跃，社会结构将重组，人类社会生活也将产生巨大改观。

社会化媒体应用的普及，正是信息社会 4.0 阶段推进的表现。

①参见［美］克莱·舍基：《认知盈余》，61 页，北京，中国人民大学出版社，2012。

②参见熊澄宇：《信息社会 4.0：中国社会建构新对策》，5～9 页，长沙，湖南人民出版社，2002。

【知识窗】 克莱·舍基：媒体是社会的连接组织

美国学者克莱·舍基在《认知盈余》一书中指出："当我们使用网络时，最重要的是我们获得了与他人联系的接口。我们想和别人联系在一起，这是一种电视无法满足的诉求，但实际上我们可以通过使用社会化媒体来满足它。"* 他进一步表示，在他看来，媒体是社会的连接组织。** 这样一种表达，完全颠覆了传统意义上的媒体概念，但却的确与今天的社会化媒体的特征是相吻合的。

克莱·舍基还提出了"认知盈余"概念，借这个概念进一步说明了信息社会中信息消费者能成为信息生产者以及参与网络协作的一个重要支持条件。他把全世界受教育公民的自由时间看作一个集合体，一种"认知盈余"，进而指出"这是一个不平凡的时代，因为现在我们可以把自由时间当作一种普遍的社会资产，用于大型的共同创造的项目，而不是一组仅供个人消磨的一连串时间"***。

图 1—6　克莱·舍基《认识盈余》封面

*［美］克莱·舍基：《认知盈余》，18 页，北京，中国人民大学出版社，2012。

** 参见上书，61 页。

*** 同上书，13 页。

第3节　社会化媒体的核心要素

在某种意义上，社会化媒体是一种具有大众传播功能的社会结构，这种结构的核心要素主要是四个，即人、关系、内容及分享。

一、社会化媒体的基本单元——人

毫无疑问，社会化媒体的基本构成要素，是“人”。而这里所说的人，首先应该从个体的层面出发。当然，在多数社会化媒体平台，在个体互动基础上，会形成群体，而群体的氛围会作用于个体。

无论是什么样的社会化媒体，都是要满足“人”的核心需求。虽然人们利用社会化媒体的需求各不相同，但有些方面是共通的，而社交的需求是根本。所以社会化媒体平台的开发者，首先需要理解人们的社交本质，再在此基础上去理解社交可能带来的其他效应，例如内容的生产、口碑的传播、意见的形成及服务的提供等。

除了基本需求的满足外，社会化媒体还需要有足够好的个体获得报偿的机制及名声的彰显形式。

社会化媒体离不开互动，如何让个体发现自己感兴趣的互动对象，如何帮助他们拓展自己的关系链条，如何让他们产生持续的互动，都是社会化媒体生存发展的关键问题。

二、社会化媒体的纽带——关系

你怎么看

你认为社会化媒体从哪些方面改变了人与人之间的关系？

社会化媒体平台上的个体不是孤立的，关系是把他们连接起来的纽带，也是让他们产生持续活动的动力。对于社会化媒体中的个体来说，关系可以从不同角度来认识。

1. 线下关系与线上关系

有些社会化媒体致力于将人们的线下关系，或者说现实关系，移植到网络中来。而有些社会化媒体则是试图帮助人们在没有线下关系的前提下，发展出线上关系。

虽然社会化媒体会使得人们的线上关系与线下关系的界限模糊起来，但是，从用户角度来看，多数时候，他们自己心里还是试图划清两者界限的。因为线下关系往往有更多的约束性，而线上关系则相对自由。

2. 强关系与弱关系

美国社会学家格兰诺维特最早提出了“强关系”与“弱关系”的概念。强关系是指联系频繁的关系，而弱关系则是联系不够频繁的关系。格兰诺维特指出，强关系往往是同质群体内部的纽带，而弱关系则是不同群体之间的纽带。

在社会化媒体平台上，同样也存在着强关系与弱关系的区分。

尼古拉斯·克里斯塔斯基、詹姆斯·富勒在《大连接》一书中指出：“强连接引发行为、弱连接传递信息”①。

但从某种意义上看，也许一些新兴的社会化媒体应用，如微博，反倒是在瓦解强关系与弱关系这样的概念。在那些地方，强关系与弱关系之间的界限不再那么清

① [美] 尼古拉斯·克里斯塔斯基、詹姆斯·富勒：《大连接》，153页，北京，中国人民大学出版社，2013。

晰，甚至弱关系可以迅速转化为强关系。也许我们更应该关注推动关系形成的动因，例如现实社交需求、认同需求、利益需求、信息需求等，而不是仅仅关注关系的频率或强度。需求的强度同样会影响到关系连接产生的影响力的强度。

3. 直接关系与间接关系

在社会化媒体平台上，个体间如果存在着关系链条，有着直接的交往或互动，那么就形成了直接关系；而如果两者间没有直接的互动，但通过他人可以形成关联，这样的关系便是间接关系。

4. 社交互动关系与信息互动关系

在微博等平台上，“加好友”、“关注”、“收听”等行为会带来关系，而“转发”、“评论”又会产生另一种关系。两种关系网络往往并不一致，例如，关注一个人，并不意味着一定要对他发出的微博进行转发或评论，相反，即使没有关注某个对象，也可以对其微博进行转发或评论。前者是基于社交的意愿，因此可以称为社交互动关系，而后者是基于信息的互动，可以称为信息互动关系。

除了以上几对关系，从关系产生的基础和效果来看，社会化媒体上的关系又可包含兴趣关系、传播关系、认同关系、结盟关系、利益关系、对抗关系、产品关系等。

关系的多样性，是社会化媒体的活力的来源。不同的关系纽带，可以给用户带来不同的满足，也会带来相应的黏性，尽管强度不尽相同。

基于以上种种关系，每个用户可以在社会化媒体平台上形成自己的关系网络。而所有用户的关系网络最终形成一张无限复杂的大网。

三、社会化媒体的核心产物——内容

完全脱离内容的社交，在以计算机为中介的互动中，几乎是不存在的，因此，社交活动给社会化媒体带来的最大的可见产物之一，是内容。内容是用户关系的外化方式。

与专业媒体的内容生产相比，社会化媒体生产的内容具有以下特点。

1. 内容的海量性

由于参与者数量的众多，社会化媒体生产的内容呈现海量的特点。Twitter 一天的内容超过 5 亿条①，新浪微博每天的微博数超过 1 亿条②。截至 2015 年 2 月，维基百科已有超过 471 万个英语条目，除英语外，还有 8 种语言的条目超过 100 万，还有包括中文在内的 8 种语言的条目在 40～100 万之间。总语种达 288 种，总词条数超过 3 436 万。③

社会化媒体生产的海量内容，不仅满足了用户的社会交往、自我表达、社会分享等需求，也为专业媒体提供了丰富的资源。

2. 内容的多源化

社会化媒体是开放的生产平台。所以社会化媒体的用户都是内容的生产者，每一个人都可以成为内容源。

由于来源的多样化，社会化媒体的内容也就变得十分庞杂，它们有些是制度化、专业化生产的，而有些则是非制度化、业余化生产的，质量差参不齐。

①参见《Twitter 日消息发送量达 5 亿条　测试 Like 按钮》，见 http：//tech.qq.com/a/20121027/000060.htm，2012-10-27。

②据新浪微博负责人提供的数据。

③参见 http：//en.wikipedia.org/wiki/Wikipedia：About，2015-04-16。

3. 内容的碎片化

从内容方面看，社会化媒体是一种碎片化的生产与传播。今天的社会化媒体中的碎片化生产与传播体现在两个层面上：

第一个层面是事实性信息传播的碎片化，这里的碎片，更多的是指信息来源的多元化、观察视角的分散化、信息文本的零散性和信息要素的不完整性。

第二个层面是意见性信息传播的碎片化，这个意义上的碎片，不仅指零散性，更指意见的异质性、分裂性。过去媒体所反映出来的社会意见的一致性，在社会化媒体平台上被大大削弱。社会化媒体平台上的意见形成，是各种碎片意见碰撞、冲突的过程。

事实性信息传播的碎片化是人们提到碎片化传播时关注的重点，但如果从长远来看，我们还应当注意意见信息传播的碎片化及其传播效应，因为它反映着整个社会生态的变化。

尽管内容的碎片化也常常被视作社会化媒体无序性的一种表现，但是，我们不能对碎片化内容的价值加以简单否定，后面将进一步分析对碎片化内容的利用。

四、社会化媒体传播的主要动力——分享

尽管前面提到了人们在社会化媒体中的多种可能关系，但由于社会化媒体的核心产物是内容，因此与内容有关的“分享”（也就是信息互动），成为社会化媒体传播中的主要动力。

从社会互动的角度看，分享是人们证明自己存在的方式，也是与他人互动的重要手段。但分享这种行为之所以在今天更为普遍，在很大程度上归功于数字传播技术的发展以及 Web 2.0 的结构模式。

数字世界的“分享”，大多不像物质世界那样意味着利益的削减或割让，相反，这种分享基于“数字化”传播或复制，几乎不需要成本，而且往往还能带来“回报”，例如提高社会声望、改善人际关系，或者带来社会资本。在 Web 2.0 平台上，由于传播网络四通八达，这种零成本、高回报的情形，更为普遍。因此，社会化媒体在一定程度上促进了分享这种利他行为，而分享行为的普遍化，反过来又提升了社会化媒体的社会影响力。

分享得以实现，还因为人们拥有了便捷的分享手段，智能手机这样的移动终端的发展，尤其使分享行为变得更为简单，且可以做到随时随地。

分享行为的普遍化，也需要时间上的支持。前面提到的舍基的“认知盈余”理论，在一定程度上解释了今天的人们乐于分享的原因。

对于网民在网络中的分享动力，第 3 章将从网民心理的角度做进一步分析。

但值得注意的是，分享活动看上去是为了增强人们与社会的联系，但倘若只把分享作为证明自己存在的手段，或者只沉醉于与某几个固定关系的互动，甚至完全把屏幕上的分享当作对现实互动的逃避，反而会离社会更远。

第 4 节　社会化媒体的不同偏向

尽管所有社会化媒体应用都有一些共同特点，但不同的应用，还是会有不同的

偏向。这些偏向，既可能源于技术本身的特质，也可能源于商业的动机，或者是用户的选择。理解它们各自的偏向，有助于我们认识社会化媒体的多元性与丰富性，在此基础上更好地理解社会化媒体与传统大众传播模式的差异。

一、“社交偏向”与“媒体偏向”

社会化媒体同时兼有社交与媒体的双重属性，因此，偏社交还是偏媒体，就成为区分不同社会化媒体应用的一个依据，也体现了社会化媒体平台发展的不同思路。

一般来说，人们会认为，即时通信、SNS、微信等是偏社交的，而博客、微博是偏媒体的。但事实上，一种社会化媒体并非只能有一种偏向。在微博应用中，这更为明显。例如，新浪微博是偏媒体的，而腾讯微博却是偏社交的。

社会化媒体可以有不同的偏向，但无论最终表现出哪个方向的偏向，社交与媒体二者的逻辑关系却是清楚的：社交及社会关系是基础，而媒体的功能是建立在这个基础上的。

即使是新浪微博这一公认的具有媒体偏向的平台，它的传播机制也是人际关系网络，无论是社交功能相对较弱的早期，还是在强化了社交功能的当下。近年新浪微博在不断增强点对点交流的功能（如在线聊天），但这是为了产生更大的关系聚合能力，以便在此基础上形成更强的媒体功能。也就是说，它要把媒体功能的强化建立在更稳固的社交平台基础之上。没有社交平台这个“皮”，有再多的媒体优势之“毛”，都无附着之处。

因此，偏向媒体还是偏向社交，只是一种商业定位策略。无论哪种偏向，都需要深入认识社会关系在内容生产中的重要作用。

二、“以人为节点”与“以内容为节点”

从另一个角度说，社会化媒体是一种人与内容的关系的复合，这里面又包含三种关系：人与人的关系、人与内容的关系、内容与内容的关系。

这三种关系在网络传播的1.0时代显然也存在，但大多数情况下，网站建设的出发点是先建立内容与内容的关系，在此基础上形成人与内容的关系。基于这样的出发点，网站建立社区（如新闻跟帖，当然这种情况下，社会化媒体已经现身），使人们可以针对内容进行互动，从而产生人与人的关系。因此，在网络传播的1.0时代，门户网站是核心，社会化媒体多是其衍生物。门户网站的内容是网络中关键的节点。并且内容节点间的关系是相对静态的，是由网站编辑所决定的。

但社会化媒体的应用大多是以人为节点的。首先建立关系网络，在此基础上实现内容的生产与流动。人们以自己的个人空间为核心，以社会关系为渠道，来进行内容的双向交换。即时通信、博客、SNS、微博、微信等都是这样的代表。

当然，也有一些社会化媒体应用以内容为节点，人们的社会关系是借内容连接起来的。如大众点评网等点评类网站、豆瓣、维基、社会化书签、电子商务网站等。但这些网站与传统的门户网站不同的是，内容的成长与人们的社会关系的成长是同步的，人的关系会不断改变内容间的关系。

从这个角度看，社会化媒体与传统的门户网站有两个区别。其一，门户网站的内容是一种简单的消费对象，而社会化媒体中的内容是人的社会关系发展的润滑剂与推助力。其二，门户网站之中的内容关联是超链接所带来的机械关联，而社会化媒体中的内容关联是由用户穿针引线形成的意义关联。

三、"差序平台"与"平权平台"

社会化媒体往往被看成是对平民的一次赋权，平民有了这些应用方式，就有了话语权。但这种赋权只是赋予了一种"权利"。从"权力"的角度看，社会化媒体平台上并非永远是人人平等。

有些平台上话语权的差异非常明显，甚至可能比现实空间还要突出，例如博客、微博平台。那些拥有比普通人更强大的话语权的意见领袖，成为这些平台的权力中心，人们理想中的所谓"去中心化"，实质上是一个去除某些专业媒体的中心地位而赋予某些个体中心地位的"再中心化"过程。

但也有些平台上，人们的话语权力相对平等，例如即时通信、维基等。

是差序的还是平权的平台，取决于平台的技术与人为规则。而差序的平台，在很大程度上仍是现实空间话语权力落差的一种反映。

四、"封闭结构"与"开放结构"

尽管在互联网早期就出现的论坛也是社会化媒体应用，但它与今天的很多社会化媒体应用还是有较大的不同。因为从用户的交流结构来说，它是相对封闭的。人们在一个个边界清晰的封闭圈子里以话题为中心进行交流，这样一种画地为牢的模式，给人们的社会关系的拓展，带来较大的限制。类似的情况也出现在博客中。

但 SNS、微博、微信等并没有营造出一个个封闭的社区，而是造就了一个个以个体为中心的社会网络的集合，每一个个体都可以根据自己的需要来构建自己的社会网络。这样一种开放结构为发展个体的社会关系提供了更多可能，哪怕其中多数关系只是"弱关系"。在某些目标的驱动下，一些"弱关系"也可能发展成"强关系"。这为个体的社会资本的获得提供了更多的可能性。

从社会化媒体的发展线索来看，封闭结构发展为开放结构，是一种趋势。例如微博普及之后，博客平台也在借鉴其思路，使自己的结构变得更为开放。即使未来仍将有封闭结构的应用存在，它们也会通过与开放结构平台的关联，使自己获得更大的延展空间。

第 5 节　社会化媒体推动的互联网变革

社会化媒体的发展，首先是互联网自身的一个变革过程。这种变革，正是社会化媒体对于 IT 业、传媒业、传统企业以及政府部门形成冲击的基础。这种变革在以下几方面表现尤为突出。

一、连接通道与连接结构的多样化

网络的一个核心是连接人与人，社会化媒体更是如此。社会化媒体的发展过程，也是连接通道与连接结构的日益多样化的过程。

从早期较为封闭的小圈子交流或一对一互动，到今天的开放的、可自由扩张的社会网络的形成，社会化媒体对人们的关系的聚合与拓展的能力在不断增强。

社会化媒体中的“社会化”，其实质在于关系的连接与扩张。有了更广泛的关系网，每一个个体对社会的作用能力才会加强。

社会化既扩张了人们的关系，又拉近了人们的距离，“小世界理论”在社会化媒体中得到验证与发展。

【知识窗】 弗里吉斯·卡林蒂：六度分隔猜想

1929年，匈牙利作家弗里吉斯·卡林蒂（Frigyes Karinthy）在他的小说《链条》中提出了六度分隔的猜想，即平均而言，每两个人之间的关系间隔不超过6层，也就是任何两个人之间要形成关系，中间最多只需要经过6个人的中转。20世纪60年代，美国社会心理学家斯坦利·米尔格伦（Stanley Milgram）通过明信片邮寄实验证实了这一猜想，他得到的数据是：两个人之间的距离为4.4～5.7个人，数据因样本的不同而有所不同，但都没有超过6个人。于是，“六度分隔”理论得以确立。这个理论提示我们，只要处于现代人际社会中，任何两个个体之间都会产生直接或间接的联系。这个理论揭示了现实社会中人们关系的紧密性，它也被称为“小世界理论”。

实名的SNS应用普及后，人们的社会关系已经可以全面地映射在互联网中，六度分隔的小世界，也在互联网中得到映射。这也使得网络对于现实社会的作用日趋深化。

二、基于连接的聚变与裂变效应

社会化媒体的关系连接，以及大规模网络的形成，带来了个体间的能量“聚变”。在很多研究者的研究中，都强调了这样一种聚变的效应，尽管他们的用词和表述角度各不相同。

【知识窗】 社会化媒体带来的聚变

美国学者克莱·舍基在《未来是湿的：无组织的组织力量》一书中谈到网络时代的影响时指出：“群体的形成现在变得如探囊取物般容易”，“我们的能力在大幅增加，这种能力包括分享的能力、与他人互相合作的能力、采取集体行动的能力，所有这些能力都来自传统机构和组织的框架之外”*。

凯文·凯利在《失控》一书中用“群氓的智慧”来表达这样一种认识，他指出：“群体被看作一种自适应的技巧，适应于任何分布式的活系统，无论是有机的，还是人造的”**。他以蜜蜂、蚂蚁、鸟群等动物的集体行为以及整个生物界的进化为依据，进一步揭示了这种自适应带来的群体智慧的意义。他还指出，“网络是群体

图 1—7　克莱·舍基《未来是湿的：无组织的组织力量》封面

的象征。由此产生的群组织——分布式系统——将自我撒布在整个网络，以至于没有一部分能说，‘我就是我’。无数的个体思维聚在一起，形成了无可逆转的社会性……网络孕育着小的故障，以此来避免大故障的频繁发生，正是其容纳错误而非杜绝错误的能力，使分布式存在成为学习、适应和进化的沃土”***。尽管这本书完成得很早，但是，当时他的观察在一定程度上预言了今天社会化媒体时代的情形。

尼古拉斯·克里斯塔斯基、詹姆斯·富勒在《大连接》一书中则更是明确地说：“社会网络可以表现出一种智慧，它可以让个体更有智慧，或者成为对个体智慧的补充。蚁群是‘有智慧的’，尽管蚂蚁个体并不具有这样的智慧；鸟群是综合考虑所有鸟的意愿之后才决定飞向哪里的。社会网络可以捕捉和容纳人人相传的、不同时间的信息（信任规范、互惠传统、口述历史或者在线维基等），还可以通过计算将成千上万的决策汇总（例如为产品设定一个市场价，或者在选举中选出最好的候选人）。不管个体成员的智慧如何，网络都可以产生这样的效果。”**** 与凯文·凯利一样，他们也从动物界找到了依据，而作为社会网络研究的专家，他们把这样一种群体智慧产生的原因，主要归结于社会网络本身。他们认为，作为一种网络公共物品，“社会网络的目的是传播积极的、有益的东西，也许是快乐，也许是捕食者报警，也许是浪漫的伴侣。从某种程度上讲，不好行为或其他有害现象（例如细菌）的传播，只不过是我们为了获得网络带给我们的好处而必须付出的代价”。“借助网络，人类可以收到‘总体大于部分之和’的功效。新的连接方式的出现，一定会增强我们的能量，让我们得到上天原本赋予我们的一切。”*****

图 1—8　《失控》作者凯文·凯利****

《维基经济学：大规模协作如何改变一切》的两位作者，更多地从协作的角度来看群体的汇聚，从该书的副标题“大规模协作如何改变一切”，我们已经可以看到他们的乐观取向。作者指出：“新的大规模协作正在改变公司和社会利用知识和能力进行创新和价值创造的方式。这影响了社会的每个部门以及管理的方方面面。……维基经济学是一门新的科学和艺术，它以四个新的法则为基础：开放、对等、共享以及全球运作。”******* 虽然《维基经济学》更多的是从商业模式的角度来看互联网的群体协作，但是，它同样揭示了这样一种群体协作背后的群体智慧。而《维基经济学》的四个法则，也从另一个角度说明了群体智慧产生的源泉。

* [美] 克莱·舍基:《未来是湿的:无组织的组织力量》,12~13页,北京,中国人民大学出版社,2009。

** [美] 凯文·凯利:《失控》,18页,北京,新星出版社,2010。

*** 同上书,39页。

**** [美] 尼古拉斯·克里斯塔斯基、詹姆斯·富勒:《大连接》,315页,北京,中国人民大学出版社,2013。

***** 同上书,314~321页。

****** 凯文·凯利(1952—)是《连线》(*Wired*)杂志第一任主编;曾担任《全球评论》(*Whole Earth Review*)主编、出版人。

******* [加] 唐·泰普斯科特、[英] 安东尼·D·威廉姆斯:《维基经济学:大规模协作如何改变一切》,32~33页,北京,中国青年出版社,2007。

总体来看,群体力量带来了丰富的信息与知识、多元的认识视角以及多种观点的碰撞,这样一种能量聚合,使群体在某些方面可以变得更为智慧、更为强大。而群体的协同行动,在社会化媒体的支持下,也变得更易实现。

尽管也有很多研究者对于这种连接后带来的问题例如群体盲从等表示担忧,但是,即使是对连接的结果持悲观判断,也是承认了聚变效果的存在。

从另一个角度看,这种能量的聚变过程,也是信息传播的裂变过程。一个事件、一个话题要聚合起足够多的关注度,需要信息的迅速扩散,而在社会化媒体中,特别是Web 2.0时代的平台上,信息传播往往是以一传十、十传百的方式进行着渠道的"裂变"。信息渠道的裂变,不仅为信息量的剧增以及信息的大规模扩散提供了基础,也为用户能量的聚变提供了基础。

聚变和裂变效应,使今天的普通公众在社会生活中扮演着越来越显著的角色。一方面,他们可以借助这两种效应,在某些公共事件或话题上形成舆论,以作用于现实;另一方面,他们也可以借助聚变或裂变的力量,直接发起社会运动,影响事件的进程。

三、基于社交的分布式内容生产与消费

社会化媒体时代,内容的生产与消费越来越趋向"分布式"。

(一)分布式内容生产的实现机制

门户网站与传统媒体一样,都是集中式生产模式,而社会化媒体平台是在各种分散主体的协同下的一种"分布式"生产模式。在这种方式下,不同主体扮演不同的角色,尽管没有统一的指挥系统,但是,社会网络、自组织等机制可以在一定程度上推动不同主体间的协同工作,尽管这些机制很多时候会失灵。第4章将专门分析这些机制。

虽然是以分布式生产为基础,社会化媒体的价值却在于,它可以将分布式生产出来的碎片化内容聚合起来。

在某种意义上说,碎片化是孕育全面、丰富、深刻的土壤,但它并不自然就等于全面、丰富与深刻。碎片化内容的信息与评论,具有潜在的价值,但这些潜在价值能否实现,还取决于对其认识的深度和运用的程度。

碎片化传播是一个从混沌逐步走向清晰的过程,这个过程一方面靠网民的内部协作,另一方面靠专业媒体的专业化操作。具体而言,在社会化媒体平台上,有三种机制有助于碎片化内容的筛选与整合。

1."全民投票"式的信息碎片筛选机制

开始时,来自四面八方的信息碎片,都是"平等"的。但是,在人际关系网络

传播时，它们会经受“全民投票”机制的考验，一个自然的“优胜劣汰”过程会形成，每一个个体对于信息转发或不转发的选择，就是一次投票。这种自发传播、自然“投票”是对信息的公共价值的有效检验，使少数信息碎片从信息海洋中凸显出来。

经过这样一个机制筛选出来的信息碎片，虽然还不能立即还原出事物的全貌，但它为信息的进一步碰撞、选择，提供了基础。

当然，“全民投票”并不一定在所有场合都能对信息价值做出合理的评估，有些时候，它也会造成信息的不平衡，即多数人价值取向对少数人价值取向的抑制，特别是在意见性信息方面。但多数人的选择，也是社会现实的一个折射。

“全民投票”机制中，也并非人人平等，意见领袖对信息流向的影响力显然要高于普通人，但意见领袖本身，在很大程度上也是新媒体平台公众自然选择的结果。

2.“自组织”式的信息碎片优化机制

经过优胜劣汰机制筛选出来的信息碎片，还需要有一个优化的过程，例如，在它们基础上的补充、发展、纠错等。这种优化在很大程度上可以由社会化媒体平台上的“自组织”机制来完成。

虽然每一个个体在信息传播过程中的贡献是有限的，甚至在某些阶段，某些个体提供的信息是错误的，但网民之间会自然形成一种相互协作、相互验证、相互纠正的关系，并由此不断调整目标，校正信息传播中的偏差，逐渐将一个复杂事件的真相揭露出来。虽然自组织力量不能优化每一个传播过程，但是在大多数重大事件的网络传播过程中，网民间自发形成的自组织机制，都起到了突出作用。

但应该看到，自组织的启动需要时间，而在它的作用显现之前，会出现包括谣言在内的传播乱象。自组织发生作用，也需要一定的条件。自组织在什么情况下发生作用，在什么样的事件的传播中发生作用更为迅速、明显，后面将进一步分析。

3. 专业媒体的碎片整合机制

在社会化媒体平台上，专业媒体仍然具有其重要的价值，那就是运用其专业的思维、能力与业务手段，对碎片化信息进行整合，成为碎片化传播中的引导者。

但是，在碎片化时代扮演引导者的角色，不仅需要传统的经验与手段，也需要与碎片化传播相吻合的新思维。这种思维的核心是：尊重碎片的价值。对于专业媒体来说，提炼碎片，用结构化手段完成碎片的“拼图”，是未来的一个重要专业目标。

可以看出，除了专业媒体的作用外，其他两个机制要发生作用，都需要基于用户间的社交与互动。

这样一种分布式的内容生产机制，换一个角度看，也可以称为“微传播”，即它不是以拥有绝对话语权优势的传播机构为中心，而是以分散的、微小的个体为传播节点，以人际关系网络为传播渠道。内容发布是实时的，且常常呈现碎片化、轻量化的特点。尽管多数用户个体看上去微不足道，但他们聚集起来，便成为巨大的传播力量。这一分布式的“微传播”模式，也是社会化媒体与传统媒体传播模式的重要区别。

（二）分布式内容消费的实现机制

用户这端的信息消费，也将越来越呈现分布式的特征，也就是他们获取信息不必再蜂拥至某个“大众门户”，而是可以分散到一个个的“个人门户”。其机制的特点就是：以个人门户为中心、以社会关系为信息传播渠道，来完成信息的获取与消费。

今天的网民越来越多地将某一个社会化媒体平台（如SNS、微博、微信等）上的“首页”作为自己的“个人门户”，将自己所需要的各种信息、服务嵌入这种个人门户中。这种个人门户既是他们与外界进行双向信息交换的“窗口”，也是他们构建自己社会关系的平台，甚至还可能是网络化生活与工作的基点。

在个人门户中，每个人获得的信息，都是由其社会关系决定的。也就是说，信息是以其关系网络作为渠道来流动的。

这样一种机制，更好地实现了信息的个性化传播。

门户网站等虽然也试图通过包括大数据技术在内的技术方式来分析用户特性，但是技术毕竟有它的局限性。即使技术上可行，要由一家网站来满足上亿用户的个性化需求，其成本也是相当高的。

而基于“个人门户”模式的个性化信息的实现，几乎不需要技术门槛和成本代价，人们为自己设置的信息源与关系网，便起到了信息的个性化筛选的作用，而且这往往比起网站提供的个性化信息服务更为精准。

这也意味着，网络用户的关系网的质量，影响着他们获得的信息的质量，以及对环境的认知的水准。进一步，个体的意见、态度、价值观取向也会越来越多地受到其关系网的影响。

个性化的信息传播虽然可以使得到达用户的信息更符合他们的个人需求，但它也有可能使得人们越来越封闭在自己的小天地里，形成桑斯坦所说的“信息茧房”现象（第3章将进一步进行分析）。人们对社会的整体认识由此削弱，而从社会角度来看，这将影响到社会整合及社会公共价值的形成。

从前面的分析中我们可以看到，这样一种以个人门户为中心、以个人的社会网络为传播渠道的分布式模式，不仅是信息消费的模式，而且它与分布式、个性化信息的生产模式是一枚硬币的两面。

四、社区与经营的相互嵌入

从商业的角度看，社会化媒体对商业平台、营销模式的影响也是深远的，而其基础是，社会化媒体平台同时也成为商业平台。此外，商业平台中也有了越来越深的社会化媒体的烙印。

在美国哈佛商学院出版的关于网络经营的《网络利益》一书中，作者约翰·哈格尔三世和阿瑟·阿姆斯特朗总结了作为一种经营平台的网络的五个基本特征。①

（1）关于成员的独特中心——网络里成员们根据自己的兴趣爱好组成一个个特殊的群体，这使得网络经营活动的目的性更强。但作为商业机构，它的任务不仅仅是销售，还需要聚集购买力，也就是说要组织群体。

（2）内容和交流的结合——这意味着网络的交互性。用户可以主动地拉出信息内容，而虚拟社会的经营者也应该尽可能了解用户，帮助用户们收集他们可能感兴趣的内容。

（3）强调由成员产生的内容——由成员自己生产出来的内容，可能比那些用常

①参见［美］约翰·哈格尔三世、阿瑟·阿姆斯特朗：《网络利益——通过虚拟社会扩大市场》，28～39页，北京，新华出版社，1998。此处引文中的第二条，原译为“内容和通信的结合”，但笔者认为此处的communication译为交流更为合适。

规手段出版的内容更有价值。而网络的组织者，应该给成员提供充分的自由“出版”的机会。

(4) 选择竞争的卖主——虚拟社会里，用户有更多机会自己寻找不同的卖主。这颠倒了卖主寻找顾客的传统市场模式。

(5) 商业动机明确的虚拟社会组织者——与早期不抱商业目的的网络倡导者不同，现在的网络经营者都具有明确的经营目的。

该书还以图显示了“虚拟社会中增加利润的动力原理”（见图 1—9），它说明了内容、成员、虚拟社会与交易这几者之间的价值链关系。[1] 此示意图中的“内容吸引力”所说的内容，并非网站自身生产的内容，而是成员（网民）所生产的内容，这种内容的目标首先是促进成员之间的关系，再通过这种关系去逐渐发展经营模式，提高盈利能力。而整个链条的起点是“吸引更多的成员参加虚拟社会”，也就是为用户提供好的“平台”。这个图所传达的核心理念是：经营好平台、营造好关系，才能有更多盈利机会。

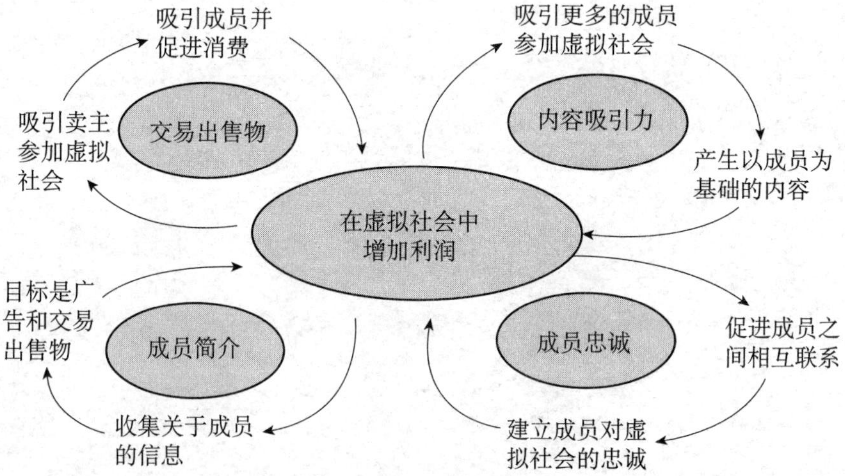

图 1—9　虚拟社会中增加利润的动力原理

资料来源：［美］约翰·哈格尔三世、阿瑟·阿姆斯特朗：《网络利益——通过虚拟社会扩大市场》，55 页，北京，新华出版社，1998。

两位作者在互联网兴起之初做出的判断，在今天正在实现，越来越多的社会化媒体平台，正在转化成与他们的理念相吻合的、有助于创造更多的盈利机会的、集关系与经营于一身的生态系统。

社区与经营的相互嵌入，成为今天新型的商业模式，在某种意义上也代表了未来的主流。即使那些传统的服务行业，例如餐饮，今天也在向 O2O（线上到线下服务，online to offline）转型，而网络社区平台往往是 O2O 中的一端。

今天业界还提出了“社群”这一概念，尽管社群与社区都源自英文的 community，但是，人们用“社群”这个词强调了社区中人的连接、聚合关系。今天的网络经营，越来越多地聚焦于基于特定社群的经营，包括建立在社群关系基础上的产品与服务的营销，以及文化共同体的构建。

【本章思考题】

1. 你如何理解“社会化媒体”一词中“社会化”的含义及意义？

①参见［美］约翰·哈格尔三世、阿瑟·阿姆斯特朗：《网络利益——通过虚拟社会扩大市场》，55 页，北京，新华出版社，1998。

2. 你如何理解社会化媒体、Web 2.0、公民新闻、自媒体、UGC这几者的关系?

3. 你如何理解社会化媒体传播模式与传统媒体传播模式的差异?

4. 你如何理解移动传播与社会化媒体两者的互动关系?

5. 社会化媒体对人们之间的“关系”产生了哪些影响?

6. 你如何看待社会化媒体中的“连接”及其意义?

第 2 章 社会化媒体时代的激荡

在与移动互联网技术以及其他相关技术的汇流中，社会化媒体带来了一场全新的变革。对于传媒业、传统企业和政府机构以及个体来说，都是如此，而这些变革，首先表现为思维变革。

第 1 节 社会化媒体时代的思维激荡

互联网思维，在近几年成为一个热门概念。尽管对于互联网思维的内涵，大家的认识各不相同，甚至也有人质疑，认为互联网思维是一个伪概念。但是无疑，我们无法否认互联网时代与传统媒体时代或传统工业时代的差异，以及它们的运营规则与运营思维的不同。

360 公司创始人周鸿祎认为，所谓“互联网思维”，并不是玄学，没有神秘可言。互联网思维包含四个关键：用户至上，体验为王，免费的商业模式，颠覆式创新。①

小米公司创始人雷军认为，互联网思维的核心是用户思维。用户思维的本质就是党的群众路线，就是深入群众，相信群众，依赖群众，从群众中来，到群众中去。②

你怎么看

互联网带来了思维的变化，你认为应该如何培养互联网思维？

研究者赵大伟将互联网思维总结为九个方面，即用户思维、简约思维、极致思维、迭代思维、流量思维、社会化思维、大数据思维、平台思维、跨界思维。③他用图说明了这几者在生产链的不同环节中的作用，如图 2—1。尽管这个总结并能完全代表研究界的共识，但还是具有一定的代表性。

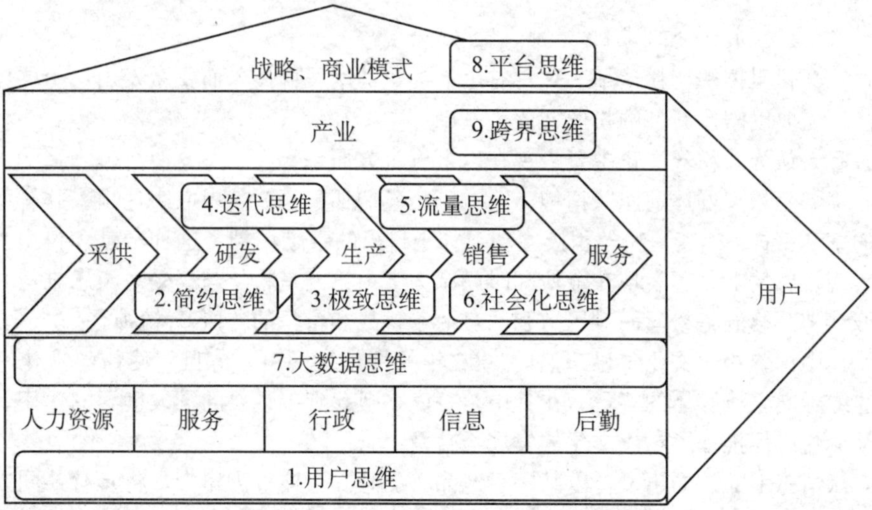

图 2—1 关于互联网思维的一个解读模型

资料来源：http://www.tmtpost.com/85533.html。

也有研究者认为，互联网思维是相对于工业化思维而言的。它是一种商业民主化的思维，是一种用户至上的思维，互联网思维下的产品和服务是一个有机的生命

①参见《周鸿祎：互联网思维是常识的回归》，载《中国青年报》，2014-10-08。

②参见《雷军：互联网思维本质上就是群众路线》，见 http://news.zol.com.cn/article/360808.html，2014-12-13。

③参见赵大伟：《什么是真正的互联网思维?》，见 http://www.tmtpost.com/85533.html，2013-12-24。

体，互联网思维下的产品自带了媒体属性，有互联网思维的企业组织一定是扁平化的。①

不同研究者和实践者对于互联网思维有着不同的理解，但是从中可以看到，他们都强调了对用户的重视，并且用户的角色不仅仅是消费者，也是参与者。

从社会化媒体的应用角度看，互联网思维的核心，就是挖掘用户的力量，将用户变为参与者、贡献者。要做到这一点，需要以下几方面的实践及认识的深化。

1. 洞悉人性，激发参与

要让普通网民成为传播的参与者、营销的推动者，让他们自觉自愿地参与到某些活动中来，实现雷军所说的互联网的“群众路线”，必须以对人性的洞察为前提。

对于社会化媒体产品的开发、推广及运营来说，了解人性是一切的出发点，而满足人性需求则是其归宿。

【案例】 微信“抢红包”活动的成功之道

微信平台推出的“抢红包”活动，充分体现了这样一种思维。

2014年春节前，腾讯公司为了推广其微信支付而推出了“抢红包”这样一个带有游戏性质的营销活动，春节期间“抢红包”席卷微信平台。2015年春节，微信红包再度回归，其热烈程度甚至数倍于2014年。与以往的营销活动不同的是，“抢红包”活动主要借网民的力量推广，在网民之间展开。在网民乐此不疲的自娱自乐中，腾讯收获的是，大批网民将银行卡捆绑到微信平台，而这为微信成为商业入口提供了重要基础。

微信“抢红包”之所以成功，一个本质的原因，就是以人性为基础设计活动模式，使网民自觉参与。第9章将对此进行专门分析。

类似地，从各种产品案例中我们都可以看到，对“人性”这个核心变量的认识能力与驾驭能力的高低，是如何决定着社会化媒体产品的成败的。

2. 塑造新型粉丝文化

社会化媒体中，粉丝是一种具有巨大能量的网民群体，而要激发出这个群体的潜能，需要以塑造新型的粉丝文化为基础。

概念

“粉丝”来自英文“fans”，意为“迷”，在中国，主要指某些明星（或平民偶像）或品牌的崇拜者。

有人认为，粉丝文化主要表现在以下五个方面。②

第一是粉丝群体的团队精神。第二是粉丝们那种喜欢就勇敢表达出来并鲜明支持的率真精神。第三是粉丝积极主动、甘于付出的奉献精神。这种奉献和付出，不仅表现在感情上，还表现在金钱和时间精力上。第四是粉丝与喜爱对象患难与共的忠诚精神。第五是粉丝面对压力和困难敢于挑战和奋争的“PK”精神。

在中国，粉丝文化早已出现，2006年的“超级女声”节目，使粉丝文化开始从边缘走向主流媒体的舞台。在其中，百度贴吧起到了重要的推波助澜的作用。正是社会化媒体推动了粉丝文化的发展与普及。

从情感上的认同出发，以某一个产品、品牌、个体等为纽带，将具有共同兴趣与价值取向的人连接在一起，并通过某些集体行动来提升他们的归属感与参与感，这是粉丝文化形成的机制。

但今天的粉丝文化面临着升级。以往的粉丝文化中，粉丝是属于从属地位的，

①参见《互联网思维到底是什么?》，见http://www.cyzone.cn/a/20131025/246434.html。

②参见《什么是粉丝文化?》，见http://zhidao.baidu.com/question/15249194.html。

特别是某些产品的粉丝。他们更多地只能仰望、膜拜，不假思索地追捧，但对于产品的开发与走向，他们没有任何发言权。而今天的互联网，特别是社会化媒体，可以赋予他们参与产品创造与推广的过程的权利。

【案例】 小米公司：塑造粉丝文化

小米公司及其产品的发展过程，就体现了这样一种重新塑造粉丝文化的过程。

小米公司正式成立于2010年4月。2011年8月16日，小米手机1正式发布。12月18日，小米手机1第一次正式通过网络售卖，5分钟内30万台售罄。小米2012年营收达到126亿，2013年营收达到316亿元。* 2014年10月，根据调研机构IDC及Strategy Analytics发布的全球智能手机市场第三季度报告，小米手机出货量及市场份额均排名全球第三位，紧随三星与苹果。**

业界评论者往往将小米公司的成功归结于互联网思维的应用。小米公司创始人雷军认为，互联网思维很实在，原来厂商与用户之间的关系是简单的买和卖，小米则加上了情感因素与互动关系。小米不是做产品，小米是做用户，做社交网络。互联网时代，人与人之间的关系发生了改变，产生了Facebook这样的社交网络公司，人与产品之间的关系也会变化，小米公司也可以被理解成这样的社交网络公司。这个社交网络最核心的圈子是50万核心用户，他们是买过好几款小米的产品，一直关注小米的产品，一直通过MIUI*** 上论坛、微博、微信、QQ空间等社交平台与小米进行互动的用户。这50万用户可以影响5 000万，这5 000万用户算第二层，是小米产品的一般用户，最外一层则是小米的潜在用户，小米希望里面两层用户影响他们。****

小米公司联合创始人黎万强指出，“对用户而言，小米是他们的，他们参与过就有了拥有感。同时，小米有很多的不一样，很个性，而任何时候的年轻人都喜欢不一样的”*****。

小米公司正是通过各种方式来推动粉丝的归属感与参与感。例如，在微博上和米粉们积极互动、让粉丝参与MIUI设计改进，生产各种与“MI”主题相关的T恤，使米粉拥有了主人的感觉。

小米的实践启发我们，今天社会化媒体的价值，不仅仅是可以产生一般的人与人连接起来的强弱关系链，还有可能带来高参与度的粉丝关系，如果能把粉丝的力量聚集与激发出来，就会给媒体或企业带来更多可能。

* 参见恰克：《雷军：小米手机2013年卖出1 870万台　销售额316亿元》，见http：//www. techweb. com. cn/tele/2014 - 01 - 02/1376558. shtml，2014 - 01 - 02。

** 参见周文林：《国际研究机构：三季度智能手机出货量小米居全球第三》，见http：//news. xinhuanet. com/finance/2014 - 10/31/c_1113064490. htm，2014 - 10 - 31。

*** MIUI是小米手机的操作系统界面。

**** 参见《雷军：小米不只是互联网营销的成功》，载《21世纪经济报道》，2013 - 12 - 28。

***** 刘琪：《揭秘小米崛起背后的文化战略》，见http：//www. forbeschina. com/review/201401/0030545. shtml，2014 - 01 - 06。

3. 激发社群的力量

互联网的连接特性，以及互联网以人为中心的趋向，导致了“社群”的出现与繁荣。与社区有所不同的是，“社群”这样一个概念更强调社区中的人，以及群体的归属感和群体意识。

与粉丝文化有所不同的是，社群文化的去中心化更强，粉丝文化是围绕着某个品牌、某个个人而形成群体感的，而社群文化更多的是形成以平等的协作为目标的群体感。

社群文化更多的是要为社群中的个体创造自我价值，而不是服务于某个企业或个人。

【案例】《罗辑思维》：社群文化与社群经济的探索

《罗辑思维》的实践，被看作社群文化与社群经济的一个探索。2012 年 12 月 21 日，曾在中央电视台任职的传媒人罗振宇与 NTA 传播创始人申音、资深互联网人吴声合作，推出了知识型视频脱口秀《罗辑思维》，但这个脱口秀节目只是一个凝结社群力量的起始纽带。诞生一年内，它由一个互联网视频栏目，逐渐延伸到线下活动、出书、社群征婚、社群共同完成产品开发、C2B 定制等领域，这些业务看上去互不关联，但它们的共同点是利用被转化为社群的会员的力量。

罗振宇认为，新媒体的本质就是社群。互联网的核心就是去中介、去中心、去组织，未来每个人都会摆脱工业时代给我们固定的社会角色和社会分工，自由联合，形成社群。他认为，自己在互联网中所做的《罗辑思维》项目，其实质是基于互联网的社群。社群的关键不在于有多少人，而在于影响力度有多大。《罗辑思维》玩的不是“粉丝经济”，不是挣粉丝的钱，而是和粉丝联合起来挣别人的钱。* 他还认为，未来他所运营的《罗辑思维》有可能会形成一个“类交易所”机制，它可以帮创业者“融”到一切东西：包括钱、品牌、初始用户、传播渠道，就是任何人的一点可以商业化的禀赋都应该可以通过类交易所机制完整释放出来。这种“类交易所”模式，就是社群商业的一种体现。**

图 2—2　罗振宇与《罗辑思维》

* 参见殷宴：《罗振宇口述：新媒体的本质——社群》，见 http：//www.aiwebang.com/yued/caijing/556522.html，2014-05-19。

** 参见赵大伟：《社群商业：移动互联时代的新商业图景》，见 http：//www.tmtpost.com/121367.html，2014-07-10。

在一些研究者看来，社群经济的基础包括三个方面：(1) 共同的目标，或者是纲领，通俗说叫调性。人群通过纲领、调性已经做了有效的区隔。(2) 高效率的协同工具。这也是在 PC 时代社群比较难以建立的原因，而微信、微博这些实时工具，使得协同变得非常容易。(3) 一致行动。因为前面两个原因，一致行动变得比较容易，而这个一致行动也反过来促进了社群的稳固。这三个方面也是克莱·舍基在《人人时代：无组织的组织》一书里提到的协同三原则。① 这三个方面，也是社群文化的基础。

近几年来，“众筹”这个概念及其实践也在逐步进入人们的视野。众筹的重点在资金的筹集，但本质上它也属于将同好者连接起来协作完成某一任务的模式。尽管在执行过程中，众筹可能会走样，但是众筹的思路，已经开始被广泛接受。

虽然有些新媒体人过于夸大了社群的力量，或者将一切都简单归因于社群力量，但是，在互联网等新媒体的经营中，如何将人与人的力量稳定地聚合起来并使

①参见《关于社群经济的 10 个回答》，见 http：//it.sohu.com/20140604/n400409775.shtml，2014-06-04。

之转化为能创造价值的共同行动，的确是一个关键问题。理解社群形成的基础，理解社群运作的机制，理解社群能做什么或者不能做什么，都是理解与应用新媒体的关键。

无论怎么定义互联网思维，可以肯定的是，互联网思维的一个基础，是通过网络连接网民，将个体力量聚合为群体力量。而在这其中，社会化媒体扮演的角色尤为关键。互联网思维不是万金油，它不可能解决所有问题。互联网思维也不是口号，它更需要行动。我们也要警惕把互联网思维当作幌子招摇，但也不能因此而否认互联网思维的存在，否认互联网思维的价值。

无论对于媒体，还是企业或政府机构，这样一种思维的转变，都是迎接社会化媒体挑战的基础。

第 2 节　社会化媒体时代的传媒业震荡

社会化媒体时代，传媒业面临各种震荡。

一、社会化媒体成为媒介融合的催化剂

媒介融合是传媒业发展的一个基本趋势。

1983 年，美国麻省理工学院教授浦尔在他的著作《技术的自由》（*Freedom of Technologies*）中，提出了“媒介融合”的概念。在他看来，媒介融合即指各种媒介呈现出多功能一体化的发展趋势。

进入网络时代后，这样一个趋势也越来越多地被中国传媒业所重视，业界的相关实践也在不断推进。媒介融合从早期的技术融合开始向业务融合、平台融合、市场融合以及机构融合深化。

媒介融合的基础是多重媒体平台的互连和产品的互通，这不仅是传输渠道的连通，也不仅是内容与服务在多个终端、平台上的简单重复，它更多的是各种渠道与终端中的内容的自由流动、相互激发，是多种服务的有机关联、相互补充。在这其中，社交是一个重要的连接器与触发器，是各种媒体业务产生化学性融合的一个重要催化剂。而社交活动的主体，是用户。

新浪的微博、腾讯的微信等，本身都是基于人们社交需求而开发出来的产品，但它们逐渐向多种功能辐射，最终演变为一个涵盖多种内容产品与服务产品的平台。这些平台自然促成了传统媒体与新媒体的融合。

近年来兴起的社交电视实践，也证明了社交行为、社交平台对传统媒体转型的推动意义。社交电视即是将电视节目的观看行为与各种社交平台中的互动相结合，使观众参与节目的讨论、互动环节，甚至影响节目的进程。

社交电视的出现，改写了传统电视中“互动”的概念。它将传统的传播者与受众的互动，拓展为受众与受众之间的大规模互动，将“用电视”中的“用”的含义，扩展到了社交层次。观众基于电视节目的社交活动，可以延伸节目的信息与线索，使节目产生更丰富的内涵，社交活动也成为节目的二次传播或口碑传播的重要动力。社交电视，也导致了电视生产模式、节目效果评估模式、广告模式等一系列变革。

社交活动在电视与新媒体之间“穿针引线”，在改造电视的同时，也带来了电视与新媒体的自然融合。可见，社交元素的确可以作为媒体融合的催化剂与黏合剂。传统媒体产品的数字化转型，必须把用户及其社交需求、社交活动，作为重要的因素来考虑。

就像新媒体正在带来的变革一样，媒介融合也应是以人为核心的融合，而“社交”与“关系”，又是人们在新媒体平台上的需求与活动的核心，媒介融合的深化过程，也是社会化媒体的思维与应用在传统媒体的渗透过程。

因此，媒介融合的过程，也是传播者与受众的融合过程，这个融合是以受众的角色转型为基础的。对于受众的角色转型，对于传播者与受众的融合来说，社会化媒体具有至关重要的意义。

二、专业媒体的垄断地位受到挑战

社会化媒体的广泛应用，使专业媒体的垄断地位受到一定程度的动摇。

（一）社会化媒体影响下“专业”与“业余”界限的模糊

过去，专业的媒体与业余的个人以及非媒体机构之间，有着泾渭分明的界限，而今天，在社会化媒体应用的影响下，这些界限正在模糊，专业与业余之间的关系也变得更为复杂。

今天的媒体人尤其需要深入理解专业与业余之间三对典型关系的变化及其影响。

1. 专业的媒体 VS 业余的个人

多数时候我们所说的专业与业余的抗衡，指的是专业的媒体与业余的个人。的确，大多数普通人没有经过新闻信息生产方面的专业训练，他们所提供的内容，常常被认为是“业余”的。但是，这些业余的内容，并非一文不值。公民新闻的力量正是在这些业余的、碎片化的内容中积聚起来的。

对于专业的媒体来说，如何发现业余中的专业价值，如何将业余的资源转化为专业的产品，是新媒体时代的一个重要课题。善于吸收业余力量的专业媒体，也许可以变得更为专业。

2. 专业的媒体 VS 专业的个人

所谓的专业媒体，多数时候是指在新闻信息生产方面是专业的，但未必在其他一切领域都是专业的。相反，网民并非都是业余的，网民群体中也隐藏着很多在某些专业领域有专业特长的行家，他们拥有更多专业知识、掌握更多专业信息，在特定的领域，他们可能比媒体的洞察更深入，判断更准确。

对于专业媒体来说，在专业性很强的信息生产领域借力专业的个人，是进一步提高其专业领域的信息生产水平的一个重要方式。但今天，这样的“借力”正在变得越来越困难。因为当这些专业的个人拥有了博客、微博、微信公众账号等平台时，便不再像过去那样需要借助专业媒体发出自己的声音。他们可能不再甘心给媒体打工，更不愿意自己的观点经媒体的中介而变得面目全非。面对这样的新挑战，专业媒体如何调整策略，也是一个新课题。

3. 专业的媒体 VS 专业的机构

今天有越来越多的政府机构及企业也在利用互联网上的社会化媒体平台，而它们在信息传播方面也具有一定的专业性。当它们拥有了信息的自主发布权时，也许不再愿意对专业媒体完全开放自己的资源，甚至可能成为专业媒体的竞争对手。

面对以上三种改写了的关系，专业媒体的姿态也需要做出改变，而更重要的是，从工作模式与机制上做出根本的调整。

（二）公民新闻：专业媒体的补充者与参照者

社会化媒体给了业余的个人与专业的媒体更多博弈的可能，也推动了公民新闻的成长和其力量的不断上升，并最终与专业媒体相抗衡。这将使得未来传媒业的生产模式发生质的变化。

尽管很多研究者与从业者对公民新闻的碎片化持否定态度，但在某种意义上，网民带来的碎片化的信息，是对由大众媒体垄断带来的信息不平衡状态的一种补充。它们之间也存在着相互参照、相互校正的可能。虽然每个网民只提供了一些零散的“碎片”，但是，当那些关键的碎片拼贴在一起时，当它们与专业媒体所提供的图景组合在一起时，最终呈现出来的景象，会比仅仅由专业媒体所描绘的景象，要更为丰富、立体、真实。

你怎么看

作者认为，社会化媒体推动了公民新闻与专业媒体的抗衡，你怎么看？

公民新闻的普及，也会使更多的新闻事件的传播进入全民直播的时代，来自网民的全程的、全方位的直播，将给其他网民带来更强的“卷入感”。

公民新闻不仅影响了新闻的生产过程，而且以某些方式影响着整个传媒业。

公民新闻所涉及的事件、话题、新闻素材等，可以成为某种参照系，受众可以以此为参照对专业媒体新闻报道的时效性、客观性、全面性等进行评判。

社会化媒体所谈及的新闻事件、话题，也越来越多地成为媒体报道的由头或起点，在一定意义上说，社会化媒体的议程正在影响着专业媒体的议程。

公民新闻活动的影响积淀下来，会变成公众的某种价值取向，这种价值取向虽然不会完全决定专业媒体的报道活动，但会在一定程度上影响专业媒体的价值取向与判断。

在这样的形势下，专业媒体仍然需要坚持自己的“专业优势”，但这种坚持，应是建立在对用户地位与作用的重新认识上，建立在对公民新闻价值的尊重基础上，建立在对自己的专业角色与职责的重新定义上。

虽然今天公民新闻或者非新闻机构之外的力量对专业媒体已经产生了明显的冲击，但是专业媒体、新闻专业主义始终有它们的价值。正如研究者吴飞所说，“新媒体的出现，社交网络的发达，它们不但不是新闻专业主义的终结者，而且是更有力的维护者，只要人类对新闻需求的目标没有根本性的改变，只要我们还希望通过新闻这种方式来探测这个变幻莫测的世界，新闻专业主义仍然是一种不可或缺的理论资源与实践纲领”①。

（三）自媒体：不只是公民新闻

第 1 章提到，“自媒体”一词在今天的中国有三种指向：第一种指向是公民新闻，其理念是人人即媒体；第二种指向是那些以专业化或准专业化方式运作，但又不在现有媒体体制内的独立媒体；第三种指向是政府机构、企业的机构自媒体。像公民新闻一样，后两者也在今天对传媒业产生了一定冲击。

①吴飞：《新媒体革了新闻专业主义的命？——公民新闻运动与专业新闻人的责任》，载《新闻记者》，2013（3）。

独立媒体的出现顺应了新媒体时代公众对于媒体的新期待。这些自媒体具有相对独立性，同时，很多自媒体人具有专业媒体、专业领域的工作背景，多数也具有专业领域的信息、资源优势，这些特点与公众对于媒体在“独立性”与“专业性”方面更高的需求形成了呼应。

独立媒体往往在行业或专业的独家消息以及评论类的原创内容的生产方面，具有较大的优势，它们也可以用更独立的报道、更多元的视角、更独到的分析，对体制内媒体形成补充。

但独立媒体发展仍然会面临种种变数。

独立媒体并非完全独立，它同样会面临商业、人情等因素对公正性的干扰，以及政府及平台控制因素的影响。

从运营规范来看，相较专业化媒体，自媒体受到的体制和制度的约束相对较少，自媒体的经营需要高度的自我规范与自我约束。失范的行为很容易带来品牌与口碑的瞬间瓦解。

由于人员数量等原因，独立媒体的信息供给能否持续，信息把关能否得到保证，都是其面临的重要挑战。在自媒体林立的今天，最终决定生存的还是专业能力。合理的定位、高水准的内容和高明的传播技巧，是自媒体的立身之本。而是否能找到足以支持其生存的盈利模式，是独立媒体可持续发展中的关键。

在各种力量的推动下，今天这部分自媒体探索者也在经历着重要的转折，这主要体现在如下两方面。

从理想主义到现实主义的转折。很多自媒体的运营者是抱着表达理想与情怀的愿望进入这一领域的。然而，理想与情怀可以作为标签，成为形成品牌的基础，但它不能保证生存。今天的自媒体必须进入商业模式的探索阶段。广告、稿费、订阅、打赏、众筹、电商等各种盈利模式，今天的自媒体都已经涉足。

从个人主义到集体主义的转折。初期的自媒体，往往是靠展示一两个个体的人格魅力赢得粉丝，形成影响力，但依靠个人魅力很容易走到枯竭的边缘。因此，“罗辑思维”等开始走谋求社群协力的道路，粉丝变成参与者、合作伙伴。尽管还不能马上断言这样的实践一定会成功，但是，这个方向是值得关注的。

作为一个实验田，独立媒体的探索可以为传统媒体在新媒体时代的转型积累更多经验与教训。比传统媒体更接网络地气的独立媒体，也会在专业媒体如何更好地与人人媒体对接等方面，尝试更多可能。

机构自媒体，是指诸如政府机构、企业这样的组织机构在互联网上建立的自主信息发布平台。这类自媒体不限于社会化媒体，传统的政府网站、企业网站都可以视作自媒体。但是，社会化媒体应用使得机构自媒体更为普及，因为依托已有的社会化媒体平台，这些机构建自媒体的门槛更低。

机构自媒体是政府机构和企业全新的对外传播窗口。

过去政府机构、企业的对外传播主要依赖于专业媒体，而它们自身往往对于这些信息传播过程没有太多的自主权，经过专业媒体中介的信息传播，有时会产生变形、损耗，其时效也受到影响。更重要的是，媒体有自己的信息选择标准，很多时候这些机构的信息无法被专业媒体接纳。

而有了诸如微博账号、微信公众号这样的自媒体，政府机构和企业在对外传播中，可以将信息传播主动权掌握在自己手里，信息发布的内容、数量、节奏，都可以自己把握。在应对一些公共危机时，它们可以做出更快速、更直接的回应。

机构自媒体在某些领域的信息发布更为权威。例如，中央纪委监察部网站对于问题官员的查办、处理信息，是这方面国内最权威的信息源，专业媒体的报道，也需要以它为依据。地震、气象等部门的自媒体，也是在这些领域最专业的信息发布渠道。

当越来越多的机构拥有自媒体时，它们发布的内容也将成为专业媒体的补充与检验。

当然，与专业媒体相比，机构媒体的客观性问题将始终是一个需要克服的障碍。“王婆卖瓜”、只唱赞歌的“宣传”思维，把新闻等同于领导活动和文件的做法，是多数机构媒体的常见问题。

人人媒体、独立媒体、机构自媒体，都给社会化媒体带来了活力，推动着其繁荣，也挑战着曾经独自为王的专业媒体。

三、“社交化”大众传播呼唤媒体传播“语态”变革

当内容生产和消费与人们的社交活动关联越来越密切，当内容越来越多地依赖人们的社会关系渠道流动时，传统的点对面的大众传播日益演化为“社交化”大众传播。

这意味着，传统媒体的传播思维、传播手段需要做出变革，尤其需要在选题、表现形式这些可以称之为“语态”的层面上做出调整。

社会化媒体中，内容能否被广泛转发，在一定程度上取决于它能否成为人们社交的话题，成为社交的润滑剂。在这样的渠道里，过于传统的选题角度，过于刻板的表达方式，很难引起人们的兴趣。接地气、人性化、故事化，是社会化媒体最受欢迎内容的常见特征。

在社会化媒体渠道里传播的内容，需要与网络文化的基调相吻合，在一定程度上，也需要借助网络语言，包括各种流行语。当然，这并不意味着一味卖弄、卖萌、跟风。仅有形式上的“网络化”，而不能在根本上满足网民的需求，特别是不能满足他们对社会环境认知的深层需求，这样的内容其生命力也不会长久。但不管怎样，传统媒体的内核上的变革，也需要“语态”这些外壳上的变革的推动。

除了考虑网络文化的基调外，在社会化媒体平台传播的内容，还需要考虑人们的阅读场景。在今天，尤其需要注意移动场景带来的影响。

用户在移动场景中活动的特点是，时间的碎片化、情境和空间的快速切换。这会给新闻阅读带来影响。虽然人们对于长篇的、深度的内容的阅读需求仍在，但是，时空的碎片化使得人们难以保持一个封闭的、持续静态的阅读过程。简单地指责网民阅读能力下降是无济于事的，试图让他们停留在一张报纸读一天的时代也是不现实的。对于移动社交平台的内容生产者来说，一个重要目标，是通过自己的努力，将文字的精华通过其他的表现形式，如信息图表、PPT 等，进行提炼与再呈现。

因此，今天的社会化媒体，稿件的标题里越来越多地出现了“一分钟读懂”、“两分钟了解”、“十张图让你知道”等等字眼。而 PPT 作为一种信息呈现的方式，在移动终端和社会化媒体里也开始大行其道，尤其是研究报告的呈现。这正是顺应

用用户行为特点做出的传播策略的调整。尽管今天我们看到的，未必是最佳手段，但是，这些新的手段的探索，无疑是必要的。

以“新华体”这样的传统媒体语态范例著称的新华社，在微信公众号平台开始了新语态的探索。“刚刚，沙特王储被废了”这条微信标题，造就了流行一时的“刚刚体”，这条微信推出 10 分钟后点击量便突破 10 万+，发布 36 个小时赢得了 800 万点击量，转发量近 50 万①，也被很多媒体或自媒体公众号模仿。

同样具有典型传统媒体语态风格的《新闻联播》，在走上“快手”和“抖音”平台开设《主播说联播》这样的新媒体栏目时，也开始用“老铁”“小哥哥”“小姐姐”“上热搜”“奥力给”这样的网络语言。《主播说联播》也成为新媒体时代语态变革的一个新样本。

《人民日报》客户端则在 2017 年“八一”建军节的报道中推出了“军装照”（如图 2—3）这样的现象级网络互动产品，这个产品不仅获得了中国新闻奖媒体融合类别的融媒互动奖，引发一批媒体的效仿，也昭示了媒体在新语态探索上的一个新方向——将媒体主导的“新闻报道”变成用户参与的“新闻产品”，其新闻性不是体现为事件或主题的新闻价值，而是体现为用户卷入的程度。当然，这样的尝试也引发专业人士的一些争议。

图 2—3 《人民日报》客户端的《军装照》H5

四、社会化媒体改写传媒业市场

社会化媒体对于传媒业市场影响的另一个层面，是影响着用户的信息消费模式，从而影响着整个传媒产品的格局。

（一）社会化媒体成为信息消费入口

社会化媒体带来了人们信息消费的“入口”的变化。

曾经，各种传统媒体是人们进入信息世界的入口，无论人们选择哪家报纸、哪个电视频道，这些入口都是公共化的。互联网的门户时代，门户网站也仍然是这样的入口。

而今天的情况在发生变化，如第 1 章提到的，社会化媒体的普及使人们进入信息世界的入口变得个性化甚至私人化，形成了每个人的个人门户。

今天的互联网市场，人们的需求主要体现在三个层面：内容、社交与服务（包含电子商务、在线娱乐、在线医疗、在线金融、在线教育等）。而社交是人们需求的基础，因而也是各种产品的基石。在某种意义上，社交入口的意义比内容入口的

①赵新乐．“刚刚体”爆款微信带来这些启示[N]．中国新闻出版广电报，2017-11-28.

意义更为重要。而这样的入口，正是由社会化媒体来充当的。那些在某个时期最具竞争力的社会化媒体产品，更容易成为入口。

尽管今天的媒体也在努力地利用社会化媒体，但是，如果不把社会化媒体上升到“入口”的战略地位，不能在这个层面上思考如何进行产品的未来布局，那么，传统媒体在未来也许将失去更多话语权。

(二) 关系产品成为传媒市场的支柱产品

信息消费入口的社交化、私人化，也意味着，在整个传媒市场中，内容不再是唯一的产品支柱。诸如社会化媒体应用这样的用于连接和发展用户关系的关系产品，也将成为市场的一个重要支柱。

过去传统媒体的产品主要是内容产品，内容为王的思维长期以来一直被传统媒体人奉若神明。但是，互联网的产品包括接入产品、关系产品、内容产品和服务产品四大部分（第 11 章将进一步进行分析）。这四者形成的合理的产品结构，是内容产品得到持续发展的基础。内容产品的价值的激发与转化，往往有赖于其他类型的产品。

社会化媒体产品对于内容产品产生的意义是，它为内容产品聚集规模化用户，为内容产品凝聚和强化用户黏性，也可以通过与服务产品的连接，为内容产品带来价值的增长和更多盈利模式。一旦某个社会化媒体成为“入口”，那么它对内容产品的作用就更不言而喻了。

因此，社会化媒体时代，媒体如何经营好关系平台，如何更好地适应社会化媒体的传播特点来进行内容生产的变革，将变得越来越重要。

五、社会化媒体时代专业媒体的新机会

专业媒体在社会化媒体的冲击下，并非只是受到威胁。社会化媒体也给专业媒体带来很多新的机会与可能。专业媒体可以利用社会化媒体进行的拓展包括很多方向，例如：

在新闻的生产方面，专业媒体可以利用社会化媒体进行实时报道或跟踪报道，利用社会化媒体发现选题与新闻资源，利用社会化媒体对传统媒体内容进行延伸与补充；

在新闻的传播方面，专业媒体可以利用社会化媒体进行内容的“再传播”，利用社会化媒体实现媒体与受众、受众与受众的互动；

在新闻传播效果的监测与评估方面，可以利用社会化媒体建立传播效果研究机制；

在品牌的塑造方面，可以利用社会化媒体延伸和再造品牌，特别是对于那些与网民有一定的距离感的传统媒体来说；

在产品的开发与拓展方面，可以利用社会化媒体资源开发新产品或为社会化媒体定制新产品。

本书后面的章节将结合具体的社会化媒体平台来分析相应的应用手段。

第 3 节　社会化媒体时代的营销革命

社会化媒体的运用，使企业的营销思维与途径，发生了深刻的变化。以下几个

方面的变革尤为突出，而其中一个核心，是利用社会化媒体平台，使用户成为营销的参与者。

一、从依靠媒体到依靠关系平台

社会化媒体给企业的营销带来了深远的影响。企业以往的营销主要是依靠各种媒体平台，无论是广告还是宣传稿的投放，都需要借助媒体。而社会化媒体使企业可以自建或利用现成的关系平台，来进行营销活动。

这样的营销，并非只是渠道的转换，更多的是营销主体的拓展。因为，社会化媒体营销需要更多地借助网民的力量。

理想的社会化媒体营销，是将网民的自发感受作为口碑传播的基础，但要让网民在自发感受基础上成为企业营销的参与者、正面口碑的传播者，需要相应的条件，主要包括：

打动用户的体验：社会化媒体营销常常体现为口碑效应，没有好的产品或服务体验，就不可能形成好的口碑。好的体验，除了来自产品和服务的价格、质量等因素外，还可以来自产品的新奇、独特等卖点。迎合人们的“图方便”、“捡便宜”、“显身份”、“赶时髦”等心理的产品或服务，往往容易形成正面口碑。

进入社会化媒体的方便入口：一个好的口碑，需要让用户用“不费力”的方式加以传播。如何提供一个自然便利的入口，让用户的口碑传播轻松地进入社会化媒体平台，是社会化媒体营销活动中需要考虑的一个问题。例如，在电子商务网站，开辟“用户点评”这样的平台，甚至加上“分享到微博”的操作，就容易将网民的评价在社会化媒体上累积起来，转化为产品的长期口碑。

用户的参与热情：口碑的传播，不仅依赖直接体验者的传播愿望，还依赖于非直接体验者的关注和传播热情。这也就意味着要创造能形成公共价值的营销卖点。

当然，有些社会化媒体营销，并非来自用户的自发体验，而是由企业人为制造一些体验、事件、活动或者广告，再通过社会化媒体传播。但即使是人为制造的体验，也需要贴合用户的心理，满足他们的需求，同时创造用户参与的氛围。

社会化媒体在营销中的广泛应用，使得广告营销的法则发生了转化。

【知识窗】 刘易斯：AIDMA营销法则

传统的广告传播遵从的是美国广告学家E. S. 刘易斯在1898年提出的AIDMA营销法则。该法则指出，消费者从接触到营销信息，到发生购买行为之间，大致要经历五个心理阶段：注意（attention）—兴趣（interest）—欲望（desire）—记忆（memory）—行动（action）。消费者对于营销信息的AIDMA反应模式，形成了以“媒体”为核心，以“引起注意”为首要任务的营销策略。*

日本电通广告集团则在2005年提出了一个新的法则，即AISAS营销法则，它指出，今天的营销演变成了如下五个阶段：注意（attention）—兴趣（interest）—搜集（search）—行动（action）—分享（share）。

*参见刘德寰、陈斯洛：《广告传播新法则：从AIDMA、AISAS到ISMAS》，载《广告大观》，2013（4）。

社会化媒体为这一新法则的实现提供了可能。这五个阶段，都可以在社会化媒体上完成，从"注意"与"兴趣"这两个阶段来看，来自熟人、有影响力的名人等的推荐，比大众媒体的机构推送，能产生更好的效果。而对于相关信息的搜集来说，社会化媒体也越来越多地扮演起主要角色。社会化媒体与服务平台的连通，使人们从心动到行动的过程缩短，行动实施也更为便捷。至于分享，则更是社会化媒体平台的优势，它也是引起新一轮注意与兴趣的源泉。

另外，关系平台的价值在于，将分散的用户力量集结起来，使用户参与到企业的活动中，成为企业和产品的成长过程中的一分子。前面提到的利用粉丝和社群的力量，在很大程度上需要以关系平台为基础。

二、从"隔空喊话"到"零距离对话"

社会化媒体平台，不仅要借助用户之间的关系渠道来传播企业的口碑，或形成用户力量的凝聚，也需要建立起经营者与用户之间的更亲密更持续的关系，这种关系，是在企业与用户间的零距离对话中完成的。

以往的企业广告，对于用户相当于隔空喊话。一方面，由于距离太远，企业看不清用户的真面目，所以喊话的目标也不明确；另一方面，由于距离太远，所以只能"加大嗓门"，也就是在媒体不断增加广告投放的力度，但如果"劲"使得不得法，反而制造了大量噪音。

社会化媒体营销的"对话"思维意味着，它靠的不是声高，而是对用户的近距离的洞察。企业和用户两者间的关系是"活"的交流关系，而不是机械的、程式化的信息传播。这种对话不是以宣传企业或产品为中心的，而是以赢得用户的认识与理解，打动用户，使用户"卷入"为目标的。所谓的客服，也不再仅仅只是程式化地解决用户的问题，而是在人性化的交流中为企业积攒用户资源。

社会化媒体营销可以消除企业与用户间的"中介"，使两者随时可以开展直接的接触。这既可能给企业带来更多地直接展示的机会，也可能使企业随时处于"风口浪尖"上。因为社会化媒体平台在一定程度上也将企业与用户之间的"墙"拆掉了，用户可以更直接地洞察企业的内幕。没有持续的形象塑造和关系维护意识，很难维持长期的"友好"关系。更重要的是，如果企业的产品或形象存在致命缺陷，那么，无论用什么样的营销技巧，也无法让企业长期伪装下去。

也有一些企业仍然会请独立的专业营销机构帮助自己开展社会化媒体营销。尽管专业机构可能更熟悉在相关平台营销的操作技巧，但是社会化媒体营销也包含售前、售后服务等内容，而这些是专门的营销机构所无法承担的。因此，除非某些无需产品服务的产品，否则专门的营销机构只能作为社会化媒体营销的部分，而不是全部。

三、从大众化广告到个性化营销

顾名思义，广告是"广而告之"，也就是面向大众的。而社会化媒体营销不再是传统的广告的传播过程，它需要更好地实现信息的个性化到达和个性化满足。

社会化媒体营销以人们的社交网络为基础，使社会关系成为营销信息的过滤网，这个过滤网可以使个体获得的信息更为个性化，同时，基于人际网络传递的信息，往往更容易得到人们的信任。

除了基于社交网络的信息传递外，社会化媒体营销也可以利用 LBS（location based service，基于地理位置的服务），为人们在不同的地理位置和生活场景中的特定需求提供相应的营销信息。而利用大数据技术对用户行为、偏好、需求等进行分析挖掘，提供个性化的信息满足，也将成为一种常态。因此，社会化媒体营销是差异化、个性化的营销，是以为用户提供“量身定做”的信息为目标的。

进一步，有了电子商务平台的支持，今天企业的产品销售可以直接嵌入到营销信息中。社会化媒体营销不仅仅可以增加用户对品牌的认知，也可以直接完成产品的销售。

四、从促进消费到提升体验

美国学者托夫勒在 20 世纪 70 年代曾预言：“来自消费者的压力和希望经济继续上升的人的压力——将推动技术社会朝着未来体验生产的方向发展”；“服务业最终还是会超过制造业的，体验生产又会超过服务业”；“某些行业的革命会扩展，使得它们的独家产品不是粗制滥造的商品，甚至也不是一般性的服务，而是预先安排好了的‘体验’。体验工业可能会成为超工业化的支柱之一，甚至成为服务业之后的经济的基础”①。

1999 年，美国的两位经济学家约瑟夫·派恩和詹姆斯·吉尔摩撰写的《体验经济》一书明确提出了“体验经济”这一概念，并提出“工作是剧场，生意是舞台”的理念。他们认为，体验经济具有这样的理想特征——在这里，消费只是过程，消费者成为这一过程的产品。在过程结束后，体验记忆会长久地保存在消费者脑中。消费者会愿意为体验付费，因为它美好、难得、非我莫属、不可复制、不可转让、转瞬即逝，它的每一瞬间都是“唯一”的。②

有研究者认为，体验经济的特性包括：游戏化—娱乐性、人性化—互动参与性。而社会化媒体平台恰恰在实现这些特性方面具有得天独厚的优势。

社会化媒体还可以带来社群文化的体验，这是体验经济的一个新境界。

五、从“二八定律”到“长尾营销”

传统的企业营销遵从的是“二八定律”，或称 80/20 定律、帕累托定律。

1897 年，意大利经济学者帕累托在调查英国人的财富和收益模式中发现，大部分的财富流向了少数人。同时，他还从资料中发现，在其他的国家也有类似现象，而且在数学上呈现出一种稳定的关系。帕累托从大量具体的事实中发现：社会上 20%的人占有 80%的社会财富。

这一定律后来被推演到其他领域，应用于企业的生产与销售领域则意味着，对于一个产品的销售来说，20%的高忠诚度用户可以带来 80%的销售业绩。因此，企业格外重视这 20%用户的需求，企业的生产与营销主要围绕他们展开。

但互联网改变了这一定律的适用性。美国《连线》杂志主编克里斯·安德森

①姜奇平：《体验经济：原教旨与新发展》，见 http：//column. bokee. com/529. htm。

②参见汪丁丁：《体验〈体验经济〉》，见 http：//www. xschina. org/show. php? id＝164。

(Chris Anderson）在他的《长尾理论》一书中指出：商业和文化的未来不在于热门产品，不在于传统需求曲线的主体部分，而在于过去被视为“失败者”的那些产品——也就是需求曲线中那条无穷长的尾巴。非主流的、个性化的产品需求，虽然是需求的长尾（the long tail），但是，它们累积起来，也能产生与畅销品（body）一样的销售业绩。如图 2—4 所示。

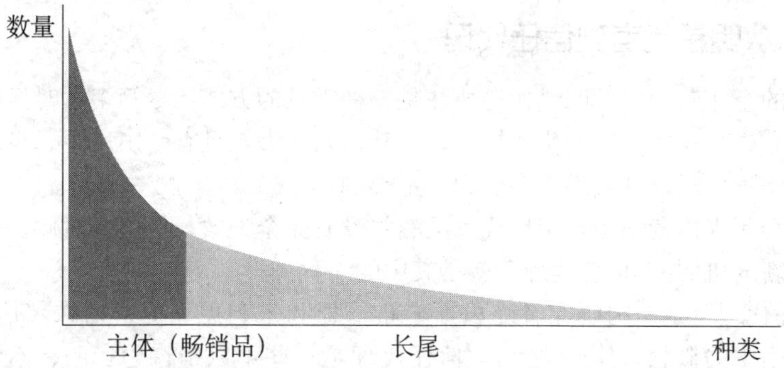

图 2—4　长尾理论模型

资源来源：www.jamowoo.com。

尽管“长尾”并非对企业毫无诱惑，但过去企业之所以主要关注对企业产生80%贡献的那 20%的用户，是因为生产模式和营销模式本身的局限性。而今天的技术，为满足长尾需求品的生产提供了可能，社会化媒体则为面向长尾需求的用户进行营销提供了可能。

安德森认为，这种情况的出现与三种力量有关：第一种力量是生产工具的普及，尤其是个人电脑的出现；第二种力量是通过普及传播工具降低消费的成本，而把每一个人都变成互联网的传播者；第三种力量是连接供给与需求，将新产品介绍给消费者，推动需求沿曲线向右移动。①

社会化媒体的作用，正体现为第三种力量，它可以使企业生产的小众产品被更多用户了解甚至被直接推送到特定的用户那里，也可以反过来使企业更多地了解用户的个性化需求并设法满足。

六、从部门营销到全员营销

传统的营销，是以企业的营销部门为主的，而社会化媒体营销需要企业的各种不同力量共同作用。

无论是营销部门，还是生产部门，无论是管理者，还是普通员工，每个部门每个个体都可以成为营销的一分子。一个企业的社会化媒体营销往往是官方营销账号、部门账号、管理者账号以及普通员工账号几者的立体组合。当然，几者的目标和风格应该有所分工，相互配合。

今天很多企业的营销都称要构建营销矩阵，但所谓矩阵往往只包括企业的各个部门的运营账号，而事实上，个人账号对于企业营销的影响也是非常显著的。

影响尤为显著的是管理者。只要他们在社会化媒体中以真实身份现身，那么，他们就是企业的代言人，他们的任何表现，都会与企业的形象挂上钩。管理者的账号应该在展现个人魅力的同时，充分展现企业的文化、企业的风格。如果运营得当，企业领导者的账号甚至可以带来超出营销部门营销的影响力。

企业的每一个成员，在社会化媒体中的一言一行，甚至现实世界中的一言一

①参见［美］克里斯·安德森：《长尾理论》，48～51 页，北京，中信出版社，2012。

行，都可能直接影响企业的形象与口碑。一时的不慎言行，很可能会由于社会化媒体的传播演化为危机。

社会化媒体既为企业营销传播带来了很多新机会，也带来了相应的风险。企业对于社会化媒体所带来的风险尤其需要充分认识，并对自己的思维与策略做出相应调整。

七、从明星代言到信任代理

过去的企业营销中，明星代言往往是一种常见的方式，尽管多数时候明星代言有利于产品或企业知名度的快速提升，但其投入巨大，且有一定风险。当用户对明星代言见怪不怪时，其效果也会受到一定影响。

在社会化媒体营销中，明星代言虽然并没有完全失效，但更多时候，企业需要利用一些新的机制。“信任代理”就是其中的一种。

“信任代理”是美国研究者克里斯·布洛根和朱利恩·史密斯在《信任代理》一书中提出来的概念，他们认为：“信任代理是一些不以销售为目的、不施展高压手段的市场营销人员。他们是网络王国的土著居民，利用网络来真诚而人性化地做生意。”[1]但这里所说的“不以销售为目的”，并非意味着他们没有商业的目的，而是指他们不是急于求得当下的销售业绩，而是通过日积月累的过程，进行长远的商业价值的培养与发掘。

信任代理的培养基地，就是社会化媒体。甚至很多的信任代理就是普通的网民，他们基于真实的产品体验用人际交流的方式来影响他人，为企业赢得口碑。在社会化媒体培养和发现信任代理，成为企业营销的新思维。

八、从卖“我的产品”到创造“我们的文化”

今天的企业营销目标已经进入一个更高的层次，那就是，不仅促进自己的品牌与产品的推广，还要促进新的文化的形成，这种文化甚至不是传统意义上的企业文化，而是企业与其用户之间共同的文化，是“我们的文化”。

这样一种“我们的文化”，凝结与传达的是企业与用户之间的文化共识，包括产品理念、价值追求、文化基调等各方面。

这样一种文化，是在产品的生产、销售、使用的全过程中逐渐积累而成的。因此，要创造“我们的文化”，就要将社会化媒体营销链条向前延伸到产品的设计阶段，向后延伸到用户的使用阶段，使用户也成为产品的开发者与推动者，而不仅仅是消费者。

第 4 节　社会化媒体时代的社会管理变革

社会化媒体时代，政府机构、政府官员等管理者所面临的挑战也是巨大的，在中国尤其如此。一方面，信息环境在发生变化，过去只能通过媒体传达的舆论，今天已经可以通过各种渠道特别是社会化媒体渠道来表达；另一方面，在社会化媒体这样的平台上，管理者不再天然具有最大的话语权。

以社会化媒体为代表的网络民意表达空间的开辟，使管理者有了全新的认识民

① [美] 克里斯·布洛根、朱利恩·史密斯：《信任代理》，14 页，沈阳，北方联合出版传媒集团，万卷出版公司，2011。

意、舆情和舆论的渠道。而管理者如何运用新思维、新语态在新的空间里与公众进行对话，也成为一个新的课题。

一、管理者面临的公共传播环境变化

今天管理者面临的挑战，大多是由公共传播环境的变化带来的，特别是其中的意见环境。

（一）社会化媒体对意见环境的影响

社会化媒体今天已经成为中国意见环境的一个重要部分，并影响着社会意见的走向，其主要表现为：

1. 社会化媒体成为网络舆论形成的主渠道

按照传统的政治学和舆论学的观点，舆论是一种社会合意（social consensus），它的产生是一个“问题出现—社会讨论—合意达成”的过程。[①]尽管这一观点有一定的片面性，但是它对于舆论形成的过程的概括，仍然可以作为一种参照。网络舆论的形成，也有类似的规律。

①参见郭庆光：《传播学教程》，219页，北京，中国人民大学出版社，1999。

这一过程，在今天的网络中，基本上都是以社会化媒体为平台完成的。

当下的中国，对外关系中的国家民族利益问题、社会转型期的主要社会矛盾（特别是民与官的矛盾、贫与富的矛盾）、政治改革背景下的反腐问题、经济改革背景下的民生问题、现代社会的道德困惑、多元文化背景下的“无厘头”事件等，都很容易成为网络舆论形成的导火索。社会化媒体四通八达的传播网络，可以使一个话题迅速扩散并在此过程中引发大规模社会讨论。而在意见领袖、“沉默的螺旋”等各种机制的作用下，主流意见也会很快凸显。

你怎么看

你认为社会化媒体是否能成为网络舆论形成的主要平台？

与过去需要经过媒体这一“中介”的舆论相比，今天的舆论表达更为直接，形成速度更快，影响面往往也更大。

2. 社会化媒体是网络舆情的主要承载空间

尽管“舆情”与“舆论”两个概念经常被同时提及，但舆情不等于舆论。舆情通俗地讲就是社情民意，即一定时期一定范围内社会公众对社会现实的主观反映，它是群体性的思想、心理、情绪、意志和要求的综合性反映。

舆论是舆情的一个重要组成部分，也是舆情在某一方面的集中表现。而舆情不仅包含公开的舆论，也包含隐含的公众态度与情绪等。

同样地，社会化媒体也是网络舆情的主要承载空间。尽管舆情表现形式更为多样，且不像舆论那样直观可感，但通过观察或数据分析等手段，也可以对舆情的阶段性特点有较好的把握。

3. 社会化媒体舆情、舆论不是敌情，而是社会风向标

尽管最近几年政府机构对网络舆情与舆论有了前所未有的重视，但是，这其中也存在着把舆情当作“敌情”来监测和防范、把舆论简单地当作“坏话”或“险情”来处理的倾向。在这样一种思维下，一些政府机构或官员把社会化媒体视作危险

你怎么看

作者认为，社会化媒体平台产生的舆论不是敌情，你怎么看？

地带，更多地希望通过“防”和“堵”的方式来掌控局面，但结果往往事与愿违。

对于管理者来说，网络舆论、舆情，更应该被当作社会的风向标来看待。

网络舆情、舆论不等于整个社会的意见状态或走向。舆论的形成是基于个人的意见表达，但在社会化媒体中，积极主动表达自己意见与态度的，并非所有网民。而从舆论形成的过程来看，网络最终浮现的主流声音，会受到其他很多因素的影响。因此，最终形成的舆论声音，未必是网络民意的完整的、真正的体现。把网络舆论简单等同于现实社会的民意，可能会在一些时候形成认识上的偏差。

但不可否认的是，通过社会化媒体形成或传达的舆论，已是民意的重要风向标，是反映社会环境状态的一个重要指标。社会化媒体中所暴露出来的矛盾冲突，本身是现实社会矛盾冲突的反映。所以尊重和保障网民表达权利，尊重社会化媒体中的舆论，才能全面地认识真实的现实社会和自身存在的问题，而这是管理者改善管理、做好服务的基础。

你怎么看

你认为应该如何打通两个意见场？

4. 应用好社会化媒体有助于两个意见场的“打通”

今天的社会面临的另一个问题，是两个“意见场”的割裂。

新华社前总编辑南振中曾提出两个“舆论场”的观点，他认为在现实生活中实际存在着两个“舆论场”：一个是老百姓的“口头舆论场”，一个是新闻媒体着力营造的舆论场。①

近年来，不少研究者沿用了两个舆论场的概念，并且指出，官方舆论场与民间舆论场存在着较大的差异甚至在某些时候出现了对立。

两个舆论场的提法，在一个侧面反映了社会意见环境中出现的“割裂”的现实状况，是有它的积极意义的。但在严格的意义上看，舆论是指在一定社会范围内，消除个人意见差异，反映社会知觉和集合意识的具有相对一致性的公众意见，舆论的主体应是公众，媒体可以反映、传达舆论，但是它本身并不是舆论的主体，所以媒体自己是否可以营造舆论场，是一个有争议的问题。

也许将舆论场称为“意见场”更为确切。官方意见场代表了管理者以及他们通过媒体传达的声音，而民间意见场更多传递了公众的声音。这两者在今天出现较大的不一致，某些时候甚至是对立的，这的确是一个客观存在。

要实现两个意见场的“打通”，不能靠一个意见场去征服另一个意见场，而更多地需要沟通、对话。这样一种“打通”，并非两个意见场的简单融合，也并非强求两个意见场的一致，而应当在理解差异及其发生的原因的基础上，更多地疏通两者间信息与意见交换的通道，在可能的情况下，谋求和创造共识。

社会化媒体是民间意见场的一个核心区域，它同时又是管理者与公众对话的一个平台，理解与运用好社会化媒体，是使两个意见场间形成沟通与良性互动的基础。

（二）社会化媒体中新兴公共领域出现的可能

社会化媒体不仅是一个舆情、舆论表达的环境，它也为新兴的公共领域的形成提供了可能。

“公共领域”（public sphere，也被译为公共空间）是德国哲学家尤尔根·哈贝

①参见《再谈“两个舆论场”——访外事委员会副主任委员、全国人大常委会委员、新华社原总编辑南振中》，载《中国记者》，2013（1）。

马斯提出来的一个重要概念。他认为，公共领域，“首先意指我们的社会生活的一个领域，在这个领域中，像公共意见这样的事物能够形成”①。它是“介于私人领域和公共权威之间的一个领域，是一种非官方公共领域。它是各种公众聚会场所的总称，公众在这一领域对公共权威及其政策和其他共同关心的问题作出评判”②。它既可以整合和表达民间的要求，又能使公共权力受到来自民间的约束。

哈贝马斯认为，公共领域应该具备三个要素：

第一，公共领域需要这样一个论坛：它对尽可能多的人开放，他们可以在其间表达和交流多种多样的社会经验。

第二，在公共领域中，各种论点和意见可以通过理性的讨论来展开交锋。这意味着，只有在公共领域首先对于一个人可能做出的各种选择方案有一种明察的情况下，“理性的”政治选择才有可能。与此同时，传媒应该提供尽可能宽广的解释框架，以便使该公民能够知晓他没有选择的方案是什么。

第三，系统地和批判性地检验政府的政策是这种公众领域的首要任务。

当网络日益发展，并逐渐成为人们社会生活的一个重要部分时，一些研究者提出，网络是一种新型的、理想的公共领域。

哈贝马斯本人认为，网络“能够创造种种新的联系，在迄今不曾有过的公众领域，建立起文学的、科学的和政治的公众领域，它也能够肢解现有的公众领域，因而使富有意义的联系化为乌有”③。哈贝马斯对于网络在社会的公共领域方面发挥的作用似乎持一种谨慎的乐观态度。

应该看到，网络本身的构成是十分复杂的，网络社会也像现实社会一样，存在着参差多样的形态。例如，同样是论坛，一些新闻网站的论坛，可能会有公共领域的色彩，另外一些论坛则是松散的人群聚集之地。因此，笼统地说网络是一种新兴的公共领域的说法，是欠妥当的，在实践中，也是无法实现的。

但是，社会化媒体所提供的意见表达与交流的环境，是公共领域形成的基本条件。在这样的环境中推进公共领域的实践，应是一个努力方向。

尽管在社会化媒体中完全达到哈贝马斯的理想的商谈环境，几乎是不现实的，理性的讨论会受到种种因素的干扰，但是，至少，它可以努力争取“对尽可能多的人开放”，“系统地和批判性地检验政府的政策”。

对于管理者而言，意识到社会化媒体中公共领域的存在，尊重公共领域里的批评性意见，是应对社会化媒体时代挑战的一个重要方面。

（三）社会化媒体中新的话语权力格局

从话语权力的角度来看，社会化媒体带来了一个重新赋权的过程，在博客、微博等平台上，这种重新赋权表现得非常明显。这主要表现在以下几方面。

1. “意见领袖”个体权力被强化

尽管我们常常声称这是一个“人人都有麦克风”的时代，但在社会化媒体平台上，那些有上千万或上百万粉丝的知名用户，与只有几个或几十个粉丝的普通用户，其“麦克风”的音量显然不在同一量级。

麦克风代表着“话语权”，当今天人们说到“话语”这个词时，已与福柯提出的“话语”概念有了一定距离。在福柯看来，“话语意味着一个社会团体依据某些成规将其意义传播于社会之中，以此确立其社会地位，并为其他团体所认识的过程”④。

①汪晖、陈燕谷：《文化与公共性》，125页，北京，三联书店，1998。

②何增科：《公民社会与第三部门》，10页，北京，社会科学文献出版社，2000。

③《哈贝马斯带来了什么》，载《北京晨报》，2001-05-02。

④王治柯：《福柯》，159页，长沙，湖南教育出版社，1999。

但是，今天我们所用的“话语”一词已没有那么深奥，它更多的是指表达与传播。

在这个语境下我们所说的话语权表现为两个侧面：一个是话语权利，即表达个人意见的权利；另一个是话语权力，即凭借对话语渠道的控制或通过话语本身影响他人或社会的能力。从话语权利角度来看，网络用户的话语权是平等的；而从话语权力的角度看，网络中却存在着权力的差序格局，话语权力中心是明显存在的。

微博等平台上的话语权力中心，也常常被称为“意见领袖”。但在今天的语境下的“意见领袖”与传播学两级传播理论背景下的“意见领袖”概念的含义不尽相同。今天的意见领袖不仅仅充当着大众传播与其受众之间的信息“中转站”，更直接影响着微博等平台的信息走向和意见走向。因此，以个体形式存在的意见领袖的权力大大加强。

社会化媒体平台中意见领袖话语权力产生影响的方式，主要有几种：一是作为强势内容源向他人提供信息；二是作为调节阀，影响信息的流量与流向；三是作为意见气候的营造者，影响舆论的形成。这里面，既有话语本身的影响力，也有对话语渠道的控制力。意见领袖并不仅仅影响他人的情绪与态度，更普遍的意义在于，影响网络的关注焦点，影响信息流动的方向。第 4 章将对此进行进一步分析。

“意见领袖”在一定程度上沿袭了现实社会中的社会资本与社会阶层权力，但除此之外，在网络中获得话语权力，还需要对网络这片土壤的适应能力，需要掌握网络文化的独特“密钥”，也需要有娴熟的网络对话技巧。网络话语权力的获得，一部分来自“话语”交流本身。

所有因素共同作用的结果，是赢得“认同”：无论是情感认同还是价值认同。拥有认同，就意味着拥有了相应的关系网络，而这些关系网络也是传播渠道，拥有足够强大的关系网络，才会有传播的影响力。

2. 草根话语权力向话语权力中心转化的机会增加

对绝大多数草根网民来说，他们的话语权力是微弱的，但是，这种话语权力并非没有意义。

社会化媒体中的关系网络与传播网络，也是一个权力的聚集与传递网络。当某个具有重要公共价值的信息在某个草根用户节点上被引爆时，它同样可以开始扩散，并且逐渐从话语权力的底层向高层传递。在这样的传递过程中，一方面，信息被迅速传播；另一方面，任何一个处于权力较高层次的用户的加入，都可以使信息扩散的效果倍增。微小的权力累积起来，像滚雪球一样，最终同样会变成巨大的力量。

当然，这种情况并非随时随地发生，只有在具有足够杀伤力的话题出现时，才会出现这种滚雪球效应。在常态下，草根网民的微弱权力更多地被集聚在意见领袖的身上。

意见领袖之所以会凸显出来，在一定程度上也是因为被很多草根网民赋予了代言者的角色。草根网民通过自己的“投票”（如成为粉丝、以转发来支持等）使意见领袖的地位更为突出，他们将自己拥有的小小的权力交到了意见领袖的手上，意见领袖获得的这样的授权越多，其能量就越大。

3. 主流话语权力优势被削弱

社会化媒体的传播模式，也在打破过去的一些话语权力格局。掌握着主流话语渠道的专业媒体面对着"意见领袖"已经有了危机感。2012年4月16日，人民网在新浪开设的官方微博发出的这样一条内容引出了近四千的转发量："人民日报社长张研农26日下午在复旦透露：人民日报人在新媒体格局中具有强烈的危机意识。一位年轻编辑在社内培训时举出了'对手'：'微博女王'姚晨粉丝1 955万，这意味着，她每一次发言的受众，比《人民日报》发行量多出近7倍。"尽管粉丝数并不一定能反映真实的影响面，但一些名人在社会化媒体的影响力超出了某些专业媒体，的确是一个事实。

实际上所有媒体都在不同程度上感受到，自己的媒体身份以及品牌优势未必能直接转化为社会化媒体中的话语权优势。

同专业媒体一样，政府机构、官员等过去主流话语权力的拥有者，在社会化媒体中，也未必能拥有话语权力的优势。更多时候，他们是处于弱势的。当然，这种弱势，一方面是由于他们还不熟悉新的传播模式下的交流方式与交流姿态，不熟悉社会化媒体中的对话规则，另一方面，则是源于现实社会中在一定程度上存在的信任危机。

过去，政府机构的声音可以通过专业媒体来传递，但在社会化媒体平台上，专业媒体已不能再垄断话语权，这同样会影响到政府机构的话语权。

无论是专业媒体还是政府机构，如果不懂得以社会关系为传播渠道的微博等平台的传播规律，仅想凭自己过去的"特权"来赢得社会化媒体中的用户，已经行不通了。专业媒体或政府机构想成为社会化媒体平台的"中心"，需要全新的思维，特别是需要努力赢得"认同"和"关系"。

社会化媒体的重新赋权，不仅仅影响着网络中的话语权力格局，也会或多或少对现实中的话语权力格局产生影响。

二、社会化媒体中的社会动员对管理者的挑战

社会化媒体的出现，也在一定程度上改变了社会动员的模式。

为了实现既定的社会目标，通常需要通过社会动员，以整合社会资源，调动各方面的力量，吸引最广泛民众共同参与到实现目标的社会行动中来。

社会动员也是一种社会运动，而社会运动一般可以分为两种：一种是冲突性社会运动，即那些在试图改变社会结构、更改通行的基本政策或打破群体之间权力平衡的过程中，遭到有组织反对的社会动员；另一种是共意性社会运动，它的目标受到了某个地理社区内全体人口的广泛支持，并且在追求社会变迁时，很少或者根本没有碰到有组织的反对。[①]

因此，从管理者角度看，社会动员通常可以分为两大类，一类是支持其决策与行动的共意性动员，另一类是对其表达不满与抗争的冲突性动员。

在中国，传统的社会动员主要是共意性的，且动员体制和模式是比较单一的，主要是政党和政府主导的政治动员模式。这种动员模式的主要特征是：政府主导，通过党和政府组织来发动，因而具有很强的组织性和制度化特点；自上而下，通过层层发动来实现社会动员；也正因为要通过层层发动来实现社会动员，因而动员的进程比较缓慢，耗时较多；一般说来，这种政治动员必须遵循法律程序，遵守相应的社会规范；动员的效果则取决于政府综合运用各种资源和手段的能力。[②]

①参见高恩新：《互联网公共事件的议题建构与共意动员——以几起网络公共事件为例》，载《公共管理学报》，2009（4）。

②参见青连斌：《有效掌控网络人际动员新模式》，载《文汇报》，2005-04-26。

而网络，特别是社会化媒体，为社会动员提供了很多新的手段与渠道。与传统的政府或组织所进行的社会动员相比，社会化媒体实施的社会动员具有自己的特点。这表现为：

1. 社会动员发起机制的民间性

社会化媒体所进行的社会动员通常是民间自发的。虽然到一定阶段，一些网站和媒体的关注会促进相关信息的传播，但是，从根本上来说，它是在某些民间意愿的推动下，由民间自行组织的。也正是这种民间性，使得更多网民接受动员加入行动的态度更为自觉、主动。

2. 社会动员网络的扁平性

传统的政府等发起的社会动员需要通过层级式的动员网络，自上而下，这种网络在一定程度上会影响到社会动员的速度与效果。而社会化媒体所依赖的是扁平的人际关系网络，这个网络节点多，节点间的连接关系复杂，信息复制与传递速度快，因此，可以在很短的时间内实现“广而告之”。

3. 社会动员的人情基础

社会化媒体传播所依赖的人际关系网络，多是由熟人关系或强关系形成的网络，人们彼此的信任度较高，以人情为基础进行的劝说，比起制度化的公文式的动员，具有更强的劝服能力。即使是在以弱关系为主的网络，如微博中，在社会动员时刻，人们也容易形成感情上的纽带和群体意识，动员效率也会比较高。

4. 社会动员过程的相对隐蔽性

与政府进行的社会动员的大张旗鼓相比，社会化媒体中进行的社会动员，可以是“悄悄话”式的，如果不是对整个人际网络中的信息流动有着宏观把握的话，可能无法察觉它所进行的社会动员活动。这种动员过程的相对隐蔽性，使得对其进行控制是较为困难的，同时也有可能使动员结果的爆发力更强。

5. 社会动员的高效率

由于动员网络的扁平化、动员的人情化等因素，社会化媒体所进行的社会动员，通常效率是较高的。

从社会动员的类型来看，社会化媒体发起的社会动员中，冲突性动员越来越多，这也是近年网络带来的重要社会影响之一。

对于管理者来说，社会化媒体强大的社会动员能力给他们提出了两个方面的挑战。其一，网民自发形成的社会动员，如果是以冲突性动员的方式出现，管理者应该如何面对；其二，当管理者自身需要进行共意性社会动员时，它们应该如何运用这样一种机制。

三、管理者对社会化媒体的应用

社会化媒体给管理者带来的不仅是挑战，更多的是机会。善用社会化媒体，成为今天对管理者一项重要能力的要求。

（一）社会化媒体对管理者的意义

社会化媒体对于政府机构或官员这样的社会管理者来说，具有多重意义。

1. 政府机构的“自媒体”

前面提到，对于政府机构来说，社会化媒体为政府机构提供了新的“自媒体”

平台。与过去政府机构通过媒体来传递信息、发出声音相比，社会化媒体使政府在自身信息发布方面，拥有了主动权与控制权。

作为一个可以随时发布信息的“自媒体”，微博可以使政府机构更快地实现与公众的沟通与交流。

通过社会化媒体直接发布信息，也有助于避免经媒体中介发布信息可能带来的信息误传。

危机事件发生后，微博更是相关机构发声的重要平台，及时传达信息、说明情况、表达态度、争取理解，有助于“化危为机”。

2. 民意的“瞭望台”

社会化媒体不仅是政府机构发声的渠道，也是倾听与了解民意的渠道，各种政府机构也需要有意识地通过社会化媒体来了解、洞察民意。

如前面指出的，尽管社会化媒体中的意见不等于民意，但它是民意的一个重要组成部分，在一定程度上可以代表社会中部分群体的意见，是社会舆情、舆论的风向标。

而与政府机构的工作直接相关的意见的表达，更是一面镜子，可以帮助政府机构尽早发现工作中的问题。

这种对民意的瞭望，并不仅是以“防范”为目的的，也不仅是为了消除对自己不利的信息与声音。它更多地应该成为对政府机构及公务人员的一个监督手段，作为促进其工作改进的依据。

3. 持续的“对话”渠道

管理者要应用好社会化媒体平台，必须尊重、遵从社会化媒体的传播规律。通过持续的对话获得公众的情感认同和价值认同，建立起良好的关系网络，才能使自己在社会化媒体中获得更多的话语权。

4. 新思维下的“服务”平台

政府机构和官员应用社会化媒体的核心是“政务”，而服务是“政务”的核心。纵有再好的传播手段、再高的沟通技巧，如果不能最终落实在政府机构的服务上，各种社会化媒体账号仍不免被沦为摆设。

5. 形象塑造的“舞台”

政府机构在社会化媒体中的账号，在一定意义上代表着政府机构的形象。如果能做好信息公开、交流对话、政务服务，政府机构的良好形象便会自然形成，进而发展成不胫而走的良好口碑。对于官员来说，也是如此。

但需要强调的是，对于政府机构来说，这些账号不是一个“化妆师”，它不是用来美化政府机构的。如果政府机构的运行本身有重大问题，简单指望社会化媒体的传播来掩盖问题，不可能长期奏效。即使它们在某些时候的确起到了作用，公众也不可能长期被“糊弄”。

6. 特殊时刻的社会动员与协调

对于管理者来说，一些特殊的时刻，社会化媒体可以起到社会动员与协调的作用。例如，在发生天灾人祸时，可以通过微博、微信等平台征集志愿者，调动各方力量参与救助行动，或发起募捐等。当然，这是以管理者在网民心中良好的形象和互动基础为前提的。

（二）新空间需要的新姿态与新思维

过去不少政府机构建立了自己的网站，已经有了对外的信息发布窗口，但多数政府网站是以单向传播为主的，有些政府网站逐渐成为摆设，甚至长期不更新，成为“僵尸”。

也有一些政府机构借助一些新闻网站建立了网络问政的平台，这些平台也在一定意义上推动了政府机构工作的改进，但这些平台上政府机构相对被动，更多的是处理问题，而不是与公众进行长期互动。

社会化媒体应用，特别是微博、微信等，为政府部门的管理者提供了新的双向交流空间。

在这些空间里的交流，不同于以前政府的文件发布或者政府网站的信息发布形式，需要新的手段，包括多媒体的传播手段，生动的、“接地气”的形式等。

更重要的是，如果不改变自己的姿态，不改变自己的思维，那么新空间、新手段可能形同虚设，甚至可能在一定意义上给自己带来更多风险。

在社会化媒体平台上，平等的姿态，是交流的前提。一些政府机构或官员的账号在有意无意中，可能还会拿出一种居高临下的姿态，或者总是板着面孔，没有人情味。而对于公众来说，他们更希望看到的是人的形象、人的情感，以及人的话语。

社会化媒体是基于关系的传播平台，就像前面分析意见领袖时所指出的，在这里，交流的诚意、交流的技巧以及展现的价值，是获得认同的基础，认同才能带来更多的关系，才能使自己逐步提升话语权。

在社会化媒体中的交流，不仅仅是“上情下达”，也不仅仅是“下情上达”，在双方信息沟通通畅的前提下，管理者与公众之间需要更多的对话。不仅仅是针对一个具体问题的解决，更是为了建立双方长期的良性互动。

诚然，对话并不能解决一切问题。如果政府机构的工作本身存在重大的缺陷，不改变工作本身，最终还是不能治本。但是，沟通、对话，是了解自身问题的方式，也是让公众了解政府机构诚意的方式。

第 5 节　社会化媒体时代的危机管理

社会化媒体时代，政府机构、企业等面临更多的危机风险，但同时也有了危机管理的新平台与新手段。

一、“一点就着”的危机爆发模式

社会化媒体时代到来后，无论是政府机构还是企业，与它们相关的公共危机发生的频率也许是前所未有的。大量的网络舆论热点，都起源于某个组织的危机事件。而从事件出现到成为舆论热点之间的时间差也越来越小，几乎是瞬间点燃引爆的模式。

这一现象的出现，与社会化媒体以及移动传播的普及有着密切的关系，当然，更深层的原因，是社会转型期的种种矛盾与冲突。

(一)“批判现实主义”的社会心理基调

经过几十年的社会变革，今天中国社会的价值体系已经发生了很大的变化，人们的价值观不再统一，思维模式也不再是以唱赞歌为主，对于社会现实，他们会更多地表达不满、批评。在网络中，这种现象尤其突出，也有人称这是一种新的“批判现实主义”。这一心理基调，是组织危机发生频率越来越高的一个原因。

尽管今天的社会也在不断倡导“正能量”，但批判现实，并不等于一定就是消极的，虽然不排除批评者动机的多种可能，但多数人对现实的批评，还是源于对社会进步的期待。事实证明，多数的批评，也是触动政府或企业改进工作的契机。

(二)“处处有探头”的社会监测环境

今天，带有拍照、摄像功能的手机已经普及，这些在生活各个角落中出没的手机，成为一个个移动的“探头”，它们可以随时记录生活中的事件或场景，而那些或典型或特殊的、冲突性的负面事件，更是成为这些“探头”监测的要目标。如果相关的照片与视频被分享到社会化媒体上，就可能成为危机事件的引爆器。

某些时候，即使记录者无心，但如果看者有意，也可能会在看似寻常的照片中发现问题，引爆舆论。尤其是媒体拍摄的某些照片，往往会在网民眼里有别样的解读。

“表哥事件”正是一个典型的代表。原陕西省安监局长杨达才在一起重大交通事故后到达现场，媒体记者拍摄下他工作的场景，但网民发现他在这样一起重大事故发生时居然面带微笑，于是群情激愤。一些有心的网民在网络中搜索他其他的照片，发现他在各种场合佩戴多块名表，他戴的眼镜也价值数万，于是“表哥”成为网络舆论的一个焦点。在舆论压力下，有关部门对他展开调查，最终发现其重大腐败问题。

类似地，网民可以在一个官员做报告的照片中观察其所抽香烟的品牌，可以从一个官员参加活动的照片中观察其服装和配饰的价格。过去在传统媒体中出现的官员们的“正常”照片，在今天，都有可能成为发现“非正常”的线索。

当然，网民手中的监测“探头”，只有与社会化媒体联系起来，才能有更大的能量，因为往往只有当这些手机记录的内容被广而告知时，才具有成为舆论由头的能量。

这样一种全民监控的环境，无疑增加了政府机构及官员、企业及其领导者，以及某些名人被卷入危机的概率。

(三)“人人有引爆器”的扩散机制

微博、微信等新兴的社会化媒体，不仅使得人人都有麦克风，还使得人人手上都握有引爆器。

前面多次提到过社会化媒体的传播渠道与传播模式，这些都意味着社会化媒体裂变式的信息扩散效果。而冲突性的、刺激性的话题，往往是裂变的源头。因此，只要掌握了爆炸性的话题，人人都有可能引爆社会化媒体。

二、社会化媒体中危机管理的新思维

一方面，社会化媒体的应用，更容易带来危机的引爆；但另一方面，社会化媒体也为危机管理提供了新的可能。当然，应用好它的前提是思维的改变。

（一）社会化媒体是不间断的“新闻发布会”

“新闻发布会”是危机公关的一种常用手段，在近年来，运用得越来越多。无论是政府机构还是企业，在危机发生后，通过新闻发布会的方式，向媒体及公众及时说明情况、公开信息，在一定程度上可以为危机的化解创造条件。

但新闻发布会也有它的局限性。

首先，组织新闻发布会，需要一定时间。通知媒体、准备场地等，都会消耗宝贵的时间。而在一些研究者看来，今天的危机处理的黄金时期，已经从过去的事后四小时内，缩短到一小时内。在一小时内要组织起一场新闻发布会，挑战是很大的。

其次，新闻发布会是通过媒体这一中介向公众来说明情况的，但如果媒体在报道时未能全面、如实地传达新闻发言人的意图或信息，那么，新闻发布会后的新闻稿，有时不但无助于危机的解决，反而可能火上浇油。而再次组织发布会澄清，代价也很大，效果也未必理想。

最后，新闻发布会的效果，在很大程度上取决于发言人的水平。尽管专职新闻发言人的设置、发言人的培训，在今天越来越普遍，但仍难以避免发布会上发言人的各种失误。

而与新闻发布会相比，政务微博等平台可以在危机发生后，更快地建立起对外信息发布通道，可以完整、充分地传达相关信息，信息发布的频率与节奏也可以自己把握。

尽管危机后每一次信息发布仍需要格外谨慎，但即使发生偏差，还有纠正的可能。

因此，对于政府机构或企业来说，将社会化媒体平台当作不间断的新闻发布会来运用，可以给危机管理提供更多的手段和机会。而这，应建立在对社会化媒体中危机传播的新规律的深刻认识基础上。

（二）危机管理不是一次性灭火器

近几年，“危机应对”越来越多地被政府机构和企业挂在嘴边，但“应对”这个词却也可能包含了这样一种危险，只求“灭火”。在社会上平息危机影响，而没有真正地反思危机原因和工作失误，也因此，危机可能一再发生甚至愈发恶劣。“应对”一词还可能包含一种倾向，那就是只讲技巧不讲诚意。

与此同时，在不少危机事件中，我们都看到这样一种结果，事件发生后，一些政府部门、官员或企业出来“应对”，但越“应对”，人们的情绪越激烈。除了既往形象以及表达的方式和水平问题外，这种情况发生的另一个原因是，人们对于“出了问题才出来说话”的机构和官员会本能地怀疑和抵制。

危机管理，不能等同于“危机应对”，不能当作一次性灭火器来用，如果不解决“起火”的根源，结果可能是“野火烧不尽，春风吹又生”。

危机管理是网络公关这个系统工程中的一个组成部分。网络公关不应该是“临时抱佛脚”的行为，而应该是一种长期的与公众沟通的机制，它通过持续的多方面的努力，在潜移默化中影响公众对组织的印象与态度。因此，平衡的、多样的、适度的公关手段，是获得长远的公关效果的基础。在网络这样一种环境中，基于社会化媒体平台的持续互动，进行长期的公众关系培养，是网络公关的重要特色。在这样的基础上出现危机时，相应的组织或个人，才能够举重若轻，更有效地解决问题。

第6节　社会化媒体时代的网络文化

网络文化是基于网络中的信息传播和交流活动所形成的各种独特的文化现象和文化形态。网络文化可以包括网络文化行为、网络文化产品、网络文化事件、网络文化现象、网络文化精神、网络文化制度、网络文化产业等不同层面。

尽管网络文化的发展基于很多力量的推动，但是社会化媒体对于网络文化的形成与发展具有最为显著的影响。

一、社会化媒体推动的网络文化的扩张

在日益多元的社会化媒体应用的影响下，网络文化发生了一些重要转向，主要表现为：

（一）从技术精英文化向大众文化的扩张

网络在最早期，是技术精英的专利，网络文化的“血统”是小众的、精英的。在那个阶段，网络文化的发展动力是以技术为主的，技术的交流、共享，谋求技术进步，通过技术建造乌托邦等构成这一阶段网络文化的主要特点。此外，由于当时的技术精英的价值观取向，那一阶段的网络文化也具有反主流、反商业等特色。

但是，社会化媒体的发展，使各种不同社会群体的用户都进入互联网，各种人群的互动，推动网络文化成为一种大众文化。

（二）从同质文化向异质文化的扩张

在普及程度较低的互联网早期，互联网更像一个大家庭，它跨越地域界限，将各种文化背景下的人们连接在一起，此时的网络文化表现出较大的同质性。

但是，各种不同的社会化媒体应用将网络人群细分，在这样的基础上发展出不同色彩的群体文化、亚文化，网络文化的异质性日益明显。

（三）从虚拟世界文化向现实世界文化的扩张

网络初期的应用中，网络的虚拟特性表现得十分突出，以数字技术构建的网络世界离现实社会也有一定距离。那个阶段的网络文化更多的是一种虚拟世界的文化，与现实世界的文化相对分离。

但是，社会化媒体中互动的深入，使得网络已经越来越无法保持它超脱出现实世界的那种“世外桃源”的面貌，它变成现实世界不可分割的一部分。因此，网络文化自然也就成为现实世界文化的一个部分。

二、社会化媒体塑造的网络文化特质

网络文化表现在不同的层面，每一种社会化媒体都会形成其独特的文化外貌与

景观，但是，在这些参差的外貌之下，它们的文化精神又是共通的，在这些共通的文化精神中，凝结与塑造出了网络文化的特质与内核。

（一）网络文化的亚文化性

从文化的属性看，尽管网络文化也存在与主流文化合流的部分，但从总体来看，网络文化仍然是一种亚文化。

亚文化的概念是相对于主流文化或主文化提出的。主文化指的是在社会上占有主导地位的，为社会多数人所接受的文化。主文化对社会上大多数成员的价值观、行为方式、思维方式影响极大。而亚文化则只是社会上一部分成员接受的或为某一群体特有的文化。

网络文化是网民群体的文化，尽管今天网络的普及率已经非常高，但是，网民的文化，并没因为网民在统计学意义上的规模达到一定程度而自然成为主流。经历几十年的发展，网络文化的价值取向也并没有完全被主流文化同化，在某些方面，甚至仍是作为对抗者出现的。在中国，这一点表现得仍非常突出。

在网络中不同的平台、不同的社区、不同的人群，还会形成各种的亚文化。其中，以人群区隔形成的亚文化更为突出。

当然，网络文化在某些人群中，成为他们自己的主流文化。

（二）网络文化的“江湖性”

从文化生态看，网络文化是一种“江湖式”的生态。

社会化媒体构建出了网络中的新社会，与传统媒体不同的是，网络不是神圣的、受人顶礼膜拜的“庙堂”，而是一个能容纳各色人等的“江湖”。网络文化的很多特质，来自这种“江湖性”。

互联网“江湖”是开放的，其主角是网民。网民在各种形式的互动中创造了网络文化作品，形成各种文化行为，而它们多数是脱离主流文化轨道的草根文化、民间文化甚至边缘文化，这也就奠定了网络文化的江湖文化基调。

虽然每个网民个体都是网络文化的主体，但是网络文化最终影响的形成，往往是由“集群”的力量所导致的，包括稳定的集群与临时性的集群。在这个意义上，网络文化的成长类似于江湖门派的形成。

网络是分权的，这也正如“江湖”。尽管经过暂时的争斗，江湖会出现某些“中心”，但它们也难以充当永远的老大。网络文化也正是在这样的权力的变迁中，不断涌现新的热点和潮流。

分享是社会化媒体中最普遍的行为之一，这也使得互联网充满了“江湖式”的豪气与侠义。

没有权威性的网络本身也是一个容错的“江湖”。试错、容错，是网络文化的另一个特质。但“容错”不等于没有纠错机制，网络文化的生命力也来自它在错误中的不断自我修正。网络不仅自己有一定的纠错功能，也可以作为一个参照系，帮助人们对于包括专业媒体在内的其他渠道的信息进行判断。

（三）网络文化的“戏谑化”

从文化的外在形式看，网络文化是戏谑化的。

互联网江湖没有庙堂的约束，没有天然的架子可端，人们更多的是用戏谑的方式来进行表达，即使是面对那些宏大的主题。恶搞、解构式的戏谑，成为网络文化的主要取向。第 3 章将对此进行进一步分析。

网络语言也体现出这种戏谐的特质。它用谐音、仿词、反语、双关、缩略化、字母化、符号化等方式进行表达，网络语言不仅是网络高效交流的产物，也是一种文化标签。要融入特定的网络环境，了解与掌握网络语言往往是敲门砖。

尽管有人担心网络语言会对现有的文字语言体系产生破坏性影响，但网络语言既是网络互动的一个必然结果，也是网络文化的主要结晶之一。它是无法用既有的主流文化框架去衡量与限定的。

与网络语言相关的另一种重要的网络文化表征，是网络流行语。网络流行语有些是采用网络语言，而有些则是通过特定的语境赋予常规语言以新的含义。网络流行语反映着网络文化的某些热点、潮流或取向，网民进入到这些特定的流行语所设定的氛围中，不仅是为了关注这些与流行语相关的事件或话题本身，也是为了融入网络文化的整体氛围，以免被网络潮流所抛下。

你怎么看

有人认为，网络语言会对文字语言系统产生破坏性影响，你怎么看?

网络文化的戏谐性特征，使它看上去过于娱乐化，还夹杂着一些粗俗与粗鄙，但它也并非总是轻浮的、浅薄的，某些时候，这些戏谐性外壳下也有着凝重的内核。

(四) 网络文化的“无定态”

从文化的发展演变来看，网络文化的特征是“无定态”。

尽管网络文化的内核保持着基本稳定，但在外在形态上，却始终处于一种无定态的状态。它像河流一样，总在奔流，而不会在某个地方停下。

这种无定态首先源于孕育网络文化的技术的不断发展，尤其是社会化媒体技术的不断演进，为人们创造了不同的互动结构与模式，这种结构与模式，会影响到不同阶段的网络文化的外在表现。

这种无定态也是网络江湖不断厮杀的结果。网络没有永恒的中心，在“江湖”的争斗中，它在进行着不断的中心化与去中心化，这使得网络文化的重心也会不断发生转移，其外在形态也就处于不断的变形中。

永远变革，永远否定，这也是网络流行的价值观，是一种网络与后现代社会混合作用形成的气质。

因此，无定态，也就成为网络文化的“定态”。

第 7 节　社会化媒体引发的风险与问题

社会化媒体并非一方圣土，就像现实社会一样，它也存在很多风险与问题。由于人与人以前所未有的规模连接在一起，因此，出现风险的概率更大，问题也更多样。值得我们关注的主要问题包括：隐私问题、传播秩序问题以及侵权问题等。

一、社会化媒体中的隐私风险

社会化媒体使得个人隐私问题变得日趋严重。

（一）社会化媒体中涉及的个人隐私

社会化媒体平台虽然带来了前所未有的社会交往，但它同时也带了一种前所未有的风险，那就是个人隐私的泄露风险。

社会化媒体中主要有三类信息可能涉及个人隐私：

第一类是在网络平台或网络活动中个人提供的相关信息，如姓名、身份证件号码、银行账号、各种密码、地理位置以及其他个人信息；

第二类是个人在社会化媒体的活动中产生的个人化信息，如搜索过的关键词、查看过的内容、购买过的商品等；

第三类是可能暴露个人隐私的个人在社会化媒体中生产的内容。如发出的文字、照片等，都有可能在一定程度上暴露个人隐私。

（二）导致隐私泄露的相关因素

下列因素是导致隐私泄露的主要原因。

1. 网民个人因素

社会化媒体中的活动，是个人数字化生存的一种重要方式。它时时刻刻映射着网民的生活，也包括他们在现实世界中的生活。因此，稍不留神，网民就会泄露自己的隐私。

对于个人来说，具有隐私保护意识，学会进行隐私管理，是社会化媒体生存的一个重要基础。很多社会化媒体平台都有相应的隐私保护措施，了解这些措施的存在，学会合理进行隐私设置，有助于降低隐私泄露的风险。对于在社会化媒体中发布的内容可能带来的隐私泄露风险，网民也需要有足够的认识，把自己或自己亲人的照片作为头像、经常进行“签到”、经常晒照片等，都是风险产生的原因。

LBS 服务是移动传播的一个重要的发展，但 LBS 带来的隐私泄露问题尤为突出。LBS 可以透露人们具体的地理位置，因此在现实世界受到安全威胁的概率也会增加。网民对 LBS 的使用，需要更小心谨慎。

但即使网民不主动发布有关个人行为的信息，网站也会有一定的技术手段对用户进行跟踪。其中，对于用户个人行为信息的收集来说，Cookie 是一个非常重要的技术手段。这个看上去很甜蜜的词，也隐藏着风险。用户在每一个网站的访问行为，都有可能产生一个记录相关数据的 Cookie 数据包。虽然今天的网站通常不会在 Cookie 中直接存放用户名与密码等信息，但 Cookie 可以记录人们在网络中的行踪以及浏览过的内容，网站记录这些信息的目的主要是向用户提供更个性化的信息推送或相关服务，但这也意味着记录用户信息的 Cookie 内容有可能被网站卖给第三方，或者被第三方窃取。

如果用户不希望被网站跟踪自己的行为，那么可以启用浏览器的“禁止第三方 Cookie”的功能。

当然，如果完全不透露任何个人信息或线索，人们便无法享用网络中的很多服务，特别是个性化服务。个性化服务往往是以对用户行为个性和习惯的把握为前提的。要获得更为个性化的服务，网民就不得不牺牲一定的隐私。但是，服务的提供者需要保证合法地使用这些隐私信息。

2. 平台因素

除了个人因素导致的隐私泄露外，社会化媒体平台有意或无意的行为，也会导致用户隐私的泄露。

平台有意的隐私泄露，主要是平台的运营者出于盈利的目的，向第三方出卖用户的隐私信息，或者是在政府等部门的压力下，向其透露用户信息。

【案例】“棱镜门”事件：隐私泄露问题的集中爆发

2013年美国的“棱镜门”事件，是互联网中个人隐私泄露问题的一次集中爆发。美国中情局前职员爱德华·斯诺登爆料称：从2007年起，美国政府实施了一个被称为“棱镜”的计划，美国情报机构在九家美国互联网公司中进行数据挖掘工作，从各种类型的信息中分析个人的联系方式与行动。监控涉及的主要对象有：电子邮件、即时通信、视频、照片、存储数据、语音聊天、文件传输、视频会议、网民登录时间、社交网络资料等。虽然“棱镜门”事件中，受到批评的主要是美国政府，但是，正是各种网络服务的提供者的配合，政府的监控才得以实现，而这些服务商多数与社会化媒体有关。因此，各种网络平台中个人的隐私泄露问题，引发了人们前所未有的担忧。

除了有意的隐私泄露外，如果平台存在漏洞，平台上的用户信息也可能被黑客等以非法手段窃取，这是由平台带来的另一种隐私风险。

社会化媒体平台拥有着海量的用户数据，这些数据能否得到有效保护与合理使用，这是平台的管理者必须向用户说明的。通常网站会通过“隐私政策”的方式向用户告知网站收集的用户信息类型以及使用方式。

你怎么看

社会化媒体给你带来过泄露隐私的经历吗？你怎么看待这种泄露隐私的风险呢？

在网络隐私保护方面，国际上有一个非营利性团体TRUSTe。TRUSTe的任务是，监督其成员在保护用户隐私方面的行为，以保证人们的网络隐私权。当一个站点带有TRUSTe标志时，那么就意味着它是经过TRUSTe认证的。这样用户就会被告知，自己的哪些信息将被收集，这些信息是如何被使用的，以及这些信息会被提供给什么人。

除了制定并执行合理的隐私政策外，平台的技术保障对于用户的隐私保护也是重要的。

3. 软件因素

一些计算机系统或社会化媒体软件本身安全防范能力有限或有漏洞，就可能会被黑客利用。例如，如果电脑或手机被植入木马，个人的信息也可能会被窃取。很多时候这些信息都与网络支付等经济手段相关，因而会带来经济方面的损失。此外，个人的隐私照片或其他文件被他人非法获得后，一旦经网络传播，也会带来难以预计的后果。

二、社会化媒体中的传播秩序问题

从诞生以来，社会化媒体中信息传播的无序，就是人们关注的焦点之一。这种无序性主要表现为以下几方面。

（一）信息过载

网民生产的信息数量，一般不会受到平台的限制，因此，很容易形成海量的内容，造成信息过载。

对于网民来说，信息过载可能会使他们获取自己需要的信息的成本增加，也可能会减少他们对于信息的深度阅读。

从整体上看，信息过载的局面是无法避免的。而要帮助网民在这样一种环境中更有效地获得信息，技术手段非常关键。搜索引擎本身就是为了解决在信息海洋中搜寻特定信息的目标而出现的，但目前一般的搜索引擎对社会化媒体信息的发现、整合能力还较弱。优化针对社会化媒体内容的搜索技术，可以在一定程度上改善这一问题。

信息过载也呼唤着信息导航者角色的出现，也就是有某些专门的机构或个人通过某些方式发现优质信息，对信息进行筛选与整合，在这方面，专业媒体应该具有自己的优势。

此外，优化社区的结构机制，凸显出一些优质的信息源或意见领袖，也可以帮助网民用较小的代价获得更好的信息。

从网民角度看，善于辨识信息源的优劣，能有效地建立高质量的信息来源网络，也将是一种重要的媒介素养。

（二）信息混乱

多数网民没有内容生产方面的专业素养，也不会对自己的内容生产行为进行约束，因此，社会化媒体上呈现出来的信息质量显得鱼龙混杂，很多信息真假难辨。社会化媒体中的谣言，更是被作为社会化媒体问题的代表备受诟病。

尽管社会化媒体上的信息无序状态的问题的确比较突出，但我们也应该看到，社会化媒体的机制，在一定程度上也可以对这种无序状态进行自我纠正。

【案例】 英国《卫报》：通过大数据“解读骚乱”

2011年8月英国全国性骚乱发生后，英国《卫报》启动了一个名为“解读骚乱”的项目，这个项目的目标是通过数据收集及相关分析手段，对骚乱产生的原因及影响进行深层研究。其中一个研究内容，就是分析Twitter上的信息传播与骚乱之间的关系。研究人员将Twitter上超过250万条与英国骚乱有关的数据进行提取、分析，其中一个重点是研究谣言在Twitter上的流传过程，并制作成了可以交互的动态图表。从研究结果来看，Twitter虽然在传播谣言，但它本身也具有对谣言的识别与澄清能力。*

* 参见 http：//www. guardian. co. uk/uk/interactive/2011/dec/07/london-riots-twitter。

认识到社会化媒体自身的这种能力，激发这一良性机制的形成，是改善社会化媒体传播秩序的一个重要方式。

进一步，社会化媒体时代，提高网民在信息生产与信息消费方面的媒介素养，可以为社会化媒体中传播秩序的优化提供更好的基础。

三、社会化媒体的侵权问题

社会化媒体中的侵权主要包括以下几种。

(一) 对隐私权的侵犯

前面提到了社会化媒体的隐私泄露风险，而社会化媒体中对隐私权的侵犯，更多的指网民行为对他人隐私权造成的侵犯。“人肉搜索”是侵犯隐私权的一个主要手段。

【案例】 “虐猫事件”：“人肉搜索”的力量

2006 年的“虐猫事件”，是社会化媒体带来的“人肉搜索”力量初现的一个典型个案，但同时，也是社会化媒体导致的侵犯隐私权的一个典型事件。

2006 年 2 月 26 日晚，一位名叫“碎玻璃渣子”的网友在猫扑论坛发布了一篇帖子，题为《真是无法忍受了！NND，这还是女人，简直不是人养的》。帖子中公布了数张图片：一个打扮时髦的中年女人，在一处风景秀丽的江边，以高跟鞋残忍踩杀一只显然被麻醉过的幼猫，温顺的小猫被一步一步踩踏至死的血腥过程暴露无遗。帖子指出，这些图片是从一段踩踏视频中截取的。这一帖子披露的事实迅速激起猫扑网友的强烈反响，猫扑的网民开始自发调查虐猫地点及虐猫女子的身份，有网民高价悬赏查找虐猫女子。经过许多网民共同的努力，最终发现虐猫视频拍摄地点是黑龙江省萝北县名山镇名山岛公园，虐猫女子是该县人民医院的护士王某，拍摄者是该县广播电视局工作者李某，网民甚至逐一找到了当事人的照片、身份证号码、车牌号、地址、QQ 号、手机号、固定电话号、电子邮箱地址等，并向当事人发出了“通缉令”。

尽管参与“人肉搜索”、公布当事人信息的网民，自认为是在伸张正义；但是，这种行为，无疑侵犯了当事人的个人隐私权。类似的事件此后一再在社会化媒体上发生，这也提醒我们，在伸张正义与保护个人权利之间寻找到平衡点，是社会化媒体时代公民需要重新学习的课题。

除了“人肉搜索”外，“随手拍”然后发到微博等平台，也有可能造成对他人隐私权或肖像权的侵犯。

在对官员和社会公众人物进行舆论监督时，如何把握隐私权的界限，也是一个值得关注的问题。由于身份的特殊，官员和公众人物的隐私权范围通常比普通人小，但这并不意味他们没有隐私权。与其职业或公共事务无关的信息，一般也应受到保护。

(二) 对名誉权的侵犯

在社会化媒体中，人们发表的言论如果失当，就有可能会造成对他人的名誉权的侵犯，甚至构成诽谤罪。

社会化媒体同时也是人们的社交工具，很多人自认为这是私密的个人空间，所以言论表达毫无顾忌。但事实上，社会化媒体中私人话语空间与公共话语空间之间的界限并不清晰，甚至很容易突破。因此，在自认为私人空间里的言论，也可能造成对他人名誉权的侵犯，这是特别值得注意的一个新现象。

【案例】 中国博客第一案：言论表达的越界

被称为“中国博客第一案”的南京大学教师陈堂发诉中国博客网的案件，警示我们对社会化媒体中言论表达容易出现的越界问题应引起重视。

2005 年 9 月，时任南京大学新闻传播学院副教授的陈堂发在中国博客网发现了一篇博客，文中有大量辱骂自己的文字。陈堂发与中国博客网联系，告知对方这篇博客侵害了自己的名誉权，要求立刻删除。但网站答复，该帖不违反发帖规则，要求删帖必须提供身份证明。2005 年 12 月，陈堂发将中国博客网的运营商杭州博客资讯技术有限公司告上法庭，称：被告网页上的帖子对原告人格进行肆意的辱骂和攻击，构成对原告人格尊严与名誉权的严重侵害。要求被告停止侵害，赔偿精神抚慰金 1 万元人民币。南京市鼓楼区法院依法受理了此案，该案被媒体称为“中国博客第一案”。

2006 年 6 月 14 日，鼓楼区法院正式开庭审理此案。2006 年 8 月 2 日，鼓楼区法院作出判决，被告杭州博客资讯技术有限公司在中国博客网首页向原告刊登致歉声明并保留 10 日，赔偿原告经济损失 1 000 元。2006 年 11 月 24 日，南京市中级人民法院作出终审判决，维持原判。

（三）对著作权的侵犯

社会化媒体既是一种“自媒体”，也是一种“他媒体”，也就是说，人们可以大量地将他人生产的内容作为自己的资源，来丰富“自媒体”内容。转载、转发，是社会化媒体内容传播保持活力的重要基础。

但是，这也意味着种种风险和陷阱。

转载他人文章而不注明原作者或出处，就容易形成对他人著作权的侵犯。尽管不是所有作者对于自己创作的内容被别人转载都持排斥态度，但尊重他人的版权，仍是社会化媒体时代公民的一种基本素养。

社会化媒体中是否构成著作权方面的侵犯，有一个难以把握的问题是，作品的传播范围。就像前面所提到的，很多人自以为自己的账号是私人空间，或者关注对象很少，只是小范围传播，因而不构成侵权。但有研究者认为，对于博客、微博等自媒体，“除非个人通过严格的加密或相关控制措施排除了他人的浏览或进入，而成为一个绝对私密的空间，否则都应该具备公开性。在公开的、具有开放性的网络空间未经许可使用他人的作品，构成了对著作权人的发行权、复制权以及网络传播权的侵害。而将他人作品在不注明出处、省去姓名的情况下转载，侵犯了作者的署名权。在自己的博客中，将他人作品不加修改地放入自己的作品中构成自己作品的实质部分，则构成剽窃”①。

当然，在数字化时代，著作权保护是否还需要像过去那样严格，著作权的界定是否需要发生改变，也是今天人们关心的问题，但在法律没有做出调整之前，仍需尊重现有的法律规范。

①张明若、唐飞：《自媒体“盛宴”中的著作权保护》，见 http://www.tmtpost.com/20860.html，2013-03-07。

第 8 节　社会化媒体时代的媒介素养拓展

社会化媒体的发展，把媒介素养的重要性进一步凸显出来，它的内涵及适用的主体，也在不断扩大。

1992年，美国媒介素养研究中心对媒介素养给出了如下定义：媒介素养是指人们面对媒介各种信息时的选择能力、理解能力、质疑能力、评估能力、创造和生产能力以及思辨的反应能力。①

也有国外学者认为，媒介素养是在印刷媒体或非印刷媒体等各种形式媒体中获得信息、分析信息、评估信息、传播信息的能力。

在国内，一种有代表性的认识是，媒介素养是指媒介受众对各种媒介信息的解读批判能力以及使用媒介信息为个人生活、社会发展所应用的能力。②

虽然国内外研究者普遍把媒介素养仅仅定位于公众的媒介素养，但也有学者提出过不同见解。例如，陈力丹认为，“媒介素养分两个层次：一个是公众对于媒介的认识和关于媒介的知识，另一个是传媒工作者对自己职业的认识和一种职业精神”③。在陈力丹看来，传媒从业者的媒介素养也是媒介素养的一个重要方面。

而近年来，对于其他主体例如政府机构及政府官员的媒介素养的提法也开始出现，而且也进入了研究者的视野。

无论是从哪个角度关注媒介素养，都需要重视社会化媒体时代这个新的背景。

一、社会化媒体时代公众媒介素养的重定义

公众是社会化媒体的基础要素，是社会化媒体中最基本、最活跃的力量。

以往关于媒介素养的定义，更多是针对传统媒体时代的受众，也就是作为纯粹的消费者的受众。但是，在社会化媒体时代，受众不仅是消费者，更是内容的生产者，是媒介活动的积极参与者。因此，对于社会化媒体时代的公众媒介素养的认识，需要从建设者或生产者的角度加以扩展。同时，这些媒介活动也在很大程度上影响到网络社会的秩序甚至现实社会的秩序，影响到社会发展的进程。因此，这些素养也是社会参与的素质与能力的体现。

对于公众而言，社会化媒体时代的媒介素养主要应体现在以下几方面。

（一）媒介使用素养

除了纸质媒体要求的文字阅读能力外，传统媒体几乎没有使用的“门槛”，但新媒体对于使用者的技术能力要求是较高的。网络、手机甚至三网融合时代新的电视终端，都要求使用者掌握一定的技术。各种社会化媒体应用，也都需要以掌握相关操作技术为前提。所以媒介的基本使用能力，成为媒介素养的基本要素之一。

媒介使用素养，不仅体现为相关技术的掌握，还应该表现为对新媒体技术和应用的合理、合法以及节制的使用等。

（二）信息消费素养

社会化媒体中信息的海量膨胀以及来源的多元化，意味着消费者面临着空前复杂的信息选择环境。因此，作为信息消费者，公众需要具备更多的选择、判断与辨识的能力。包括：

1. 在海量信息中筛选有效信息的能力

除了借助专业媒体、门户网站的“过滤系统”外，公众还有两种渠道来进行信息的筛选：

一是依赖搜索引擎这样的工具的帮助。这时个体的搜索技巧会影响到其获取信

---

①参见张玲：《媒介素养教育——一个亟待研究与发展的领域》，载《现代传播》，2004（1）。

②参见胡莹、项国雄：《传者素养：媒介素养教育的根本》，载《传媒观察》，2005（8）。

③陈力丹：《关于媒介素养与新闻教育的网上对话》，载《湖南大众传媒职业技术学院学报》，2007（2）。

息的质量。掌握足够的搜索工具与搜索能力，也是媒介素养的体现。

二是依赖社会化媒体中的关系网络，也就是通过自己信赖的机构或个人，来完成信息的筛选。在这种情况下，对于信息源的判断与选择，成为获得高质量信息的基础。特别是对那些以个人形式存在的信息源进行甄别能力，是对公众新的挑战。

2. 对信息的辨识、分析与批判能力

传统媒体时代的媒介素养教育强调培养受众对媒体信息的分析、判断能力。而社会化媒体时代传播主体的多元化、传播渠道的多样化，都使得信息构成更加复杂，因而社会化媒体时代更强调个人把关。对信息的真实性、时效性、权威性等的辨识与分析，成为受众信息消费过程中自我把关的基本表现。此外，人们还需要形成对信息的批判性解读能力。

社会化媒体中的个性化传播，可能会造成人们的“信息偏食”，使人们失去对完整的信息环境的认知。因此，个体应该有意识地通过大众媒体来“纠偏”。努力获得全面、平衡的信息，不仅是信息消费素养的重要体现，也是实现理性的公共交流的基础。

而更高层次的辨识与分析，在于对内容的长远价值所做的判断。这样一种判断与选择，不仅有着“即时”的作用，更会有着“延时”的影响，即对于个体的价值观、思维方式与行为方式等，将产生深远影响。

在社会化媒体环境中，人们的信息消费在很多时候受到他人的影响。因此人们对信息的分辨，不仅要排除信息环境所带来的干扰，还要排除群体环境所带来的干扰，这也是一个很大的挑战。

（三）信息生产素养

在社会化媒体时代，公民新闻日益普及。一方面，公众作为信息的生产者的作用不断凸显，普通公众提供的信息对于新闻传播的格局已经形成重要影响；但另一方面，由于缺乏相关的训练，普通人提供的信息的质量良莠不齐，这在一定程度上带来了传播秩序的混乱。

因此，过去只是针对媒体从业者开展的媒体工作原则的教育以及技能的训练，也应该逐步扩展到普通公众，使他们具备传播者应该具有的素养。具体而言，这种素养表现为如下两方面。

1. 负责地发布信息和言论的素养

社会化媒体带来了更大的公共话语空间，它的传播机制也大大提升了普通个体的信息和言论的影响力。在这个意义上，每个个体都有对自己发布的内容进行把关的责任。

这种责任既体现为对信息真实性的把关，也体现为对自己的信息和言论的社会影响进行评估，避免它们侵害他人权利或对社会公共利益造成危害。

2. 负责地进行信息再传播的素养

社会化媒体传播的一个重要特性是复杂的再传播过程。正是再传播过程，极大地放大了某些信息的影响力。而在这个过程中，普通公众所起的作用是最明显的。因此，公众不仅要对自己发布的信息与言论负责，还要逐步形成对再传播负责的意识，谨慎对待诸如“转发”这样的传播行为。

（四）社会交往素养

社会化媒体提供了前所未有的社会交往网络，它有可能拓展人际交往的广度，也有可能加强人际交往的深度，而这种交往的拓展与深化有可能带来新的社会文化。但是，能否将媒介提供的这种可能性转变为现实，取决于人们运用新媒体进行交往的能力。

新媒体中的交往能力不仅表现为对相关技术的掌握，还表现为对交往对象的选择、交际网络的维护等方面。

社会化媒体中的交往是一种平等的互动，每个人都希望在这种交往中得到尊重与报偿。因此，尊重他人权利，也是社会交往素养的一个重要方面，这包括尊重他人的表达权利、隐私权、知识产权等方面。

（五）社会协作素养

诸如维基应用这样的社会化媒体开启了全新的社会协作模式，未来的技术将使社会协作在更大范围内展开，这也使社会协作的思想和素养，成为社会化媒体时代公民必须具备的素养。

个体的社会协作素养应该包括：与协同工作的其他人达成一致目标的能力；为自己在协同系统中定位的能力；执行协同任务的能力；与协同工作的其他人进行有效沟通的能力。

（六）社会参与素养

互联网等新媒体一直被认为将对社会民主的进程起到重要作用，但要达到这一目标，其基本保障之一是公民的自由平等和理性参与。网络在一定程度上提高了公民的自由平等的权利，但并不必然提高公民的社会参与素养。因此，提高公民的社会参与能力，不仅关系到网络世界的秩序，也关系到整个社会的发展与进步。

微博等社会化媒体，被人们寄予了成为“公共领域”的厚望。而社会化媒体平台要能成为公共领域，就需要尽可能地实现哈贝马斯所说的“理想的商谈环境”的目标。哈贝马斯对理想的商谈环境提出的理想化的原则包括：“（1）每一能言谈和行动的主体都可以参加商谈讨论。（2）a. 每人都可以使每一主张成为问题；b. 每人都可以将每一主张引入商谈讨论；c. 每人都可以表示他的态度、愿望和需要。（3）没有一个谈话者可以通过商谈讨论内或商谈讨论外支配性强制，被妨碍体验到自己由（1）和（2）确定的权利。”①尽管完全实现这样一种目标几乎不可能，而且这样一种目标也需要制度的保障，但这些理想化原则，的确是有价值的。而每个参与个体的素养的提高，无疑有助于接近这一目标。

在社会化媒体平台上，公民的社会参与能力主要体现为：关注公共事务，积极参与公共话题交流，尊重公共规则和他人的表达权，学会理性表达与讨论。

二、社会化媒体时代传媒从业者媒介素养的新拓展

普通公众参与新闻传播的机会越来越多，参与程度越来越深，这不仅意味着公众媒介素养构成要素的变化，也意味着传媒从业者的媒介素养的相应变化。在社会化媒体背景下，传媒从业者的媒介素养的拓展，主要应该包括以下方面。

①吴冠军：《中国社会互联网虚拟社群的思考札记》，载《21世纪》，2001（2）。

（一）对社会化媒体的认识与运用能力

社会化媒体正在打破原有的传播格局，如何认识公民新闻与专业媒体的关系，如何改变原有的思维与工作模式去适应新的形势，如何在保持传媒人的专业精神基础上重新定位自身的角色与职责，这是传媒人首先要完成的认识上的变革。

社会化媒体中蕴含着海量的信息资源。其中一些资源是媒体发现选题、延伸报道或者检验报道的基础，但如何发现、验证并合理利用这些资源，对媒体人来说，也是一个新的挑战。运用好社会化媒体资源，意味着媒体人要具备一些新的能力。

1. 对社会化媒体信息的辨识能力

虚假新闻、不实信息，是目前困扰社会化媒体的一个重要问题。虚假信息的成因复杂，但无论如何，要使社会化媒体在公共信息传播中形成更重要的影响力，就需要在信息的质量方面有更高的追求，而承担这一任务的，主要应该是专业媒体及媒体人。

尽管前面提到公众在再传播中应有负责意识，但对于没有接受过专业训练的普通用户来说，让他们对自己发布或转发的每一条信息的真实性和准确度负责，并不现实。

那些受过专业训练的专业媒体人，应该有意识地扮演起信息的验证者与过滤者的角色。而这意味着他们必须提高自己在这方面的素养，因为他们面对着的是前所未有的复杂的信息来源。

2. 对社会化媒体资源的协调、组织与整合能力

在社会化媒体时代，专业媒体需要与公民新闻全方位“对接”，才能实现对公民新闻能量的充分吸纳和转化。这不仅仅意味着建立社会化媒体平台或账号，更意味着要通过有效的业务模式发掘不同信息和不同个体的价值，并将其有机地组织起来。

对社会化媒体资源的整合能力，在很大程度上体现为对碎片信息的筛选与整合能力。

除了对碎片信息进行整合外，建立合理的协同工作机制，有效进行社会化媒体力量的调动、配置与整合，也会变得越来越重要。在国外，“众包”模式已经越来越多地被媒体所借鉴。《连线》杂志编辑杰夫·豪（Jeff Howe）在2006年提出的“众包”（crowd sourcing）概念，指的是通过互联网将某一工作任务发包给若干人，特别是网络社区的成员，来获得所需要的服务、创意或内容。[①] 这一方式，强调工作任务的完成者不是公司内部的员工或传统的雇员，而是网络中的志愿者和业余工作者。此外，它还强调了集体的协同工作而不是个别人的贡献。众包模式能否成功，在很大程度上取决于组织者。

2012年获得普利策“国内新闻报道奖”的美国原生网络媒体《赫芬顿邮报》，是运用众包模式的范例。第6章将对它进行专门的分析。

3. 运用社会化媒体进行自我拓展的能力

社会化媒体不仅可以给专业媒体提供补充性资源，更有可能为媒体带来全方位的拓展空间，例如报道的拓展、个人能力的拓展、产品的拓展和品牌的拓展等。只有充分认识社会化媒体的传播模式与规律，才能把社会化媒体的潜力真正转化为个人与媒体的能力。

①参见 http：//en.wikipedia.org/wiki/Crowdsourcing，2015-05-11。

（二）社会化媒体时代的数据与技术素养

社会化媒体中用户的参与带来了巨大的数据量，社会化媒体时代也是大数据（big data）时代，要更好地利用社会化媒体资源，就需要有大数据技术作支撑。

大数据技术不仅使社会化媒体及其他来源的数据成为新闻报道的重要的资源，而且正在全面地影响现有的新闻生产模式与机制。过去只能由专业媒体人完成的新闻报道中的某些核心环节（例如新闻编辑、新闻写作），如今也正在受到大数据技术的挑战。大数据技术对于全局状况的揭示，在某种程度上比媒体人的个别角度、个别层面的观察更为全面。大数据技术对于趋势的预测，也往往比个别专家的判断更为准确。这些都会使得新闻业的质量标准发生变化，仅仅依靠人的力量完成的深度报道，在大数据技术的参照下，有时会显出其局限性。

要应对社会化媒体的挑战，需要相应技术手段的变革，而这一直是媒体的弱项。不少媒体人对日益进入新闻生产核心环节的各种技术存在着抵触心理，但是这种抵触未必能阻止技术在新闻业的渗透步伐，相反，只会使媒体失去一些先机。

当然，对于具体的媒体或媒体人来说，要掌握大数据等技术并不是一件易事，甚至对多数人来说是“不可能完成的任务”。因此，未来的传媒机构需要更多地依赖外部力量的支持。只有与相关企业、机构的合作，才能更好地实现对大数据的收集、分析与挖掘。

但无论借助什么样的外部力量，媒体和媒体人都需要开始形成与大数据技术相匹配的思维，理解如何通过数据分析来弥补人工分析的不足，理解如何将人的能力与机器的数据处理能力更好地结合起来。这并不意味着人在技术面前投降，而是人要成为技术的主宰者。

（三）社会化媒体中“公”“私”界限的把握能力

虽然社会化媒体为媒体及媒体人带来了很多新的可能，但随之而来的一个直接挑战是，当媒体人在社会化媒体平台中活动时，他们的行为是机构行为，还是个人行为，这之间界限的把握已经越来越困难。

尽管绝大多数媒体人都在自己的微博或其他社会化媒体账号中声称在此的言行与所在媒体无关，但由于他们的特定背景，人们还是很难将其在社会化媒体中的信息和言论与其所在的媒体完全隔离开来。

代表个人还是代表媒体，为个人行为负责还是为媒体声誉负责，这成为社会化媒体平台中，媒体人时时要思考与把握的问题。

路透社、BBC、美联社、《纽约时报》、《华盛顿邮报》、《洛杉矶时报》、CNN、澳大利亚广播公司、法新社等媒体已经制定了社会化媒体使用手册或指南，明确了媒体人在社会化媒体平台中公私行为之间的界限及把握原则。无论是否落实成手册，相关原则的制定以及对媒体人的普遍培训，都是必要的。

三、社会化媒体时代政府机构与官员媒介素养的再认识

社会化媒体时代舆论热点的形成有了很多新特点，舆论对于社会事件的进程的影响作用也日益明显，而大多数舆论事件中，被推到了风口浪尖上的都是政府机构和官员。在一系列事件之后，政府机构和官员对于社会化媒体时代的舆论、舆情有

了格外的关注，从而对如何在这些事件中面对媒体和公众有了格外的关注，政府机构与官员的媒介素养问题也因此被提出来。

从危机应对等角度提出政府机构与官员的媒介素养问题，本身是一个进步。但是，如果仅仅从“如何与媒体打交道”，“如何更好地通过媒体来化解危机”这样的角度来认识政府机构和官员的媒介素养，恐怕是一种短视行为，甚至会带来误导。

政府机构与官员的媒介素养，不应该被曲解为欺骗公众和驯服媒体的能力，也不应是在危机时刻掩人耳目、堵媒体和公众的嘴的能力。对政府机构与官员的媒介素养的认识，需要超越“危机应对”，在更深的层次展开。

在这个角度谈媒介素养，也不应仅把它的适用对象放在政府官员这样的个体上。影响整个传播环境的更重要的因素是政府机构。对政府机构来说，媒介素养不仅体现在能力层面，还更多地体现在观念和制度层面。

对于政府机构与官员来说，媒介素养至少应该包括如下几方面。

（一）对媒体及社会化媒体角色的认知及权利保障

一些政府部门和官员之所以在面对媒体时说出一些“雷人语言”、做出一些“雷人行动”，其本质不是应对媒体的技巧的生疏，而是对媒体的角色、功能的认识的错位。他们没有把媒体作为社会公器来看待，不理解媒体所应扮演的角色和履行的职责，同时对今天的大众传播规律也缺乏了解。

因此，如果要普遍提高政府机构及官员的媒介素养，就不应该仅仅把媒介素养的教育定位在应对媒体技巧的培训上，而应该让他们从现代政治制度和传播规律的角度，更充分、全面地认识媒体和传媒业。

更重要的是，相关政府机构应该调整和完善相关的制度，保障媒体正常履行其职责，同时自觉接受媒体的监督。

对于政府机构和官员来说，媒介素养只是表征，它的背后是执政的理念与水平，更是相应的制度。没有相应的制度做基础与保障，再好的技巧都解决不了根本问题。

在社会化媒体时代，就像媒体必须进行思维变革一样，政府机构和官员也应认识到，社会化媒体已经是整个信息传播格局中一个不可或缺的部分，而公众已不仅是媒体的受众，而且是重要的传播力量。公众的表达和传播权利应该得到尊重与保障。

一些政府机构本身也是专业媒体及互联网的宏观管理者。对它们而言，如何在维护传播秩序的同时更好地保障媒体及公众表达的权利，也是一个新的考验。

（二）信息公开渠道的建设与保障

2007 年 1 月 17 日，《中华人民共和国政府信息公开条例》在国务院常务会议上通过，并于 2008 年 5 月 1 日起施行。这一法规，对政府机构的信息公开提出了制度性要求。

互联网为政府机构的信息公开提供了网站、博客、微博、微信等多种渠道。近些年来，各级政府机构网站、电子政务平台、政务微博、政务微信等，也普遍兴起，从数量上看，建设成果是显著的。

但是从信息公开的意识及渠道维护方面看，问题仍然突出，很多平台变成摆设。即使有些平台得到了较好的维护，但是，如果没有信息公开的诚意，这些平台也仍然不能成为有效的沟通渠道。

如何有效地进行信息公开渠道的建设与维护，如何保障相关信息的持续公开，这仍是政府机构媒介素养的核心要素之一。

(三) 与媒体及公众的对话能力

前面提到，今天一些政府机构和官员，把提高“危机应对”能力当作媒介素养的核心。学会危机管理，能够通过社会化媒体和专业媒体来化解危机自然重要，但仅仅只关注危机时刻以及危机应对，未必是成熟的媒介素养。

媒体素养更应该体现在与媒体及公众的交流的常态化上，体现在日常交流渠道的畅通、有效方面。

前面已经提到，政府机构及官员需要学会使用新空间与新手段，更需要改变自己的姿态与思维，在这个基础上，形成自己与媒体及公众的对话能力。

四、三种媒介素养的关系

社会化媒体带来了传播格局空前的复杂化。面对着社会化媒体中信息鱼龙混杂的现象，特别是谣言传播现象，强调公众媒介素养的提高以及公民自律，自然十分必要。但同时我们也要看到，某些时候，谣言的流行，与大众媒体报道的不及时、政府信息的不公开有着直接的关系。媒体、政府未能很好地履行自己的职责时，社会化媒体不得不以“谣言倒逼真相”等方式扮演起特殊的角色，这不是一种正常的现象，但把所有责任都推到公众身上，并且指望以公众媒介素养的提高解决一切问题，显然也有失偏颇。

公众媒介素养、传媒从业者的媒介素养以及政府机构与官员的媒介素养，这三者是同时存在、相互依赖的三足鼎立关系。对于一个平衡的、积极的信息传播系统来说，这三者缺一不可（如图 2—5 所示）。而其中，政府机构与官员的媒介素养起着更基础的作用。

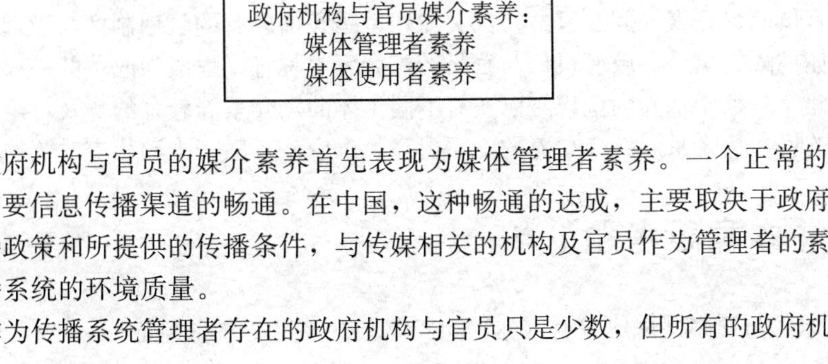

图 2—5　公众媒介素养、传媒从业者媒介素养、政府机构与官员媒介素养的内涵及关系

政府机构与官员的媒介素养首先表现为媒体管理者素养。一个正常的传播系统，需要信息传播渠道的畅通。在中国，这种畅通的达成，主要取决于政府所制定的传播政策和所提供的传播条件，与传媒相关的机构及官员作为管理者的素养决定了传播系统的环境质量。

作为传播系统管理者存在的政府机构与官员只是少数，但所有的政府机构和官员都是传播系统的“使用者”，而这种“使用”不同于普通公众对媒体的“消费”，也不仅仅意味着对媒体的“利用”。这种“使用”更多的是将媒体信息和公众舆论作为衡量工作水平的参照，更作为改进工作的动力。这种“使用”是以接受大众媒体和公众的监督为前提的，因此，政府机构与官员必然会时时处于新闻与舆论的风口浪尖，对此必须有清晰的认识和足够的接受能力。政府机构与官员作为“被监督者”和“使用者”的素养，决定了他们受益于媒体的程度。

无论是作为“管理者”的政府机构及官员在传播系统中的管理理念与方式，还是作为“使用者”的政府机构与官员对媒体及公众舆论的态度，都会直接影响公众对于政府整体管理水平与社会发展的信心。所以媒介素养是政府管理与服务能力中非常重要的一部分。

作为传播系统中的主要“生产者”，媒体人履行自身职责的能力与水平在很大程度上决定着公共信息产品的质量。这种信息产品一方面影响着公众对社会环境的认知，另一方面影响着政府对于社会状况的认知，对于政府机构与官员的舆论监督，也是这种认知的一部分。尽管大众媒体有着专业运营经验，有一大批受过专业训练的从业者，但在社会化媒体时代，公众对媒体的要求越来越高，媒体及其从业者需要不断拓展自己，才能适应形势的发展。

在社会化媒体时代，信息生产者和消费者的角色日益模糊，也在时时进行着相互转化，传媒人也需要不时地把自己当作“消费者”，从公民新闻的生产中吸取能量，这将促使传媒从业者作为“生产者”不断强大。

作为传播系统的主要“消费者”，公众享受着公共信息产品，他们的“消化吸收”能力，决定了信息产品的转化效果。

社会化媒体时代，公众作为“生产者”的角色也日益突出，相应地，公众的话语权力也在与日俱增。但这种权力的增强，也意味着责任意识的增强以及相应能力的提高，否则公众的话语权力也有可能被误用。

公众的媒介素养也与他们作为现代社会公民的素养紧密相联，因为作为公民参与社会公共事务的能力，在很大程度上体现为他们从媒体获得有效信息、通过包括社会化媒体在内的公共话语空间进行理性表达与交流的能力。这样一种素养的培养与提高，不仅取决于公众本身，也取决于管理者所提供的环境。

无论是哪种主体的媒介素养，都不仅仅是一种传播素养，而是社会发展以及变革（特别是政治变革）所要求的能力的某种体现。

媒介素养的内涵与构成的变化，有着相应的社会背景。信息生产的素养成为普通公众的媒介素养的一部分，是因为公民新闻得到认可与重视，这是在新技术推动下媒体格局变革的结果，而它的背后又有着更复杂的政治变革的因素。此外，政府机构与官员的媒介素养问题日益得到关注，也是我国原有的管理制度与管理理念遇到新媒体挑战的结果，政府机构与官员的媒介素养教育，也成为改革的一部分。

因此，对媒介素养的认识，以及对不同主体的媒介素养教育的普及，需要与社会变革的目标相联系。媒介素养的不断提高，也应该有助于推动相应改革的深入。

【本章思考题】

1. 你认为互联网思维是否存在？如果存在，表现在哪些方面？

2. 社会化媒体对传媒业格局的影响主要表现在哪些方面?
3. 你认为社会化媒体营销具有哪些特点?
4. 你如何看待两个意见场的割裂现象?
5. 网络舆情是否是“敌情”?
6. 社会化媒体对政府机构和企业的危机公关是机遇还是挑战?
7. 社会化媒体是否带来了大众文化的低俗化?
8. 你如何看待网络信息传播的无序状态?
9. 社会化媒体中隐私泄露的风险主要有哪些?
10. 你如何认识社会化媒体时代公民的媒介素养?

第 3 章　社会化媒体中的网民：放大的个体

社会化媒体中的主角是网民。理解网民，是认识社会化媒体传播规律的核心，也是开发与推广社会化媒体应用的关键。

理解社会化媒体中的网民，既要从人的本性和网民的一般行为规律出发，也要关注在社会化媒体的结构和关系作用下网民行为的新模式。

第 1 节　网民使用社会化媒体的一般动机

网民使用社会化媒体的动机可以分为三个层面。第一个层面是自我表现层面，包括自我表达（个人的个性、思想、能力的展示等）、自我形象管理、自我情绪调节等；第二个层面是社会互动层面，包括社会分享、社会交往、社会参与等，也就是各种形式的社会互动；第三个层面是社会报偿层面，包括社会资本与社会归属等。如图 3—1 所示。

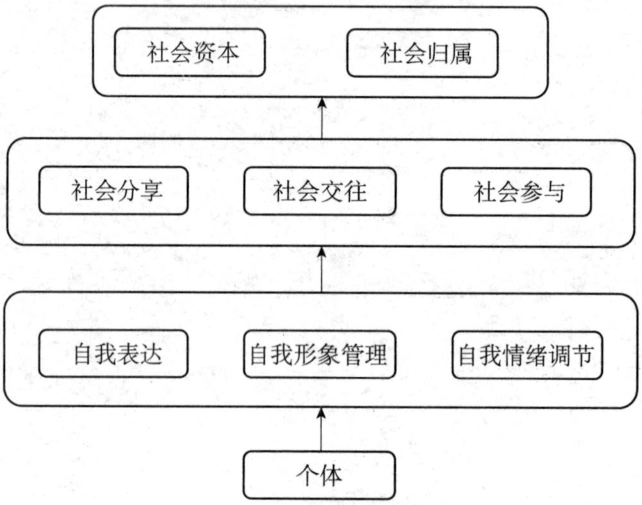

图 3—1　社会化媒体中用户的需求结构

一、自我表现需求

自我表现既是个体自我认知的需要，又是社会互动的基础。

美国社会学家欧文·戈夫曼的“拟剧理论”认为，在我们的日常交往和生活中，人人都是表演者，在特定的情境、不同的舞台上认识到别人对我们行为的期待以及我们对他人思想、感情和行动的期待，不断根据自己身处的舞台以及交往对象调整自己的行为。戈夫曼认为，人们表演的区域有前台和后台之分。前台是人们正在进行表演的地方，后台则是为前台表演做准备的、不想让观众看到的地方。人们在前台的行为举止与后台是不一样的。一般说来，应防止观众进入后台，而且，在前台也必须防止那些与演出无关者进入表演。①

在社会化媒体平台上，我们似乎可以看到人们更多的私人化的内容，在某种意义上，过去它们是属于后台的内容，但人们并不是在所有场合都表现出自己的后台行为，对什么样的人表现什么样的后台行为，实际上也是经过选择的。这仍可以称之为一种表演或“印象管理”。

自我表现的三个方面“自我表达”、“自我形象管理”、“自我情绪调节”是相互关联的，但个体在不同情况下诉求的侧重点会有所不同。如果把握不好分寸，可能在满足某一种需求的同时，对另外的诉求造成负面影响。例如，为了调节情绪而表现出过激的言行，虽然一时觉得解气，但却可能毁坏了自己努力经营的形象。

在 SNS、微信等社会化媒体中，网民多以实名存在，因此，人们的各种言论与行为的影响是非常现实的、直接的。在自我表现层面的几种需求间，时时需要进行相互观照，以求平衡。

概念

印象管理（impression management），也译为“印象整饰”，是戈夫曼提出来的一个概念。它是指个人意图影响他人对自己印象的现象与过程。通俗地说，它就是一种自我形象的管理。社会化媒体给予了人们更多的表演舞台和表演手段，如果运用得当，人们可以在社会化媒体中塑造出更符合自己理想的自我形象。

二、社会互动需求

社会互动是维系和发展个人的社会关系的基础。

社会化媒体中的社会互动可以以“社会分享”、“社会交往”和“社会参与”等不同形式表现出来，它们也是实现自我表现需求的一种外在方式。

社会分享主要是信息层面的互动，社会交往是精神层面的互动，而社会参与则是行动层面的互动。

社会分享和社会交往，可以在个体间进行，而社会参与则依赖于群体的集合与互动。

社会化媒体中的社会互动手段是多样的，社会互动的圈子也可大可小。后面将着重分析社会化媒体中的互动形式、互动结构及其影响。

三、社会报偿需求

对于网民来说，加入社会化媒体的一个重要诉求，是获得社会归属感。

社会归属感是人类的心理需求之一。以马斯洛的需求层次理论来看，它属于人类的安全需求的一个方面，也是最基本的需求之一。

在网络中，社会归属感的获得有多种方式，加入一些稳定的社群，以及加入某些特定的议题，是其中两种主要的方式。

加入社群以获得社会归属感不难理解，但加入议题是如何获得归属感的呢？议程融合理论有助于我们认识这一现象。

议程融合理论，进一步帮助我们理解了传统媒体议程设置发生作用的机制，这个理论同样也可以解释社会化媒体中“内容”与“人的社会关系形成”这两者之间的关系。

网民对于社会化媒体的使用热情，还与社会资本的需求相关。

社会资本是社会学研究比较多的一个话题。其中代表性的研究者是美国华裔学者林南。他认为，社会资本是“行动者在行动中获取和使用嵌入在社会网络中的资源”②。

①参见［美］欧文·戈夫曼：《日常生活中的自我呈现》，19～25页，北京，北京大学出版社，2008。

②［美］林南：《社会资本——关于社会结构与行动的理论》，4页，上海，上海人民出版社，2005。

【知识窗】 议程融合理论与获得归属感

议程设置理论的提出者麦库姆斯和唐纳德·肖等人在最近几年又提出了议程融合(agenda melding)理论。他们认为，媒体设置的议程具有一种聚集社会群体的功能，这是源于人们都有一种对于“群体的归属感”的需要。具体地说，人们有一种加入社群(community)的需要，这时他已经掌握的有关社群的信息量(information on hand)的多少将决定他的媒介使用行为，在寻找信息时他会产生对“定向”(orientation)的需要，这种需要导致他去利用大众传统媒体、人际传统媒体或其他媒介，而对于媒介的使用导致了议程设置的第一个层次或第二个层次发生作用。

议程设置的第一个层次(agenda setting level 1)指的是媒介议程影响某些对象的显著性，从而影响人们的关注对象及人们对事物的重要程度的判断。

议程设置的第二个层次(agenda setting level 2)指的是媒介议程影响人们对某一对象的某些属性的判断，从而影响人们思考问题的框架，而这是由信息本身的结构来影响的。例如，伯哈曼(Burharman)在1981年所做的实验表明，当一条消息中几个段落的顺序调整时，人们对信息的解读也发生了变化。肖认为，这可以称作“议程中的议程”。*

* See Donald L. Shaw, Maxwell McCombs, David H. Weaver and Bradley J. Hamm, "Individuals, Groups, and Agenda Melding: A Theory of Social Dissonance," *Journal of Public Opinion Research*, Volume 11, 1999。

通俗地说，对于个体而言，社会学意义上的社会网络多数情况下就是他的人际关系网络。这时，社会资本也就是个体在社交中的投入与回报。

从本质上看，由社会化媒体形成的人际关系网络，给网民的，不仅仅是交流所带来的即时报偿（例如情绪、情感、信息等方面获得的满足），还在于它所培养的社会关系能够带来的长期报偿。

现实社会中人们也有自己的关系网络，但它的缺陷在于：首先，它的规模有限，因为它的形成在很大程度上受限于物理空间、交际范围；其次，多数人在这样的关系网络中交往的活跃度大多不高，除了特别亲近的关系外，人们与一般社会关系的对象的交流是相对偏弱的；最后，这种关系网络没有显性化，也就是很多时候人们也不完全了解自己所拥有的社会关系究竟有哪些，它们之间的关系又是怎样的。

而社会化媒体在以上各个方面都有所改善。从规模上看，网络交流可以突破时空限制，这就可以使人们的关系网络中的节点超越传统的生活范围；从交流的活跃度上，各种交流工具与手段的使用，可以有效地提高人们之间的交流频率和深度，从整体提高交流的质量，给人们带来更丰富的交往体验和报偿；从关系网络的显性化方面看，社会化媒体将人们的交流对象用“好友”等方式加以直接提示，人们可以随时看到自己所拥有的社会关系，同时还可以通过查看好友的好友等方式将更远的关系链条揭示出来。人们也可以将自己的好友进行分类，以便用不同的方式来经营不同的社会关系。在这样的网络中，弱关系的激活也要容易得多。

一部分社会化媒体中的实名制（例如SNS），也刺激了人们在网络中的社会资本的需求。有了实名制和由此而来的信任基础，人们社会互动的目标会更明确，人们对于社会资本的投入与回报的估计也会更准确。

因此，社会化媒体为个体的社会资本的运用及获得提供了更多的可能性，特别是 SNS 以及之后的微博、微信等。

第 2 节　网民在网络中的一般行为特点

在长期的互联网使用中，网民的行为也出现了一定的模式，或者一些共同的行为特点，这些特点既与网络媒介的特点有关，也与人的一些本性有关。下面几个方面的行为特点，在网络中表现尤为突出，在社会化媒体中，也是如此。

一、网民是懒的

尽管网民常常被看作比传统媒体受众更为积极、主动的媒介使用者，但是，从另一个角度看，网民始终是“懒”的，而这是人的本性。

这里所说的“懒”，指的是人们总是愿意以最小的成本获得最大的报偿。

美国传播学者施拉姆曾经提出了一个选择的或然率公式：

选择的或然率=报偿的保证/费力的程度

也许可以将上述公式稍作改造，这样可以用于解释更广泛的现象：

选择的或然率=获得的报偿/付出的代价

付出的代价包括：金钱代价、时间代价、精力代价等。

网民在互联网，包括社会化媒体中，也同样会遵从这样一个公式。尤其是在社会化媒体这样复杂的信息环境里，人们更倾向于通过各种方式降低成本。

依赖他人，是降低成本的一种方式，这也意味着网民间会产生相互影响，且影响程度会越来越深。

依赖系统，例如网站本身的设置，编辑的安排，或者技术的引导，也是降低成本的办法。

而从阅读方面来看，多数时候，网民会采用偷懒的、简化式阅读，这表现为：

标题依赖：如果没有特别的吸引力，网民往往只阅读标题，而不阅读正文。

扫描式阅读：在网络阅读环境中，人们的视线往往一目十行，快速扫描，在扫描过程中，搜寻主要的阅读目标。

关键词依赖：在某些时候，网民的理解与思考的耐心下降到词语这一层级，也就是说，他们只是在大段的文字中搜索、捕捉他们感兴趣的关键词，而没有耐心去关心一句话的完整含义，或者对上下文的语境做出完整的了解。在抓取了关键词之后，他们会用自己的想象与理解去“脑补”其余信息，最终他们获得的、理解的信息，也许与原文已经有了较大的距离。

当然，网民并非永远是采用这样一种懒的、简化的阅读方式，在某些特定的目标下，他们也可以组织起深度的阅读。

总体而言，虽然网民的懒是本性，是常态，但在一些因素的推动下，他们也可改变这种状态，其核心，是对某些特殊报偿的追求。

二、网民行为有很强的惯性

网民在网络中的行为的另一个特点是，有很强的惯性。

网民的惯性表现在他们每天打开的网站或应用相对固定，每次在网络中经过的路径相对稳定，在一个页面中他们浏览的对象或区域相对稳定，甚至在一个页面中，视线的流动轨迹都可能是相对固定的。

网络是一个前所未有的超级信息平台，面对着海量信息，人们更会倾向于通过自己的行为惯性去降低获得信息的成本——一个陌生的对象消耗用户的时间与精力显然要更大。

这样一种惯性，也可以视作一种路径依赖。

网络中的惯性形成，有时与内容的品质相关，但在网民面对着越来越多的同质化内容时，有时形式对于惯性形成的影响更为明显。形式上的熟悉，更容易让人们产生依赖。

此外，关系对于人们惯性的形成也是至关重要的。人们的关系圈子，更是惯性的一部分。

三、网民是更社会化的动物

在网络中，即使看上去是很孤立的个人行为，例如单独浏览一个页面、在搜索引擎里搜索一个关键词，也未必真的是一个独立的行为。他人对文章的评论、一篇文章的点击量、一个关键词的相关搜索等，或多或少都会影响到网民下一步的鼠标动作和阅读目标。

在网络，特别是社会化媒体中，人们的信息消费，不是躲在自己的“房间”里吃“独食”，而是在人头攒动的“自助餐厅”里，顺着别人的指引、看着别人的选择、听着别人的评价之后来做选择，人们之间还要交换彼此的口味与心得。人们最终对信息的评价，往往不是基于自己的独立判断，而是与他人互动后形成的一种认识。这种认识，甚至会超越某一个别信息，而影响到个体对更高层面事物的判断。人们的意见表达以及行为方式，也是与他人互动的一种结果。信息在人们身上发生的作用，往往是在社会化环境的催化下产生的。

除了信息传播、意见表达方面的相互影响、相互作用外，网民在社交活动、购物活动等其他方面，同样也在很大程度上受着环境的影响。

人本来就是社会化的动物，而网络，特别是社会化媒体，使得这种“社会化”作用力度更强，作用范围更大。后面将从个体互动及群体互动等角度来进一步分析其作用机制及影响。

第 3 节　社会化媒体中的网民个体

从个体这个角度来看，社会化媒体中的网民有一定的特殊存在和表现方式。

一、自我数据化的个体

数字时代，个体有了另一种生存方式，那就是数据化生存。数据，不仅仅是个体思想与见解的记录，也是个体的行为、活动的另一种形态，数据成为个体的映射与化身。社会化媒体应用进一步刺激了个体数据的生成。

从信息技术的角度看，任何数字化的信息都是数据。从个体对数据的控制关系角度来看，个体的“数据”有两种形式：

一种是个体被动产生的数据内容。例如，作为用户，人们进入网络中的各种社区，都要进行注册并提供相应的个人信息，这些用户信息的形成是由网站发起的。

另一种是个体主动生产的数据内容。无论是在论坛、即时通信、博客，还是SNS、微博、微信中，用户都会自主地制造出大量的内容，这些内容，也是数据。

这两种类型的数据，都是对个体的描述与记录，当然，前者相对稳定，而后者不断变化。个体主动生产的内容，更能反映个体数据化生存中的心理与诉求。

从另一个角度看，个体的数据又有内容型数据与活动型数据之分。“内容型”数据对应的情形是，用户行动的目的就是生产出直接在网络中发布的内容；而“活动型”数据（如人们在电子商务活动中的购买行为记录），本身并不是用户有意识生产的内容，而是用户活动的附属产物，但它同样是用户行为的重要记录，甚至是研究用户个性的重要依据。随着越来越多的人开始习惯于网络化生存，活动型数据，也成为个体人生中的重要痕迹。

在作为群体互动空间的论坛里，网民更多的是通过公共信息的交流和思想的交锋来显示自己的存在价值，获得社会归属，争取社会认同。因此，在那样的空间里，“数据”更多地具有公共记录与公共交流的偏向。当然，公共交流的背后，一定有自我表达、自我认同、自我实现的动因，只是从数据化的结果来看，相对而言个体的自我轨迹较多地被掩盖。

而从博客开始，数据的重点开始向自我倾斜。数据成为个体重要的生活痕迹，个体在其中体现出来的对自我形象的展示与控制较论坛时期更为明显。数据成为人们展现与塑造自我的重要手段。

尽管每个个体的数据化有表演的成分，但是，这些数据至少在记录个人行为的同时，也记录下了很多社会场景、社会活动，并传达出这背后的社会情绪。这些记录，可以与大众媒体的记录形成一种补充、印证关系。数据记录的个人碎片，与大众媒体的内容整合起来就是更丰富的社会图景。数据反映的个人史，累积起来，也会成为社会史的一个部分。

但值得注意的是，这样一种数据化，也会使个体暴露在更多的风险中，正如迈尔-舍恩伯格指出的，今天这个时代，遗忘变成例外，记忆成为常态，人类住进了数字化的圆形监狱。① 在未来，人们更需要争取自己数据的不公开权以及被遗忘权。

二、主动设置角色的个体

你怎么看

如何看待个体的数据化生存？与现实的生活有什么不同？

从另外一个角度看，个体的数据化过程，也是他在虚拟空间里进行自我角色的设定与扮演的过程。

社会心理学认为，角色是指处在一定社会地位的个体，依据社会对个体行为的期望系统，在社会化过程中将社会期望内化为对自身的期望系统而获得和形成的外在行为模式。社会身份是社会赋予个体的，比如年龄、性别、国籍、职业、财富等。每一个个体都会拥有多个身份，这在社会心理学中称为“角色丛”（role set）。在社会生活中的不同场景，人们必须不断地变换自己的角色，以适应这些场景的特殊要求。根据角色的特征，可将其进行划分，如先赋性角色与获得性角色、活跃性角色与潜隐性角色、正式角色与非正式

①参见［英］维克托·迈尔-舍恩伯格：《删除：大数据取舍之道》，5～22 页，杭州，浙江人民出版社，2013。

【知识窗】 利昂·费斯汀格：认知失调理论

心理学上有一种理论称为“认知失调理论”，它在一定程度上可以解释人们很多行为背后的心理因素。这一理论最早是由美国心理学家利昂·费斯汀格提出的。这一理论的基本出发点是，人们在观点、态度、行为等之间具有一种一致或平衡的取向。即两个认知元素之间要达到一致的趋向。*

图 3—2 认知失调理论提出者利昂·费斯汀格**

在费斯汀格看来，失调的原因包括：

逻辑上的不一致：两个认知元素在逻辑上是冲突的。例如，如果一个人认为人在任何条件下都不能摆脱地球引力，但同时又认为人可以登上月球，那么，这两个认知元素就是失调的关系。

文化上的习俗：两个认知元素在某种情境下可能是完全不失调的，但由于某种文化习俗的规定，在特定的情况下就失调了。例如，在某些国家，给人送白菊花是一件非常不礼貌的事，如果某人事先知道这一习俗而给他人送白菊花，那么，这就是一种认知失调。但换了一个环境，也许就不会有任何失调。

观点的普遍性（一种观点包含在另一种更普遍的观点中）：两个认知元素从表面看并无失调，但由于其中一个认知元素包含在另一个更普遍的观点中，而那个观点可能会与另一个认知元素产生失调。例如，一个美国的共和党人，投票支持民主党的候选人。从表面看，这里不存在失调。但这是共和党人的认知，包含在这个人应该支持共和党候选人这个认知中，因此，失调产生了。

过去的经验：如果一个人站在雨中而没有淋湿，那么这两个认知元素是失调的，这是从他站在雨中必然淋湿的经验中得到的。但如果这个人从来没有过淋雨的经验，那么，就不会有失调。

此外，其他学者认为，认知失调的原因还应包括：承诺、意志、责任等因素。

费斯汀格还认为，认知失调的程度取决于认知元素的重要程度。愈是重要的认知元素，所能带来的失调也就愈严重。

当出现失调时，人们会努力减少失调，其方法是，改变行为认知元素（改变自己的行动）、改变环境认知元素（改变对环境的看法或改变环境）或增加新的认知元素（用新的认知元素来加以平衡）。同时人们还会主动地避免可能增加失调的情境和信息。这导致人对于信息的高度选择性。

费斯汀格还研究了失调程度与人们的信息行为之间的关系。他发现，当很少或没有失调时，个体既不追求也不避免失调信息。中等程度的失调，导致最大限度的主动追求减少失调的信息，避免接触增加失调的信息。极度的失调，导致追求增加失调的信息，使失调增加到不能容忍的程度，从而使情境的某些方面发生变化，最终减少失调。

对于群体可能给个体产生的心理影响，费斯汀格的认知失调理论做出的解释是，社会群体是个体认知失调的主要来源，也是消除和减少可能存在的失调的主要来源。

减少由群体引起的失调的方法有：

改变自己的观点，使之与其他人的认知一致；

影响他人的观点，使之与自己的观点一致；

以某种方式使自己与别人不可比。例如贬损别人，认为别人是白痴等。

＊参见［美］利昂·费斯汀格：《认知失调理论》，杭州，浙江教育出版社，1999。

＊＊利昂·费斯汀格（1919—1989），美国社会心理学家，1959年获得美国心理学会颁发的杰出科学贡献奖，1972年当选为美国国家科学院院士。

角色以及现实角色与虚拟角色。

角色的社会心理学功能可以分为三种：互动（interaction）、规范（norm）和自我表达（self presentation）。

角色扮演（role playing）心理过程可以分解为角色获得（role taking）、角色扮演（role playing）和角色转换（role changing）几个方面。角色的卷入程度可以根据个体卷入（involvement）所扮演角色的程度来判定。

但网络赋予人们的是一种“虚拟角色”（virtual role）。这种虚拟角色的功能，应以“自我表达”为主，兼有“互动”的功能，相对来说，“规范”的成分会少一些。

在网络中常常会有人谎报自己的性别，这实际上也是网民自由主动选择角色的一种表现。有些人是因为自己本来就存在性别错乱，在网络中选择另一个性别角色可以在一定程度上满足他们的心理需要，有些人是为了某些功利目的（例如取得别人的好感）而扮演另一个性别，也有些人是纯粹出于好玩。不管出于什么样的目的，这些人都是通过选择性别角色来表达自己或者与他人进行自己所希望的某种交往。

一个网民会在何时何地扮演何种角色，实际上是他心理的一种直接反应。从某种意义上讲，网民在网络世界里的表现，主要与他在现实世界里的心理感受相关。因此，借助心理学的理论，我们可以从一定程度上来解释网民在自我角色认定背后的复杂心理。

认知失调理论从一定意义上可以帮助我们认识人在网络世界里为什么会扮演某种角色。凭借人在网络中的自主性，受众在网络中扮演的角色往往是要减轻自身的某种认知失调，特别是在现实世界里的认知失调。例如，一些人在现实世界里，在对自我的价值认定方面，与他周围的人对其价值的认定会产生冲突。这就导致了他的认知失调，也即我们通常说的“怀才不遇”。在现实世界，要改变这种失调是很困难的。因此，如果他有机会接触网络，他会认为网络是改变失调的一种很好的手段，即改变环境来减少失调。这样的人，往往不满足于在网络中做一个看客，他必然要通过在网络中的积极参与，来体现自己的价值，并获得承认。他们给自己确定的角色，也就不是普通的受众，而是积极的传播者。一些网络写手，在现实世界默默无闻，在网络世界却是声名显赫。有人甚至以透支生命的方式沉迷于网络写作。在这背后，也许就存在着改变认知失调的强大动力。

因此，研究不同受众在网络中自我认定的角色或角色丛，以及这背后的心理动因，有助于认识不同受众在现实生活中的压力与困惑。

网民对自我角色的认定，不仅表现为他们在网上的行为，也可以直观地体现在他们的“代号”或“昵称”中。这些符号，可能产生于有意识，也可能产生于无意识，但都是自身的一种心理反应。

概念

认知元素是指一个人对自身、对自己的行为及对环境所了解的事情。两个认知元素之间的关系可以是无关、失调、协调。失调即指不一致、矛盾、不合适。

概念

虚拟角色是一种获得性的角色，并且这种获得完全出于个体的意愿。它与真实的社会角色不同，网民的角色不受社会环境的影响。

与此相关，在网上还有一种有意思的现象，就是网民通过停止使用某个“昵称”，来表达某种强烈的情绪。有些人将这称作一种“ID 自杀”。这种“自杀”现象的背后，除了包含某种潜台词外，还表明：网民已经意识到，网络虚拟角色的存在或消亡，已经有了某种实际意义。

三、作为网络节点的个体

Web 2.0 应用对社会化媒体的一个影响，是个体越来越多地从封闭的社区（如论坛等）走出来，进入到更开放的基于社会网络的应用中。在中国，从早期的豆瓣到后来的 SNS，再到今天的微博、微信，网民已经在不知不觉中，变成互联网上巨大的社会网络中的节点，而不再是论坛中的 ID。于是，社会网络中的关系成为影响网民行为和能力的重要因素，它在两个方向上作用于个人：既可能放大个人的影响，又可能对个体施加更多的社会影响。

（一）关系放大的个体力量

新兴的社会化媒体用一种看似松散实则紧密的方式，将每一个平台上的个体连接起来，使每一个个体都能直接或间接地连接到其他所有的用户。“小世界理论”在网络中得到了更好的体现，尤其在 SNS 和微博等平台上。这意味着每一个个体都拥有了一个引爆器，如果具备“天时地利人和”，这个引爆器可能瞬间引起整个网络平台的大爆炸。

相比早期的论坛等社会化媒体，Web 2.0 的应用，在很大程度上改变了网民的关系模式，使得网民的关系网络更为开放，这种开放性对于网民个体能量的放大，具有重要意义。无论未来网络中会出现什么新的应用，这一关系模式的走向是会在很大程度上保持的。这种关系模式，可以带来“以小搏大”的结果。

（二）关系传导的社会压力

今天的社会化媒体中的社会关系结构和信息传播结构，决定了在社会化媒体平台中的人们与外界更紧密的联系。作为社会网络中的关系节点的个体，受到的社会关系的约束与影响也更深。每一个社会关系，都是社会压力的一个传导线路。

由社会网络带来的社会压力主要体现为两个方面：

其一是群体压力对个体的影响。后面将对此进行深入分析。

其二是一对一的人际关系中的相互影响。

与费斯汀格的理论相类似，很多社会心理学家都在研究个体如何在态度、信仰、价值观、行为等方面，追求与他人的和谐一致。因为，一致才不至于让人产生心理的紧张或不舒服感。这方面的代表有：海德的平衡理论、纽科姆的对称理论、奥斯古德的调和理论等。[①] 这些理论有助于我们理解网络中个体之间是如何相互影响的。

在网络交往中，人们的情绪、心理状态同样也往往会受到他人的影响。甚至人们选择看什么样的信息以及对于信息做出何种判断，在网络中发表哪方面的意见以及意见走向等，也常常是在各种互动环境中做出的一个综合反应。

因此，当个体在更大程度上将自己的力量转化为社会性能量的同时，也在随时

①参见［美］沃纳·赛弗林：《传播理论：起源、方法与应用》，156～159 页，北京，华夏出版社，2000。

受到社会关系的影响，这种影响的广度与程度可能是前所未有的。

【知识窗】 关于个体追求与他人和谐一致的心理学理论

1. 海德的平衡理论

海德的平衡理论的主要观点是：不平衡的状态产生紧张，并产生恢复平衡的力量。对于平衡状态，他的定义是："在这种状态中被感知的个体与所感觉的情绪无压力地共存。"

海德建立的研究模型是：一个个体P（这个人也是研究对象）、另一个个体O以及一个物质的客体（或观念或事件）X。海德需要研究的是，这三者之间的关系如何组成。而什么情况下是"平衡的"，什么情况下是"不平衡"的。

海德的结论是：如果三者关系在所有方面都是正面的，或者，如果两种关系是反面的，一种关系是正面的，那么，平衡状态就会存在。除此之外的所有其他组合都是不平衡的。

例如，如果P对O的评价是正面的，P和O对对象X的评价也都是正面的，这就是一种典型的平衡状态。如果P对O的评价是负面的，即P并不喜欢O，但P和O对X的评价都是正面的，这时P就会因为O与自己的看法一致而产生不平衡。

2. 纽科姆的对称理论

纽科姆则提出了"对称"（symmetry）的概念，来区别于"平衡"。与海德类似的是，他也提出，人有对和谐的需要。他用"趋向对称的持续张力"（persistent strain toward symmetry）来表达这种需要。

纽科姆研究的对象是一个最简单的传播行为模式，即个体A传达信息给个体B有关某事X的信息。在这个模式中，假设A对B与对X的倾向（态度）是相互独立的，那么这三者之间便组成了一个包含四个取向的系统：

(1) A对X的倾向，包括A把X作为一个对象接近或回避的态度（以标志和强度为特征）以及对X的认知态度（信念和认知建构）。

(2) A对B的倾向，与第一种情形一样。但纽科姆描述对人的倾向时，用的词是"正面的吸引"或"反面的吸引"，而描述对X的倾向用的词是"喜欢"或"不喜欢"。

(3) B对X的倾向。

(4) B对A的倾向。

纽科姆进一步分析道：

如果A与B对X的意见不同，那么这种"趋向对称的张力"取决于A对X的态度有多强，以及A对B的吸引力有多大。当A对B的吸引力增强时，如果同时A对X的态度也增加，那么便会有如下结果：A会竭力与B达到对X态度的对称——而这很可能会实现，并且A很可能加强对B有关X的传播。

纽科姆的理论，更强调个体之间为了达到一致而进行的传播。

3. 奥斯古德的调和理论

奥斯古德的调和理论（congruity theory），着重研究个体与"对象"及对象的"来源"三者之间的关系。他认为，当个体对"来源"和"对象"态度相似，而"来源"对"对象"主张否定时，或是当他对"来源"与"对象"态度不同，而"来源"对"对象"主张肯定时，不调和都会存在。即三者之间只有一个否定关系，或者所有关系都是否定的，就会出现不平衡。这一点，与海德的平衡关系的模式是一致的。

奥斯古德的理论，更强调个体对"来源"的态度的意义。因此，从传播者角度看，赢得受者的信任与好感，是让对方认同自己传播的内容或接受自己观点的一个有效方法。

以上三种理论虽然角度有所不同，但它们都揭示了一个现实，人们的心理状态并不仅仅取决于自身，而且会受到很多外力的影响，包括与他人的互动。

四、作为传播中心的个体

当每个个体成为网络的节点时，这个节点也越来越多地具有了传播中心的属性。

（一）“个体中心”带来的传播机制变化

如第1章所述，在Web 2.0技术推动下，以Web网站为核心的“大众门户”传播模式受到了强大的冲击，而“个人门户”传播模式正在兴起。相比传统的大众门户模式，个人门户模式除了以个人为中心、以社会网络为传播渠道这些本质特点外，还有其他一些特点。

在这一模式里，个体控制自己所获信息的能力得到明显增强。每个个体的关系网络，是他们自己设置的信息源，也是一个信息的过滤网络，也是一种社会化的推荐机制。

这样的传播模式，也使得每一个信息的落点以及流动的路径“显性化”了，人们对某一信息的阅读深度、信息引发的意见等，也变得直接可感。

从个人中心出发的传播是多层级的，信息需要经过多次传播才能不断扩大传播效果，但是，四通八达的人际网络，很容易推动“裂变式”传播的形成。

在这样的模式中，信息传播过程不是一个简单的复制过程，而是信息的不断再生产过程。例如，网民在转发信息时附加自己的意见，或者对于原始信息进行增减。

这样一种传播中心，将个体作为信息的生产者、传播者与消费者的三种角色集成在一起，由此带来的传播机制变化，也使得专业媒体的“把关人”地位第一次真正受到挑战。

（二）“个体中心”对信息网络与意义网络的构建

个体可以构建自己的传播中心，这不仅意味着他可以通过自己的社会关系网络来进行信息的筛选，也意味着个体可以根据需要去发现、收集与组合信息，借此形成对社会的认知基础和认知框架。个体作为信息网络与意义网络的构建者，可以更好地控制信息，使它们为自己服务。

对于新媒体，我们经常持有的一种批评观点是，它们带来了快餐式的、碎片化的浅阅读。虽然这种批评对多数情况是适用的，但我们也应看到，浅阅读未必出现在所有情形下，也未必一定意味着人们在所有问题上的认识与思考能力的削弱。尽管在某些文章的阅读中会出现浅阅读的现象，但是，对于自己感兴趣的话题，网民会主动在网络中寻找丰富的相关信息，包括其他网民的评论，通过这些信息来形成对一个事物更为立体的认识。

浅阅读往往体现在一般性的信息获取方面，而深阅读则出现在人们感兴趣的话题中。但即使是深阅读，网民也不是像过去纸质阅读那样在封闭的环境中完全基于媒体提供的信息来实现深度阅读与思考，而是在网络这样开放的、四通八达的信息网络中，去主动地寻找相关信息（包括他人的评论）并构建起对一个对象的认识框架与意义结构。如果框架得当，同样有助于实现深度思考。

相对而言，传统媒体所声称的完整、深度，却是建立在少数媒体人的观察视野与思考深度基础上的，它也许会表现为文本的完整性，或者某一个角度下的深刻，但是，它未必总是对一个事实或现象的全面的还原，也未必能适应每一个个体的需要。

传统媒体时代的深阅读是“坐井观天”式的。它意味着读者跳入媒体挖的井中，看着由媒体展示的头顶那一片天。而网络媒体中的深阅读是“花园采蜜”式的。用户在网络中自由采集着自己所需要的各种养分，来完成一次深度探索过程。也就是说，深阅读是用户把在自己构建的阅读网络中获得的各种信息和观点组织成一个意义网络，来实现对事物的全面了解与深入认识。

因此，简单称传统媒体是“深”的而新媒体一定是“浅”的，只是一种认识上的惰性。

当然，并非每一个个体都能在每一次的构建中完成深度思考。信息接触与使用中的选择性心理，人们对于信息的选择与判断能力，对无关信息的抗干扰能力以及其他媒介素养，都将是重要的影响因素。但至少我们应该意识到，在数字平台的传播中，信息网络以及建立在它之上的意义网络的构建者，不再仅仅是专业媒体。很多时候，网民更相信和依赖他们自己，而不是专业媒体。

第 4 节　社会化媒体中的典型互动行为

社会化媒体离不开互动，很多互动的动作本身是简单的，但是在这些简单的动作背后，却有着复杂的动因。

一、转发

在很多社会化媒体应用中，都有“转发”（或分享）这样的按钮，网友们的一键转发，成为信息扩散的重要手段。

转发也是一种典型的互动行为。转发的是内容，但人们在转发行为中表达的却并不只是对内容的认可。

【案例】 关于转发的调查

一家名为 Upworthy 的公司曾对转发行为做过调查。调查显示：阅读了文章 25% 内容的人更愿意转发或分享。而 Buzzfeed 的调查是：那些在手机上阅读时间不超过 2 分钟，在电脑上阅读时间 3 分半左右的文章最容易被转发。*

Chartbeat 公司的调查则发现：被转发数与文章点击量确实有一定的关系，但是与文章内容的阅读量却没有联系。其主要原因是：转发这类操作主要发生在移动设备上，人们在移动设备上并不会花太多时间去阅读。同时，调查还发现：人们最喜欢转发的是那种“看标题就明白的新闻”，这类新闻多半也不需要点击阅读全文。就文章内容来说，那些开心的或者怀旧的文章更容易被转发。另外，转发很多时候也是出于这样一种心理，即“这么多人都转发，那么我也应该转发一下”**。

* 参见张越：《残酷的真相：人们不阅读分享的文章》，见http：//digi.163.com/14/0222/05/9LLQ2L9600162OUT.html，2014-02-22。

** 同上。

关于转发的调查说明，对内容本身的判断，并不是内容转发的唯一动因。除了内容的价值、包装内容的形式特点外，人们在社会化媒体中的转发行为背后，还会受到各种动机的驱使，常见的如：

1. 利他、互助

转发是社会化媒体上人们互助的主要方式之一。转发对别人有用的信息，除了利己，也可以利他。你来我往，形成良性互动后，也可以使自己从别人那获得更多有用的信息。

2. 进行低成本的自我表达

转发也是一种自我表达方式，一方面通过表达自我来塑造自己的形象，另一方面借他人的信息或观点，表达自己的价值观。

转发作为一个低成本的自我表达方式，还有一种意义，那就是可以让人们减少表达之后的风险。如果一个用户用原创方式表达个人观点而这个观点带来误解或负面影响时，他可能需要花费很高的交流成本来消除误解或影响。而如果一个用户只是转发他人的观点，并加上“纯转发”这样的表达，那么，他既借他人之口表达了自己的判断，又可以将自己撇清，不必承担内容本身可能引起的后续结果。

3. 换取社会资本

一个用户的利他行为，往往需要通过社会回报得到激励。类似地，用户的自我表达往往也并不是孤立的个人表达，而是换取社会资本的前提。对于转发或分享这样的行为来说，更是如此。有时，人们为了赢得别人的好感，或者维系与某个用户的关系，仍然会转发自己并不认同的某些内容。

4. 体现自己的存在

在可以轻松地进行转发或分享的社会化媒体平台里，例如微博，一个用户即使没有任何原创内容，也可以体现自己的存在，甚至还能扮演重要的角色。如果有丰富的“他资源”供使用，他就可以以几乎零成本的方式不断转发内容，保持自己的活跃度。虽然他只是扮演着一个信息过滤器的作用，但如果过滤出来的信息对其他用户有意义，他仍然有存在的价值。

而在转发或分享操作相对麻烦或者原创文化为主导的社会化媒体平台上，如论坛，一个用户要体现自己的存在价值，单纯靠转发，难以奏效。

5. 信息的管理

对于用户来说，转发也是他们进行信息管理的一种形式。一方面，在很多社会化媒体应用中，仅仅阅读他人的内容，不容易将这些信息保存在自己的空间里，通过转发可以使内容出现在用户自己的信息“时间线”里，这个时间线也就将用户自己感兴趣的内容组织了起来。另一方面，用户还可以通过他人对信息的反馈，来更好地判断信息的价值或其局限性，或者拓展在这个主题下的探索，而“收藏”信息这样的非公开行为往往收不到这样的效果。

6. 获取实际利益

在社会化媒体转发信息，还可以用来宣传与自己相关的机构形象、品牌、产品，或者给别人做宣传。一些具有影响力的博客、微博作者转发的内容，有些已经是直接的广告。无论是给自己做宣传，还是给别人做广告，都有获利的动因。

通过转发争取抽奖机会，也是社会化媒体中转发行为的一种常见动因。特别是对普通用户而言，这时转发内容往往并非他们所关注或认同的，但抽奖的动力，使他们参与到信息转发活动中。

7. 跟风或站队

某些时候，转发某个内容，是跟风或站队的表现。如果没有转发某个平台上的热门内容，一个用户可能会排斥在某个热门话题之外。不转发也可能意味着某个用户放弃了某种站队的机会或拒绝站队。因此，某些话题的转发行为，带着浓厚的群体互动或集体意志的痕迹。

【案例】《纽约时报》：网络分享的五种动因

在一项名为“分享的心理动因——为什么人们在互联网上分享”的调查中，《纽约时报》所属的研究机构 CIG，揭示了网络分享者的五种主要心理动因，包括向他人提供网络中有价值或有趣的内容、向他人“定义”自己、培养及“滋养”我们与他人的关系、实现自我、宣传业绩或品牌，并指出，所有这些动因都指向网络中人与人的“关系”。* 尽管这项研究提及的五种动机与上面分析的七种动机表述不完全相同，但只是表述角度的不同，本质是一致的。

这项研究还发现，网络中的分享者有六种类型：利他主义者（altruist）、追求名利者（careerist）、追逐时髦者（hipster）、图求回馈者（boomerang）、连接组织者（connector）、有的放矢者（selective）（见图 3—3）。

这一研究启发我们，不同用户在分享行为后面的诉求有所侧重，各种类型的分享者也构成了一个相互迎合、相互补充的生态圈。

* See “The Psychology of Sharing: Why Do People Share Online?” http://wenku.baidu.com/link?url=3pteypN39MjtjUDxHGRr4unOCnN5t5F7fCMtaEHY7VnXwZE6gaE8vnlVtFQ2K8SFzUM4haLi69H8uhjXncZEeZzikX7hY38BKiELVUGAzWy。

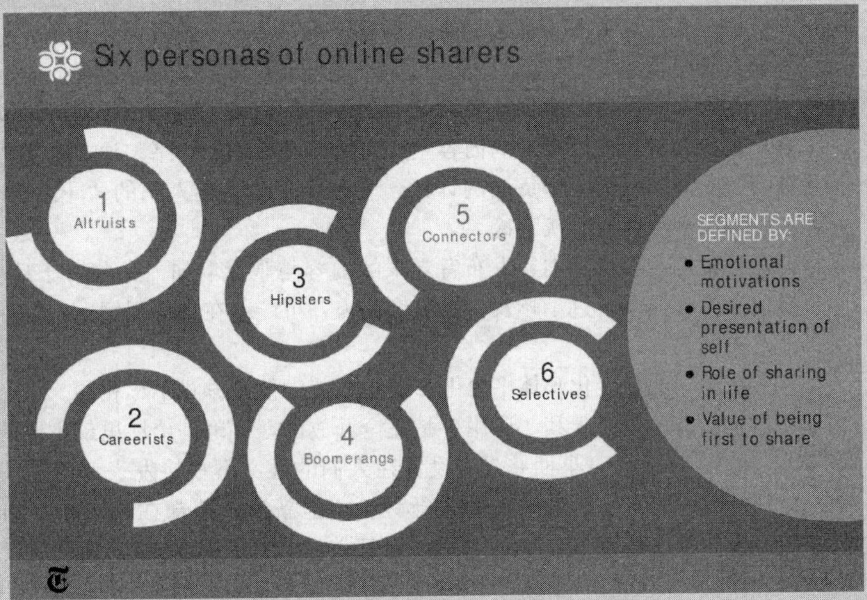

图 3—3　网络分享者的六种类型

资料来源：“The Psychology of Sharing: Why Do People Share Online?” http://wenku.baidu.com/link?url=3pteypN39MjtjUDxHGRr4unOCnN5t5F7fCMtaEHY7VnXwZE6gaE8vnlVtFQ2K8SFzUM4haLi69H8uhjXncZEeZzikX7hY38BKiELVUGAzWy。

二、评论

评论也是社会化媒体互动中常见的互动方式，从早期的论坛到今天的微博、微信，评论的功能一直被延续。

同样，除了表达观点这个评论本来的功能外，作为一种互动方式，评论也是一种与他人建立联系的方式。其主要作用在于：

1. 引起他人的注意

某些时候，在别人的帖子下发表观点，主要是为了引起对方或者他人的注意，所以“说”这个动作，比说什么更重要。

2. 维系关系

没话找话地搭上几句，很多时候也为了维持与某个对象的日常关系，表明自己对对方的重视。

3. 参与站队

有些评论并没有复杂的观点表达，而只是一种简单的站队选择，它们可以通过一两个词甚至表情符号来实现。

4. 获得成就感

有些发评论者，只是为了抢到某个帖子或微博评论的“沙发”。这个时候，发表评论更多为了获得一种“手快”的满足感与成就感。

5. 传达仪式感

在一个论坛里，对于一些有意思的帖子，或在一些特殊的时刻，人们往往通过“盖楼”的方式来制造出热烈的跟评效果。这时的评论，在很大程度上具有仪式性。人们是为了共同营造这样一种参与气氛。

以上是评论者参与评论的主要动机，而对于被评论者而言，这样一种互动对其影响也是明显的。

评论不仅可以使被评论者对于自己传播的信息、观点是否得到认同有及时的了解，也会影响到他们未来的内容生产热情以及他们的情绪。通常人们更愿意看到积极的、正面的反馈。但负面的评论，有时候也会激起人们的“斗志”，当然，也有一些网民会由此而心灰意冷。

评论也会影响到内容发布者未来的内容与观点取向。那些对于环境信息敏感、自信心不够强或者过于顾及自己名声的人，可能会在很大程度上根据评论来调整自己发布的内容。

在不同的社会化媒体平台上，评论功能的使用方式不尽相同。

论坛的评论对于其注册用户是完全开放的，评论是论坛里最主要的互动方式。

而在 Twitter，早期并没有设置在人们的推文下直接发表评论的功能，人们只能在转发时对自己所看的内容进行评论。但新浪微博却在其产品中加上了这一功能。虽然转发时也可以发表评论，但其效果与在别人的微博下进行点评有很大区别。评论功能，将一条微博引起的反响，集中在这条微博之下。一个用户可以在别人微博下发表激烈的评论的同时，保持自己微博的平静。就如网民说的，是“把痰吐到别人家门口”，保持自家门前的干净。而如果去除这一功能，情况就会大不相同。

微信的朋友圈内容，也有评论的功能，但技术上对评论的设置是，它只能被自己的好友看到。这一设置，更多的是为了保护隐私，但它的一个意外效果是，可以暴露出两个用户的共同好友。

三、点赞

点赞是近几年社会化媒体产品新增的一个功能，也成为网络用户越来越日常的动作。这个动作的背后，同样有着多样化的动机，最常见的动机包括：

1. 自我映射

多数用户的点赞是有选择的，而选择什么人、什么样的内容点赞，往往会和他的自我状态相关。在一定程度上，点赞这个行为可以将个体的性格、愿望等展现出来，是自我的一种映射、外化。

> **你怎么看**
>
> 人们会在点“赞”的时候故意隐藏或刻意伪造自己的性格吗？

【案例】 Facebook上的“赞”预测个人特征

英国剑桥大学心理测验学中心的米歇尔·科辛斯基（Michal Kosinski）和他的两位同事的研究证实，人们的许多个人特征，诸如政治倾向、宗教信仰、性别、种族和性倾向，都可以通过他在Facebook上的“赞”进行预测。科辛斯基等开发了一个数学模型，依据5.8万位美国Facebook用户的“赞”记录来预测他们的各项特征和偏好。之后，他们将模型的预测结果与这些志愿者的Facebook档案信息以及通过在线测试得出的智力、人格和生活满意度等信息进行比对。结果，这个模型非常准确地预测了参与者的性别、种族出身和性倾向。其性别预测正确率高达93%，识别黑人和白人的准确率达95%，识别同性恋和异性恋的准确率达88%。同时，该模型对民主党人和共和党人、基督教徒和穆斯林进行识别的准确率高达80%。但是，这个模型在预测恋爱状态、药物滥用以及父母离异状况等方面的准确度较低。*

根据美国《国家科学院院刊》2015年1月发表的一项新的研究报告，来自剑桥大学和斯坦福大学的研究人员发现，通过电脑对一个人Facebook中“赞”数据的分析，就能够准确地预测其性格。如果一个人在Facebook上有约300个“赞”，电脑预测的准确性足以打败其配偶。研究者们分析了Facebook上的来自美国的86 220名志愿者的相关数据，他们在一个叫“我的性格”应用软件中完成了一份100题的性格测试问卷并提供访问他们的“赞”数据权限。然后志愿者邀请他们Facebook上的亲朋好友对其进行心理特质评价。这样，研究者就获得了电脑通过“赞”进行的性格分析、志愿者自己做的性格分析以及其亲友对其性格的判断，并将这些数据进行比较。结果发现，与志愿者对自我的评价比较，电脑仅需分析10个“赞”便能比其同事更准确预测其性格，通过分析70个“赞”，电脑就能超过其朋友或室友，150个“赞”超越其家人，而300个“赞”则能“击败”其配偶。**

* 参见《社交点赞：想评论又无话可说的态度?》，载《中国新闻周刊》，2014-01-06。

** 参见石毅：《新知：点赞需谨慎！最新研究显示300个赞就出卖了你的人格》，见http：//www.thepaper.cn/www/resource/jsp/newsDetail_forward_1293724，2015-01-13。

2. 认同或取悦他人

点赞的本意是认同与欣赏，这种认同可能是对他人发布的内容的认可，也可能是对发布人的认可。有些网民对于自己欣赏或者希望建立起密切联系的他人，会不假思索地一次次地送上“赞”，这未必是对信息或观点的认可，而更有可能是表达对某个特定对象的好感。

3. 礼仪性互动

社会化媒体空间也是社会的一部分，人们在这个空间里也在形成自己的礼仪。点赞是其中的一种。点赞与日常生活中人们打招呼、问候一样，是一种基本的润滑剂。

当然，即使是一种礼仪，人们对点赞的对象还是会有所选择，通常只有对自己重视的互动对象，才会保持长期的点赞。

4. 获取社会资本

取悦他人或礼仪性互动的行为背后，在一定程度上隐藏着获取社会资本这样的社会动机。表达对他人的重视与好感，可能会换取他人同样的回报，这样的持续互动，可以稳固双方在网络中的关系，甚至可能赢得现实空间的良好关系。

相比评论，点赞这个行为更简单，不需要加上语言的评价，这规避了语言交流可能产生的误解及其后果，因此，成本更低。

尽管人们的点赞行为中往往包含着获取社会资本的动机，但现实结果未必总能如愿。美国心理学家雪莉·特克尔（Sherry Turkle）发现，点赞行为对人与人之间的真实了解并不起作用。点赞式的社交里，亲密感并不完整，因为它并不一定能转化为现实中的人际联结。数据分析专家莫拉·伯克（Moira Burke）也有类似的发现。他指出，利用Facebook的“点赞”按钮去跟朋友沟通，能够有效地增加社会资本。但这种懒惰式的“点赞”按钮，带给人们的满足感不如组合式的沟通方式：点赞加评论。擅长用组合沟通的人，能够有效地减少孤独感。相反，只喜欢点赞的人，孤独感并无减少。[①]

5. 体现自我存在感

“刷存在感”，这是网民常说的一句话，点赞也是刷存在感的一种方式，提醒对方自己的存在，提醒对方更多地关注自己。

6. 条件反射式习惯

有些网民会不假思索地对各种内容点赞，点赞成为一种习惯性动作，其他意义反而淡化，甚至他们可能没有认真读过其点赞的内容。有时在别人发出的不幸或悲伤内容后面，也会加上一个“赞”。这种被网民斥为“无节操”的行为，对于习惯性的“点赞党”来说，可能只是一种条件反射式的行为。

点赞行为，往往也会随着时间的推移而变化。通常对于刚刚认识的朋友，点赞是进一步拉近关系的一种方式，因此，人们会有意增加点赞，而一旦关系变近且稳固时，点赞可能会减少。

当然，很多时候，网民会选择不点赞，而这个行为背后，也有着各种心理的原因。

四、社交游戏

在很多社会化媒体应用中，都有一些小游戏。SNS时代的“偷菜”游戏、“抢车位”游戏，微信时代的“围住神经猫”、“抢红包”游戏等，都是其中的经典。它

①参见《社交点赞：想评论又无话可说的态度?》，载《中国新闻周刊》，2014-01-06。

们为社会化媒体平台吸引、制造了人气，也可能带来盈利模式。

多数联机游戏，只要是多人参与的，本身也可以被看作一种特殊的社会化媒体平台。

社交游戏作为一种特殊的互动方式，具有独特的价值。

它可以带来更轻松的互动氛围。其他互动往往都需要借助内容的生产和交换，而游戏则可以与之无关。

社交平台中的游戏往往门槛很低，容易上手，因此，也容易形成大规模的传播。

社交游戏往往伴随着竞争，而竞争意识对于互动的增加往往是一种良性的刺激。有些游戏本身是单人的，但如果把其结果分享到社交圈中，就会形成竞争、激励效应。

社交游戏也可以在一个群体中活跃气氛，当群体人气下降时，游戏有可能会起到刺激的效果。

社交游戏也可以与群体或社区内的文化形成互动。例如，在“抢红包”游戏中，很多微信群会形成红包接龙的新玩法，也就是人们用某种规则将红包持续地发下去，但不同群的规则不尽相同，这时候，群内的文化会对规则形成起到重要作用。

第5节　社会化媒体与群体互动

无论是广义还是狭义的群体，都应该具备以下特征。[①]

有明确的成员关系；有持续的相互交往；有一致的群体意识和规范；有一定的分工协作；有一致行动的能力。

符合广义或狭义群体条件的网络中的群体一般有两种情况：

一种群体是在现实世界已经存在的，它通过网络来发展群体成员间的关系。例如由班级论坛、班级群等来形成另一种形式的班级。

而另一种情况，则是通过网络形成新群体，如一些兴趣社团。网络群体形成的途径很广泛，论坛、博客、网络游戏、SNS、微博、微信等，都有可能成为孕育群体的土壤。

但在网络中还有另一种情况，即虽然网民间没有形成长期持续的互动关系，也没有形成群体意识，但这样一种不稳定的人群聚合也会对网民个体以及网络环境带来影响，特别是在一些舆论的形成过程中。因此，本节所指的群体，并不限于社会学意义上的群体，而且也包括一些大规模的人群互动。

概念

社会学意义上的群体的概念有广义与狭义之分。广义上的群体，指一切通过持续的社会互动与社会关系结合起来进行共同活动，并有着共同利益的人类集合体；狭义上的群体指由持续的直接的交往联系起来的具有共同利益的群集。*

*参见郑杭生等：《社会学概论新修》（修订本），190页，北京，中国人民大学出版社，1998。

一、群体结构及其影响

群体结构主要可以从需求结构和权力结构两个角度来认识。

（一）群体内的需求结构

虽然加入特定群体的成员相对来说会有一定的共同性，但由于性格和背景的不同，人们加入群体的动机和需求也是不同的。群体成员的内在需求，是影响他们互动模式、频率以及效果的重要因素。

一个网络群体在一定意义上是一种生态系统，这个系统是否平衡，取决于成员

①参见郑杭生等：《社会学概论新修》（修订本），190～191页，北京，中国人民大学出版社，1998。

关系是否协调，而需求关系在群体生态系统中起着重要的调节作用。成员的需求如果能实现互补，就能使群体形成一种生态平衡，群体的和谐与稳定也就容易实现。第5章将从论坛的角度对此进行进一步分析。

正是基于个人的需求，一个群体成员往往不是完全均衡地与其他所有成员进行交往，而是有所侧重，个体所选择的重点交往的对象及其交往的程度，往往是对个体形成影响的重要因素。不同成员之间关系的亲疏程度，也决定了群体最终的权力关系。

（二）群体内的权力结构

虽然社会化媒体中的群体存在于虚拟环境中，群体成员间的关系却是实在存在的，而且像物理空间一样，群体成员间会形成权力关系。

在网络中很容易聚集起人群，但是形成一个稳定的群体并不是一件容易的事。在网络中，如果一个群体没有明显的权力中心，往往它的凝聚力是不强的，作为一个整体的行动能力也不强。因此，权力中心的形成，对于网络群体的持续与稳定发展，关系重大。

除了意见领袖这样的权力中心外，网络群体中的权力结构关系，还包括成员之间的相互认同关系、结盟关系、对抗关系等。这些关系的形成，与群体成员的性格、需求等相关。

网络中的群体传播，往往是在一定权力结构关系影响下展开的。个体对于某一事物的态度与意见的形成，不单纯取决于个人的既有倾向，在很多时候还取决于权力中心以及其他成员的态度。

网络中群体内部权力结构关系的形成，一种是在完全空白的状态下，通过自然的选择机制形成的，另一种则是对于现实中群体权力关系的继承或重新赋权。

重新赋权的意思是，网络可能改变现实群体中的领导者地位，而赋予一些原本只是普通成员的人以领导者的地位。

一些学者认为，决定群体领导的因素之一是交流的信息量，一般来说，在交流信息上最活跃的成员也就是群体的领袖。①这一点，在网络群体中体现得更加突出。

网络里的群体传播主要以文字作为传播手段，因此，群体成员的影响力很大程度上取决于他的文字表现力以及文字对其他成员的影响力。一般来说，高频率地发表意见，能够提出鲜明的观点，文字生动、幽默的成员，他们发表的观点更容易引起广泛注意和讨论。因此，这样的人居于交流的中心，也就更容易成为群体的领袖。

此外，还有其他一些因素会影响到群体权力结构的形成，后面的章节将进一步展开分析。

（三）群体结构下的群体压力

在传统群体传播中，群体压力往往对群体成员产生重要影响。而在网络群体里，群体压力并非随时随地起作用，但它并没有消失，在某些时候，甚至表现得比现实空间更为强大。

在网络群体中，群体压力能否起作用，一方面取决于群体结构对个体的影响程度。权力中心突出、结构关系紧密的群体中，群体压力可能更大。在这样的群体中，权力中心作为意见领袖，会影响到很多成员，因而产生较为强大的意见气候压

①参见［美］弗里德曼等：《社会心理学》，522页，哈尔滨，黑龙江人民出版社，1984。

力。同时，如果每个个体都处于比较固定的结构关系中，例如，与某些人有牢固的同盟关系，那么，他的意见的形成就不能仅仅依据个人的判断，还需要与他人保持一致。

另一方面，群体压力是否产生作用，也与人们的“群体承诺”有关，也就是与个体对群体的认同度与依赖度有关。如果某个成员对群体的认同度与依赖度较低，那么他持有与群体多数意见相反的想法时，可能会表达出来，而不必惧怕后果，因为最坏的后果一般只是被迫离开这个网上群体，而在现实生活中的利益不会受到直接损害。当然，如果一个人对群体的认同度很高或依赖性很强，那就意味着，群体对他是很重要的，为了避免被赶出群体或被边缘化，他有时也会采取从众方式或结盟的方式以保护自己。

因此，在网络中群体压力是否起作用，如何起作用，取决于群体的结构关系对个体的影响程度，也取决于人们对群体的认同度与依赖度。通常是两种因素的叠加作用。

二、群体心理及其影响

社会化媒体为网民提供了前所未有的互动可能，网民在社会化媒体中的心理在较大程度上会受到他在网络中与他人的关系以及群体氛围的影响。而网民心理对于社会化媒体的整体氛围、舆论形成等又会产生直接影响。

心理学的研究已经证明，群体的存在，会给置身其中的个体带来很多心理上的影响。当然，社会心理学研究中涉及的“群体”，并非完全等同于社会学意义上的“群体”，有时更多的是指“人群”。

社会心理学家观察到的人群互动对人的心理产生的典型影响包括以下方面。①

社会心理学家扎伊翁茨（Robert Zajone）认为，他人在场时，会形成一种社会唤起，促进优势反应，其结果是促进简单行为，削弱复杂行为。即在这种情况下，简单的事，人们能做得更好，而复杂的事则会做得更差。这种心理现象，被称为“社会助长作用”。

另外一些心理学家则注意到了一种“社会懈怠”现象：群体也可能使个体产生懈怠，且随着群体规模的增大，个体付出努力的程度在减小，因为在群体条件下，人们会受到搭集体“便车”的影响。如果评价对象是群体而不是个体的话，那么个体往往会减少自己的努力。

人在群体中失去自我感，即“去个体化”，也是一种常见的心理现象。即在群体情境中，人会失去自我觉知能力，从而导致个体失去自我和自我约束。

有关“群体极化”的研究则指出，群体讨论往往会强化其成员的最初意向，例如，使偏激者更偏激。同时，群体讨论也会强化群体成员的共同态度，强化群体成员的平均倾向。

法国心理学家古斯塔夫·勒庞在他的《乌合之众——大众心理研究》中，对群体心理更是做出了系统的研究，他指出：群体是冲动、易变和急躁的；群体易受暗示、轻信；群体情绪夸张、单纯；群体偏执、专横、保守；群体既可能有极低的道德水平，也可以表现出个体根本达不到的崇高。② 尽管“乌合之众”这个中译名未必能准确反映勒庞所研究的“群体”这一对象，但是，群体对个体心理的影响，以

①参见［美］戴维·麦尔斯：《社会心理学》（第8版），208～238页，北京，人民邮电出版社，2006。

②参见［法］古斯塔夫·勒庞：《乌合之众》，21～41页，北京，中央编译出版社，2005。

及群体心理表现出来的特殊性，的确是值得高度关注的。

社会心理学中关于群体心理最有代表性的研究是从众心理，即因团体压力的影响，在知觉、态度、判断与行为上表现出与团体内大多数人一致的现象。网络进入我们的生活后，一些人认为，从众心理在网络中不再存在，或者表现程度较低。事实是否真的如此？

从费斯汀格的理论中我们可以看出，个体采取从众，是为了减少在群体中的认知失调。但是根据费斯汀格的理论，减少群体中认知失调的方法有几种，为什么人们更多地采用从众的方式？

应该说，从众方式，是减少失调的最简单的方式，因为改变他人特别是多个人的看法是一件非常困难的事，而把自己变得与别人不可比的方法，在大多数情况下也是行不通的。所以个体常常会通过认同别人的观点来减少失调。

但是一个人是否一定要减少失调，与他的失调程度有关。越是重要的认知元素，越能带来严重的失调。所以“从众心理”并不会随时随地发生，它更多地出现在与个体的利益直接相关的情境下。

由于不同网络环境对个体的意义不同，因此，它们所带来的压力程度也是不同的。例如在一个自己经常活动的群体里所感到的群体压力，与在一个陌生的社区里所感到的压力相比，会要大得多。网民可能不会在所有情况下表现出从众，但在某些社区里，从众行为甚至比在现实空间更为明显。应该说，网络从众心理的动因还会存在，但是在不同情境下作用的程度不同。

社会心理学的研究认为，人们对自己的判断感越不确定，就越容易受其他人的影响。此外，群体特征对于从众心理的影响也很明显，如果群体由三个或更多个体组成、凝聚力高、意见一致、地位较高，从众的程度最高。如果在公众场合做出行为反应，并且事先没有任何承诺，那么从众的比率也很高。①

研究网络中的从众心理，不能抽象地将网络作为一个整体，而必须具体地研究每一种网络中的具体情境（例如论坛、博客、微博、微信等不同环境的特点），以便分析从众心理出现的影响要素及其影响。

可以断定的是，社会心理学上的从众心理理论并不会因为网络环境而失效。只是它发生作用的条件起了变化。

社会心理学的理论，并不是针对网络环境提出来的，但正如一些学者指出的，“网络社会也是一个真实社会，也是由人们的沟通和互访而形成的结构系统，只不过是一种全新的互动和沟通方式。但人这种社会符号，实体是不可靠的，只有理念思想才是真实的东西。新的互动方式并未改变人际互动的实质”②。传统的社会心理学的理论，仍然是适用于网络的。

三、群体互动带来的人群分化

群体互动不仅给人们带来心理上的影响，从长远来看，它也会带来人群的分化。

（一）网络派系带来的人群分化

在同一个平台上，因为兴趣、价值取向、意见等原因，人群还会发生进一步分化。

①参见［美］戴维·麦尔斯：《社会心理学》（第8版），167页，北京，人民邮电出版社，2006。

②夏学銮：《网络社会≠虚拟社区》，见 http：//www.cycnet. com/education/lecture/000922037. htm。

美国社会学者在社会网络的研究中，通过“霍桑实验”、“扬基城”研究等提出，在人们生活的社会网络中，除了家庭、班级、协会等正式群体外，还有一类子群体，它被称为“派系”（cliques，也译为“小集团”、“小团体”等）。派系这种非正式关系可以把人们联络成为具有共同规范、价值、导向和亚文化的凝聚子群（subgrouping）。[1]

“派系”或“凝聚子群”的概念，都强调了社会网络中的某些行动者之间的共同利益、意识、规范等的作用。

关于派系和凝聚子群的研究是适用于所有社会网络的，对于互联网也同样适用。

概念

凝聚子群的含义是，凝聚子群是满足如下条件的一个行动者子集合，即在此集合中的行动者之间具有相对较强的、直接的、紧密的、经常的或者积极的关系。*

*参见刘军：《社会网络分析导论》，153页，北京，社会科学文献出版社，2004。

尽管网络中派系往往是以特定的社会化媒体平台为基础的。但是，派系的影响往往会超出某个特定的平台，因为网民大多同时处于不同的平台和不同的派系中，网民个体作为节点，连接着不同的派系，所以一个派系的影响可能会通过一个个的网民节点扩展到网络中更大范围的人群中。

可以说，派系的形成与发展是网络人群分化的另一个重要基础。

网络派系的形成，与很多因素有关，而其中，意识形态方面的价值观差异是一个比较重要的因素，而网民喜欢用“左派”、“右派”、“五毛党”、“美分党”、“公知”等称呼来区分网络中政治上的不同群体。

（二）权力落差带来的人群分化

如前所述，社会化媒体里会形成不同的话语权力阶层。

从信息传播与意见表达两个方面引起的权力分化来看，网民大致会形成三个阶层，如图3—4所示。

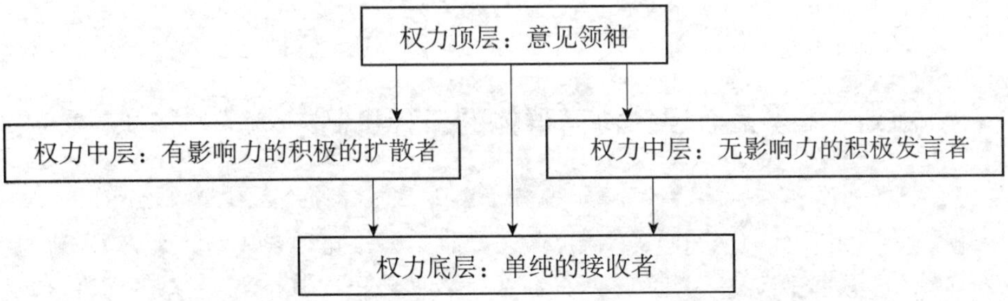

图3—4　网民的权力分层

基于这一权力的分层，可能会产生两种方向的人群结合：

一是处于同一层级的人，为了更好地维护自己的地位，有时会形成横向的结盟；

二是处于不同层级的人，出于相互的认同关系，会形成一种纵向的结盟。

这种权力结构，不仅会使人群出现分化，也会影响到网络信息传播的格局，以及网络舆论的形成。

四、“群氓的智慧”还是“群体性迷失”？

群体互动会带来什么？在社会化媒体兴起后，大量的研究都与此相关，而研究者的结论也出现了分化。一方乐观地认为群体互动会带来群体智慧，而另一方则认为群体互动会带来更多的盲从、非理性现象。

---

①参见［美］约翰·斯科特：《社会网络分析法》（第2版），84页，重庆，重庆大学出版社，2007。

(一)“群氓的智慧”及其形成原因

在关于互联网的各种研究成果中，我们可以看到一种非常典型的判断：网络尤其是社会化媒体，促成了群体智慧的形成，这种群体智慧成为社会进步的重要动力。第1章第5节已经介绍了一些代表性的观点。

对于互联网会带来群体智慧的乐观判断，往往是基于以下几个方面的理由。

1. 社会网络铺垫了群体智慧的基础

无论是哪位研究者，在谈及互联网带来的群体智慧时，都会或多或少关注到互联网中个体之间的连接模式，而无论他们如何描述这种模式，基本上都可以放在“社会网络”这样一个视野下。关于“社会网络”，第4章将进行详细分析。

互联网上的社会网络的连接特性，首先是对等性、开放性。这种对等性、开放性，为个体的自由参与提供了基础，也为信息与智慧的自由流动提供了多种“路由”。

此外，正如尼古拉斯·克里斯塔斯基等在其《大连接》一书中指出的，社会网络是“自退火”的，即它能够使自己身上出现的间隙自动闭合，就跟伤口自我愈合的情形差不多。它从结构上保证了网络的完整性。①

2. 个体间的互补产生群体智慧

群体智慧优于个人智慧的乐观判断，甚至可以追溯到亚里士多德，他认为，当多样化的群体都聚在一起时，他们（集体地并且作为一个实体，而不是个体）会胜过少数最优者的意见。当有许多人参与协商过程时，每个人都把他那一份良善和道德审慎带来，一些人懂得一部分，另一些人懂得另一部分，而所有人在一起就懂得了一切。②

你怎么看

社会化媒体中的群体智慧与非互联网时代有什么区别与联系？

①参见［美］尼古拉斯·克里斯塔斯基、詹姆斯·富勒：《大连接》，316页，北京，中国人民大学出版社，2013。

②参见［美］凯斯·R·桑斯坦：《信息乌托邦》，51页，北京，法律出版社，2008。

【知识窗】 凯斯·R·桑斯坦：协商群体的三种机制

凯斯·R·桑斯坦在《信息乌托邦》一书中解释协商群体能够运作并且产生良好的效果时，提到了三种机制：群体等于其最好成员、聚合（协商可以聚合信息和观念，使群体作为一个整体比其最好的成员知晓更多，做得更好）、协同与学习（群体讨论中的贡献与索取将筛选信息和观点，使得群体达成解决问题的良好方案）。他提到的三个机制，其核心都是个体间的互补。当然他强调，这三个机制发挥作用需要一定的条件。而在他观察的案例中，这三个机制常常未必导致了积极的结果。** 但他提到的三个机制，往往也是支持群体智慧优于个体智慧这一判断的研究者所持的理由。

图3—5 《信息乌托邦》作者凯斯·R·桑斯坦*

*凯斯·R·桑斯坦，美国哈佛大学法学院教授、美国艺术与科学院院士、美国律师协会分权与政治组织委员会副主席、美国法学院联合会行政法分主席。

**参见［美］凯斯·R·桑斯坦：《信息乌托邦》，55~69页，北京，法律出版社，2008。

3. 群体互动有助于激发利他行为

在《大连接》一书中，两位作者提出了经济人假设与网络人假设。他们认为，从经济人假设角度看，人都是自利的，总是用尽可能低的代价获得最大的个人好处。而从网络人假设角度看，人的本性中既有利他和惩罚，也有欲望和反感，人不会是完全自私的，也会考虑他人的幸福。① 这里的网络人，更多指的是社会网络也就是社会互动环境中的个体。这也表明，互动可以在一定程度上激发人们身上那些利他的因素。

克莱·舍基也认为，人在社会环境中的行为会有所节制，会表现得不那么自私。② 尽管这个判断不是在所有时候都适合，但是，在多数网络互动环境中，我们都可以看到，因为各种因素的影响，利他行为的确会得到较大程度的激发。

当然，不那么自私并非意味着网络的个体没有利己的动机，只是在互动环境下，他们往往会将利他与利己更好地结合起来，在利他的过程中也实现利己的满足感。如克莱·舍基所说，“在一个反馈循环中个人动机和社会动机可以互相放大”③。分享行为在网络中之所以如此普遍，就充分说明这一点。而分享也是群体智慧形成的一个源泉。

4. 自组织机制使群体聚合从混沌走向秩序

凯文·凯利等对于群体智慧形成的解释，更多是从自组织这个角度出发的。从系统论的观点来说，自组织是指一个系统在内在机制的驱动下，自行从简单向复杂、从粗糙向细致方向发展，不断地提高自身的复杂度和精细度的过程。换句话说，所谓自组织，即指没有外界干预，仅仅只有控制参量变化，通过子系统间的合作，能够形成宏观有序结构的现象。④ 尽管自组织理论最早研究的是自然界中的自组织，但是，后来人们也开始用它来研究人类社会的现象。本书下一章将进一步分析社会化媒体中的自组织现象。

> **概念**
>
> 群体极化现象指的是：协商群体的成员典型地选择与协商开始前他们的倾向一致的更为极端的立场。群体极化是协商群体的常态。*
>
> * ［美］凯斯·R·桑斯坦：《信息乌托邦》，99页，北京，法律出版社，2008。

（二）“群体性迷失”及其原因

与“互联网带来群氓的智慧”对立的另一方观点则是：网络群体汇聚的结果可能是，在群体心理作用下，个体会丧失理性，群体会出现集体性的或愚笨、或疯狂、或盲从的现象。

桑斯坦在《信息乌托邦》一书中提到了欧文·詹尼斯提出的“群体盲思”（groupthink）的概念，即群体可能助长轻率的一致以及危险的自我审查，因而不能综合信息、扩大讨论的范围。⑤ 在这本书里，桑斯坦本人也对群体智慧一定优于个人智慧的乐观看法进行了反思，指出了群体协商失灵或失败的种种可能及其原因，也谈到了群体极化对于群体协商结果的影响。

“群体极化”这样的概念被国内研究者广泛引用，成为分析网络群体互动负面影响时常用的理论框架。

但不少研究者在使用“群体极化”一词时，对“群体极化”这一概念的理解是不够全面的。桑斯坦的著作使群体极化被更多人所了解，但群体极化研究并非起源于桑斯坦，社会心理学领域早就有了很多相关研究。前一节指出，群体极化有两种情形：群体讨论往往会强化其成员的最初的意向，例如，使偏激者更偏激。但群体讨论也会强化群体成员的共同态度，强化群体成员的平均倾向。⑥ 从这个概念本身的含义来看，它是中性的，群体极化未必一定产生消极结果。

①参见［美］尼古拉斯·克里斯塔斯基、詹姆斯·富勒：《大连接》，244页，北京，中国人民大学出版社，2013。
②参见［美］克莱·舍基：《认知盈余》，127页，北京，中国人民大学出版社，2012。
③同上书，98页。
④参见 http://thns.tsinghua.edu.cn/jsj00005/kaifa1.htm。
⑤参见［美］凯斯·R·桑斯坦：《信息乌托邦》，11页，北京，法律出版社，2008。
⑥参见［美］戴维·迈尔斯：《社会心理学》，222～227页，北京，人民邮电出版社，2006。

尽管网络中的确存在着群体极化现象，但滥用“群体极化”一词，或者把群体极化简单等同于群体的极端化，甚至把群体极化一定视作“恶”的，也许都是偏颇的。

在国内关于网络群体互动的研究中，与“群体极化”一词一样被广泛使用的，还有“集体无意识”一词。

为了避免对一些经典的学术概念的误用与滥用，本书将群体互动产生的非理性、盲从、极端等现象称为“群体性迷失”。

【知识窗】 荣格：集体无意识

从学术研究的角度，我们有必要厘清“集体无意识”这样一个词的本来意义。

心理学家荣格提出了“集体无意识”这个概念。集体无意识是指由遗传保留的无数同类型经验在心理最深层积淀的人类普遍性精神。在1922年《论分析心理学与诗的关系》一文中，荣格指出：人的无意识有个体的和非个体（或超个体）的两个层面。前者只到达婴儿最早记忆的程度，是由冲动、愿望、模糊的知觉以及经验组成的无意识；后者则包括婴儿实际开始以前的全部时间，即包括祖先生命的残留，它的内容能在一切人的心中找到，带有普遍性，故称“集体无意识”。

在《本能与无意识》一文中，荣格指出：本能和原型共同构成了集体无意识。把它称之为“集体的”是因为与个人的无意识不同。本能本质上是一种集体现象，也就是说，是一种普遍的、反复发生的现象，它与个人独特性没有任何关系。原型也和本能有着同样的性质，它也同样是一种集体现象。

因此，从“集体无意识”这个词的本义上看，它并非特指集体行为中的盲目、非理性。勒庞虽然指出了集体行为中出现的各种迷乱，也指出了群体会受到无意识因素的支配，但他并没有使用过“集体无意识”这样的词，把集体性的“无意识”等同于“集体无意识”，显然也是不严谨的。

图 3—6　人格分析心理学理论创立人
瑞士心理学家荣格（1875—1961）

“集体无意识”、“群体极化”这些词也往往与“网络暴力”、“网络谣言”等联系在一起。这也表明，一些研究者把网络暴力、网络谣言等现象的出现，主要归结于网络中的群体互动。尽管这些分析并非没有道理，但过分关注网络互动这一原因，而忽略了个体原因以及社会环境原因，也会使研究走向偏狭。

但无论如何，网络群体互动在某些时候未必会带来群体智慧，而是向相反的方向发展，群体智慧也有被误用或滥用的可能。这一点，是不可回避的。

从相关研究来看，对于网络中的群体性迷失现象的解释，主要集中在以下几个方面。

1. 群体心理

对于支持群体互动会导致人们的盲目、极端等群体性迷失现象这一观点的研究者来说，法国心理学家古斯塔夫·勒庞在100多年前的《乌合之众》一书中的分析，往往成为支持这种判断的主要依据。此外，还有社会心理学的其他理论，也是研究者常用的依据。

勒庞的分析，的确给了人们分析今天的网络现象很多的参照。但很多研究者往往只看到了勒庞对于群体心理负面影响的揭示，而忽略了他提到的群体心理可能带来的另一方面影响。事实上，勒庞曾指出，群体既可能有极低的道德水平，也可以表现出个体根本达不到的崇高。

一些研究者，也从“沉默的螺旋”、从众心理理论中找到了解释网络群体性迷失的理由，即强调了群体压力对个人心理产生的作用。

2. 信息的遮蔽

桑斯坦在《信息乌托邦》一书中指出，群体协商常常会失败的原因，一是信息的影响，二是社会的压力。从信息的角度看，群体“强调所有人或多数人持有的信息，而忽略少数或一人持有的信息”①。

产生这样一种多数人信息对少数人的信息遮蔽的原因是多方面的，从信息传播过程来看，互联网特别是社会化媒体中的信息传播，很容易产生“马太效应”，使某些少数派的信息沉没下去，或者被忽视。

信息遮蔽还有一种可能是个体对自己不感兴趣或不利于自己的信息遮蔽，“选择性心理”会使得人们依据个人的信息偏好来进行信息选择与传播，产生如桑斯坦所说的“信息茧房”（后面将对此进一步分析）。

无论是多数人的信息对少数人的信息的遮蔽，还是个体自己进行的信息遮蔽，都会使得人们在信息不完整的情况下做出判断，表达态度。这样的判断与态度，也就难免会产生偏差。在群体中，一个个体的判断偏差可能会得到广泛的传播，影响到更多人。如果这种遮蔽发生在那些作为权力中心的节点上，影响就更大。

3. 匿名效应

许多研究者也将网络互动带来的盲目与非理性，归结于网络的匿名效应。尽管网络中的“匿名”未必总是符合社会心理学中的“匿名心理”所要求的条件，但无论是事实上的还是自我感觉中的匿名，都会使某些个体的自我约束感下降，并在群体氛围的推动下形成一些冲动与盲目的言行。

但是，Web 2.0的应用，尤其是SNS中普遍实行的实名制，以及由熟人或者各种强关系构成的社会网络的约束，会使得真正的匿名变得越来越困难。所以匿名越来越难以成为解释网络群体互动中的非理性行为的主要原因。

（三）影响网络群体智慧形成的结构与机制因素

在有关互联网特别是社会化媒体的社会影响的观察与思考中，上述两种判断始终并行着。实际上，这两种判断并不是因为互联网或社会化媒体产生而产生的，它们与整个人类群体行为的发展过程相伴随。之所以今天受到格外关注，只是因为社会化媒体时代人的汇聚规模与互动频率达到了前所未有的程度。

我们不能简单地去推论网络中的群体汇聚一定会导致群体智慧或群体迷失。个

① [美] 凯斯·R·桑斯坦：《信息乌托邦》，14页，北京，法律出版社，2008。

体的汇聚可以有很多种模式，不同的结构与机制，会导致互动产生不同的效果。

要避免或减少群体盲动与迷失，更重要的是改善连接、聚合及互动的结构及机制，使群体作为一个自组织，能够实现自我的修正与进化。理想的群体结构与互动机制体现在不同的层面。

1. 群体的连接模式："多中心"的分布式网络

互联网上人们的连接构成了社会网络。一个完全无中心的社会网络结构不仅是不现实的，也是无效率的，特别是在信息的传递方面。事实上，无论起点怎样，就如兰·费雪所指出的那样，社会网络总会遵循"幂律法则"，逐渐形成自己的中心节点。但是，如果社会网络只有一个中心，那么风险也是巨大的。形成多中心的社会网络，既可以保证网络的效率，又可以避免一个中心被破坏和它出现失误时带来的风险，也可以防止单一中心所带来的信息遮蔽或误导。

当然，现在很难给这样的多中心模式一个量化的指标，这有赖于未来的更深层的研究。但至少我们可以看到，网络中心的质量，是影响群体互动效果的关键因素之一。在传播学里，我们经常用"意见领袖"这样的概念来指代这种中心。除了关注导致意见领袖脱颖而出的优胜劣汰机制外，未来我们还需要关心网络群体互动对意见领袖素质提出的更高要求。

此外，这种多中心结构，仍需要以分布为基础和保障，而不是传统的自上而下的中心模式。分布意味着可以获得更丰富的智慧源泉。

2. 群体的聚合结构：开放、流动中的秩序

群体的互动，不仅仅取决于个体间的连接方式，也取决于群体的整体结构与氛围。

克里斯·安德森在《长尾理论》一书中提到，维基是一种不同于《不列颠百科全书》的另一种"动物"。它是一个动态社区，不是一个静态的参照物。维基的真正神奇之处在于它的秩序：这个任由业余用户创作和编辑的开放式系统并没有陷入无政府状态。恰恰相反，它已经用某种方式将历史上最庞杂的百科全书组织得井井有条。①

维基的成功，的确在很大程度上得益于它的结构与机制。安德森之所以称它是一种"动物"，是因为它是开放的，有生长的过程，允许所有人参与，而这种开放性，对于不断发现与纠正错误是重要的。同时，也可以防止成员关系和权力结构的过于稳定所导致的群体压力。

与之相反，在一些封闭的社区（例如某些论坛）里，人们之间的关系、社区的结构趋于稳定时，彼此之间的相互钳制力就趋于强大，意见领袖的作用更强大，"沉默的螺旋"的效应也趋于明显。

开放的、流动的结构，不但可以增加群体的活力，而且也可以抑制关系的固化以及这种固化关系对人们的判断、意见和行动的影响。

但这种开放与流动性，并不意味着一盘散沙。维基的流动性同时还被一种稳定的目标所引导，因此，每个人进入这个空间都可以很快找到自己的方向与位置。

完全没有秩序的群体，很难实现高效率的智慧的聚合。但网络中的群体秩序，更多是以自组织方式实现的秩序，而不是由外力所强加的秩序。理想的秩序是怎样的，这种秩序如何获得，也是值得进一步研究的问题。

①参见［美］克里斯·安德森：《长尾理论》，65页，北京，中信出版社，2012。

3. 群体的协作机制：分工明确、有效激励、相互校正

群体要有效地完成协作，首先需要一种明确且高效率的分工机制，并且这种分工不是靠某些权力的控制，而是靠一个自然形成的引导系统。在维基百科，这种引导系统就是词条。在大众点评网、淘宝这样的网站，一个商家、一个产品也可以看作一个词条。

在“人肉搜索”的过程中，这样的分工实现起来更为复杂，但最终也能达成，这其中，明确的行动目标所起到的引导作用也是显著的。当然，虽然从寻找线索角度看，“人肉搜索”过程可以发挥群体的智慧，但从后果来说，“人肉搜索”导致的对个人隐私的侵犯等，又提醒我们要警惕和防范群体智慧被滥用。

对于个体智慧与行动的激发来说，激励与报偿机制也是必不可少的。

尽管网络互动常常能激发人们的利他行为，但如果这种行为没有足够的回报的话，它也是难以持续的。人们参与分享、协作以及社会行动，都或多或少地包含了如克里斯·安德森所说的“声誉经济”或者“互惠经济”方面的考虑。因此，一个好的互动系统的设计，需要研究人们在社会报偿方面的需求，并给以充分的满足。

同样是基于维基平台，中国的百度百科等，在质量等方面还有很多不尽如人意的地方，这与参与建设者的数量、水准有关。而这背后的原因之一，或许是维基类应用在国内的影响力有限，参与者获得的社会激励不足，因而影响到那些有专业知识特长的网民的参与热情。而知乎带来的声誉报偿显然超过百度百科等，其在专业性知识生产方面的能力也不断提高。

一个良好的群体互动过程，还需要能产生一种有效的自我修正机制。当然，这更多地由成员的相互监督、相互校正完成。扁平的、分布式的连接模式，对于这种相互校正的完成具有重要意义。

无论还存在着多少问题，相比以往的社会群体互动，互联网对于促进群体的协作以及它自我修正、完善等是起到了显著作用的，尽管目前它还远不是完美的。

4. 群体的协商氛围：“理想的商谈环境”

网络中的很多互动，是以群体协商的形式存在的。

第2章曾介绍过哈贝马斯提出来的理想的商谈环境。尽管实现这样一种理想的商谈环境是很难的，也不可能在网络中的所有空间实现，但推动某些空间里的理想的商谈环境的营造，是必要的，而这也有赖于更多网络个体的协商素养的提高。

当然，希望互联网在所有情况下都能满足以上理想条件，是不切实际的，更不能用人为的方式过多干扰网络互动过程。前面讨论了几种理想状态，只是在某些重大社会协商过程或协作项目中，为激发网民群体智慧创造更好的环境。但这不意味着，网络中的一切群体互动都要在理想状态下进行。一定程度的混沌、无序，是必然的，也是社会现实的正常反映。

（四）“群氓的智慧”适用的情境

除了要考虑群体互动的结构与机制等因素外，判断何时群体智慧会形成，我们还需要考虑群体互动面对的目标的性质或情境。

从现有的案例观察来看，在互联网中的以下两种情境下，群氓的智慧更有可能被激发，并且发挥它的作用，当然这两者存在一定的交叉。

1. 以简单任务为导向的情境

维基的成功，除了与其合理的群体结构模式有关外，还与任务本身的导向明确、线索简单有关。每一个词条是一个明确的任务导向，是一个靶子。面对这样的具体的目标，人们可以有的放矢、各显其能、各得其所。

前面提到了社会心理学家扎伊翁茨提出的“社会助长作用”现象，即，他人在场时，简单的事，人们能做得更好，而复杂的事则会做得更差。从这个心理现象的角度，我们可以在一定程度上解释，在线索简单的任务实施过程中，网络群体的作用是积极的。在这样的任务面前，网络群体中的人们还可以进一步分工，使自己的任务进一步简单化。

我们可以看到，研究者列举的网络激发群体智慧的许多案例，都发生在这样的情形下，除了维基之外，各种形式的“人肉搜索”也是如此。

类似地，在一个事实的真相的探寻过程中，如果事实不是过分复杂，且参与者足够多元的话，群体的智慧的确是可以发挥它的作用的。但是，如果事实本身复杂，那么要完成真相的探究过程，仅仅靠网民的自发协作，还是有一定困难的。

2. 以创造和分享为导向的情境

如果群体的互动目标，是为了创造某种新形态（如一个软件、一个网络文化产品），或生产、分享信息与知识，那么这样的互动往往有助于群体智慧的激发。因为互动促进了人们的互利，互动也会带来竞争，使人们的积极性进一步提高。如果有足够的社会回报（至少在精神层面），那么个体参与的持续度会得到更有效的加强。

维基类应用、豆瓣、电子商务网站中的点评等，都体现了这种互动的效果。尽管也有“水军”对这样一种智慧带来干扰，但问题并不出在群体互动本身。

而在下列情形下，也许不能简单地期待群体智慧发挥作用。

其一是公共意见的形成过程。

公共意见是各种不同个体意见的汇聚与博弈过程，它既不是简单的个体意见的相加，也不一定是多数人意见的反映，甚至也不是意见的优化过程。公共意见形成本来不存在着绝对的对与错，因此，也很难说这个过程究竟是发挥了群体的智慧，还是被群体性迷失所误导。无论公共意见最终表现为什么，它都是社会现实的一种体现。

其二是公共决定的形成过程。

尽管以往很多研究都揭示了，多数人的决定也许会优于专家，而这方面一个典型的应用，就是陪审团制度。但也有许多研究者都提到，在做决定时，多数人未必一定会导致正确的决定。

桑斯坦提示我们，群体有两种汇聚方式，一种是统计性群体，一种是协商性群体。从做决定的角度看，统计性群体即指根据多数人的意见来做决定，但如果群体中每个人犯错的机率都超过 50%的话，那么这个群体犯错的机率有可能接近 100%。而对于协商性群体而言，协商也未必能得到正确的结果，其原因是信息影响和群体压力。①

从前面提到的“社会助长作用”这一社会心理角度来看，做决定是一个复杂行为，它需要对各种信息的了解、对多方面情况的判断，以及相应的知识做支持，在

①参见［美］凯斯·R·桑斯坦：《信息乌托邦》，26～76 页，北京，法律出版社，2008。

网络中，局面更为复杂。因此，互动反倒可能会削弱人们在这种复杂行为方面的能力。

但即使如此，在此过程中涌现出的丰富的信息与意见，仍有参考价值。对于最终做决定的组织或个人来说，这些信息与意见是不容忽视的。

即使是积极肯定网络群体智慧的研究者，也都看到了在这种群体互动中可能出现的问题，但他们认为，这些问题的出现，是一种代价，是为了避免更大的问题发生。而像桑斯坦那样冷静地分析了群体协商中可能出现的种种失误或失败的研究者，也在他的《信息乌托邦》一书的最后指出："现在比以前任何时候，人类更能找到寻求广泛分散的信息和创造力以及聚合它们成为卓有成效的整体的方法，当然，新方法的最终价值取决于我们如何使用。"① 而个体的社会交往素养、社会协作素养、社会协商素养等的提高，无疑对提升网络互动这一新方法的价值是重要的。

从人类的发展历程来看，互联网所带来的空前的群体互动，使得个体智慧转化为群体智慧的可能性大大增加。尽管群体力量有被滥用的可能，但作为一个开放的不断进化的系统，互联网也为防止这种滥用提供了可能。

第6节　社会化媒体对网民个体的影响

无疑，社会化媒体在各个层面上，都会对网民个体产生影响，特别是在以下几个方面。

一、对个体的自我认知的影响

前面提到，在社会化媒体中，个体往往在进行着数据化的表演。个体希望通过这样一种数据化的表演，体现自己的存在与价值，获得他人的认同以及社会资本。但是迷恋数据化表演的个体，在追求自我表达与社会认同时，或许正在逐渐失去自我判断和自我认同。

美国麻省理工学院教授、心理学家雪莉·特克尔2012年在TED的演讲中指出，我们因为要证明自己的存在，所以在数字世界里不断分享、不断交流。但事实上，这种对联系的渴望，与其说是一种治疗方法，还不如说是一种病症。它体现着我们害怕孤独的焦虑，但并不能解决问题，相反它使我们与外界更为隔绝。同时我们已经失去独处的能力，而这种独处才能让我们集中注意力思考问题、找到自我。在找到自我的同时，才可能与他人产生更好的联系。不学会独处，就会变得更为孤独。②

她的这段话提示我们，如果我们时时刻刻只注重外在的表演，把社会认同作为唯一的参照物来建立对自我的认识的话，那么，我们更难以实现自我。

沉醉于自我的数据化表演，带来的另一个问题是现实活动的减少和专注程度的下降，即使人们在参与现实活动，也可能时时被数字空间所吸引。有些人能够在两种空间中自由切换，但有一些人，则因为沉溺于数字化表演，而淡化了自己的现实存在，造成现实互动中的疏离。人们之间面对面的互动的量与质的下降，其未来的社会影响是不容忽视的。

① [美] 凯斯·R·桑斯坦：《信息乌托邦》，243页，北京，法律出版社，2008。

②参见 http：//v. youku. com/v_show/id_XMzg3NTI2MjQ0. html。

二、对个体的环境认知的影响

当越来越多的网民以社会化媒体为基本的活动平台时，社会化媒体成为个体进行环境认知的一种重要途径。一方面，网民提供的多元信息，有助于网民加深对各种不同社会环境（从实体的居住环境到抽象的网络环境、社会环境等）的了解；另一方面，网民间的互动过程本身，也可以让个体感知社会环境的变化。例如，这个过程中所感知到的群体的意见与态度等，在一定意义上会被个体作为社会的意见气候，尽管有时这两者实质上不能画等号。

此外，由于社会化媒体时代网民越来越多地依赖自己的社会关系网络来获取信息、了解环境，如果他们关系网上的信息源在某些信息的传达方面出现残缺或偏差，那么网民对于环境的认知也会出现缺失或误差。

同时，网民对于自己不愿意看到或者不感兴趣的内容可以方便地加以选择、屏蔽。这意味着，他们更容易营造出一个封闭的个人世界。他们所认为的世界，只是自己所打开的有限的几扇窗中的风景。

【知识窗】 桑斯坦：信息茧房

桑斯坦用“信息茧房”（information cocoons）这样一个概念来描述这一现象，他指出，信息茧房意味着，我们只听我们选择和使我们愉悦的东西。*

虽然信息茧房是我们在信息超载时代的一种保护性措施，它也可以用传播学中的“选择性接触”等理论来解释，但是，当人只选择自己关注或符合自己需要的信息时，结果的确可能是作茧自缚，使自己失去对环境的完整判断。如果所有人都被这样的茧房所束缚，则公共信息的传播、社会意见的整合，也会变得日益困难。

*参见［美］凯斯·R·桑斯坦：《信息乌托邦》，8页，北京，法律出版社，2008。

三、对个体的社会关系的影响

网民使用社会化媒体另外一个重要的需求是建立自己的社会关系。一方面，这种社会关系既可以帮助个体减少孤独感，也可能为个体的工作与生活等带来实质的帮助。

但是，与此同时，我们也应该看到，由于网络毕竟具有一定的虚拟性，因此，人们对网络中的社会关系的控制是相对自由的，而且人们选择或回避哪些社会关系，都有很强的目的性。但是，现实生活的很多社会关系，却不由自己选择。因此，习惯了在数字互动中进行自由控制的人们，在现实社会中也可能会有越来越多的不适应。

个体在社区中建立的社会关系，也会对社区的权力结构产生影响，这种结构又会反过来作用于个体在社区的行为与态度等。

四、对个体的态度、价值观、行为的影响

在社会化媒体环境里，个体对于某一个别事件或问题的意见与态度的形成，虽

然是以自己既有倾向为出发点的，但也难免受到环境的影响。个别意见与态度的形成，往往不是一个自主的、封闭的个体行为，而是在互动等因素作用下的一个复杂的社会过程。每一个体的态度与意见，又同时对别人施加着或直接或间接的影响。社会化媒体的整体意见气候，不是所有个体的个别意见与态度的一个简单相加，而是各种个体的既有态度倾向在复杂的网络互动催化下的一个“化学过程”。有时结果甚至会超出人们的预计。

个体最终呈现的意见与态度，关系到整个社会化媒体平台的意见分布，进而有可能影响网络的整个意见分布。

个体如果介入社会化媒体活动程度很深，在某些社会化媒体的时间很长，那么，他的价值观的形成，也可能受到这一平台的影响。这既有个别问题上舆论走向对他的影响，也有长期的信息环境、意见环境等对他的影响。

社会化媒体对个体的态度、价值观等的影响，是一个长期的“涵养”过程，其中，社会化媒体中形成的网络文化对于网民的日积月累的影响更是深远的。

无论是信息的生产与消费行为，还是网络购买行为，或是社会行动，社会化媒体都会或多或少作用于个体。

社会化媒体尤其容易引起各方面的跟风行为，这是从众心理的外化。对于企业营销来说，跟风行为可以带来更多的营销可能。但是，如果跟风行为过于普遍，也会出现盲从的现象。

而社会化媒体对个体行为的更深刻影响，是对行为模式的影响，下面将进一步分析。

第 7 节　社会化媒体时代中国网民的几种典型行为

社会化媒体不仅影响着人们的交往方式，也影响着人们的思维方式与行为模式，思维方式也常常会以行为模式的方式得到外化表现。下列几个方面的行为模式在今天的中国网民中具有较强的代表性，尽管不是所有网民都会呈现出这些行为特征，但是中国网络的整体氛围，会受到这几种行为模式的影响。

一、内容的宏大化追求与形式的“轻薄化”处理

中国社会正处于高速增长同时发生根本转型的时期，因此，对环境认知的需求，成为中国网民的显著需求之一。与此相关，中国网民也有强烈的自由表达和参与社会事务的愿望，同时也把这种愿望在网络中付诸行动。这些需求导致了网民对于政治性的宏大话题的强烈关注。

内容的宏大化追求的一个表现是各种话题的泛政治化。很多看似与政治无关的话题，最终会演变为政治话题。有些演变是合逻辑的，而有些则可能是牵强的。

此外，对于各种宏大话题，网民又会找到“轻薄化”的形式来包装它们。恶搞现象是“轻薄化”的一个典型表现。恶搞往往依托某个典型的网络事件或者热门的社会话题。恶搞成为人们发表意见的一种方式，恶搞的作品只是其外壳，它实际上承载了人们的价值观与态度。某些时候，它也体现了人们对自由表达权利的向往。

恶搞与网络文化的开放、自由精神一脉相承，它也常常是网络所代表的大众文化向传统媒体所代表的精英文化发起挑战的一种方式。用恶搞的方式对主流文化进行挑战，一是直接，二是成本低，三是比较容易引起公众关注。

在整个大众文化以及传媒业的娱乐化潮流之下，恶搞也成为一种全民娱乐的方式。事实上大多数网民进行恶搞时，并没有反抗主流文化的自觉意识，更多的是在娱乐心态推动下的一种游戏。很多恶搞只不过是以解构主流文化的方式，来刺激人们的想象力与创造力，在这种颠覆中获得娱乐快感。可以说，恶搞顺应了大众文化的娱乐化走向，同时又在某个方面推动了这种走向。

恶搞不仅是一种文化现象，也是一种社会现象。恶搞不仅给了人们娱乐，也给了人们心理上的释放。当然，这种情绪释放常常需要一些靶子，有时难免伤及无辜。

尽管很多人参与恶搞是对过于单调的文化模式的一种“反动”，恶搞似乎在一开始也鼓励多元化和自由表达。但是，当恶搞成为一种时尚时，更多的人采取了盲从的态度与行动。很多人只是为了获得认同感与归属感而参与恶搞，他们的作品，更多的只是对他人的一种简单模仿。在恶搞中也会出现新的“主流”话语，越来越多的人会因为各种原因追随这种恶搞中的主流话语。这就有可能使恶搞最终又回到了它的对立面——文化的趋同与单一化。

在中国，另一种典型的“轻薄化”形式是段子。段子用其特有的幽默，给很多沉重、尖锐的话题，披上了轻巧的“外衣”。

早期的段子主要通过手机短信流行，而今天，段子更多地通过微博、微信以及其他社会化媒体渠道流行。

尽管段子的生产与传播，往往是由于一些职业“段子手”的推动，但是，段子能够广为流传，还是因为很多时候它们曲折地反映了社会现实。尽管段子有“灰色”、“黑色”、“黄色”、“红色”等不同的种类，但影响力最大的，仍是政治性的“灰色”段子。

很多灰色段子指向了某个特定时期的热点事件或典型现象，它们或调侃、或针砭，在幽默中传达着犀利的意见与态度。有研究者指出：“灰段子反映的是种种不满、抑郁乃至愤懑，反映了人们对社会公平正义的渴求，以及对于自身力量弱小的无奈，体现了草根阶层在精神和心理上的困顿，是对健康的社会现象的呼唤。”① 尽管不是所有灰色段子都具有这样一种特质，但是，总体来看，作为一种亚文化，灰色段子在某种意义上的确意味着被主流渠道压抑的情绪与态度的释放。

灰色段子在一定意义上也是舆情的一个窗口，把各个年代的各种灰色段子整合起来，可以看到不同年代的社会焦点或热点。

政治性的段子之所以被贴上“灰色”这一标签，是因为它像“灰色收入”等一样，不能堂而皇之地现身，而社会化媒体这样的人际传播空间，正给它提供了滋生的土壤和传播的路径。

与恶搞、段子类似，网络语言、网络流行语，也常常披着轻薄的、娱乐化的“外衣”。

当然，这种形式上的“轻薄化”，并不必然意味着网民在态度上的轻佻或无所谓，相反，在某些时候，他们对一些问题会表现出穷追不舍的较真。

①李宗桂：《段子舆情与社会思潮》，载《人民论坛》，2010（18）。

二、习惯性质疑与无条件轻信并存

质疑，是一些中国网民思维方式的基调。对于很多信息，尤其是来自官方的正面信息，多数网民首先的反应是不相信、不认同，有些人在此基础上会用相应的方式来证实自己的判断，而更多的人，仅仅是维持着质疑这一直觉。质疑，在某些时候变成条件反射，变成一种惯性。

有人指出，“对于这种‘猜疑一切’的舆论氛围，我过去曾认为这是一种社会信任制度缺失下的制度性焦虑：由于社会在透明度、法治化、规范性、诚信度等基础秩序上非常差，在看惯了一个个黑幕和丑闻后，在遭受过一次次的权力排挤和关系暗算后，人们总感觉每件事后必有一双罪恶的双手在操纵着一切。所谓‘一朝遭蛇咬，十年怕草绳’，猜疑，是缺乏制度预期下公众对现实一种悲观的过度防卫。……‘猜疑一切’中也有人们自身的毛病和网络的弊病。作为一种吸引关注和制造轰动的姿态，怀疑越来越无厘头和娱乐化，已经成为一种大众狂欢的方式”①。

应该说，一些中国网民的思维方式中的质疑基调，是多种社会原因造成的。

首先，它与社会普遍的诚信缺乏相关。处于现代化进程中的中国社会，尚没有健全的诚信教育，也没有完善的相关法律与自律系统，各个层面的诚信缺乏，使人们对于他人、企业甚至一些政府机构都不得不保持警惕。而一些制度造成的信息不透明，使人们对于与自身相关的各种信息缺乏判断依据，不得不以猜疑作为基调。

其次，质疑是对传统教化的一种反叛。中国的传统教育是讲求服从、接受、遵守等，这些教育的过度，会带来逆反心理。人们需要在某些时候对这种教化进行反叛，去除过度教化产生的抑制，网络恰好提供了这样一种自由的空气。

再次，网络中信息发布者成分的多元化、信息源的不确定，也易使人们对于网络中的信息真伪失去判断。在这种情况下，质疑成为一种基本的防卫姿态。

最后，质疑被一些网民当作表现个性的一种方式。他们通过怀疑、挑战来表现自己的个性。当然，当质疑成为一种普遍的思维基调时，它也就难以称为个性了。

一般来说，质疑的声音容易产生较强的传播效应。因为，它会引起各种不同角度的关注、反思与讨论，这个过程会不断吸引新的注意力。质疑的风气在网络中容易形成，同时由于网民的互动而放大。在现实空间里，由于很难形成公共交流空间，人们的猜想、怀疑，只是一种孤立的个人的感觉，由于得不到他人的呼应，人们往往不会坚持这种感觉。但是，在网络中，由于互动的影响，个人的质疑会集合起来成为一种集体的质疑。在集体力量的影响下，很多网民会强化、放大质疑的心理，有些人甚至可能形成质疑一切的惯性。

质疑心理的一种典型表现是阴谋论。心理学者彭凯平指出，“对未知情境充满不安全感时，人需要警觉意识，根据过去的经验和直觉对陌生情境进行解释，将其纳入可控的范围之内——阴谋论并非理性的思维方式，但它能够帮助有些人在没有办法全面思考时，作为一种防御机制，因此被保留下来”。“只要真相的复杂性超出了一些人的理解能力，阴谋论就永远有市场存在。”②

应该说网民的质疑思维有各种现实的原因。质疑的思维，可以促进人们寻求事

① 曹林：《虎照事件，怀疑一切或许也不是好事》，载《今日快报》，2007-12-03。

② 《彭凯平专访：阴谋论为什么这么红?》，载《新周刊》，第419期。

物的真相、也在一定程度上有助于揭露社会问题，推动某些问题的解决。

但是，质疑可以作为认识事物的起点，却不应该成为其终点。在质疑心理的推动下去探求真相、找到答案，才是积极的思维方式。而如果只是毫无根据地维持自己的质疑心态，甚至将质疑变成一种条件反射，对任何事都质疑，也容易使人走到狭隘与极端的境地。

尽管质疑成为一部分网民的思维的基调，但我们也看到，某些时候，社会化媒体中的网民似乎又很容易轻信。很多谣言的传播，与网民的轻信有关。

轻信之所以同样普遍发生，与下列因素相关：

从信息源的角度看，社会化媒体是基于人际关系的传播，当人们从自己崇拜或信任的人那里获得信息时，往往会不假思索。这一方面因为人们认为对方已经做过信息的判断与验证，另一方面出于关系维系的动机使得人们不愿意挑战对方。

从信息本身的属性看，人们知识领域或专业范围之外的信息，更容易被轻信。也就是说，有专业门槛、一般人轻易迈不进去的领域的内容，更容易被人们轻信。

从情感上看，能打动人们内心的故事，能与弱者、善等标签相吻合的事件，往往也容易被人们“宁信其有”。

从人的本性来看，如果不与人们的利益、立场、态度或常识相违背，一般人们并不愿意花时间和精力去求证。

习惯性质疑与无条件轻信，这两者看似矛盾，但却同时体现在不少网民身上，这也成为中国社会化媒体中常见的一种情形。

你怎么看

如何在互联网中寻找可信度较高的信息，如何理性选择信息？

三、二元对立框架下的简单化、标签化思维

在社会化媒体的交流与互动中，我们常常可以看到，一些网民易被简单化的二元对立思维主导，这表现为他们对一些事物或人物的判断，是基于简单的价值框架的，如“对”与“错”。同时，他们喜欢用贴标签式的方式、符号化的方式来简化复杂事物。

例如，将复杂的社会事件简化为弱者与强者、善与恶的对立，就是一种典型的二元对立思维。同情弱者是多数网民的一种思维定势，而这种思维定势直接影响了人们对真相的判断以及意见的表达。一些网络事件发生后，人们的第一反应是对弱势者不假思索地同情和对强者不假思索地声讨，在这里，弱者被当成了善的符号，而强者被当成了恶的代表。人们对事物的认识，往往被局限在这样的简单对立的关系中。

中国网民在对待民与官的关系、贫与富的关系方面，也容易落入这一简单的二元思维框架。

同情弱者的心理定势，在某种意义上也是一种固定的成见。当它与别的某些固定成见（如社会中对第三者、后妈、富人、官员等的固定成见）结合起来时，带来的情绪更为强烈。

在这种思维的主导下，人们并没有探究真相的愿望，往往基于一面之词便对当事人做出评判，例如，“史上最毒后妈”事件①就是如此。有时网民用想象去填补那些事实的空白之处。例如，“宝马撞人”事件①中，人们对于撞人者与原黑龙江

①2007 年 7 月，新浪杂谈的一篇网帖披露，江西女童丁香小慧被后妈虐待、狂吐鲜血。网民迅速掀起了批判小慧后妈的怒潮，称其为“史上最毒后妈”，并开始展开对小慧的援救行动。7 月 20 日，小慧后妈跪求媒体洗冤。小慧的主治医生也说，小慧确诊患了血友病，吐血和身上出现淤青是血友病的常见症状。24 日，公安机关调查后没有发现任何虐童证据，医院会诊没有外力致伤。鄱阳县公安局称，网帖夸大了事实。后来又有人称，此事是某网友为帮助小慧治病而有意进行的炒作。

省政协主席韩桂芝的关系的传言，正是如此。

把事物简化为弱者与强者、善与恶的对立，体现了一个更耐人寻味的社会现象，那就是在现阶段，不少网民习惯于用简单的道德化框架认识复杂的社会问题。

有学者认为："我们好像陷入了一种道德焦虑之中，对于社会道德问题的高度警觉和敏感超过了我们对于具体问题认知的愿望和应对的能力。这种道德化的倾向对于揭露明显的社会丑恶，批判社会的不良问题，是非常有效的，也有积极的贡献。但它的限度和问题其实也暴露得相当明显。它使复杂的社会问题变成了一种简单的善恶是非的道德对立。当代社会其实有大量问题的认识和判断不能仅仅从道德问题出发。"②

对于一些网民来说，参与公共讨论的根本动因，一方面是要解决自身的一些困惑，释放自身的心理压力，他们所议论的事件或人物，只是一个载体。他们所关注的，是这些事件或人物所折射出来的自身的命运。

另一方面，基于自身利益考察这一坐标，人们往往会将问题简单化，将事物放在顺应自身利益或违背自身利益两个方向去思考，这也是一些网民出现简单化思维的一个原因。

在对名人的态度上，中国网民表现出两种倾向。一种倾向体现在粉丝群体上，那就是对名人的绝对认同。另一种则表现为绝对否定，这种思维往往是由于名人的社会地位、财富等方面的优势让人们产生的心理反应。

在中美关系问题、中日关系问题等复杂的国际问题上，简单化思维也时有表现。

简单化思维并非中国网民所特有，但是一些中国网民似乎更容易受到简单化思维主导，这可能与他们长期所受到的教育有关。中国式的教育，让人们习惯于从"是"与"否"、"对"与"错"等二元对立中进行价值判断。

此外，这也与网络中的群体心理相关。前面提到的"社会助长作用"可以在一定程度上解释，二元对立、贴标签这样的简单行为会在互动环境中得到"助长"。

从传播的角度看，基于简单思维尤其是简单的二元的意见表达，更便于传播，因为它们更容易被人理解，也容易吸附别人的认同。它们在网络传播中更容易得到放大，或者成为优势意见。这也反过来强化了一些人的简单化思维。

简单化、标签化，也为人们的站队提供了清晰的目标。

四、价值观分化下的站队行为

互联网出现以来，中国网民在政治上逐渐出现了明显的派别分化。尽管对派别分类的表述不一，如有人称之为"民族主义"与"自由主义"，也有人称之为"新左派"与"新右派"等等。但是，不管如何称呼，它们都反映了网民在政治立场上出现分化的事实。而这种分化，是中国社会思想分化的体现。当然，实际的分化，不是简单的两派，而是更复杂。

尽管中国当代思潮的发展与变化是一个十分复杂的社会现象，在此很难进行简单的概括。但无论如何，在这种大潮下网民思想的分化，也表现得非常充分。

①2003年10月16日，哈尔滨无业人员苏秀文驾驶宝马车与一农用四轮车相撞，造成1死12伤，死者是一位卖葱农妇。当地法院对苏秀文案的一审判决结果是：判处两年徒刑，缓期三年执行。针对这一判决结果，网民开始了热烈的讨论，各论坛也开始流传一些说法，如：撞死了人却"逍遥法外"是因为"苏秀文是黑龙江省某领导亲属"，另外苏秀文的丈夫是大老板，"用钱买通了关系"、证人被"封口"等等。更有人直言推断这是一起典型的司法不公的审判。但这些说法最终也没有得到证实。

②张颐武：《网络愤青患了道德焦虑症》，见http：//qnck.cyol.com/content/2006－09/02/content_1498637.htm。

【案例】 北大未名BBS：“中国政治坐标系测试”

北大未名BBS读书版网友曾集体讨论并模仿著名的英文“政治指南针测试”建立了一个“中国政治坐标系测试”。测试用政治、经济与社会观念“左与右”的指标来衡量当代中国人的政治坐标。X坐标反映政治观念，负值为左（authoritarianism），正值为右（libertarianism）。Y坐标反映经济观念，负值为左（communism，collectivism），正值为右（neoliberalism）。Z坐标反映社会文化观念，负值为保守（conservatism），正值为自由（liberalism）。这些指标是建立在中国政治价值体系基础之上的，它们试图充分反映中国的特殊国情与政治文化。很多问题并非严格意义上反映了西方政治语汇中的“左右”，而是中国现实语境中的“左右”。*

尽管这个测试不一定是一个科学的研究，但是，它的出现，以及它相关指标的设定，都是基于社会思潮分化的背景。

研究者莫之许在分析这个测试所设定的指标体系时，也分析了这个体系中所反映的当前中国复杂的思想流派。他指出：

左派大致包括了支持特定政治制度稳定化、正统意识形态、民族主义、新左派、文化保守主义这五个大致群体，他们之间本是有诸多冲突的，但由于他们有一个共同的对手——拥护自由市场、市民社会、有限政府、民主选举的右派，而在这一段时间内，所有这五个群体被统统划入了左派这一驳杂的光谱之中。这也就是这个题目的左右定义中左派含义的全部内容。并因此造成了违背西方原初定义的后果，即将支持特定政治制度稳定化和支持传统文化这样原本应该看作右的东西，当成了这套题目中左的范畴。

右派则大体沿袭了80年代的立场***。但也有新的变化。部分右派信奉自由至上主义的理念，将信奉国家作用最小化视为右，而将相反的倾向视为左，这尤其体现在个人权利与国家权力，以及自由市场和社会福利问题上。可以将这部分右派划分为新右派。而将继续沿袭80年代主要倾向的右派看作老右派。**

* 测试题网址 http：//blog. farmostwood. net/politics_bdwm。

** 参见莫之许：《测试当代左右派》，见 http：//www. bullog. cn/blogs/mozhixu/archives/123876. aspx。

*** 在未引用的部分中，莫之许提到，20世纪80年代右派指资产阶级自由化者，他们多持自由市场、市民社会、有限政府、民主选举等立场。——作者注

在这样一个分化的前提下，网民基于各自政治派别站队的情形，也变得越来越普遍，站队者往往给对方贴上“五毛党”、“美分党”等标签。

除了政治态度方面的分化与站队外，在其他很多问题上，也会出现站队。支持转基因的与反对转基因的，支持中医的与反对中医的……一旦人们的立场确定，就不会轻易改变。

站队是意见与态度表达的一种方式，在某种意义上看，是必然会出现的现象。但是如果只关心是否站对了队，而无视事实，更不求真理，那么，公共空间的深层对话就难以展开。

【本章思考题】

1. 为什么说社会化媒体中的网民是“放大的个体”？
2. 如何理解网民是“更社会化的动物”？

3. 如何理解“作为网络节点”的网民个体？
4. 你在网络中对他人点赞的动机都有哪些？
5. 你认为社会化媒体带来了“群氓的智慧”还是“群体性迷失”？为什么？
6. 你如何看待“信息茧房”现象？
7. 你如何看待网络中的阴谋论？
8. 你如何看待网民的站队行为？

第 4 章　社会化媒体的三种传播机制

社会化媒体正在显现出越来越强大的力量，但是，我们必须看到，社会化媒体的影响并不取决于孤立的个体的力量，而是取决于被集合在一起的群体的力量。

因此，理解社会化媒体的作用，需要更多地从集体行为而不是个体行为来考察，要关注网民的相互关系。这种关系究竟是完全随机的、偶然的、无序的，还是有一定规律可循，有一定的内在法则在起作用？只有回答这些问题，我们才能更好地认识社会化媒体的传播机制，以及社会化媒体对于社会各个层面的影响。

从现实观察来看，社会化媒体主要存在着三种典型的关系：一是由网民的社会网络构成的传播网络，二是社会化媒体活动中自然形成的权力分化，三是网民间由于种种目的而形成的协作。这三种关系也导致了社会化媒体传播的三种重要机制。第一种关系可以用社会网络的理论来加以认识；第二种关系的研究重点，在于意见领袖的形成过程及其影响；第三种关系可以从自组织等理论视角进行考察。

第 1 节　社会网络：社会化媒体的底层传播结构

社会化媒体中，普通个体往往不能像网站这样完成自上而下的点对面传播，他们更多的是在某些网络的节点中发布信息，这些信息要能产生强大的社会影响力，必须有一种传播的网络，这个网络多数时候就是人们的社会网络。

第 1 章已经指出，社会网络不仅是社会化媒体中信息扩散的一种基本机制，也正在成为人们网络信息消费的一种结构基础。即，在社会化媒体平台上，人们往往通过社会关系网络获得信息，并且通过这个网络进行信息的过滤。

因此，从社会网络这个角度，我们可以对社会化媒体中人—人关系、人—信息关系、信息—信息关系，有更全面的认识与把握。

一、社会网络的含义及社会化媒体中的社会网络

> **概念**
>
> 社会网络（social network）指的是社会行动者（social actor）及其关系的集合。也可以说，一个社会网络是多个节点（社会行动者）和各节点之间的连线（行动者之间关系）组成的集合。*
>
> *刘军：《社会网络分析讲义》，4 页，北京，社会科学文献出版社，2004。

在社会学中，社会网络可以用图 4—1 所示的形式来表示。社会网络分析方法是社会学的重要理论，它通过研究行动者及其之间的关系来研究社会的结构，以及人们之间的相互影响。有兴趣者可以对此进行专门的学习。

通俗地说，个体的社会网络，在很大程度上就是他的人际关系网络，是与他有各种交往、互动关系的其他个体与他自身构成的一个集合。在社会化媒体中，每个网民都可能有自己的社会网络。例如，在论坛中的交流对象、即时通信平台的好友、博客平台上有相互链接关系的他者、SNS 中的好友、微博平台的关注对象以及粉丝、微信中的好友等。但传统的 BBS 型论坛的交流方式使人的关系网络显得不是那么清晰，而即时通信、SNS、微博、微信等使个体的社会网络变得明晰。因此，在这些平台上的信息传播受社会网络的影响更为突出。

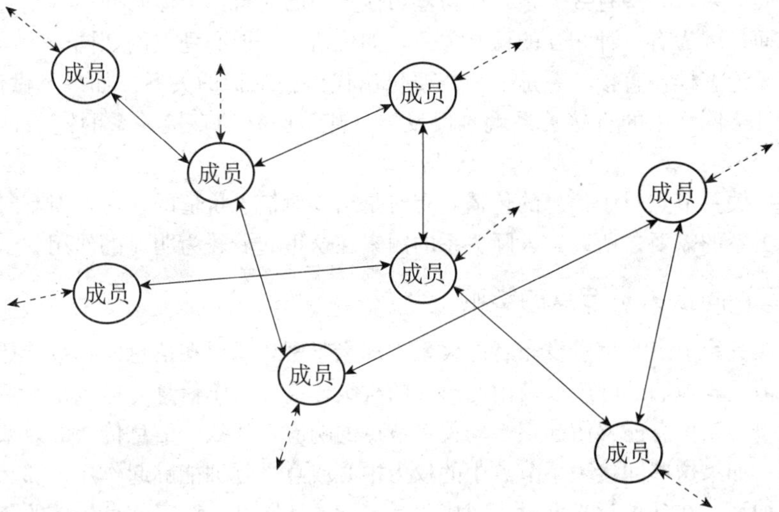

图 4—1 社会网络的一个图示

每个个体在网络中都有自己的社会网络，而所有个体的社会网络交织起来又构成了一个巨大的社会网络。一个个体发布的信息，要受到他自己的社会网络规模、直接联系对象的社会网络规模等各个方面的影响。

各种平台上的社会化媒体，多数时候是利用社会网络来实现信息的扩散的，而反过来，社会化媒体活动又会丰富与拓展个体的社会网络。例如，由于发布的信息引人注目，获得了很多的粉丝，这些粉丝就是社会网络上的新节点。

二、社会网络上的信息传播机制

社会网络是人的关系网络，而信息传播如何通过这个网络来进行传播，人际关系的强度、节点的性质又是如何影响信息传播的，回答这些问题，有助于我们更深入地认识社会网络对于信息传播的作用。

基于社会网络的信息传播，是以一个个节点为基础的，信息传播是沿着人际网络的路径来扩散的。每一个节点都在起着把关的作用，传与不传，每个节点做出的每次选择，都直接影响了信息传播的广度与效果。

（一）直接关系节点的影响

每一个社会网络上的个体，都是一个节点，理论上来说，正如“六度分隔”理论所揭示的那样，任何节点之间都有可能通过某个路径连接起来。但是，从关系之间的距离来看，节点之间的关系有直接关系和间接关系两种。由直接的线连接起来的节点之间是直接关系，而其他节点之间的关系是间接关系。

对于一个特定的个体在某一节点发出的信息来说，信息是否能有足够的传播动力，除了信息本身的属性外，还在很大程度上与它的直接关系的节点的数量以及这些节点的能力相关。数量越大或者某些联系对象在社会网络中的地位越高，那么越有可能对信息传播产生积极的推动作用。

直接关系的形成往往与以下几个因素相关。

现实中的关系，如朋友、同事、同学、同行等；

互动频率，频繁的互动通常更容易演变为直接关系；

认同关系，有些直接关系，如粉丝与他关注的对象，个体间并不一定有频繁的交往，而是因为有一种相互的认同关系，如价值上的或心理上的认同。

但无论怎样，直接关系是一种需要付出代价去维护的关系。如果不做出努力，个体的社会网络中的直接关系就难以发展，甚至已有的直接关系的链条也可能会消失。

直接关系节点对于信息的传播，有时是出于对信息价值的认可，但有时则是出于维护关系的需要。所以，人际关系的因素在这里起着较为明显的作用。

（二）间接关系节点的影响

间接关系节点与信息发布者的关系不那么紧密，所以在信息的初级传播中不起作用，但是，他们的呼应以及由此形成的次级传播，对于信息传播也是有重要意义的。如果一条信息能够激起很多弱关系节点的响应，那么，信息传播的效果也会得到提高；如果这些间接关系节点中的权力中心或意见领袖能够起作用，那么效果会进一步加强。在某种意义上说，间接关系节点的认同度，对于信息传播的范围起着更重要的作用。

对于间接关系节点来说，是否转发某一信息，主要基于对信息本身的判断，而较少受到人际关系因素的影响。因此，这一层级的传播是对信息的公共价值的有效检验，它形成的优胜劣汰机制，对于少数信息从信息海洋中凸显出来、成为公共热点，具有关键性作用。

（三）权力中心的作用

尽管互联网上人与人的连接，在最初的时候是对等的，但最终形成的社会网络却并非是完全平等的、去中心化的。《完美的群体》的作者兰·费雪指出，社会网络本身是一种自适应系统，它会遵循幂律法则，逐渐形成自己的中心节点。幂律法则是马太效应的另一种体现。在社会网络中，这意味着，少数网络节点拥有很多的连接，而其他节点的连接却很少。这样一种逐渐形成的中心节点，有助于加强网络的连通性与稳定性。当然，当主要中心遭到破坏时，后果则会非常严重。[①]一个连通性和稳定性很强的网络，对于信息的大规模传递是极为重要的，而这也是群体能产生协同行动的基础。另外，这些中心节点，在发起或影响大规模的社会行动方面，也具有重要的意义。

因此，社会网络中也会存在权力关系。一些成员由于种种原因，会处于强势地位，而另一些成员则会处于相对弱势的地位。而权力关系对于信息的流向是有明显作用的。处于权力中心的人，对于信息传播的规模、走向以及相应的意见等，都会产生比别人更大的作用。后面将对此进行进一步分析。

按照社会网络的分析方法，社会网络中权力的测量主要可以通过以下几个指标。[②]

点度中心度：这个指标的考察角度是，如果一个行动者与很多他者有直接的关系，该行动者就居于中心地位，从而拥有较大的权力，这种权力可以称为点度中心度。

中间中心度：通俗来说，中间中心度这个指标衡量的是某一个点对网络中其他点之间的交往的控制能力。如果一个行动者拥有多个交往网络的路径，就可以认为

①参见［美］兰·费雪：《完美的群体》，184页，杭州，浙江人民出版社，2013。

②参见刘军：《社会网络分析讲义》，112～141页，北京，社会科学文献出版社，2004。

此行动者居于重要地位，因为他处于其他点之间发生联系的“要塞”上，因而具有控制其他行动者之间交往的能力。

接近中心度（整体中心度）：一个点的接近中心度的值越低，也就是说它越接近网络的中心，它的影响力越大。

限于篇幅，在此不展开介绍这几个指标的具体计算方法。但社会网络的分析方法，不仅认定了社会网络中权力关系的存在，而且可以计算出某些节点对于他者的控制能力的大小。这些计算方法，也完全适用于互联网上的社会网络分析。

社会网络上的权力中心对于某一个信息发布者或者其信息的价值认同程度，会在较大程度上影响着信息的传播，这些人也常常被称为“意见领袖”，后面将专门对于意见领袖的作用做出分析。

总之，基于社会网络的传播与传统的大众传播，是基于完全不同的机制的。其中最本质的变化，是它把人的社会关系引入到信息传播中，使社会关系成为影响信息传播效果的一个重要因素。

由于社会化媒体更多地依赖社会网络这一传播基础，因此，社会化媒体传播活动也就不是一种单纯的信息传播活动，它体现了网民的社会关系和这背后的价值的、心理的各种不同层面的文化认同。社会化媒体中的活动也成为网民发展社会网络、获得社会资本的一种重要方式。

（四）节点间信息流动机制的作用

除了社会网络中的人这样的节点在发生作用外，节点之间的信息流动机制，也会对信息传播产生影响。每个个体在互联网都有一个自己的社会网络，但这个网络是基于多种技术平台共同编织的，有些技术平台上，节点间的信息流动较为困难，例如，在博客平台上，转发相对困难，对于很多普通人而言，博客内容被大范围的网民获知也很困难。而在另外一些技术平台上，信息流动则较为方便，例如，在微博平台上，转发非常容易，信息的推荐机制也较有效。不同平台上的机制不仅会影响到人的关系网络的扩展（因为很多关系链条是依靠信息流动而逐步建立的），也会影响到信息传播的效果。

第 2 节　意见领袖：社会化媒体中的关键传播节点

社会化媒体使平民的信息权利得到更大的尊重，从整体上看，它对于专业媒体在新闻传播上的垄断地位产生了冲击。但是，我们也应该看到，并非每一个个体在社会化媒体中都有同等的地位。

前面已经从社会网络的角度说明了权力中心或者说意见领袖在网络信息传播的结构中的存在，此处将从传播学角度对这一现象进行进一步分析。

一、意见领袖在社会化媒体中的表现

在网络中的确存在着少数人，他们作为个体的力量，便能对网络中局部抑或整体的传播格局产生影响，这些人可以称为“意见领袖”。

传播学理论中，意见领袖是指在人际传播网络中经常为他人提供信息，同时对他人施加影响的“活跃分子”，他们在大众传播效果的形成过程中起着重要的中介

或过滤的作用，由他们将信息扩散给受众，形成信息传递的两级传播。

社会化媒体平台上的话语权力中心，也常常被称为“意见领袖”。但是正如第2章曾指出，在今天的语境下的“意见领袖”与传播学两级传播理论背景下的“意见领袖”概念的含义不尽相同。今天的意见领袖不仅仅充当着大众传播与其受众之间的信息中转站，更是作为信息与意见的源头，直接影响着微博等社会化媒体平台上的信息走向和意见走向。

种种现象和数据显示，各种社会化媒体平台上，的确存在着意见领袖，特别是在论坛、博客、微博、微信等平台上。

意见领袖的存在，有助于从整体上提升社会化媒体的影响力。因为这些意见领袖在一定程度上扮演了专业媒体的角色，这使社会化媒体对专业媒体的抗衡能力得到提高。在某些特定的新闻传播活动中，意见领袖的加入，可以使传播的声势更大。

意见领袖也会在一定程度上影响到网络信息传播的内容以及相关的意见、态度走向。作为最有影响力的把关人，意见领袖的把关比一般网民把关的效果更为明显。

当然，意见领袖对于网络信息传播的影响并不总是正面的，但是承认意见领袖的存在这一现实，才能对其影响及其作用机制进行深入研究。

> **你怎么看**
>
> 社会化媒体中的意见领袖与传统媒体中的意见领袖有什么区别？

二、社会化媒体活动中意见领袖形成的要素

意见领袖在各种网络空间中出现，常常是基于以下几方面的因素。

（一）个体自身的特质

意见领袖是那些可以影响别人的观点、态度甚至行为的人。意见领袖的产生，其个体自身的特质是主要因素，这包括：

1. 个体已有的地位与名声

这是个体在网络中引起注意力的一个基础。意见领袖在某些方面映射了现实社会中的社会阶层格局。在诸如博客、微博这样的社会化媒体平台中，那些能成为话语权力中心的人，主要还是在现实社会已经有了影响力的名人或专业人士。现实身份、地位等个人资本，仍是网络话语权力形成的重要基础。

2. 个体的信息拥有水平

个体拥有的信息来源越广泛，信息量越大，就越容易在信息传播中处于受人关注的地位，成为意见领袖的可能性也越大。

3. 个体的专业知识水平

具有较高专业知识水准的人，其意见往往更容易受到关注，也更具有成为意见领袖的潜质。

4. 个体的社会化媒体传播能力

社会化媒体是以文字等符号为中介进行的传播。如果个体在运用文字、图片、声音、视频等符号进行表达的能力方面具有特长，则更容易成为意见领袖。

传播能力还表现为对网络这片土壤的适应能力。懂得网络文化，掌握网络文化

的独特“密钥”，拥有娴熟的网络对话技巧，也是意见领袖脱颖而出的重要因素。话语权力的获得，一部分来自“话语”交流本身。

5. 个体参与社会化媒体活动的频率与深度

社会化媒体的影响力的形成是以互动为基础的，人们参与网络活动的频率与深度是衡量互动水平的主要指标。有时频繁、深层的互动与参与，可以在一定程度上弥补人们其他方面的不足。因此，意见领袖往往是网络互动中的活跃分子。

6. 个体的社交能力

尽管参与的多少及介入的深浅，关系到影响力的形成，但是交往能力本身也是一个重要因素。较高的社交能力，可以以较低的成本获得较高的回报。

（二）社会网络的影响

前面提到的社会网络，对于意见领袖的出现，也是具有一定作用的。如果不是社会网络将人的各种关系连接起来，并将某些个体的社会资源优势凸显出来，那么意见领袖的社会资本就难以得到体现和拓展，他们的社会能量也难以得到充分发挥。

（三）网络环境的助推

一个个体成为意见领袖，常常还与他所处的网络环境有关。例如，同一社区中其他成员的性格、需求等以及整体的社区环境，会决定什么样的人能从这个社区中脱颖而出。

一些网站利用传播手段所进行的调控，也会影响到意见领袖的产生。例如，当网站把某些网民的文章推到网站首页或频道首页时，会提高这些文章的访问量，这使这些网民的传播“势能”更大，从而成为意见领袖的可能性更大。

意见领袖的出现，也在较大程度上体现了网民的集体选择。那些无法实现自己的话语权力的网民，只能把握在自己手上的一个个小小的权利“火种”，交到意见领袖的手上，于是意见领袖们拥有了一把把具有话语权力的熊熊“火炬”。所以在某种意义上，意见领袖是网民话语权的集成者，也被很多网民寄予了代言者的期望。但要承载这种期望，需要有足够的品质和能力。

网络环境中容易形成马太效应，这也是推动意见领袖形成的一种环境因素。马太效应，指强者愈来愈强、弱者愈来愈弱的现象，与正反馈效应是同一现象的不同表述方式。在网络传播中，马太效应也是非常明显的。话语权越大的人，越容易受到人们的广泛关注，从网站和其他传播者那里获得的助推动力也就越强，从而其话语权会进一步提升。而处于弱势的人，会越来越弱势。

此外，网络环境中的从众心理，也会使得意见领袖一旦形成后，地位愈加稳固。

（四）社会环境的影响

社会环境是决定意见领袖产生的“天时”，特定时期的社会环境决定了社会的信息需求，迎合这些需求来进行传播的网民会更容易被凸显出来。例如，2007年以来的金融形势以及这些年来中国经济发展的阶段性特点，使一大批金融、股票类博客作者成为中国网络中的明星，成为这一领域内的意见领袖。而近几年，政治改革的进程受到特别的关注，热衷于讨论这类话题的名人，也更容易成为微博、微信等平台上的意见领袖。

三、意见领袖对社会化媒体传播的作用方式

意见领袖在社会化媒体的传播中主要通过以下方式起到作用。

1. 强势内容源

一些意见领袖凭借自己独特的资源优势，向人们提供独家的或高质量的信息、知识、见解等。他们作为有分量的内容源，被人们推向“高处”。在马太效应的作用下，他们的强势地位得以不断巩固。

2. 信号放大器

有些意见领袖自身原创的内容并不多，也较少发表意见，他们主要通过转发的方式，促进了一些信息的广泛传播，提高了这些信息的传播效果。

3. 流向调节阀

意见领袖不仅影响信息传播的强度，也可以影响信息流动的方向。他们的关注（相当于打开阀门）或不关注（相当于关闭阀门），在一定程度上影响着他们的追随者所获得的信息的范围，因此，他们是社会化媒体平台上信息流向的调节阀。

4. 意见气候营造者

意见领袖对于社会化媒体平台上的意见的形成与传播，作用也是明显的。这不仅因为他们的个人意见更容易影响到相当规模的网民，还因为他们可以凭借自己对于信息流向与流量的控制，在他们周围形成一个强势的意见气候，使那些持不同意见的网民逐渐沉默下去。

当然，并非所有意见领袖都一定会扮演上述所有的角色。由于个人背景和资源优势的差异，他们起的作用也不尽相同。

第3节　自组织：社会化媒体的协同机制

网民进入社会化媒体空间，起初都是随机的、个人性的。逐渐地，一些人会和另外一些人产生联系，甚至在某些时候、某些空间里会出现网民间的协同工作，这种协同也有可能变得有序。

这样一个从无序到有序的过程是如何形成的呢？除了前面提到的“社会网络”视角外，自组织这一理论视野，可以帮助我们找到研究的另一种思路。

> **概念**
> 从系统论的观点来说，“自组织”是指一个系统在内在机制的驱动下，自行从简单向复杂、从粗糙向细致方向发展，不断地提高自身的复杂度和精细度的过程。

一、自组织理论简介

所谓自组织，即指没有外界干预，仅仅只有控制参量变化，通过子系统间的合作，能够形成宏观有序结构的现象。[①] 尽管自系统理论最早研究的是自然界中的自组织，但是，后来人们也开始用它来研究人类社会的现象。

自组织理论主要由三个部分组成：耗散结构理论（dissipative structure）、协同学（synergertios）、突变论（calastrophe theory）。

耗散结构理论可概括为：一个远离平衡态的非线性的开放系统（不管是物理的、化学的、生物的乃至社会的、经济的系统）通过不断地与外界交换物质和能

①参见 http：//thns. tsinghua. edu. cn/jsj00005/kaifa1. htm。

量，在系统内部某个参量的变化达到一定的阈值时，通过涨落，系统可能发生突变即非平衡相变，由原来的混沌无序状态转变为一种在时间上、空间上或功能上的有序状态。①

德国科学家哈肯1971年首次提出“协同”概念，后来又提出“协同学”的概念。协同学研究的是系统中各个子系统之间的协同作用如何使系统从无序向有序转变。它的中心议题即为系统宏观尺度上自发产生的自组织。

突变论则致力于研究一个系统发生突变的条件，并用定量的方式来揭示出突变发生的可能性。应用突变论可以设计出一些解释模型。例如“经济危机模型”、“社会舆论模型”、“战争爆发模型”、“人的习惯模型”等，来揭示一定的社会现象发生突变的规律。

对网络信息传播这样一种社会系统，还难以运用自组织理论的定量方式进行精确测量与计算。但是，自组织的相关理论对我们的启发是，我们可以从揭示这样一个系统内部的关系形成及与外界的能量交换过程入手，来研究其运行机制。

社会化媒体活动绝大多数起源于公众无意识的行为，起初往往处于混沌状态。但是，一些传播活动却会逐渐显现出有序传播的趋势。在社会化媒体的某些平台如维基，或者是某些特定的传播过程如“人肉搜索”，在某种意义上都可以被看到自组织的痕迹。

二、社会化媒体中两种不同形式的自组织

在社会化媒体中，主要有两种自组织发挥作用，一种为常态性自组织，一种为应急性自组织。

（一）常态性自组织

在论坛、维基等社会化媒体平台上，可以看到一些相对稳定的自组织，在常态下，它们也能呈现出一定的自组织特点。也就是说，在运行一段时间后，内部的分工逐渐形成，成员之间基于各自角色与特长形成较为稳定的互动关系。

常态性自组织，在很大程度上与社会学意义上的群体是一致的。社会学意义上的群体，通常具备以下特征：有明确的成员关系；有持续的相互交往；有一致的群体意识和规范；有一定的分工协作；有一致行动的能力。②

因此，网络中常态性自组织的形成，主要基于以下几个要素。

1. 人群的类聚

论坛、维基、博客圈、微信群等平台的特点，有利于形成一些稳定的社群。但这些社群得以形成并发展，其关键还是因为成员有相似的背景、兴趣或需要等。物以类聚、人以群分，成员之间基于各种需要而聚集在一起的愿望越强烈，他们之间的关系也就可能越持久和稳定。

2. 长久互动的角色分工

网络平台上的自组织的形成，都需要一定的时间，因为只有经过一定时间的互动，成员才会相互了解，成员间才能依据各自特点，自然形成某种分工。这种分工不一定是为了完成某个任务而进行的工作分配，它也可以是成员间的角色分化。角色分化是更基础的，因为当一些特定的任务出现时，成员的角色常常会自然决定他

①参见《自组织与耗散结构》，见 http://www.swarmagents.com/complex/nonlinear/index.htm。

②参见郑杭生等：《社会学概论新修》（修订本），190～191页，北京，中国人民大学出版社，1998。

们所担负的工作。

3. 调适机制的作用

一个自组织的成员要能协调一致，一定要有一定的调适机制。这种调适机制用于解决内部的矛盾，应对外界的挑战。网络中的自组织的自我调适机制主要来自两个方面：一方面是外部规则的约束，如网站制定的规则、相关部门的管理规定等；另一方面是内部契约的约束，这种契约有些是成文的公约，有些则是长期互动中成员间形成的一些心照不宣的共识。

常态性自组织，在社会化媒体中的作用，不仅在于个别传播活动中所显现出来的能力，更重要的在于，它为网络中的信息传播与舆论的形成，提供了更为重要的基础性单元，这个基础性单元是群体而不是个体了。

而不同群体在网络中的力量对比，又会进一步影响整个网络中的信息与意见的走向。尽管并非所有群体都有明确的主导话语权的意识或努力，但自觉或不自觉地，网络中一部分具有更强话语能力的自组织或群体，在整个传播格局中的权重会越来越大。

（二）应急性自组织

应急性自组织是因为某一次传播活动而产生的临时性网民力量聚合和协同工作而产生的，也就是说这样的传播活动激活了自组织机制，这可以看作一次应急响应的过程。一旦这一传播活动完成，网民之间的关系就消失了。

“人肉搜索”是最能体现网民协作的一种应急性自组织机制。但除此之外，能引起广泛社会反响的社会化媒体，往往也都依赖于网民间的一种默契的协作、配合，特别是在完成一个复杂事件的真相揭露方面。虽然每一个个体网民在这一过程中的贡献是有限的，甚至在某些阶段，某些个体提供的信息是错误的，但网民之间会自然形成一种相互协作、相互验证、相互纠正的关系，并由此不断调整目标，校正信息传播中的偏差，逐渐将一个复杂事件的真相揭露出来。

辟谣，常常也得益于自组织机制。当一个谣言在社会化媒体中出现时，首先会出现谣言的质疑者，他们的质疑，为其他行动者明确了要射击的“靶子”。接下来，不同特长的网民利用各自的资源或专业特长，对谣言进行剖析，有的从事实要素出发，有的从专业知识出发，有的则补充其他信息对谣言进行检验，若干回合后，谣言可能被攻破。

应急性自组织传播过程大致分为如下几个环节。

1. 公共话题在某个节点出现

应急性自组织，往往是由于某些事件或话题的出现而引发的。当然能够引起应急响应的话题，首先要具有公共性，即受到社会普遍关注。其次，它能引起人们参与传播的愿望，例如转发、评论。某些话题还能唤起某种行动，例如，寻找某个人、挖掘某个事实、核实某些信息等。

2. 传播力量通过社会网络实现汇聚

正如前面所分析的，社会化媒体之所以在网络这一平台上更容易发展，不仅是因为这一平台的平民化特色，还因为互联网所形成的强大的社会网络。也就是说，人们之间形成了丰富、多样甚至可以无限扩展的联系，在某些特殊因素的激发下，会被充分激活，成为传播力量聚集、激发的空间。

一旦一些具有价值的公共话题出现，本来分散的传播力量就会沿着各种关系网络管道，向这一话题所在的节点进行汇聚。

公共话题之所以能迅速吸引各种力量，不仅得益于关系网络，还与人们的心理需求相关。第 3 章从议程融合角度分析了人们加入社会议题所获得的归属感。人们加入一些自组织传播过程，实际上是为了加入到某些社会议题中，这是人们感知社会、感知自己在社会中的存在的一种方式。因此，在很大程度上，他们传播的信息、表达的观点以及他们在自组织中扮演的角色，都只是手段，而不是终极的目的。

3. 正反馈效应凸显焦点

一个新闻话题引出的相关话题和讨论往往不止一个，有时是多条主线并存的，但是究竟哪一个会成为焦点，这取决于正反馈效应。网民力量的集聚过程，也是一个再传播的过程。网络再传播的重要特点，是会形成强者越强、弱者越弱的正反馈效应。因此，在一个事件或话题的传播到一定阶段后，焦点内容会慢慢凸显出来。网民的再传播行为，是协同工作的一部分，它也会为进一步工作目标的确立提供基础。

4. 自然分工的形成

自组织的一个重要特点，就是在没有外力干预的情况下，完成内部的分工和协同工作。在常态性自组织中，成员之间有长时间的互动，因此，实现分工是比较容易的。但对于应急性自组织来说，要完成这样的一个目标，似乎是不可思议的。

但是事实上，这一目标的确能自然实现，在社会化媒体的辟谣、“人肉搜索”以及一些灾难后的传播过程中，可以清楚地看到这样一种分工。

例如，我们可以观察到，在诸如地震等突发事件发生后，微博中的用户会自然地发挥自己的特长，扮演起信息传递者、知识贡献者、行动倡导者、专业分析者、环境监测者等不同角色，在几类不同角色的配合的基础上，微博内形成了信息与知识系统、意见系统、行动系统、纠偏系统等几个显著的子系统。

其中，信息与知识系统是基础，意见与行动是建立在信息与知识的提供上的，而行动系统与意见系统也会影响到信息与知识内容的生成。意见系统与行动系统之间存在着能量交换的关系。例如，人们会对某些行动者的行为发表自己的评价，这些评价有可能会对行动者的行为产生引导、激励或者挫伤等效果。而纠偏系统是对信息与知识系统、意见系统、行动系统的一个监督体系。图 4—2 示意了这几个子系统的主要协作可能。

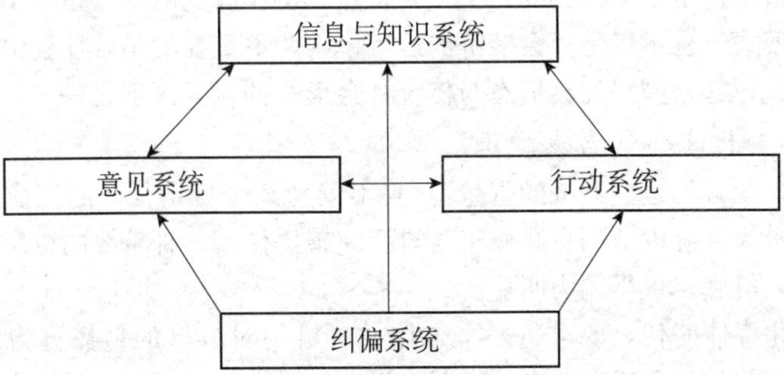

图 4—2 突发事件后微博自组织中的子系统及其相互关系

以上两种机制更多地说明了自组织内部的协同关系。但除此之外，我们还需要关注自组织与外部的关系以及突变的可能。

自组织理论中的耗散结构提示我们，一个系统要从非平衡状态变成平衡状态，其基本条件是开放系统与外界之间的物质和能量交换。

在网络中的自组织运行中，同样也在发生这样的频繁的能量交换。绝大多数情况下，自组织的目标是要让社会看到其行动效果，它的内部能量蓄积的最终目的是向外界释放。因此，许多自组织的影响达到一定程度后，会对社会产生影响，并引起主流媒体和社会的关注，自组织的能量转化为社会能量。此外，主流媒体、社会外界的影响也会渐渐渗透到自组织里来，引起自组织的某些变化。

在网络的自组织运行中，有时也会发生突变，例如自组织自身的突然分化、解体。大多数自组织都并非是完全和谐的，但在通常情况下，由于共同的目标的制约，以及由于社会心理的作用，人们会求同存异。但是，当在内部或外部力量的作用下，人们之间的差异和分歧达到一定程度时，突变就可能会发生。

我们也应注意到，并非所有的社会化媒体活动中都存在着自组织，大量的社会化媒体行为，是自发的、松散的、无组织的。但是，对于社会能产生广泛影响的，往往是那些存在着自组织机制的活动。

三、社会化媒体中自组织机制的意义及局限

（一）自组织机制的意义

自组织机制的意义主要表现在以下几个方面。

1. 自组织机制对个体力量的放大

从自组织机制的分析中，我们可以看到，自组织的出现，使个体的力量被集合起来，成为一种群体性力量，个体的力量在这个过程中被放大。

这样一种放大作用，也有助于提高社会化媒体的传播效果，提高网民参与社会化媒体活动的积极性。此外，这种机制也可以使社会化媒体活动更加制度化。

2. 自组织机制对协作的推动

自组织机制不仅推动着社会化媒体的发展，也推动着整个网络的信息生产方式的变化，尤其是其中的协作的深化。

诸如维基这样的自组织机构，推动着人类跨地区、跨行业、跨知识领域的协作。实际上，整个数字技术以及互联网的发展，都在推动着人类社会向这一协作的方向进步。这也将是信息社会的一个重要特点。协作改变的不仅是个别工作、个别任务的完成模式，也不仅是社会经济的运行模式，更重要的是，社会中个体的关系及其结构方式，这是网络社会形态与传统社会形态的显著区别之一。

3. 对社会化媒体的自我修正

自组织，汇聚的是“群氓的智慧”，它不仅为某个特定任务的完成提供了一种协作模式，也为系统内部的自我修正与自我完善提供了一种重要的机制。在辟谣的过程中，这一机制表现得尤为明显。

在社会化媒体时代，要求每一个个体或者机构对自己的传播行为负责固然重要，但更重要的是，要通过一定的机制来保证每个个体或机构在传播中的失误能够

得到及时的发现与纠正。对于社会化媒体平台来说，这种机制主要不是由外力引导的，而是由自组织机制下的内部协作来实现的。这也是网络时代人与人的“互联”的核心意义之一。

(二) 自组织机制的局限

自组织机制虽然有助于社会化媒体中错误的发现与纠正，但它并非在所有时候都能形成或发挥有效的作用。

从一些研究者的研究来看，自组织机制对于事实性信息的汇聚、整合是较为有效的，但对于意见性信息的整合来看，它的作用有限。

另外，为了保持自己在自组织或社群中的地位，人们有可能传播一些自己并不认同的信息或观点，也可能对某些观点采取屈从的方式。所以自组织在某种意义上也会成为压抑个体态度与意见的一种方式。

第 3 章提到的一些群体性盲从现象，在某些时候，也和自组织的影响有关。

【本章思考题】

1. 为什么说社会网络是社会化媒体的底层传播结构?
2. 意见领袖对于社会化媒体的影响表现在哪些方面?
3. 哪些因素可以造就一个意见领袖?
4. 社会化媒体在哪些情形下会形成自组织?

第5章　论坛："古老"的社会化媒体

网络论坛，通常是指以讨论各种话题为主的 BBS。它是利用网络手段所开展的一种多对多交流方式，也是网络中最早的社会化媒体之一。

1994 年 5 月，国家智能计算机研究开发中心开通曙光 BBS 站，这是祖国大陆的第一个 BBS 站。也可以说，论坛与中国互联网的诞生几乎是同步的。

在 1994 年之后的十年间，论坛在中国的网络发展中，扮演着至关重要的角色，尤其是在民意的表达、思想的活跃、文化的多元化等方面，起到了不可替代的作用。

2005 年以来，博客、微博等的兴起对论坛产生了一定的冲击，但目前论坛并没有完全失去它的价值。在某些方面，它还具有自己的优势。根据 CNNIC 发布的《第 35 次中国互联网络发展状况统计报告》，2014 年 12 月，中国网民的论坛使用率为 19.9%，全年增长率为 7.2%。①

与博客、微博、微信等平台不太一样的是，论坛在很大程度上需要论坛管理者的"经营"，否则容易出现"自生自灭"的现象，因此，本章比较多地围绕论坛的运营来展开。

第1节　网络论坛及其意义

网络论坛包括多种形式，其意义也是多元的。

一、网络论坛的形式

从技术手段看，网络论坛主要以 BBS 为主，但在组织方式上有着区分。主要包括以下几种。

专题式论坛：即基于某个特定事件或话题开设的论坛，例如，新闻跟帖就是一种专题论坛。这种论坛往往是临时性的，成员构成也不稳定。诸如"百度贴吧"这样的论坛，也可以算作专题式论坛。

综合式论坛：大多数网站所采用的都是这种方式，如人民网的强国论坛、新华网的发展论坛、天涯社区、猫扑论坛等。当然，这些论坛里通常又可进行类别区分，形成分论坛，但总体来说，每一个分论坛的内容仍然是综合的。这类论坛是长期存在的，讨论话题可以随时改变，但这种改变是取决于论坛中的网民的。相对来说，在这些论坛里，网民的构成是比较稳定的。常常会有一批较为忠实的成员。

专业式论坛：此类论坛通常专注于一些专业性较强的领域。这类论坛的人员构成同样是较为稳定的。

从论坛的管理方式看，又可分为以下几种论坛。

有限制式论坛：通常是一些较为稳定的论坛，特别是小型论坛采用的方式。在这里，无明确身份的人，即过客，通常只能阅读别人的意见，而不能发表自己的意

①参见 CNNIC：《第 35 次中国互联网络发展状况统计报告》，见 http：//www.cnnic.net.cn/hlwfzyj/hlwxzbg/201502/P020150203551802054676.pdf。

见，也就是说，所有发言者都有明确的ID。

半限制式论坛：既提供身份注册功能，也允许无身份的人发言，但所有这些无身份者的标识都是一样的，如统称为“游客”。

无限制式论坛：允许随意发言，发言者无须事先注册身份，而是随时为自己确定一个代号或者完全匿名发言。

限制的大小，不仅代表了意见表达的方便程度高低，也影响着意见表达的自由度。在有限制的论坛中，人们一般会对自己的言论更加谨慎，因为他们的言论是与他们在这个论坛中注册的网络ID联系在一起的。尽管网络ID不是人们现实生活中真实身份的代表，但却是他们在网络中的身份。这种身份对于不同人的意义可能不同。当人们花费一定的时间注册一个身份进入某个论坛时，往往是基于对这个论坛的一种基本认同。因此，从总体看，要求所有发言者都注册身份的论坛，所吸引的大都是对这个论坛有明显兴趣的人，这就比较容易形成一个稳定的圈子。在一个相对稳定的论坛里，ID是个体被论坛中其他人接受，并成为这个群体中的一员的一个主要标识。为了保持自己在论坛中的地位，人们一般会避免发表不利于自己形象的言论。

在这样一些稳定的论坛中，个体可以通过ID来塑造自己，即使这个形象与现实生活中的自我有所不同，但也是个体自我的一种表现形态。经营这样一种自我并不容易，因此人们不会轻易地毁坏它。

在半限制式论坛中，对于有固定身份的人来说，情形与上面提到的限制式论坛类似，但是对于以过客身份发言的人来说，就等于无限制。且所有非注册用户都只有一个身份，这就容易造成意见表达的混乱。

在无限制式论坛中，所有人都可以随时为自己设定一个ID来发言，或者完全匿名发言，这使得人们的身份形成与转换异常方便，因此，意见表达的方式会更加灵活与复杂化。一个人甚至可能自己演起“双簧”，即分身为若干人来发言，甚至让这些不同的自己相互冲突。当个体这么做时，动机可能很复杂。有时是为了增加帖子的数量、活跃论坛的气氛，有时也可能是为了让自己的主要意见凸显出来。

二、网络论坛的意义

网络论坛是网络传播中的一个重要组成部分，从整体上看，论坛的作用可以在四个不同层面表现出来。

（一）网络论坛对网民的价值

第3章指出，网民使用社会化媒体的动机可以分为三个层面。第一个层面是自我表现层面，第二个层面是社会互动层面，第三个层面是社会报偿层面，包括社会归属与社会资本等。论坛也是如此。由于网络论坛的结构与传播特点，网民在论坛中的突出诉求表现在以下几方面：自我表现与表达、获得社会归属感、获得环境认知、获得社会认同。

（二）网络论坛对网站的作用

网络论坛多数依附于门户网站，对于网站来说，即使经历了社会化媒体产品的不断更迭，论坛在它们的经营中仍然具有较为重要的地位。这是因为，网络论坛对于网站具有多重价值。其中主要的价值体现在以下几方面。

1. 培育用户黏性

论坛是早期的门户网站培育用户黏性的重要手段。在其他社会化媒体兴起之前，论坛是一个网站的网民之间互动的主要空间。网民之间的互动，给网站带来了人气，也促进了网民间的相互关系，而这种关系成为用户与网站黏性的主要基础。

2. 了解与研究网民

网站开设的论坛，也是了解与研究网民的重要渠道。

一方面，通过论坛，特别是通过新闻后的跟帖这样的论坛可以对网民的意见与态度有较深入的观察。论坛也是开展定向调查的很好渠道。由于论坛中人们的兴趣比较明确、集中，因此，可以针对特定话题找到合适的论坛开展定向调查。

另一方面，网站也可以在论坛中搜集成员的资料或者行为数据，为开展定向营销等提供基础。

3. 构建网站品牌

在网络信息同质化的情况下，一个网站的论坛往往可以成为其特色，成为网站品牌的支持要素。

（三）网络论坛的社会意义

网络论坛是网络社会的基本单元之一，对于整个社会的发展也有着独特的作用。其主要价值体现如下。

1. 公共信息的传播渠道

网络论坛互动产生的内容，虽然有很多是小众的信息，但是，多数论坛也会有着公共信息的频繁流动。公共信息将论坛内的各种不同爱好的网民连接起来，也将各种不同类型的论坛连接起来。

这些公共信息，有些是网民生产的，也有一些是媒体生产的。对于媒体生产的内容来说，论坛可以起到放大影响力的作用，也可以为媒体内容提供反馈、延伸、扩展的手段。后文将进一步分析具体的应用方式。

2. 民意表达与社会记录的重要渠道

在互联网早期，网络论坛是公众意见表达的主要渠道。今天，它在民意表达方面仍具有一定作用。

论坛的信息呈现形式，可以集中展现某一个话题下人们的反映、评论。因此，从表达民意的角度看，它们更容易形成较大的声势。

作为中国最早出现、持续时间最长的社会化媒体，难以计数的论坛中的内容，也记录了中国进入互联网时代以后的风云变幻。国内学者胡泳认为：“从某种意义上说，一部论坛史就是一部中国互联网史。”[①]事实上，论坛不仅反映了中国互联网世界的变迁，也在一个侧面反映了20多年来中国社会的变迁。

3. 公共服务的平台

在微博等平台兴起之前，论坛是主要的公共服务平台。无论是政府机构，还是企业，都可以通过这个平台来与公众进行互动，或者提供相应的服务。

国内的网络问政平台，最早就是基于论坛这样一种形式的。直到今天，大量的以新闻网站论坛为依托的网络问政平台仍然发挥着一定的作用。

①胡泳：《中国网络论坛的源与流》，载《新闻战线》，2010（4）。

一些论坛也可以作为在线交流的渠道，而各种主题下的在线交流，也是公共沟通、公共服务的重要方式。

4. 社群的培育空间

论坛相对封闭的结构，有助于进行社群的培育。论坛中人们的长期互动，可以发展出更为密切、稳定的社群关系。

5. 网络文化的孕育地

论坛往往由那些有相似的兴趣爱好或价值取向的人们聚集而成。发展得好的论坛，可以在此基础上，发展出自己社区独有的亚文化，如自己的语言模式、自己的行为规范、自己的价值取向等。

尽管亚文化可以出现在各种网络传播的形式中，但是论坛是亚文化主要的孕育地。

除了各个论坛的亚文化外，网络论坛对于网络流行语的影响、网络舆论热点的影响等，也会影响到整个网络文化的形成。

（四）Web 2.0 时代论坛的价值

即使在今天这个以 Web 2.0 应用为主的时代，论坛仍然有着不可替代的作用。

对于那些不愿意失去多年培养起来的社区号召力和关系资源的用户来说，对于那些喜欢匿名交流的用户来说，论坛仍是他们的“根据地”。

论坛是以内容为中心的社会化媒体，而微博、微信等是以人为中心的社会化媒体，并且人们的信息互动受到社会关系圈子的影响。因此，当人们需要淡化个体中心或超越个人关系网络而围绕内容这个中心来进行交流时，论坛仍有优势。

因此，新闻跟帖这一快捷的与新闻内容互动的方式，也仍然广为应用。贴吧这种针对一个主题进行深度互动的空间，在今天仍没有其他社会化媒体应用可以取而代之。

类似的，当人们需要针对某些话题进行大规模的封闭讨论时，论坛仍然是一个理想的交流空间。在专业性领域，论坛这样的形式，也仍具有很大的影响力。

在博客、微博等平台，一些影响力很大的意见领袖对于人们的意见表达产生了很大影响。而在论坛，名人卷入相对较少，即使参与，也不会对他人的表达形成抑制作用。因此，论坛可以提供更平等的交流环境。

你怎么看

Web 2.0 时代论坛的使用率是否降低了？如何促进论坛的发展与变革？

今天的论坛也在一定意义上吸收了 Web 2.0 应用的一些长处，如以个体为中心进行信息整合的思路。它们与其他空间如微博、微信等的关联也在加强，因此，也会与 Web 2.0 应用有更多互动。

第2节　网络论坛的结构及传播模式

理解网络论坛，需要从其结构及传播模式入手。这也是论坛管理的基础。

一、网络论坛的组织结构特点

从组织结构上看，论坛是一种“圈子＋话题互动”的模式。

论坛是一个有明确边界的社区，就像画地为牢的圈一样，论坛的活动都在这个明确的“地界”内。加入某个论坛，会有明显的行为标志，如在论坛注册，而每个论坛也有一个明确的名称。人们在这种论坛中的互动是通过一个个明确的话题来进行的。图 5—1 示意了这种结构。

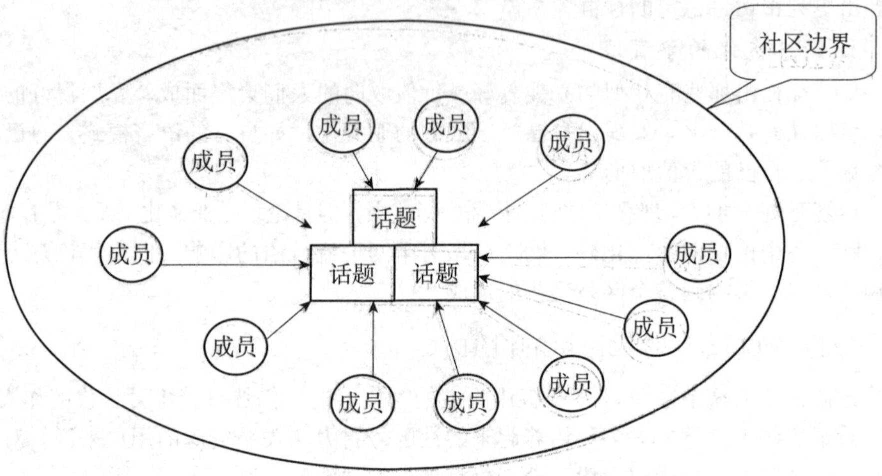

图 5—1 论坛的“圈”式结构

圈式结构使论坛边界明确，其成员有较明确的身份意识，论坛成员作为一个集体进行的交往比较多，成员对论坛的归属感更容易形成，因此，这种结构更有利于群体的形成。

二、网络论坛的两种典型成员结构

第 3 章已经提到，社会化媒体的结构关系可以从两个角度来观察，一是需求关系形成的结构，二是权力关系形成的结构。对于论坛来说，也是如此。

（一）成员的需求关系结构

虽然加入特定论坛的成员相对来说会有一定的共同性，但由于性格和背景的不同，人们加入论坛的动机和需求也是不同的。论坛成员的内在需求，是影响他们互动模式、频率以及效果的重要因素。

成员的需求如果能实现互补，就能使论坛形成一种“生态平衡”，论坛的和谐与稳定也就容易实现。

有研究者把网络社区的成员分为以下几类：

追求成就者（achievers），这类成员的动机，是满足某种成就感。比如，累积作品、获取地位名声，或者提升交流技巧等。

探索者（explorers），他们不太看重获取，而喜欢探索环境，以知晓各类秘闻秘事、学习奇巧新颖秘技、把握群体构成为乐。

社交活动者（socializers），他们参加一个网络群体的目的，是社交。这类成员注重交流的个体，甚于交流的内容和方式。

恶作剧者（killers），这些人往往是一个论坛里的极少数人，以调侃、骚扰、制造混乱为乐趣。

这种分类的标准，是由“群体环境”—“参与者”维度和“互动”—“表现”

维度为参照进行划分的，如图 5—2 所示。

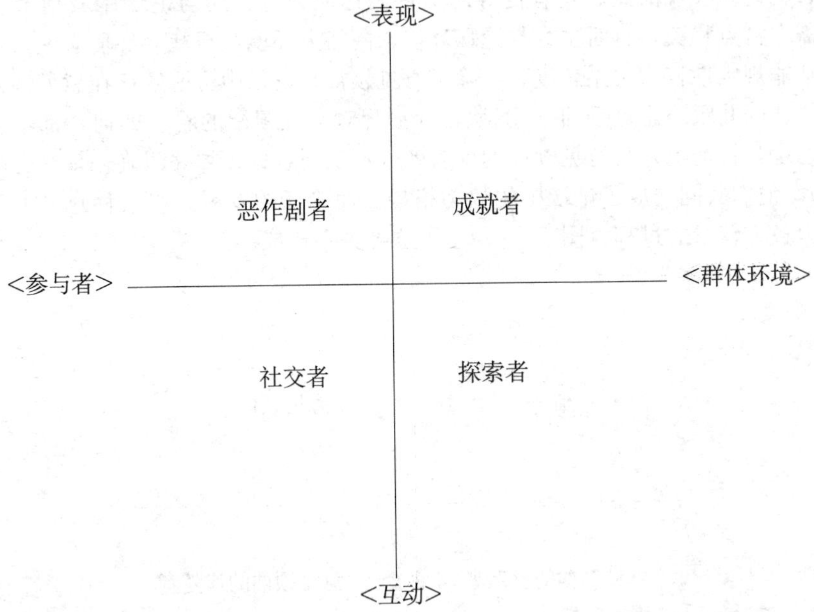

图 5—2　论坛成员需求关系示意图

尽管上述模型只是从一个角度说明了论坛成员关系形成的基础，但是，它给予我们的启示是，不同的成员加入论坛的动机与需求是不同的。论坛可以为成员间需求的相互满足提供机会。需求的差异与互补带来的平衡，可以为论坛带来和谐与活力。如果一个论坛都是一个类型的成员，它反而可能是不和谐的。

从需求关系角度，也便于分析论坛的基础是否稳定。如果成员的需求形成了动态的平衡与和谐，那么论坛有可能较为稳定，人们对论坛的认同度与忠诚度可能更高，成为稳定的群体的可能性也更大。

同时，这个模型也在一定程度上揭示出影响论坛成员行为方式及活跃程度的相关因素，而论坛的意见领袖的产生以及整个权力关系的形成，也是建立在这些因素之上的。

(二) 成员的权力关系结构

论坛成员的关系的另一个表现角度，是权力关系。尽管网络中人人平等似乎是人们重要的信条，但是，事实上，在网络中，有很多因素可以导致权力的落差，甚至话语本身也是导致权力不平等的重要因素。在论坛中，这种权力的差异往往表现得非常充分。

论坛中的权力关系有两类，即规定性权力关系与非规定性权力关系。

规定性权力关系，是由网站的规则所直接赋予的。例如，版主的特权就是靠某种强制性的手段所赋予的，版主与普通成员的权力差异，也是规定性的。

非规定性权力关系，即不是由某些显在的规则来规定权力关系，而是在论坛成员互动中逐渐形成的一种权力的格局。但它们的确存在，并且会发生作用，有时这种作用比规定性权力的作用更为强烈。例如，论坛中逐渐形成的意见领袖，就是非规定性权力关系的一种表现。

在论坛中，意见领袖是那些可以影响别人的观点、态度甚至行为的人。意见领袖之所以产生，除了个体自身的特质，如见多识广、具备某种专业知识、有良好的声誉、在论坛表现活跃、具有良好的文字表达能力等，还与论坛中其他成员的性格、需求特点相关，有时也会与论坛环境、网络大环境甚至社会环境有关。

从非规定性权力关系角度看，除了意见领袖，论坛中可能还存在意见领袖的追随者（认同并跟随意见领袖）、沉默者（不管对意见领袖的看法如何，都不明确表现在态度与行动上）与意见领袖的反对者（不认同意见领袖并明确表现在态度与行动上）。他们共同构成了论坛中的权力格局。而论坛的发展，在某种意义上看，也是权力各方较量的过程。图 5—3 示意了这种关系构成。

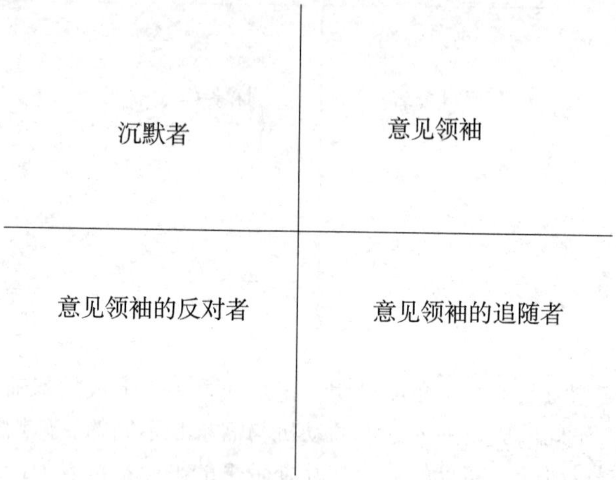

图 5—3　论坛成员的非规定性权力关系示意图

论坛的权力关系，首先影响的是论坛成员的意见表达。论坛成员的讨论并非总是自由的，并非总能充分体现每个人的观点与态度，权力关系所起的作用往往是复杂且明显的。人们出于对自己在论坛的地位与利益的考虑，会在这种权力关系的制约下确定自己的态度，选择相应的表达方式。这种关系在很多时候也会成为影响群体心理的重要因素，而群体心理又会作用于某个成员的意见与态度形成过程。

此外，这种权力关系也可能影响到论坛成员的行为。例如，意见领袖所推荐的产品，可能引起跟风购买行为。

意见领袖，是论坛中的权力中心。但并非所有论坛都存在着意见领袖，一个论坛的意见领袖也可能不止一个人。此外，意见领袖虽然有一定的稳定性，但是也会有变动性。在论坛发展的不同阶段，可能会出现不同的意见领袖。

三、网络论坛的信息传播模式

网络论坛有自己特定的信息传播模式，这种模式直接影响了人们的互动。

（一）信息发布模式

论坛的信息发布是一种“队列式”的信息发布模式，即信息按照某些原则线性呈现。目前论坛中的信息“排队”原则主要有以下两种。

时间原则：最新发布的帖子靠前排列，或最新被点击过或回复的帖子靠前排列。

关注度原则：点击量最多的帖子靠前排列。但这种原则通常只用于“热帖推荐”这样的特殊部分。

无论是时间原则还是关注度原则，都在一定程度上沿用了新闻价值的衡量标准，即新的信息价值更大，能引起人们普遍关注的信息价值更大。这些原则符合人们长期以来形成的新闻消费习惯，因而在实践中，也较为行之有效。

但是，由于人们在一次上网过程中能阅读的信息数量通常有限，而有些论坛信息更新频率较快，因此，队列式模式最大的问题是，造成一些信息的“淹没”。这种“淹没”，有时并不是在理性原则下的选择与过滤，而纯粹是偶然因素所致。

（二）信息互动模式

论坛中的帖子，多数不是彼此独立的，而是存在着较多的互动。论坛信息的互动通常有两种模式。

1. 单内核聚合

网络论坛的一种常见互动模式是，围绕着一个帖子进行“盖楼”，也就是把所有相关的回复都用跟帖的方式，集中发布在一个主帖后。在这样的模式中，主帖就像一个内核一样，可以不断吸附相关内容，其体量不断膨胀，能量也可能急剧增长。

2. 多线程并发

每一个主帖可以吸纳相关的回复跟帖，但有些主题在一个主帖下很难讨论充分，可能会出现几个主帖同时并行的情况，这时与一个主题相关的各个主帖之间是一种多线程并发的关系。要了解这个主题下所有的信息，需要关注所有的主帖及回复。

（三）信息扩散方式

论坛中的信息扩散，有两方面的含义：一是指一个帖子在论坛内部传播的过程，二是指一个帖子被转发到其他论坛或网络中其他空间的过程。

论坛的信息扩散，比起微博、微信等，要稍微复杂一些。

在内部扩散方面，多数论坛没有快捷的“转发”或“分享”键，需要人工复制；有些论坛有“引用”键，可以将某一个帖子作为自己发帖的部分内容加以引用，但这一功能也不等同于一键转发。

在对外扩散方面，有些论坛有分享到微博、微信、QQ空间等功能键，有些论坛则没有。而在不同论坛之间进行转发，基本需要手动复制。

从这方面看，论坛的确是一个更封闭的信息空间。

（四）个人信息组织方式

在早期的论坛中，每个人的发帖都是分散在论坛中的，没有个人信息的聚合方法，每个人关注的帖子，也无法整合在一起。

今天的一些论坛，已经进行了这方面的优化。例如，在新浪论坛里，就像微博一样，可以有“我的话题”、“我的收藏”、“我的关注”、“我的辩论”等整合方式，这使得在以内容为中心的论坛里，个人也有了自己的信息聚合空间。

第 3 节　网络论坛的管理与运营

对于网民来说，网络论坛是一种社会化媒体，但对于网站来说，网络论坛也是一种社区产品。对于它的管理，既需要从传播的角度来理解其深层规律，也需要从产品的设计、开发与运营角度来认识。

网络论坛的管理并不等于“管制”，管理的目的更多的是促进其发展。

论坛的管理者，首先应当是论坛的设计者，这既包括论坛的定位、风格的设计，也包括论坛制度的设计。

论坛的管理者，多数时候也应是论坛的直接参与者。只有身在其中，才能更好地理解论坛的发展动力，把握论坛的氛围与文化。

论坛的管理者，既包括由网站指定的版主，也包括从网民中产生的版主。

一、网络论坛的“生命历程”

就像一个生命一样，网络论坛也有一个从萌芽到不断成长、壮大的过程。一个具有较强生命力的论坛，其生命历程基本可以分为四个阶段，如图 5—4 所示。

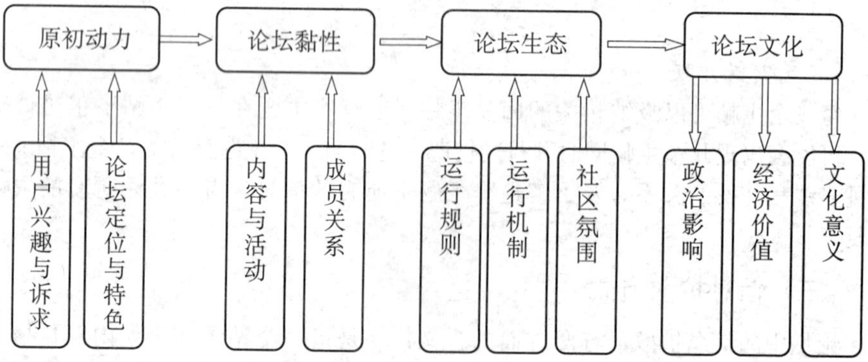

图 5—4　网络论坛的成长阶段

在第一个阶段，论坛的发展重点是，通过设定论坛独特的定位，以满足特定网民的兴趣与需求，获得网民的关注。网民的兴趣与诉求，以及论坛本身的定位与特色，是论坛发展的原初动力。

在第二个阶段，论坛需要形成对用户的黏性，也就是使成员对论坛产生依赖感与持续的访问。促进论坛黏性形成的因素包括，对用户有号召力的内容或活动，以及能使成员“各得其所”的成员关系。

在第三个阶段，论坛生态逐渐形成，论坛成为一个有机的“系统”。除了社区氛围和成员关系外，论坛的管理水平也直接影响到论坛的生态。

在第四个阶段，如果论坛发展到一定的程度，就会产生自己社区特有的文化，这种文化既可能影响到网络中的舆论形成，也可能产生营销的价值，同时，也会对网络文化的发展有所贡献。

当然，并非所有论坛都能完成这样一个生命周期。多数论坛由于无法形成足够的论坛黏性，甚至在原初动力方面就先天不足，因此夭折。有些论坛虽然形成了论坛黏性，但是没有形成有序的论坛生态，也有可能会在一时火爆之后逐渐沉寂。而能形成自己独特的社区文化的论坛，更是寥寥无几。但无论如何，由于网站发展的需要，以及网民需求的推动，各种各样的论坛还是层出不穷、此起彼伏、前赴后继。

一个成熟的论坛，已经可以在一定程度上产生"自组织"的机制，或者具有形成"自组织"的土壤。

理解了论坛的生命周期，也就理解了论坛管理的目标，以及不同阶段的任务。

二、网络论坛原初动力的形成

网络论坛的原初动力，主要来源于两个方面。

（一）寻找符合网民兴趣与诉求的社区维系点

有研究者认为，尽管虚拟社区是以网络空间为交流平台的，但是，它的出现，像传统的社区一样，仍然基本上源于人类的四种基本需要。①

兴趣（interest）：人们基于共同兴趣爱好而进行交流。

关系（relation）：人们分享一些相似经历或经验而形成某种关系。

幻想（fantasy）：人们聚集在一起共同探索幻想和娱乐的新世界。

交易（transaction）：人们交换关于产品的信息或进行实质性的商品交换。

这四种需要，也往往是论坛形成与发展的基础。

在国外，也有研究者将网络社区分为社交上的、专业上的、职业上的、宗教上的等四种不同类型。也就是说，社交需要、专业交流需要、职业交流需要和宗教交流需要，是社区的四种不同维系点。

在中国，目前论坛主要的维系点包括：传统关系、兴趣爱好、特定产品、特殊利益等。诸如同学录、同乡会等，是典型的由传统关系维系的社区；大量网站中的分类论坛以及百度中的多数贴吧等，是以兴趣爱好维系的社区；由电脑游戏、房子、汽车、电脑、手机、相机等各种类型、各种品牌的产品所构成的社区，也成为一种独特的社区；而诸如残疾人、同性恋者等一些具有特殊利益诉求的群体，也在网络中构建着自身的社区。

泛泛而言，所有论坛的原初动力都来自以上几大方向，但是，一个论坛要产生自己的价值，需要在这些方向中找到自己的独特方向。

（二）设计论坛定位与特色

一个论坛的定位是其生存和发展的基础。

论坛的定位，包括内容上的定位和成员构成的定位两个方面。有些论坛的定位是从一开始就由管理者明确规定了的，也有些需要经过成员共同努力，在一段时间的磨合后，才能逐步形成。

而特色与定位既有很大的关系，也有区别。特色可以表现为内容上的，也可以表现为形式上的，包括语言风格、社区架构方式等。猫扑论坛就是以其形式上的特色名噪一时。后文将专门对此进行案例分析。

三、网络论坛黏性的形成

培养论坛成员的黏性，需要从以下几方面入手。

①参见［美］约翰·哈格尔三世、阿瑟·阿姆斯特朗：《网络利益——通过虚拟社会扩大市场》，19～26页，北京，新华出版社，1998。

（一）通过内容管理提升内容黏性

论坛是网民参与网站内容建设的重要平台。对于网站来说，论坛成员提供的内容，也是网站的重要资源。一方面，内容的质量和内容传播的秩序，决定了内容对成员的吸引力和黏性；另一方面，论坛成员发布的内容被网站的重视程度，也决定了内容对成员的黏着能力。

论坛的内容管理，不仅仅意味着删帖，更重要的是通过编辑与调节手段进行内容的优化。这不仅能提高论坛成员的积极性，增强论坛内容的吸引力与影响力，也有助于网站的整体发展。

论坛的内容管理主要包括以下几方面。

1. 保持论坛内容传播的基本秩序

尽管论坛的内容来自网民，但是，网站也负有一定的监管职责。根据国家相关法规，对论坛的内容进行必要的审查，是论坛内容管理的一项常规任务。通常它是由版主等论坛组织者来完成的。在进行内容的审查时，需要掌握松紧适度的原则。

此外，内容管理还包括对各种广告内容、无意义的灌水内容的清理。尤其是对各类水军，应该有足够的治理力度，包括从技术上对水军发帖的阻止。

保持论坛内容传播的基本秩序，可以使论坛聚焦于有价值的内容，提高论坛内容的整体质量。

2. 通过主题讨论凝聚网民注意力

在论坛中，成员通常围绕个人兴趣来发帖或与他人互动，人们的活动主要以一个个主帖为中心，但有时这会形成论坛的割裂，论坛缺乏焦点。这时，管理者可以适当地设置一些焦点话题，让更多人之间产生交流与互动。话题设置得当，也有助于论坛人气的提升。

焦点话题的确定，应该注意以下几方面。

明确具体：过于含糊或抽象的论题，很难让人们比较快地进入角色。

有所依托：如果能以一些现实事件为依托来提出话题，就更容易引起人们的迅速关注。

有普适性：要避免曲高和寡的现象，尽可能选择具有普适性的话题，最大限度地调动更多成员的参与。

有开放性：话题本身应存在往多种方向开放、拓展的潜力。已有明确结论的话题，往往不能激起人们的讨论兴趣，也很难提高讨论的层次。

第2章提到，在今天的中国，对外关系中的国家民族利益问题、社会转型期的主要社会矛盾（特别是民与官的矛盾、贫与富的矛盾）、政治改革背景下的反腐问题、经济改革背景下的民生问题、现代社会的道德困惑、多元文化背景下的“无厘头”事件等，都很容易成为网络舆论形成的导火索。换一个角度来说，这些话题也容易成为网络中的热门话题。从论坛话题的组织来看，管理者需要善于发现网民发帖中涉及这些热门话题的内容，在进行讨论话题设置时，也可以多考虑这些论题领域。

3. 通过“提升”手段刺激网民热情

对于一些具有较高质量或具有代表性的成员创作的内容，网站可以采用激励、提升的方式，使之更引人注目，传播面更广。

通常情况下，网站可以通过以下方式来提升论坛成员创作的内容。

在论坛中，对一些有代表性的内容，运用一定的编辑手段使其突出，如字体、色彩以及放置的位置等，“置顶”（即将帖子放在整个论坛帖子队列的最前面）是最常用的一种手段。

设立排行榜，使点击量高或回复率高的内容能被人们更多关注。

将一些论坛成员创作的内容放到网站的其他频道中，促进其传播。

采取分级制来突出高质量的创作。例如，在人民网强国论坛有“深水区”、“浅水区”的设计。“浅水区”所张贴的，是那些字节数在1 000以内的帖子，而“深水区”则与之相反。

对已经产生影响力的帖子进行激励、提升当然是管理者的重要工作，但是一个好的论坛管理者，还应当有慧眼识珠的本领。当一个论坛帖子刚发出时，论坛的管理者如果能敏锐地判断出它会引起论坛内甚至更多网络平台中网民的共鸣，就可以用适当的方式对它进行推波助澜。

4. 通过整合手段促进内容增值

对论坛成员的内容进行整合，也是论坛内容管理的一部分。主要的整合方式包括以下几种。

设立专门的论坛内容整合频道。网站通常有多个论坛，为了让论坛的内容成为一个整体，同时突出论坛内容的精华，吸引更多网民的阅读与参与，网站可以设立专门的频道，将多个论坛的内容整合起来。这些频道的组织、编辑等与网站的其他频道思路是一样的。它也可以设置各个类别的栏目，只是它的内容来源于论坛网民，而不是网站自身。当论坛内容过多时，还可以设置更多的细分频道。

设立专门的论坛内容整合专题。有些话题是各个论坛共通的，但是可能不同论坛成员发表内容的角度不同、表现方式不同，因此可以在一个共同的主题下整合各个论坛的内容。例如，可以就奥运这一主题，来设立专门的论坛内容专题。这种专题与网站的一般新闻专题组织方式类似，但内容会更丰富。

将论坛内容与媒体内容整合为专题。在网站编辑的专题中，不仅可以整合媒体的资源，也可以加入论坛内容资源，通常使用的主要手段是加入类似“网民观点”这样的栏目。这样可以使专题视野更开阔，媒体的视角与网民的视角和观点相互补充、相得益彰。

这些内容的整合手段，不仅可以为网站提供更多UGC资源，也可以促进网民生产内容的增值，使网民获得更多成就感。

（二）通过成员管理增强关系黏性

成员管理是论坛管理的核心，其目的是满足成员的需要，促进成员的积极参与，维护论坛的良好秩序。成员管理机制主要包括以下几项。

1. 进入机制

前面已经提到了论坛的几种进入方式。根据论坛的性质来决定论坛的进入机制，是管理的起点。此外，需要让用户了解注册成为成员的好处，并且提供方便快捷的注册方式。

2. 保护机制

为了保护成员的利益、提高成员的积极性，论坛应建立一定的保护机制，这种机制应达到以下要求。

利益共享：如果成员从论坛中不能得到自己所期望的利益，也许就不会对论坛保持持续关注。成员期望的利益既包括切实的物质利益，也包括了解有价值的信息、与志趣相投者交流、获得心理满足等多方面内容。

开放性：形成一种人人畅所欲言的自由平等的氛围，避免少数人独霸论坛的现象。对于交流中的违规行为，管理者应该坚决制止。

3. 激励机制

为了激励成员的积极参与，论坛的组织者可以采取一定的措施。用签到等制度来鼓励成员每天登录社区，就是一种常用的激励手段。积分制也是一种鼓励成员参与的常见方式。例如，根据一个帖子的点击次数和回帖数量来奖励帖子的创作者以相应的分数。

在一些论坛，还可以通过等级制来进行激励，即设置某些指标，当成员达到一个新的指标量级时，可以实现身份的升级，这种升级有时虽然不包含物质上的奖励，但给成员带来的精神上的满足仍然是有效的刺激。

在节日或成员生日等重要日子，可以为成员送上电子贺卡或其他形式的祝福，使成员进一步感受到论坛的温暖。

4. 惩戒机制

论坛难免会出现成员言行违规、扰乱秩序等现象，必须建立一定的惩戒机制。国家有关网络以及 BBS 等管理的法规是建立惩戒制度的基础。此外，根据论坛的现实状况，制定行之有效的惩罚措施也是必要的。常见的惩戒措施包括删文章、在一段时间内禁止某个成员发文、封 ID 等。

对个别违规成员的惩戒，是为了给其他成员创造更好的社区环境，因此也有利于维持大多数成员与论坛的持久关系。

5. 关系协调机制

论坛管理的另一个重要方面，是维持成员间关系的协调与稳定。

对于成员之间的摩擦和冲突，组织者需要适时加以调解，避免矛盾的升级。

此外，成员关系的协调，还在于在整体上创造一种和谐氛围，营造一种积极、平衡的生态，后文将继续对此进行分析。

6. 成员资料分析机制

网络论坛管理，需要依靠对成员更充分的了解。收集与分析成员的资料，也就十分必要。

要建立成员资料数据库，就需要对成员进行注册登记。在登记时需要告知成员，注册登记之后能得到什么权利、应承担什么义务，并且要让成员知道他们的用户资料将如何被使用。不加解释地要求成员填写一些敏感的信息，这样的做法是不可取的。

但收集成员资料，并不仅仅是为了向他们推送广告，而是要通过对这些资料的分析，更好地提供个性化服务。例如，有了成员的生日数据，在他们生日的那一天，管理者送上生日祝福，这样可以给他们带来更多家庭成员的感觉。

7. 成员发展机制

论坛需要通过不断地吸引新成员来增加活力。新成员可能是那些经常以"游客"身份"参观"论坛的网民，如果论坛对他们有足够的吸引力，他们就有可能从旁观者转变成参与者。

发展新成员的另一种方式，是现有的成员将自己的朋友拉入论坛中。

当新成员加入论坛时，版主和其他核心老成员应该主动与他们建立联系，向他们介绍论坛的基本情况、论坛的规则，让他们有宾至如归的感觉。对于他们在初期可能犯的错误，应该有足够的容忍，并帮助他们迅速适应论坛的环境。

（三）通过活动提高参与度

论坛交流主要围绕内容的互动展开，且多数时候是基于网民自发、分散的主题，因此成员注意力相对分散。但是，管理者可以适当地组织一些活动，提供更多凝聚论坛成员的机会。

【案例】 天涯社区：组织线上活动

论坛活动通常以线上活动为主，因为它成本较低、参与方便，也有很多创意的空间。当然，对于网民来说，这些最终在线上呈现的活动，更多地需要结合线下的行动。

图 5—5 是 2015 年春节期间天涯论坛组织的活动的部分清单。可以看到，围绕春节这个特定的节日，可以有丰富的创意：征联、征文、晒照片、送红包、网络春晚，既应景，参与门槛又不高。类似的，利用节日、特定主题，组织在线活动，是论坛的一种常用手段。

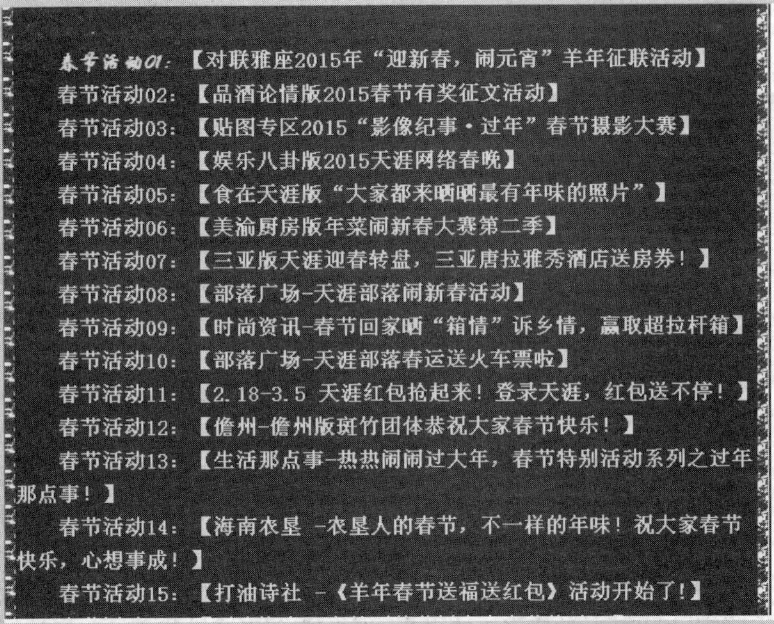
春节活动01：【对联雅座2015年"迎新春，闹元宵"羊年征联活动】
春节活动02：【品酒论情版2015春节有奖征文活动】
春节活动03：【贴图专区2015"影像纪事·过年"春节摄影大赛】
春节活动04：【娱乐八卦版2015天涯网络春晚】
春节活动05：【食在天涯版"大家都来晒晒最有年味的照片"】
春节活动06：【美渝厨房版年菜闹新春大赛第二季】
春节活动07：【三亚版天涯迎春转盘，三亚唐拉雅秀酒店送房券！】
春节活动08：【部落广场-天涯部落闹新春活动】
春节活动09：【时尚资讯-春节回家晒"箱情"诉乡情，赢取超拉杆箱】
春节活动10：【部落广场-天涯部落春运送火车票啦】
春节活动11：【2.18-3.5 天涯红包抢起来！登录天涯，红包送不停！】
春节活动12：【儋州-儋州版斑竹团体恭祝大家春节快乐！】
春节活动13：【生活那点事-热热闹闹过大年，春节特别活动系列之过年那点事！】
春节活动14：【海南农垦 -农垦人的春节，不一样的年味！祝大家春节快乐，心想事成！】
春节活动15：【打油诗社 -《羊年春节送福送红包》活动开始了!】

图 5—5　2015 年春节期间天涯论坛组织的各种活动

资料来源：http：//bbs.tianya.cn/post-lookout-389772-1.shtml。

尽管网上论坛提供的主要是一种虚拟的交流，但很多成员实际上希望将虚拟的交流发展成现实的交流。因此，论坛的组织者或网站，也可以为论坛成员在现实世界的交流提供一定的机会。这有助于成员关系的进一步牢固化。

四、网络论坛良性生态的维护

同论坛黏性的形成一样，网络论坛的良性生态也依赖于良好的社区氛围和成员关系，此外，它还依赖于论坛的管理水平。管理政策与管理机制，是其中的核心。

（一）合理的论坛管理政策

论坛的管理，意味着既要利用各种手段发挥网民的能动性，又要使互动朝着健康有序的方向发展，这的确是一件具有挑战性的事。无论面对什么样的互动形式，都应该掌握管理的基本原则。这主要包括以下几点。

张弛有道、松紧适当。论坛是网民意见与态度的表达渠道，同时也是网民情绪释放的渠道。如果用过于严格的方式进行管理，就可能抑制了民意的顺畅表达，也不利于网民情绪的改善；但放任自流、不加管理，又会使论坛中出现各种混乱，这不利于网站的长远发展。因此，在进行互动管理时，应该有张有弛，有松有紧。对于一些枝节性的问题，可以放宽；而对于原则性问题的管理，则应该相对较严。但论坛管理中的“松”与“紧”并没有一个明确的尺度，网络编辑需要不断提高自己的理论与政策水平，从而不断加强自己在实践中的管理能力。

审时度势、灵活把握。网络论坛的管理，在不同的时期，有不同的管理重点，管理的尺度也有所不同。管理者应学会对形势进行正确的分析与判断，在不同时期采取不同的管理策略。

制度化管理与人性化管理相结合。网络论坛管理需要各种制度做依据，但同时，在执行管理制度的过程中，管理者又需要根据具体的环境、具体的对象，实现人性化的管理。管理者不应是冷冰冰的删帖机器，而应是网民的朋友，应该以真诚的方式来与网民进行沟通，这不但有助于建立更良好的论坛秩序，增强网络互动的有效性，也助于集聚网站的人气，维持网站社区的稳定。

（二）有效的社区运行机制

运行机制要解决的不是具体的内容管理、关系管理这些“术”的层面的问题，它更重要的目标是在“道”的层面促进社区的发展。

一个好的社区，最重要的是调动成员的自治热情，发挥他们的自治能力，尽可能让管理者得到解放。

第 4 章提到了“自组织”机制，一个好的论坛，应该逐渐成为一个具有自我调适能力的自组织。这样一个目标的达成，取决于以下几个要素。

对论坛的归属感：当论坛黏性达到一定程度时，多数成员对论坛会有归属感，甚至可能产生群体的意识，这就为一个更为有序的自我运行机制提供了基础。

论坛成员的“自规则”：尽管论坛的管理需要遵守相关法律法规，也需要遵循组织者制定的明确管理规则，但论坛的整体氛围和文化的形成，更需要论坛成员达成的共识和成员约定俗成的规范。论坛内部形成的规则，更容易得到成员的认同，也更容易形成约束力。

除了推动社区的“自组织”机制发挥作用外，社区的管理者也可以通过社区的架构设计来引导社区内的运行机制。例如，猫扑论坛推出的“人肉搜索”机制，就有意识地引导论坛成员基于一个特定目标进行合作。

(三) 论坛的整体氛围构建

一个网络论坛的“生态”系统是否平衡，与其整体氛围有关，而这主要取决于成员间的关系是否协调。

美国学者埃瑟·戴森认为，对于论坛来说，“每位参与者都应该清楚他付出什么，又希望得到什么，总体说来，虽然每个人的愿望都会有所不同，但这些愿望应该互相吻合”①。这段话说明，一个理想的论坛需要为成员之间的需求与行动构建一个平衡的系统。

第 2 节分析了论坛中两种典型的成员结构关系，论坛的整体氛围构建，就是要从这两个方面去创造积极、动态平衡的结构关系，使每个成员都找到适合自己的角色与状态，使大家各得其所。

无论是从需求关系还是从权力关系的角度来看，一个论坛都不能缺少领导者的角色，这类角色对于整个论坛的活跃度、群体归属感的形成，都是重要的。

论坛的管理者可以通过适当的方式来促成这样的领导者的形成，社区的激励制度，也应该有助于凸显这样一类领导者。

当然，除了领导者外，那些热衷于在成员间穿针引线的协调者，那些虽然不常主动发言但是愿意积极评论、参与的追随者，都是论坛的有机组成部分。甚至在一定意义上，给论坛制造一些小小麻烦和冲突的捣乱者，也有他们的存在价值。

(四) 论坛生态与经营之间的平衡

由于经营的压力，一些论坛也会有商业因素的入侵，如广告或营销性质的帖子。尽管在某些时候商业因素不可避免，但是，管理者还是需要处理好经营与社区的内容、用户体验、社区生态等要素之间的平衡。

如果论坛必须出现广告，应该能让成员明确地区分广告，以免被误导。

向什么样的论坛推送什么样的广告，也需要有更科学的依据。数据分析可以帮助管理者了解不同论坛成员的需求，基于成员需求的广告推送，可以成为用户乐意接受的内容，甚至可能会引发他们的口碑传播。

五、网络论坛文化的培育

一个成功的网络论坛，不仅可以形成良性的生态系统，使其成员乐而忘归，还可能形成自己独有的文化。这种文化是论坛口碑的根基，也是论坛的“灵魂”所在。

尽管近二十年来，国内出现过的论坛无数，但是真正具有全国性影响力的，屈指可数。而这些有影响力的论坛都有一个共同的特点，那就是有其独特的文化气质，形成了自己的文化招牌。

网络论坛文化的形成，首先基于成员本身的特点，其次取决于成员间的互动。而通常，一个互动频率高、互动规模大的社区，更容易形成自己的文化。

论坛的文化也与论坛的形式设计有关，这些形式是论坛文化的外化，也可以为后来者提供文化风格上的“路标”。

社区的管理者应该能敏锐地洞察到社区文化的萌芽，理解其走势，从而因势利

① [美] 埃瑟·戴森：《2.0 版数字化时代的生活设计》，54 页，海口，海南出版社，1998。

导，推动其不断地成长。

本章最后一节将通过对强国论坛、天涯社区、猫扑论坛等案例的分析，来进一步分析论坛文化是如何形成的。

第 4 节　网络论坛与新闻传播

今天的网络新闻传播，仍然需要利用网络论坛这一形式。传统媒体也可以将论坛作为自身的一种补充、延伸手段。

一、媒体利用论坛的方式

媒体利用论坛的方式主要包括以下几种。

（一）在论坛中转发报道

网络新闻传播是一种多渠道、多层次的传播，一条新闻的传播途径是多样的，而论坛是其中一个重要的渠道。如果要扩大新闻报道的影响力，就要设法使新闻报道渗透到论坛中，引起人们更多的关注。论坛中的新闻，也可以成为网民进一步转发的来源。

虽然一些引人注目的新闻，往往会有网民自发进行转帖，但是，网站编辑也可以有意识地将一些需要重点传播的新闻贴到相关论坛中。这样可以更好地体现编辑的意图。当然，并非所有转帖的新闻都能成为人们关心的焦点。只有编辑意图与网民需求和兴趣点相吻合时，才能最大程度的产生共鸣。

（二）在论坛引发讨论

网络新闻影响力的另一个表现是，它能引起广泛的讨论，这种讨论反过来又会对新闻的传播面与影响力起到进一步的促进作用。因此，采用某些编辑手段，使新闻成为讨论热点，也是扩大报道影响的一个有效的方式。

引发讨论的手段之一是开设跟帖功能。大多数网站在常规新闻后面都设有“评论”、“点评”等跟帖的入口，使新闻报道与网民讨论自然地成为一个整体。

引发讨论的手段之二是通过突出热帖来引导讨论的展开与深入。当论坛自发的评论进行到一定的程度时，论坛可能会形成几种有代表性的意见，编辑可以将其中具有代表性的帖子或热门的帖子，发在论坛中显眼的位置或新闻频道中相关的位置，使更多人参与到讨论中来。

引发讨论的手段之三是网络编辑有意识地在论坛发表一些有针对性的评论，引起网民的关注，引导网络意见的走向。

（三）通过在线交流提升新闻影响

尽管有些网站有专门的在线交流平台，但也有不少网站的论坛就是在线交流的通道之一。针对一些需要重点报道的对象，组织事件当事人、与报道有关的记者和编辑、有关机构负责人、专家等在论坛中与网民进行在线交流，不仅可以释疑解惑，也可以提升新闻事件的受关注度，因而这也是论坛与新闻报道相配合的一种重要手段。

（四）利用网络论坛延伸新闻报道

网络论坛并不是只能被动地传播报道或发表评论，在某些情况下，它也能成为发展报道的一种手段，甚至论坛中的一些现象、活动，可以成为事件发展的一部分，成为报道的对象。

一般情况下，媒体记者、编辑可以将创作手记、采访心得等延伸补充内容发在论坛上。此外，与网民在论坛中进行讨论，也是报道的一种延伸方式。

（五）利用论坛了解、评估报道效果

网络论坛也是新闻报道的一种反馈渠道，是对新闻报道的效果进行监测与评估的一个手段。通过论坛中人们的评论量、评论内容、转发量等，可以了解新闻报道在受众中的传播效果及反馈意见。

（六）通过论坛发现新闻线索

就像其他社会化媒体平台一样，论坛也反映着社会生活的方方面面，在其中，也会有值得媒体关注的新闻线索。

一些网站还有专门的"爆料"类的论坛，这些论坛更是可以为媒体报道提供多种资源。

二、新闻报道与论坛结合的编辑手段

通常情况下，新闻报道与论坛在网站结构和版面上是分开的，新闻有自己的频道，而论坛常常属于社区。如果要使两者相结合，充分进行互动，需要采用一定的编辑手段。

其一，在新闻正文页的相应位置，设立去论坛的入口，如"跟帖"功能等，使网民在阅读完新闻后很容易进入论坛。

其二，在一些重要新闻的内容提要后，设立一个进入"评论"的链接。

其三，在新闻频道的首页设立相应的版块，将论坛的内容导入。

其四，在新闻频道设立热帖排行榜等功能，使网民可以及时了解论坛中的动态。这类排行榜可以放在新闻频道或相应栏目的首页，也可以放在新闻的正文页。

第 5 节　网络论坛与企业营销

论坛营销是企业社会化媒体营销的最初形态之一，直到今天，也没有完全失去其价值。

一、论坛营销的主要渠道

企业利用论坛进行营销的形式主要有以下几种。

（一）主题性论坛

围绕某个特定产品组织起来的论坛，可以为一个产品的用户建立起沟通渠道，提供客服平台。"业主论坛"就是这类论坛的一个代表。此外，大量的电子产品也

是主题性论坛的典型对象，它们甚至可以细化到某一个产品的具体型号。

主题性论坛有些是由网民自发组织的，也有些是由企业组织的。无论哪种情形，一旦这样的论坛形成，它就会成为一个有价值的营销空间。

在这样的空间里，企业可以以提供各种帮助、答疑和服务为前提，赢得网民的认可与信任，进而向论坛成员介绍更多的产品信息。

这样的论坛，也可以发展成为企业与用户间共同文化的培育土壤。例如，“小米”粉丝文化的培养，在很大程度上仍是利用论坛这一形式。

要达到营销、客服和文化培养的目标，企业相关人员需要以论坛的管理者或活跃的成员的身份参与到论坛中。

（二）相关性论坛

多数时候，企业营销不是在固定的主题论坛中展开，而是在与产品相关的论坛中植入产品话题，引发人们对产品的关注与讨论。

这种方式虽然常见，但要避免两种情形。

一是以水军的方式进行信息的轰炸。即使水军传播的信息并非虚假，但是，灌水、信息轰炸总会引起网民的反感。

二是并非有效引发和参与讨论，而只是单向地、机械地发布信息，这样的行为同样也会招致网民反感。

（三）客服论坛

客服是一种特殊形式的论坛。其服务方式通常是围绕用户的提问进行回答，或者针对用户的评价进行回复。

客服论坛可以内嵌于电子商务网站、企业网站等平台之中。

客服论坛虽然是多数企业在互联网中的“标配”营销方式，但是有些企业的客服还是存在很大的缺陷。它们不仅不能起到营销与服务的作用，反而可能影响到企业的形象与声誉。

常见的问题包括：

回答机械、生硬，缺乏人性化的语言及表达方式。即使是人工客服也让人感觉是机器在进行服务。

推卸责任。对用户提出的问题，千方百计搪塞、推脱。

答非所问。无论用户提什么样的问题，都是统一回复。或者是回避实质问题，用程式化的语言来应付。

风格错位。有些客服会采用“诗意”或“文艺”的语言，但是往往语境不对，由此出现错位感，甚至招致反感。

在某种意义上，论坛中的客服也是一个“技术工种”。这一角色既需要对产品的熟悉，也需要对网民心理的了解，以及对网络文化的把握。在网络中，“京东客服 MM”（尽管京东客服未必都是女性）曾经名噪一时，就是因为他们用人性化的方式，机智、幽默地与网民进行互动，既能提供实质性帮助，又能与一些网民的调侃、恶搞周旋，因此赢得了网民的认可。

二、论坛营销中的“信任代理”

第 2 章提到，社会化媒体营销需要更多地借助“信任代理”，论坛营销更是如此。

论坛中的意见领袖，往往更容易成为信任代理，因为他们已经在论坛中拥有了自己的话语权，他们可以凭借对论坛的意见、行为的影响力，对一个产品的口碑与销售业绩产生影响。

对于企业来说，要在营销中应用信任代理机制，一是要发现那些可能成为企业代言者的网民，二是要培养自己的营销人员成为信任代理。

但要通过信任代理进行产品的营销，除了要赢得话语权外，还需要赢得他人的信任，而这需要另外一些因素的支持。

学者大卫·梅斯特（David Maister）等人在《可依赖的顾问》（*Trusted Adviser*）一书中，提出了一个信任力的影响因素公式：

T（trust：信任）=C（credibility：可信度）×R（reliability：可靠度）×I（intimacy：亲密度）÷S（self-orientation：自我意识导向）①

如果放到论坛的情境下，这一公式的含义即是，信任度与某个成员发布的内容的可信性、其个人一贯信誉的可靠度、其分享的有亲密度的内容的数量成正比，而与其发布的含有过强自我意识的帖子数量成反比。

因此，信任代理的形成，是一个润物细无声的过程，是一个长期付出、长期积累的过程。如果没有任何事先的铺垫，企业的营销人员突然在论坛里大量自我推销，很容易带来负面效果，他们也不可能成为信任代理。

如果要借助已有的网民中的信任代理，也需要考虑他们的身份、个性、一贯风格等因素。在某些时候临时"收买"一个论坛的意见领袖成为代理者，让其进行推销，如果与他的风格定位不一致，推销未必奏效，甚至可能将他既往的声誉和社会资本毁掉。

第6节　网络论坛案例分析

以下几个论坛，虽然不能代表过去二十年间中国论坛发展的全部，但是，它们具有各自的代表性。它们在多年实践中形成的特色，也给论坛的运营与管理带来了不同的启发。

一、强国论坛

在中国的网络媒体发展史上，人民网强国论坛的诞生，是一个具有里程碑意义的事件。

1999年5月8日凌晨，中国驻前南联盟大使馆遭到美国导弹袭击，三位中国记者在袭击中牺牲。5月9日，《人民日报》网络版开设了"强烈抗议北约暴行"论坛。广大网友对《人民日报》网络版能够开设论坛感到兴奋，也充分利用这一渠道表达了自己对中国使馆被炸事件的意见与态度。6月19日晚，"抗议论坛"改版为强国论坛，这是为了适应形势发展的需要，也是为了将网友的意见表达引向建设性方向。

在强国论坛开办之前，在中国，因为担心开设论坛有风险，具有媒体背景的网站几乎都没有利用论坛这一方式。强国论坛开办后，不少媒体网站纷纷跟进，开设自己的新闻论坛。

①转引自［美］克里斯·布洛根、朱利恩·史密斯：《信任代理：如何成就网络影响力》，73页，沈阳，北方联合出版传媒集团，万卷出版公司，2011。

强国论坛迅速成为人民网的一个重要品牌，也成为中国网络媒体的一个重要品牌。它也引起海内外许多媒体的关注，一些媒体称其为“改革开放的试验者”、“中国的网上言论特区”、“内外差异的缩小者”等。许多研究者也将强国论坛作为公共领域等问题研究的一个重要个案。

后来，人民网在强国论坛的基础上发展出了强国社区，社区构成更为多元，覆盖话题范围更广。

2008 年 6 月 20 日，时任中共中央总书记的胡锦涛通过强国论坛与网民进行在线交流，这成为中国互联网历史上的一个重大事件。而十多年来强国论坛组织的各界重要嘉宾访谈，也是其主要特色之一。

强国论坛的特点及其启示主要体现如下。

（一）天时地利人和催生的中国第一家时政论坛

强国论坛的诞生不是偶然的，天时地利人和是强国论坛立足的三个支点。

如果把强国论坛的诞生放到中国网络媒体的发展线索中，放到中国媒体的改革历程中去考虑，便会看到，强国论坛并不是一个偶然事件的偶然产物，而是天时、地利、人和三者共同催化的结果。

中国媒体受众观变革的深层背景、网络技术所带来的便利的互动能力，以及强国论坛所背靠的《人民日报》这个品牌，都是它得天独厚的天时与地利。而更大的天时地利则体现为国家不断改革开放的进程所带来的政治的昌明。

强国论坛得以诞生并不断强大的更重要的因素，在于人和。一方面，中国网民对于社会的关注程度之高，干预现实的愿望之强烈，也许是世界上罕有的。这样的网民基础，在中国网络媒体的发展中，是一个不可忽略的重要因素。而强国论坛更是幸运地拥有了一群素质较高的网民。

从另一方面看，人和还表现为强国论坛的管理者在管理论坛上的能力与水平。在强国论坛发展的十年中，强国论坛的管理者不仅做到了让管理部门与网民“两头”满意，而且使它从一个网站的论坛发展成为中国网络媒体的一个重要品牌。

（二）特殊的“渠道”与“窗口”

从实践方面看，强国论坛的出现，为上下交流渠道的疏通，做出了重要贡献。

由于不少网友利用强国论坛来反映现实问题、维护个人权益，强国论坛已经逐渐扮演起内参、《焦点访谈》这样的角色。强国论坛成了许多政府部门了解民众意见，检查与反省自己工作的一个窗口。

强国论坛也成为上情下达的一条途径。在某种意义上，强国论坛已经成为政府部门新闻发布的一条新型渠道。

强国论坛也在一定意义上充当了国情民意的晴雨表。强国论坛特殊的传统媒体背景以及它自身的民间属性，使它扮演了双重角色：它既是人们观察中国政治动向的一个窗口，又是人们了解中国民意的一个窗口。

在强国论坛中的观点交锋，实际上也是社会中各种观点交锋的一个缩影。“左派”与“右派”的对抗、“反美派”与“亲美派”的过招、“自由主义”与“民族主义”的较量，这背后，都有着复杂的社会背景。任何一种思潮、任何一个派别，都并非强国论坛的特产，而是有着更为广阔的生长土壤。所以以一个大的时间跨度来观察强国论坛的意见走向，可以或多或少地看到中国社会思潮的发展线索。

同时，强国论坛在一定意义上也成为中国社会各种力量（官方的或非官方的）的一种集合，不管这些力量是以显性的还是以隐性的方式存在，强国论坛的运动轨迹都会体现出它们的共同作用。

当然，把强国论坛的意见，完全等同于中国民意，是不妥当的，因为毕竟在目前，中国的网民是一个特殊群体，而强国论坛的网友更是特殊群体中的特殊。他们不能代表社会的全部阶层。因此，强国论坛的意见，只是中国民意中的一个样本，它是中国民意整体坐标中一个重要的参数。

（三）公共话语空间的代表

强国论坛不仅在实践上脱颖而出，也成为理论研究者的一个关注对象。在理论领域，在谈到强国论坛时，人们总是会把它与一个政治性的概念"公共领域"挂上钩。这样一种联想，不仅表明了强国论坛在人们心目中的价值，也表明了人们对网络媒体的一种理想与向往。

但是，强国论坛并不完全等同于理想的公共领域，也许称之为"公共话语空间"更为合适。如同其他网上社区一样，强国论坛也会出现很多的问题与矛盾。如同整个网络民意一样，强国论坛也会出现意见的失调、舆论的偏差。

近年来，受到各种因素的影响，强国论坛活跃度在下降，影响力也日渐式微，但无论如何，它在中国网络论坛甚至整个互联网的发展中还是具有标本性的意义的。

二、天涯社区①

今天，提到中国的论坛，一定绕不过天涯。在经历了博客、SNS、微博、微信等几代社会化媒体应用的冲击后，天涯社区在中国的社会化媒体中，仍有举足轻重的地位。

1998年，当时还是海南公共信息网络在线服务公司总经理的中山大学中文系毕业生邢明，看到和讯的股票论坛人气非常旺，酷爱炒股的他萌生了自己也搞一个股票论坛的想法。在技术人员的帮助下，1999年3月，天涯虚拟社区正式推出。

推出之初，天涯社区设立了股票论坛、天涯杂谈、电脑技术、情感天地、艺文漫笔（后改名为舞文弄墨）、新闻众评、体育聚焦、书虫茶社（后改名为闲闲书话）、旅游休闲、海南发展、天涯互助等栏目。

1999年10月5日，相关统计显示，天涯访问总数达到10万人次。11月27日，"关天茶舍"开张。同年12月，天涯被《电脑报》评为中国"最有人情味社区"。

2003年3月，"关天茶舍"实行发帖审查制度。7月4日，《天涯社区基本法》开始生效。2005年3月4日，天涯社区站务管理委员会成立。

2003年12月，当博客这一概念开始在中国兴起时，天涯推出天涯博客试行版，成为国内第一个将BBS公共社区与个人博客相结合的网站。

2005年，天涯正式发布"全球华人网上家园"战略定位。

2005年年底，天涯获得来自清科等机构的500万美元投资。

2006年4月5日，天涯首次拍卖"热点位置"，强劲推出舞文弄墨写手。此举引发众多网友的争议。

2011年12月，天涯社区正式发布天涯论坛、博客、微博及无线客户端等主流

①这部分的资料与数据主要参考天涯社区的"天涯大事记"，见http://help.tianya.cn/about/bigfall/2014/list_1.shtml。

应用的整合产品——天涯轻。

天涯社区作为中国网络论坛的一个代表，其特色主要表现为以下几方面。

（一）在推动网络舆论波澜中成就自己

过去十多年间，很多网络热点事件与人物的出现，都是天涯社区推波助澜的结果。例如：

2004 年 1 月，厦门女教师“竹影青瞳”在天涯社区个人博客里贴出裸照，由此“弄瘫了天涯社区”，单日访问量达到 150 万人次。“流氓燕”、“芙蓉姐姐”、“犀利哥”等网络人物的出名，也与天涯社区有关。

2004 年 12 月，CCTV“2004 感动中国”年度人物评选揭晓，天涯社区《两所乡村小学和一个支教者》的主人公徐本禹脱颖而出，“从感动天涯到感动中国”，成为 2004 年度十大“感动中国”人物之一。

2005 年 9 月，重庆女大学生陈易在天涯发表了一篇《卖掉自己救妈妈》的求助帖，在一个月后演变成为一场惊动国内多家主流媒体的社会事件。

2006 年 1 月 6 日，天涯杂谈关注“天妒红颜——关注清华女生朱令铊中毒事件”，引起网友、媒体的重视。

在 2007 年重庆“最牛钉子户”事件、山西“黑砖窑”事件、华南虎事件、许霆事件，2009 年的罗彩霞事件、“最牛团长夫人”事件、“钓鱼执法”事件，2010 年的李盟盟事件、“我爸是李刚”事件、上海大火事件，2011 年的钱云会事件、中石化天价酒水单事件、四川会理“悬浮领导照”事件等热点舆论的引爆中，天涯也是主要推动者。特别是华南虎事件，天涯是第一个引爆话题的网站。

2010 年 10 月 5 日，天涯社区网友“蓉荣”的“感谢小月月这样一个极品的朋友给我带来了这样一个悲情的国庆，深度八做留恋”的帖子迅速蹿红网络，成为天涯第一“神帖”。截至 2010 年 10 月 10 日晚上 8 时，“小月月”原帖点击率已超过 3 000万次，网友回复 8.1 万余条。有关“小月月”的衍生品——贴吧、小组、论坛、插图应运而生。在微博开始成为主要社会化媒体平台的那个时候，天涯仍显示出它不可替代的影响力。

尽管是一个网上社区，但是，在一定意义上，天涯已经拥有了如媒体一样的力量。

2006 年，时任天涯社区总编辑的宋铮在接受媒体采访时表示：“我们从不讳言天涯社区的目标是将自己打造成为一个传统意义上的‘媒体’，甚至我们认为，天涯已经是一个媒体，我们也很愿意笑纳‘天涯是一个强势媒体’这样的褒誉。因为在天涯这个媒体背后，是一个 800 万用户的群体，由不得它不强势。它的所有话语权，都来自这个由 800 万个体组成的强大的群体。”①

（二）娱乐的土壤也能开出思想之花

网络文化的表征之一就是娱乐化，在论坛这样的社会化媒体上也不例外。

在某些方面，天涯也是富有娱乐气质的社区，天涯发起的金乌鸦奖，就是其娱乐精神的代表。2004 年，这个带有恶搞意味的评奖由天涯娱乐八卦版的一群网友发起，网友自发投票评比年度奖项，如“恶后”（最让人恶心的影后）、“恶帝”（最让人恶心的影帝）。每届评选都吸引了上百万的网友进行投票。

但是，就是在这样的娱乐气息浓厚的土壤里，也开出了思想之花。天涯集结与

①郑照魁、向婧：《天涯为什么这么火》，载《南方日报》，2006－03－25。

孕育的思想者，也是它在网络中影响力的一个重要来源。

在互联网出现之前，思想的表达与传播，要借助专业媒体，而专业媒体在那时是一种稀缺资源，即使是各领域的专家，在这样的平台上表达思想的机会也是极为有限的，普通人则几乎没有机会。互联网的诞生给了各种不同社会阶层自由表达的可能，也推动了各种思想的喷薄而出。而20世纪80年代中国在思想文化领域的改革开放，也为互联网积蓄了一批思想者。

论坛信息发布容量的无限制性，尤其适合深度的思想表达与交流。因此，在Web 2.0之前的时代，那些活跃的、有见解的思想者，主要"混论坛"。天涯论坛推出之时，正值四通利方改版为新浪网，原来在四通利方论坛活跃的老网友纷纷出走，其中一部分就来到了天涯。这些人是中文网络第一代精英人群，大都来自社科院、新华社等处，其中包括当时已经靠写鬼故事成名的网络写手宁财神。①

天涯相对宽松自由的气氛，为思想者的涌现提供了保障。类似关天茶舍这样的以政治、哲学、社会文化等话题为主的论坛版块的开设，更是为思想的表达与碰撞提供了良好的环境。

1999年11月27日，关天茶舍正式开张。首任版主为北大学人老冷。关天茶舍的名字出自陈寅恪的七律《挽王静安先生》："吾侪所学关天意，并世相知妒道真。"

关天茶舍刚刚开张时，定位相对小资。当时天涯以思想性见长的版块是天涯纵横②，其中的网友不少都是有身份的学者。但天涯纵横后来因故被关闭，不少网友转移到关天茶舍。2001年，关天茶舍全面转为思想性论坛。

关天茶舍自称"以其开放与包容吸引了大量学者和自由知识分子来此讨论，碰撞出精神交流的火花"③。

关天茶舍在思想文化界的影响与日俱增，甚至《中国互联网络年鉴2002》也提到了它。"关天茶舍的文章以思想性和学术性见长，由于人气旺，讨论的氛围也不错。尤其值得一提的是，来这里的网友不乏国内著名的作家、学者，他们有些匿名参与讨论，有些就直接真名现身，这无形之中增强了论坛的影响力。"④

关天茶舍在思想界影响力的形成，与其历届版主本身的见识、水平有关，也与他们创造的氛围有关。关天茶舍的版主前后有十多任，包括王怡、老范、朴素、孟庆德、老汪、SHIDI、南朵、陈永苗、燕子飞时、孤云、李灵灵、湘山居士、羽戈、笑蜀、石勇、我本天上客、静娅、张迈、侧评、押沙龙、还是胡扯、关不羽、大国小民、枯荷雨声等。⑤

王怡便是有影响力的版主代表之一。他在天涯发表的《公共权力：人尽可夫?》等文引起众多网友跟帖，影响极大。他在关天茶舍任版主时开启了"王怡时代"。

在关天茶舍中"摸爬滚打"出来的一批思想者，后来也成为新浪微博等平台上活跃的意见领袖。

除了思想领域的影响力外，天涯还培养了大批的网络写手，他们中的一些人，后来成为知名的网络作家。

2002年4月，网友慕容雪村在天涯连载网络小说《成都，今夜请将我遗忘》，阅读量迅速超过20万次，创造了网络文学史上的一个奇迹。

2004年，网友十年砍柴在关天茶舍发表《闲看水浒》系列，后出书，成为当

①参见郑照魁、向婧：《天涯为什么这么火》，载《南方日报》，2006-03-25。

②2000年8月，天涯社区开始正式与国内著名人文思想类杂志《天涯》进行品牌合作。以《天涯》杂志相关资源整合的人文思想类论坛"天涯纵横"正式出现在天涯社区，其版主为著名学者李陀。这次合作，使天涯社区迅速奠定了自己在人文思想领域的品牌地位，成为这一领域的标志性网站。

③关天茶舍自我介绍，见http：//bbs.tianya.cn/list-no01-1.shtml。

④郑照魁、向婧：《天涯为什么这么火》，载《南方日报》，2006-03-25。

⑤参见《天涯十五周年，关天十五位思想者的评选》，见http：//bbs.tianya.cn/post-no01-475521-1.shtml。

年的热门图书。

2005 年 12 月，天涯写手宁财神作品《武林外传》在央视热播。

这些网络作家的出现，同样得益于天涯相对自由的空气，以及天涯社区人气的激励。

（三）“用户”与“赚钱”可以兼得

天涯社区总裁邢明曾说：“人文社区如何实现商业化曾困扰着我，其中存在的悖论一直让我想不明白，即：一个由网民自发驱动产生内容而创造的一个平台，如何才能实现商业化。”①

对于天涯这样的社区来说，这的确是一个很大的挑战。但是，事实证明，一个好的社区的用户培养，是营利模式的基础。广告等营利模式未必会给用户带来困扰，运用得当，反而可能成为社区给用户提供的增值服务。

2007 年 7 月 5 日，天涯社区推出了类似于 Google AdWords 的广告产品 Adtopic。形式是为广告企业建立一个话题主页，以帮助企业树立品牌感知度，企业可以对话题进行完全权限的管理，包括创建、编辑和删除等。Adtopic 通过“人工＋技术”的方式，进行广告和对应版面的匹配，从而达到精准投放的目的。

邢明认为：“与那些突然跳出‘不得不看’的广告相比，Adtopic 不仅最大限度地降低对于用户体验的破坏，也实现了用户与企业互动的社区理念。”②

这一全新的广告体系，集成了天涯的核心优势，降低了企业应用社区营销的门槛，提升了社区营销规模化盈利的空间，被称为社区营销商业模式的重大突破。

对于社区中的广告，邢明认为：“这种定向推送会产生很好的网络口碑效果，在现实生活中，口碑传播的力量是最强的，但是传统的一传一模式速度很慢，可在互联网上就会像病毒一样地传播。就像天涯的蝴蝶风暴一样，一个小的帖子就会变成全中国议论的话题，这是网络口碑的极端的形态。社区广告的参与性很强，社区用户不是浏览性用户，而是参与性用户，他们愿意参与互动，就会导致购买行为的产生，这种购买产生的可能性会远高于浏览搜索广告。”③

基于对社区中口碑传播与营销关系的认识，2009 年 12 月底，天涯社区首次推出了针对企业、美妆、汽车、数码通信等产品的大型品牌口碑网络调查活动——“2009 天涯口碑榜”。

近几年来，天涯探索了更为多样的盈利模式。例如，2011 年，国内首例整条商业街入驻网络社区的天涯春熙平台上线，“网上春熙路”是天涯社区与成都市锦江区政府强强联手实施的示范型电子商务工程。

2012 年，天涯社区正式对外发布了首款独家定制网页游戏产品《乱世名将》。

尽管天涯仍然会不断地面临着盈利模式的创新问题，特别是在微博、微信的冲击之下，但无疑，天涯比多数论坛都更好地实现了用户的维系与盈利能力的增强两者的平衡。

三、百度贴吧

百度贴吧于 2003 年 12 月 3 日上线，贴吧的创意来源于百度首席产品设计师俞军。当时创建这一贴吧的缘由是：结合搜索引擎建立一个在线的交流平台，让那些

①② 转引自谈佳隆：《“国内第一人文社区”的商业化设计——专访天涯社区总裁邢明》，载《中国经济周刊》，2007 (31)。

③ 邢明：《天涯社区，用社会文化影响用户的思维方式》，载《中国广告》，2009 (10)。

对同一个话题感兴趣的人们聚集在一起，方便地展开交流，同时互相帮助。

百度贴吧是一种基于关键词的主题交流社区。它与搜索紧密结合，准确把握用户需求，通过用户输入的关键词，自动生成讨论区，使用户能立即参与交流，发布自己所拥有的其所感兴趣话题的信息和想法。这意味着，如果有用户对某个主题感兴趣，那么他立刻可以在百度贴吧上建立相应的讨论区。

百度贴吧完全是一种用户驱动的网络服务，强调用户的自主参与、协同创造及交流分享，也正是因为这些特性，百度贴吧得以凭借其最广泛的讨论主题（基于关键词），聚集了各种庞大的兴趣群体进行交流。

百度贴吧的特点主要表现为以下几方面。

(一) 人工信息聚合方式对搜索引擎的补充

对于那些基于信息搜索的需求而找到贴吧的人来说，获得某个主题的信息往往是他们的一个基本目标。但搜索引擎目前还难以高质量地满足这方面的需求。贴吧可以使人们从机器的搜索过渡到人工的信息整合中。拥有不同资源的人们可以在这里实现信息的分享，而且信息需求与供给关系更明确，这样获得的信息针对性往往更强。贴吧成为对百度这一搜索引擎的有益补充。

(二) 共同兴趣爱好者的快捷聚集

尽管网上有难以计数的由兴趣爱好者组成的社区，但是要找到它们却并不是一件容易的事，找到一个有代表性的社区更是困难。百度贴吧最重要的特点就在于，它利用自己在搜索引擎领域的知名度与地位，为各种兴趣爱好者的聚集提供了一个最便捷的方式。只要知道百度，就可以通过关键字找到同道者。而百度的知名度也有助于使某一个关键字的贴吧迅速成长为一个具有代表性的社区。

(三) 封闭式交流话题带来的深度互动

与很多社区不同的是，贴吧创造的社区往往是一个话题非常封闭的社区——某一个明星、某一部影视作品甚至某一首歌曲。虽然理论上这些社区也可以有更开放的讨论主题，但是多数贴吧的成员更愿意围绕一个封闭的主题展开交流，这就促进了互动深度的不断挖掘。

(四)"粉丝文化"的催化剂

百度贴吧的迅速走红，是与"粉丝"及"粉丝文化"的流行紧密相关的。在粉丝文化的发展过程中，百度贴吧也起到了重要作用。

在中国，以前也有所谓的"追星族"，但是一些电视节目与社会化媒体的共同作用，使得传统的追星文化逐渐演变为新型的粉丝文化。

从总体来看，粉丝文化与以前的追星族的一个重要区别，就是它的团队特点。粉丝们不再是离散的追星个体，而是一个有组织的团队。粉丝对于其追捧的明星的支持力度，往往取决于粉丝团队的规模、组织的严密程度，以及活动的方式与效果等。

由分散的"粉丝"到"粉丝"群体，再发展出"粉丝文化"，已经越来越离不开网络，而贴吧的作用尤为突出。

这首先是因为贴吧这样的社区为粉丝的聚集提供了一个快速、定向性强的渠道。粉丝很容易找到与自己兴趣相同的其他粉丝。在贴吧，这些人互称为“亲”。这个词也形象地反映出粉丝间的亲密关系。

网络的特点，也容易吸引来自不同地域、不同文化背景、不同社会阶层的粉丝，从而壮大粉丝队伍。

粉丝间相互分享所追捧的明星的信息，是粉丝间交流的一种重要方式，贴吧恰好为此提供了一个主要的渠道。从文字、图片到音频、视频，网络信息传输技术的发展，也日益扩展了粉丝间信息交换的种类，提高了信息交换的频率。

贴吧提供的关于某个明星的信息的集中度，也往往是其他地方不能比拟的。而且粉丝们发布的更多是有利于塑造明星正面形象的信息，即使是负面信息，他们也往往会做出正面解读，或者用自己的方式为明星“据理力争”。虽然在贴吧也会出现很多与粉丝的价值取向不一致的信息，但是“选择性注意”、“选择性理解”与“选择性记忆”等心理，会使粉丝们忽略那些信息的存在。而吧主也会通过删帖的方式，来减少不利信息的存在。集中的正面信息对于激励粉丝们的专一追求和狂热精神，起到了重要的作用。

贴吧中的匿名交流，使那些原来在现实空间中不敢表露自己崇拜想法的人，有可能完全敞开心扉。粉丝间也会形成相互鼓励、相互激发的效应，使更多的人坚定自己的追求。

粉丝对明星的崇拜，往往也是他们自我追求的一种投射，是借明星实现自我认同的一种方式。贴吧中的互动，可以使更多人确认自我追求的价值，产生更强的追求动力。

贴吧所造就的群体氛围，也有可能激发群体性的非理性情绪。应该看到，粉丝文化中的一些消极现象，与贴吧的传播环境及特点也是相关的。

在百度贴吧，同时存在着很多个粉丝团体，也常常出现多个贴吧之间的相互链接关系。这也是贴吧与其他独立存在的某些明星的“官网”不同的地方。粉丝团体间的相互竞争甚至斗争，也会在一定程度上影响粉丝团体的走向。

在组织粉丝团体活动方面，贴吧无疑也是一个重要的平台。

可以说，贴吧提供的交流环境，为粉丝群体的形成以及相应的群体活动的开展，提供了一个基本的平台。而粉丝文化正是在这个基础上形成的。

虽然后来也有诸如“粉丝网”这样的专门网站出现，但是，百度贴吧已经积累的人气、更强的网民自主性和相对简洁的界面，使它仍然在粉丝文化的发展中占有重要位置。

(五) 文化研究的新途径

英国的研究者戴维·冈特利特（David Gautlett）在他主编的《网络研究——数字化时代媒介研究的重新定向》一书中认为，互联网提供了一种新的“摇椅”式的研究方法。他在研究了一个关于电影的网站——互联网电影数据库（Internet Movie Database，IMDb）后指出，那些观众的评论虽然“并不能代表一个完整的电影观众群。但是，这些观点比那些由电影研究专家们写的单一的、主观的，通常还是晦涩难懂的‘解读’性文字要好。事实上这些样本与多数定量研究中使用的样本一样具有价值（也很奇特），人们所提供的数据就是他们就电影自发地发表的感想，也是他们想要写的话”①。

① [英] 戴维·冈特利特：《网络研究——数字化时代媒介研究的重新定向》，150 页，北京，新华出版社，2004。

以上这种观点，应用在贴吧上，也许是非常适合的。

由于贴吧话题的封闭性特点，网民的深度互动实际上为文化产品、文化现象的研究提供了一种非常直接的渠道。

例如，对于影视剧的创作者来说，贴吧中丰富的来自观众的“现身说法”，真实而生动地展示了观众对于作品的解读方式及其动因。虽然这些观众未必总是能代表全体观众，但是他们的体会仍然能在一定程度上反映影视作品在受众那一端所起的作用。观众喜欢什么样的角色、喜欢什么样的情节以及细节处理、喜欢什么样的题材，等等，常常可以在贴吧中找到答案。贴吧不仅为了解作品的传播效果提供了一种反馈渠道，更为未来的创作提供了一种有益的启发。在过去，很少能有这样的渠道如此充分地使研究者研究那些观众喜欢或不喜欢的元素，以及背后的原因。这不仅将使创作者个体受益，对于影视生产企业来说，也是一种不可多得的资源。而对于文化研究者来说，研究大众文化对于受众的深层影响，贴吧这样的平台也将显得越来越重要。

虽然冈特利特称利用网络资源进行研究是一种“摇椅式”的方法，但是，也许在某种意义上，网络也提供了一种新的“田野调查”的“田野”，在类似贴吧这样的网络空间里，人们发表的最直接、真实的内心告白，也是人们现实生活与活动的一部分。作为一种越来越与现实生活交融的生活空间，网络同样能提供非常真切而鲜活的研究材料。它也是实证研究的场所。贴吧这样的社区更是具有典型的研究价值。

除了文化研究，贴吧这样的社区还可以为其他产品的开发、产品的营销提供重要的消费者研究平台。

四、猫扑论坛

“猫扑大杂烩”（英文为 MOP）社区简称“猫扑”，它的名称来源于创始人田哲的外号。它于 1997 年 10 月建立。它最初只是一个游戏爱好者聚集的社区，以讨论电视游戏为主，后来不断发展，逐渐成为“中文第一互动娱乐社区”，它被认为是“BT 文化的发源地，中国互联网时尚、前卫、流行的风向标”。

2004 年 3 月，千橡集团将猫扑收购至旗下，随后便开始了大规模的商业化。但也有很多人认为商业化损害了猫扑的个性，伤害了原本纯正的社区精神。

2006 年 11 月，猫扑正式宣布转型新门户，定位为“中国互联网第一娱乐门户”。但是“猫扑大杂烩”社区仍然是其主要的产品。

猫扑社区是一个具有鲜明特色的社区，这主要体现在以下方面。

（一）具有强烈虚拟世界特征的论坛

猫扑虽然是众多以文字交流为主的网络论坛中的一员，但与多数专注于内容建设的论坛不同的是，猫扑给自己塑造了鲜明的虚拟世界特色。由于起源于游戏爱好者社区，因此，猫扑的社区架构里有着明显的游戏式的思维，人们不仅在进行内容的生产，也在进行着虚拟世界的建设。尽管构建虚拟世界的社区不少，如“第九城市”，但是，那些社区往往是以游戏为主的，在游戏之外的交流并不多。将丰富、活跃的论坛与虚拟世界两者结合，是猫扑的重要特色。这种特色不断强化，最终营造出独特的“猫扑世界”。

猫扑"包子"是猫扑世界中的代表性符号之一，它指的是社区成员回帖的时候可选择的表情图片。猫扑网友在多年使用包子的过程中，逐渐产生了丰富的"包子文化"。比如常用的 253 号包子表示对别人的景仰，874 号包子表示愤怒不屑，197 号包子表示相亲相爱，011 号包子表示寒、不可思议，等等。253、874 等包子编号甚至成为互联网通用的文化，为更多猫扑以外的网友所熟知。尽管只是表情图片的一种表现方式，但是用包子来生成各种表情，不仅具有独特的幽默效果，而且也强化了社区文化的独特性。后来，猫扑推出的延伸性实物产品中，就有很多是网友喜欢的各式包子玩具和纪念品等。

MP 与道具也是猫扑世界的代表性符号。MP 是猫扑大杂烩使用的一种虚拟货币，称作"猫扑币"或者"猫皮"。它实际上是社区的一种奖励机制。道具则不仅强化了社区的游戏、调侃氛围，也具有实用功能。例如，"救生圈"的功能是将帖子浮在论坛较上方约半个小时，"照妖镜"的功能是查看帖内匿名用户的真实昵称，"醒目灯"使用以后可以发一个标题为彩色的帖子，"诅咒药"对某用户实行诅咒，有 2/3 的成功率。更重要的是，道具"是猫扑这个世界里的虚拟实物，自然而然地要和虚拟的货币挂上关系，从此 MP 和道具就成为了身份的象征，繁荣程度的晴雨表。而每次重大的事件，都能带动道具市场产生强烈的震动，而那些关系到民生的道具比如说救生圈、醒目灯的价格涨落更成为大户和小猫之间关系的纽带"①。

"小黑屋"是猫扑对违反规则的成员的一项惩罚措施，它利用了人们童年对于小黑屋的恐惧心理，用形象、可感的方式来强化管理。更有意味的是，在猫扑的参与者眼里，"小黑屋在猫扑可谓是历史的镜子，把历代小黑屋的'罪犯'名单拿出再核对他们的'罪行'，就能很清晰地看出猫扑历史上的一切重大事件的预兆、后果以及文化的变迁过程"②。可以看出，小黑屋不仅是一种简单的惩罚手段，也作为一种"法律"体系，成为猫扑"政治"的执行者与记录者，这与人类历史变迁的逻辑是一致的。

"猫斯达克"是 2007 年推出的基于猫扑文化的一项活动。它采用股市精确、严谨、逼真的运作模式，用户在参加猫斯达克内的主题活动的同时，可获得各种虚拟财富的奖励，以进行个人及"上市公司"（社区内用户自发组成的兴趣联盟可申请"上市"，如体育、科技、游戏、动漫、音乐、电影、公益等联盟）数字财富的积累、买卖、投资、升值等股市行为，从而在猫扑网上拥有更多的权限和能力。这一活动同样意味着作为虚拟世界的猫扑越来越多地借鉴现实社会的运行机制，来激发与调节用户的参与。

作为一个特立独行的网上世界，猫扑有自己的运行法则。到目前为止，很多网上社区的运行法则还停留在成员交流所形成的自然权力关系层面，而猫扑则加入了某些显在的调节机制，如 MP、道具、小黑屋等，这些机制在很大程度上借用了现实世界的规则，这些规则有效地刺激了人们的参与，也有效地增强了人们在虚拟世界中的"实在存在感"。在猫扑世界逐步建立的过程中，我们可以看到现实世界是如何作用于虚拟世界的，而同时也可以看到虚拟世界对人与人关系的再建构能力。

（二）"人肉搜索引擎"机制的创始者

"人肉搜索引擎"机制的形成，是猫扑社区的一个主要贡献。

①②《解读猫扑历史的二十六个关键词》，见 http：//www.kuqin.com/shuoit/20080506/7987.html，2008-05-06。

积累 MP，是猫扑激励社区成员参与的一个重要手段。一般来说，想要获得 MP，需要大量地参加社区活动、发帖子，但另外一种更快获得 MP 的方式是做"赏金猎人"，即通过回答别人悬赏的问题来获得 MP 奖励。

当某社区成员需要解决一个问题时，就在猫扑发帖并许以一定数量的 MP 作为酬谢。对此感兴趣的成员可以根据自己掌握的知识与信息来回答问题，提问人会将相应的 MP 奖励给给出满意答案的成员。

"虐猫事件"被看成人肉搜索引擎最典型的案例之一。当一段时髦女性用高跟鞋踩死小猫的视频在网上被披露后，猫扑的网民自发调查虐猫地点及虐猫女子的身份，很快逐一找到了当事人的照片、身份证号码、车牌号、地址、QQ 号、手机号码、固定电话号码、电子邮箱地址等，并向当事人发出"通缉令"。这些信息用一般的搜索引擎可能是无法完全得到的，但是，人们不断发现线索、分析线索，却可以使答案逐渐浮出水面。

除了猫扑，现在也有更多的社区采用了类似的机制，来鼓励人们进行知识与信息的分享，来帮助人们获得特定信息。如百度知道、新浪爱问知识人等。人肉搜索引擎机制的普及意味着人工搜索对机器搜索的补充，已成为网络信息传播的一个重要特征。

当然，人肉搜索引擎的作用并不总是积极的。它对于个人隐私的侵犯是值得警惕的。而在人肉搜索引擎推动下形成的网络暴力现象，更是网络发展中的一个"暗礁"。

（三）逐渐变味的"BT"文化

按照猫扑成员自己的说法，"BT"（"变态"的拼音缩写）一词虽然不是猫扑原创，但却是在猫扑"发扬光大"的。"BT 并不是简单的变态，跳跃性思维才可称做真正的 BT。"①

在各种因素的推动下，BT 逐渐成为猫扑的一种风格化特征，这在一定程度上反映了以年轻网民为主体的猫扑不拘一格、反对循规蹈矩的自由风气，以及张扬的个性。

但是，这样一种 BT 文化并不是在跳跃性思维上的简单重复，而是逐渐发展成"恶搞"思维，进而演变成破坏性思维与攻击性思维，这种思维扩张了猫扑的暴力倾向，并对网络秩序形成了挑战。研究者麦田在分析与猫扑有关的网络事件时指出，作为网络媒体平台，"猫扑大杂烩"的 BT 在于，如果说别的网络平台上的热点事件多少还有一些社会性（比如"年画老虎"），那么"大杂烩"上几乎所有热点事件都是针对普通人的群体性攻击。如 2003 年恶搞小胖事件、2006 年铜须门事件和虐猫事件、2008 年年初的"很黄，很暴力"事件等。他认为，成立十年来，猫扑的发展经历了三个阶段：有趣——无聊——暴力。相应的，其活跃网友的构成，也呈现"有趣的宅男宅女"——"无聊的大众"——"暴力攻击性的群体"三个阶段。这三个阶段的时间分割点是：1997 年——2004 年——2006 年。他进一步指出："让群众去斗争群众，让弱者去攻击更弱者，让谎言去揭露谎言，让流氓去批判强权——这就是我所观察的当下普遍的网络事件。"②

猫扑的 BT 文化，从最初的"跳跃性思维"到后来的"恶搞"、"破坏性"与"攻击性"，不仅反映了猫扑的蜕变，也在一定程度上反映出整个网络社会的现实。网络世界看上去给人们提供了多种追求与实现"自我"的路径，但最终人们往往更

---

①《解读猫扑历史的二十六个关键词》，见 http://www.kuqin.com/shuoit/20080506/7987.html，2008-05-06。

②麦田：《"很黄，很暴力"背后的猫扑文化》，见 http://maitian.blog.techweb.com.cn/，2008-01-08。

容易迷失“自我”，因为这些路径交织在一起形成了迷宫，而人们对此没有足够的判断能力。网络看上去提供了丰富与多元的价值体系，但人们最终还是会回归简单的二元思维，仍然从两个极端对事件加以评判，并以极端的方式来表达自己的态度。攻击性思维成为人们进行自我保护的一个主要方式。人们看似在追求多元化与个性化，实质上却走向了多元化与个性化的反面。个体日益凸显的缺陷如果经过群体环境的极化作用，可能会产生难以预计的破坏性效果。

五、业主论坛

业主论坛是指某一个居住小区的居民所开设的论坛，社区成员的首要关系，是邻居关系。与网络中打破地域界线的多数论坛不同，地域上的集中性，是业主论坛的基本特征，这往往也意味着社区成员有重要的现实交往的基础。

它最初是由一些房地产网站或频道设立的，其目的是吸引网民、促进房产销售，后来，也有一些社区的业主通过其他的网站空间设立自己的业主论坛。经过一段时期的发展，业主论坛已经成为中国网络中一个较有特色的社区现象。它的意义，也早已超越了房地产营销，在邻里交流、业主维权、促进社区文化的发展以及孕育社区民主等方面，形成了自己独有的影响力。

业主论坛在中国之所以会出现，初始原因是房地产买卖双方的需要。一些人为了购买商品房需要充分了解相关信息，并在网络中寻找同盟者，开发商和一些房地产网站也需要通过网络进行营销，这两种需求相互呼应，业主论坛顺势而生。业主论坛作为沟通购房信息的主要渠道，满足了人们的实际利益诉求。一些业主论坛也成为集体采购行动的发起渠道。集体采购行动可以表现为购房、购买装修材料、购买家具以及其他各种商品，在业主论坛上，集体采购曾经被简称为“JC”（“集采”的拼音缩写）。集体采购的规模效应可以带来购买时的折扣，因而成为业主论坛的一个重要现实活动。

随着人们逐渐入住小区，业主论坛的功能也在实现转化。交流以及服务成为业主论坛的主要功能。

在楼房普及后，人们经常抱怨邻里之间互不往来，人际关系淡漠。而业主论坛不仅为网络空间中的邻里交流提供了平台，也为现实空间的邻里交往、社区活动提供了基础。两种交流空间的交织，在一定程度上可以改善交流的广度与深度。所以业主论坛在塑造新的邻里关系方面起到了重要作用，形成了新的“近邻”景观。

一些业主论坛虽然开始只是业主交流的场所，但为了顺应社区建设与管理的需要，开发商、物业以及居委会也逐渐参与到业主论坛的交流中，这种交流，成为业主权益维护、社区管理的重要基础。

具有较强的服务功能也是业主论坛得以迅速推广的原因。除了“集采”之外，业主论坛也成为家政服务、租房、二手商品交易、文体活动等实用信息的传播渠道。在业主论坛普及之后，一些综合性的小区网也陆续推出，这些网站不仅提供论坛交流，也提供包括电子商务在内的各种服务。

一些产品的营销者注意到业主论坛的营销价值，各种显性的、隐性的广告也开始出现在业主论坛上。尽管有些广告能起到一定的营销作用，但是大多数时候，垃圾广告成为业主论坛的一大困扰。

不同的业主论坛的活跃程度是不一样的，有些业主论坛保持着高频率的交流和持续稳定的发展，也有些论坛在经过一段时间后逐渐沉寂。但是，总体来看，中国的业主论坛的规模与活跃度仍然是可观的。

除了服务性的功能，业主论坛的社会意义，也在实践中不断体现。这主要表现在以下几个方面。

（一）业主论坛成为新型社区文化的孕育者

在一般意义上，社区文化是指在一定的区域范围内，在一定的社会历史条件下，社区成员在社区社会实践中共同创造的具有本社区特色的精神财富及其物质形态。

在业主论坛的推动下，一种不同于四合院、弄堂、街道以及单位大院等传统居民区的社区文化正在形成。

这种新型的社区文化是以网上及网下相互交融的频繁的邻里交流为基础的，是由现实与虚拟两种空间中的行为共同塑造的。它不仅表现为社区的现实环境和文化活动，更表现为社区的人际交流氛围、社区成员所共同推崇的价值观与生活方式。在这些社区文化中，精神层面的要素起着引导性作用，而物质形态只是其文化特质的表征。

许多传统居民区的社区活动，往往以老年人为主体，他们所推崇的更多是中国传统文化下的文化形式与精神，他们的交往方式与关系准则也是以传统价值观为导向的。而在有着业主论坛的这些新兴的社区里，中青年是社区活动的活跃参与者，因此，这些社区的文化里有着一些与传统文化不同的特性，它们的价值导向更为多元，社区活动形式也更丰富，个性更强。

与许多传统居民区由居委会或行政单位来倡导与推动的社区文化不同的是，这些新兴的社区的文化常常是由社区居民主导的。有些活动虽然也有居委会、物业等的推动，但是，真正能代表社区文化特质的，往往不是这类活动。有时居委会、物业所组织的活动也必须顺应社区已有的文化氛围，这反过来强化了社区文化的个性。

（二）业主论坛成为集体维权的组织渠道

大多数业主论坛是伴随着商品房的销售过程而出现的，是与新的小区的开发与建设同步发展的。在这个过程中，业主们对自身权益的维护，成为一个重要的焦点。而业主论坛为业主的维权提供了便利，更为集体性的维权行为提供了一条动员与组织的渠道。

业主论坛的集体维权主要有两种方式：一种是由业主们自发团结起来，进行相关活动；另一种则是由业主委员会充当维权活动的组织者与具体实施者。

业主维权，初始阶段往往是针对具体的问题，而从趋势来看，维护业主的一般权利以及公民的合法权益，成为业主维权的更高目标。维权也成为社区民主的一个基础。

（三）业主论坛成为社区民主的实践场所

如果说网络在推动民主方面起着越来越重要的作用，那么，业主论坛就是网民进行民主参与的一个实践场所。它以社区民主为基本目标，促进着人们对社会公共事务的关注与参与，改变着传统的社区管理模式。在一定意义上，业主论坛也成为民主进程中的试验场。

作为社区民主的实践场所，业主论坛在一定程度上推动着社区管理模式的变革以及社区权力的重构。

一些研究者认为，当代中国的城市治理正在从单位治理走向社区治理。而改革开放以来，在社区治理过程中，政府、单位已不再只是资源配置的主体，社区非营利组织、社区公众和政府开始共同参与公共事务的管理，形成网状社区治理结构。在社区治理结构中，不同的社区组织（个人）共同参与社区管理，多种权力之间形成合作、妥协与依赖等权力关系，从而促使社区权力秩序发生转变。①

业主论坛在诸多方面促进着社区的管理。从社区非营利组织角度来看，业主委员会是目前社区的一种主要自治组织。由业主大会选举产生的业主委员会履行着社区的管理、与物业的沟通等职能。而业主委员会与业主论坛大多有着非常密切的关系。借助业主论坛来开展业主委员会成员选举的相关宣传工作，已经成为越来越多的小区的普遍做法。业主委员会工作对象的确立、工作程序与方法的制定、工作成绩的评价，也已经越来越多地依赖于业主论坛上业主委员会与社区成员的沟通。

从社区公众角度看，业主论坛赋予业主充分表达意见的权利，也为他们对居委会、物业、业主委员会的工作进行评价与监督，提供了一条便利渠道，使他们在社区建设中不再是被动的被管理者，而是积极、主动的参与者。

从政府角度看，居委会这些行政机构与居民的沟通也可以通过业主论坛这个平台来进行，这不仅可以对一些管理工作的意图进行更充分的宣传，也可以通过业主反馈来评估工作效果，为以后的工作提供参照。

当然，业主论坛也会像其他论坛一样，出现一些与民主精神相违背的现象，如出现非理性的讨论、谩骂等。这种现实进一步说明，网络并不具备自然培养民主的能力。

“我们中国人历史上没有这个传统，即这种以私有财产为核心、共有财产为纽带的现代小区的生活方式。所以，对于怎么维护权利，从开发商、物业公司、政府，到业主委员会，都是困惑的。”②业主论坛民主实践中的困惑，也是整个中国民主发展进程中的问题的体现。但是在目前中国的环境下，人们参与社区的民主管理，仍是一个切实可行的进行民主实践的途径。同时，这个过程对人们民主意识与习惯的培养是重要的，它也会为人们民主参与能力的培养提供一定的参考经验。因此，社区民主成为中国民主改革进程中的试验场所。而业主论坛在社区民主中所积累的经验与教训，也可以在更大程度上被借鉴。

【本章思考题】

1. 在微博、微信时代，论坛对你还有哪些意义？
2. 网络论坛的黏性与哪些因素有关？
3. 网络论坛的良性生态取决于哪些因素？
4. 媒体该如何利用论坛中的资源？
5. 企业该如何利用网络论坛？

①相关观点分别参见汝信等：《社会蓝皮书：2003年中国社会形势分析与预测》，北京，社会科学文献出版社，2003；冯玲、李志远：《中国城市社区治理结构变迁的过程分析——基于资源配置视角》，载《人文杂志》，2003（1）；张虎祥：《社区治理与权力秩序的重构：对上海市KJ社区的研究》，载《社会》，2005（6）。

②黄艾禾、阳思齐：《小区政治的“游戏规则”：民主也是一种生活方式》，载《中国新闻周刊》，2006-08-17。

第6章　博客：个体为中心的社会化舞台

博客是一种以个体为中心的社会化媒体，在某种意义上，它也是个体的一个表演舞台。

尽管博客的概念在中国引入较晚，大规模的商业化博客平台的运作也是到2005年才出现。但是，在短短的几年内，博客传播不仅得到广泛普及，而且，它对于网络世界及现实世界的双重影响，已不容回避。

近几年来，虽然微博、微信等应用对博客产生了一定的冲击，但博客仍然没有消亡。在某些方面，它仍扮演着不可替代的角色。

第1节　博客的发展及其影响

一、博客的基本含义

“博客”来源于英文weblog，人们可以用“傻瓜式”的方式，在一个专属于自己的网络空间发布文章或图片等，这些内容都按照年份和日期倒序排列。在台湾地区，它的译名为“部落格”。

> **概念**
>
> 博客（weblog）是网络上的一种流水记录形式，也有人称其为“网络日志”。

博客与早已存在的个人主页技术的区别是，利用它进行信息发布的技术门槛非常低，几乎可以认为是“零”，只需几个简单的操作就可以随时发布内容。而对于普通网民来说，如果要建立并维护一个个人网站，需要较高的技术水平，且时间成本也较高。因此，博客有助于网上个人内容发布活动的持续化。

与网络中各式各样的BBS相比，博客的特点在于，它可以将“博主”（博客的拥有者）的地位凸显出来，使他成为主角，其他人的留言、评论是以博主的帖子为中心的，可以说这是一种“一对多”的交流。而BBS中的讨论是“多对多”的，不会有唯一的主角。博客的交流方式，较好地保证了某一个体在信息发布与交流中的主导地位。

目前，“博客”一词具有多重含义，它既指博客活动，又指从事博客活动的人，同时还指博客活动的平台，即个人在网络中的信息发布平台。

早期的博客以文字帖子为主，但随着技术的发展，也有越来越多的人可以利用播客技术发布音频、视频内容。播客（包括视频播客）可以看作博客的一种新的发展。由于传播手段的不同，播客与文字博客的发展轨迹有所不同。

《圣何塞水星报》专栏作家丹·吉尔摩认为，博客代表着“新闻媒体3.0版”：旧媒体（old media）→新媒体（new media）→自媒体（we media）。①

但是，博客绝不仅是一种媒体，博客传播也绝不仅仅具有新闻传播方面的价值。博客平台集中体现了网络平台的各种特性。当然，与网络中很多应用相比，它突出了个体作为一种独立存在（而不是群体中的一分子）的地位。博客的不断发

①参见方兴东：《何为博客》，见http://jiangeu.bokee.com/1140048.html，2005-04-08。

展，使博客传播对社会文化各个层面的影响不断显现出来。它使个人在信息传播及意见表达方面获得了更高的主动权，也使个体在记录社会、影响社会方面具有了更大的力量。博客所引发的网络事件也很频繁，而这些事件只是一些表征，在它们的背后，是博客这一新的社会工具与社会空间所蕴含的社会能量的一个蓄积、转化和爆发的过程。

二、博客在中国的发展

在推动博客在中国发展的历程中，方兴东是一个代表性人物。他曾与王俊秀一起为"blogger"一词定下了"博客"这样一个中文译名。2002 年，他邀集一群朋友推出了"博客中国"网站来实践他的博客思想。方兴东理想中的博客境界是每个知识领域的专家都成为博客，运用专家的眼光和学者的视角，为人们充当信息的搜索引擎。2003 年，他与王俊秀合作出版了国内第一部关于博客的著作：《博客——E 时代的盗火者》。

在中国，"博客"的概念在 2002 年已经出现，但是，直到 2003 年 6 月，由于"木子美事件"的出现，博客才成为一个热门话题。

2003 年 6 月开始，性专栏作家木子美（原名李丽）将其性体验日记在博客中国网站刊登，随即引起了巨大的轰动。一时间，有关木子美和博客中国的网站点击率急剧攀升，木子美"用身体写作"的行为吸引了众多网民的眼球。至 2003 年 11 月 11 日零时 30 分，其性爱日记《遗情书》的访问量已达 162 682 次，成为中国点击率最高的私人网页之一。11 月初，新浪网利用其网站首页推出《遗情书》的长篇连载，其中还附带照片和对作者的采访，网站的访问量一下子增长了 1 000 万，并且该数字维持了 10 天左右。

木子美说自己当上博客是为了赶潮流，她也表示："我理解的博客很简单，就是私人日记（后来才知道日志不等同于日记，可以有不同的主题、不同的形式），所以把每天的生活写下来，包括工作、泡吧、做爱等内容，绝大多数人的日记都不上锁，熟人之间看来看去，挺八卦也挺娱乐的。可能与我在杂志开性专栏，日记内容又比较'露骨'有关，慢慢地看客就多了起来……和一般的个人主页相比，'BLOG'对我来说是一种自恋。也有人把它当做一种新的交往模式，比如设为半社交性质的'沙龙'。"①

虽然木子美日记并非典型的博客，但是，"木子美事件"对于中国网民了解博客现象，起到了意外的推动作用。而博客的兴起，也使人们对于这一"自媒体"对专业网络媒体可能产生的影响，以及对整体网络环境的影响，都产生了关注。

2003 年年底，《新周刊》杂志社、搜狐网、华娱电视联合主办"2003 年度新锐榜"活动。在 2003 中国年度新锐榜候选传媒的候选榜中，出现了一个名称——"博客中国"，它是当时中国最大的博客集散地。新锐榜的候选理由是这样描述博客的："'博客（BLOG）'模式是继 Email、BBS、ICQ（IM）之后出现的第四种网络交流方式，一种媒体形式——'个人媒体'，是一个中立、开放和人性化的精选信息资源平台。博客的出现，标志着以追求'思想共享'为特征的第二代门户正在浮现。如果说，黑客代表了互联网技术野蛮的张力，那么博客则代表了重建互联网秩

① 《木子美访谈：我正跟一个小我一岁的男孩谈恋爱》，见 http://www.douban.com/group/topic/2038664，2003-11-20。

序的向往。”

在新锐榜网络风云人物的候选名单上，也出现了木子美与方兴东。

2005年是中国博客商业化发展的一个重要年份。这年8月，博客网（www.bokee.com，原博客中国）宣布获得博客网站业内最大的一笔风险投资，总额为千万级美元。同年11月，中国博客网（www.blogcn.com）宣布获得1 000万美元的风险投资。而这年，新浪与搜狐两大门户网站先后推出博客服务，并推出名人博客、博客大赛等一系列商业营销活动，对于博客的商业化发展起到了重要的促进作用。有调查数据称这一年中国的博客使用者数量达到了1 600万。而根据CNNIC于2006年7月发表的数据，在中国网民使用的网络服务中，使用博客服务的比例为23.7%，也就是说，到2006年上半年，中国网民使用博客服务的人数约为2 900万。

此后几年，博客在中国一直处于高速发展的时期，人人网等SNS应用出现后，博客应用开始受到冲击；而微博的普及，更是使博客的应用受到较大的影响。但直至今天，博客并没有失去它的价值。根据CNNIC发布的《第35次中国互联网络发展状况统计报告》，截至2014年12月，中国网民的博客使用率仍有16.8%，全年增长率为24.2%。①

三、博客的社会意义

博客应用的出现与普及，在各个层面给社会带来了影响，以下几方面的影响更为突出。

(一) 公民新闻、个人出版等促成的去中心化传播

前面的章节介绍了社会化媒体与公民新闻的关系，虽然公民新闻可以利用的社会化媒体手段很多，但无疑，在公民新闻的兴起过程中，博客起到的作用更为关键。

除了推进公民新闻的发展，对于更广泛意义上的信息传播来说，博客也提供了一种全新的个人出版方式。它不需要经过传统媒体或出版社的把关或许可，可以自由地、无限制地进行个人化的内容出版。

方兴东等研究者认为，无论是公民新闻还是个人出版，其实质都是一种大集市式的传播模式，是对传统的大教堂式的或者中心化的传播模式的冲击。②

“在大教堂模式中，传统大众传播的传播者是从事信息生产和传播的专业化媒介组织……大众传播是在特定的组织目标和方针指导下进行传播活动的。而在大集市模式中，博客传播则是个人通过博客媒介、博客群、博客化链接、博客关系等方面积累的传播影响力，更加深入到大众传播的方方面面。

“在博客大众传播中，每一个博客都是一个个人化的独特信源……因为每一个博客作者都是特定的社会角色，所以博客通过自己的观点或生活经历，书写自己独特的内容，使信息不仅在量上达到丰富，内容也极其广泛，凸显以个人为中心的主体性。”③

从本质上来说，公民新闻和个人出版，是“个人中心”对过去的“机构中心”的冲击，它以多中心的方式削弱了传统的传播中心的影响力。尽管从每一个个体来看，它们未必能达到专业媒体和专业化出版的水准，但是，在整体上，公民新闻和

①参见CNNIC：《第35次中国互联网络发展状况统计报告》，见http：//www.cnnic.net.cn/hlwfzyj/hlwxzbg/201502/P020150203551802054676.pdf。

②参见方兴东、张笑容：《大集市模式的博客传播理论研究和案例分析》，载《现代传播：中国传媒大学学报》，2006（3）。

③方兴东、张笑容：《大集市模式的博客传播理论研究和案例分析》，载《现代传播：中国传媒大学学报》，2006（3）。

个人出版还是可以在较大程度上补充专业机构的不足。

(二)博客构建新的知识生产与传播体系

博客本身的平台特点，使它在知识生产、分享与整合方面具有优势。博客中的知识生产与传播主要有以下几种途径。

1. 研究者的个人研究成果的分享

互联网出现之前，研究者的研究成果只能通过学术期刊等途径发表，而版面的限制，使得大量成果被束之高阁，尽管有少量研究成果获得了发表的机会，但出版的周期使得很多研究成果发表时，已经没有了时效性。网络出现后，虽然论坛等空间也为成果发布提供了可能，但论坛整体上看并非理想的学术成果的分享、交流空间。博客这一以个体为中心的传播模式，为研究成果的及时发布提供了可能，也提供了充分的发表空间和交流可能。

2. 整合者对知识体系的梳理

博客的信息发布，很多时候并非原创，而是信息的梳理与整合。从知识领域来看，那些扮演着整合者角色的博客，可以根据自己的兴趣进行知识内容的收集，发布在博客上，这也为他人提供了一种知识体系的梳理。

3. 机构博客进行的知识生产或分享

一些学术机构、企业或其他组织，也在利用博客进行传播，有些是为了成果的发布与交流，有些是为了组织形象的塑造或品牌营销。尽管它们的目的不尽相同，但是，有意无意地，这些机构博客也成为知识生产或传播中的一种力量。特别是学术组织的博客扮演的角色更为突出。

在各种力量的共同作用下，博客成为传统知识生产体系之外的一个新的知识生产系统。

(三)博客促进个体与社会间的能量交换

博客不仅是一个信息传播的新模式，也是个体能量的一种新表达与交换方式。博客平台是个体与个体相连接的纽带，也是个体与社会发生密切关系的节点。正是这种社会节点的属性，使博客传播超越了自娱自乐，而产生了广泛的社会影响。

虽然每个博客都是一个独立的舞台，但是，它们之间也是可以相互连通的。博客之间的相互链接，使博客世界也构成了关系网络。这张网络对于博客社会关系的扩展，对于博客文章的广泛传播，对于一个博客的影响力的形成，都是重要的。

作为社会节点的博客，使个体拥有了一个社会化的界面，这是个体吸纳与整合社会能量的接收器，同时也是个体能量放大为社会能量的转换器。

通过博客，个人的声音可以放大到社会空间，个人的行为可以放大为社会性行为。普通个体无须传统大众、传统媒介作为中介，就可以在公共话语空间发出自己的声音。这种声音有时甚至可能与多家媒体的声音相抗衡。

也正是由于这一特点，博客也可以成为个体参与社会公共事务的一个重要入口。从整体看，博客这一平台，在激励人们进行社会参与方面，是具有较大的潜能的。

（四）博客民间记录是对官方历史记录的补充

媒体的一个重要功能，是记录历史。而在传统媒体时代，媒体所记录的历史，只代表了官方的或某些机构的意志；它所记录的历史片断和画面，是经过筛选的，是不完整的。而博客这些不受主流话语控制的自媒体的出现，可以在一定程度上弥补专业媒体的不足。

虽然每一个博客都只是历史画卷中的一个微不足道的碎片，只是从一个微观的视角反映历史的进程，但当所有博客的碎片聚集在一起时，仍然会构成一种丰富的历史图景。它们反映了不同文化背景、不同社会阶层的人们在历史运动中的生存状态与精神状态，反映了社会变迁中的社会风貌。因此，博客的文字、图片以及音像资料，将成为人类文明中的一种重要财富。

与微博、微信等的碎片式的记录方式不同，博客的记录相对完整、系统，因为人们的博客写作通常都是以一篇完整的文章为目标的。在今天这种碎片化时代，博客的记录显得更为宝贵。

（五）博客助长的多元文化

博客世界蕴含着丰富的文化种子，而博客平台本身为这些种子的萌芽、生长提供了肥沃的土壤。博客世界的自由精神，会鼓励非主流性的文化创作；博客的开放性质，可以使博客们的创作得到广泛传播、检验，并经由互动得以发展、丰富，使其文化在形成过程受到更多方面的冲击与磨炼。而博客世界的群体交流，也成为博客文化生长的另一种环境。与传统时代相比，博客世界里的文化，非主流性、多元性表现得更充分。当然，博客文化有时互相影响，可能出现同质化的倾向，在博客世界里也可能出现新的主流文化。但是，总的来看，博客对于多元文化的生长，具有重要的“助长”作用。

（六）博客生态系统与社会生态的交互作用

博客的不断发展促进了博客传播者的多元化，而这种多元化，也造就了复杂的博客生态系统。

把博客视作生态系统，就可以从生态系统各个构成要素的相互依存关系或者说“生物链”的构成中，去认识博客世界。

博客世界之所以充满生机与活力，就是因为它的元素（博客的传播者或受众个体）构成是多元的，既有同质性，更有异质性。每个个体都有着各自的需求，这些需求相互呼应，又相互伺服，甚至在某种意义上构成一种“生物链”。这使这个系统形成了自我生长的机能，博客作为一种“生命”系统的能量得以不断产生、释放与转化。如果这个生态系统只有单一的构成要素与需求，就缺乏这样一种生态循环机制。

博客这个生态系统也在与现实社会生态不断地发生交互作用。其中，话语权力的交互尤为突出。就像其他社会化媒体平台一样，博客在挑战着现实中的权力中心的同时，自身也在形成新的权力格局。

博客社会里新的权力不平衡，既是现实社会的权力关系的折射，也是博客世界本身规则的运行结果。而反过来，博客世界里形成的新的话语权力结构，也会在一定意义上影响到现实世界的话语权格局。在博客世界里拥有了更强话语权的人，也开始对现实社会有了更强的作用能力。

四、后博客时代的博客价值

在某种意义上，博客最辉煌的时期已经过去，博客已经不再是最耀眼、最核心的社会化媒体平台，网络已经到了“后博客”时代。

但是，就像“古老”的论坛在今天仍有它的生命力一样，博客这个在中国只有十余年历史的应用，并没有完全“老去”。在经过大浪淘沙，以及接受了其他新技术的洗礼后，它今天进入的是不事张扬但更为稳定的状态。

与微博、微信等新的应用相比，博客的特长在于：

博客更适合于专业化的深度表达与交流。微博、微信等对于人们快速了解一些信息、进行大规模信息扩散与讨论是有益的，而博客更适合于一些专业内容的讨论。这些交流，要求人们有较为深度的阅读，也有一定的思考时间，

尽管微博中也有长微博的形式，微信甚至没有容量的限制，但这两者都是移动社交产品，人们的行为越来越多地受到移动中的时间与空间的影响，因此，要真正实现深度阅读与交流，是有障碍的。

而博客是移动互联网之前的产物，博客写作者与阅读者还在一定程度上延续着以往的习惯，这对于深度阅读是有利的。

从现实结果来看，在新浪博客中，早期访问量最大的博客都是娱乐明星的博客，但后来，专业类博客特别是金融博客占据了排行榜的前几位。这也说明，专业类博客在今天仍然具有重要的影响力。

在知识生产与传播领域，博客的作用也不可替代。前文提到，博客是一个知识生产与传播系统，在今天，它在这方面仍然具有举足轻重的作用。

此外，博客是一个相对封闭的写作空间，它可以较好地保持写作者的独立性。

从写作的角度看，微博是对写作者干扰最大的平台。因为微博的创作往往采取边写边传播的模式，一个完整的表达可能需要几条微博来完成，而刚发出去的内容可以迅速形成涟漪式的扩散，反馈则会迅速地像急风骤雨一样扑面而来，因此会很快作用于后面的微博表达。微博本身又容易激发人们的批评、批判意识和情绪化表达，因此，微博带来的负面反馈往往更为集中，对于脆弱的人来说，这往往使他们越来越无所适从，甚至可能失去自信。一些人会为了取悦微博中的他人，而改变自己的写作风格甚至观点与态度。

而在博客的写作中，作者是在深思熟虑地在电脑上完成写作后，一次性发布的。虽然博客也可以带来各种不同方面的反馈，但通常博客的阅读者群体会更为稳定，能保持稳定阅读习惯的阅读者，一般也是出于对博主的认同，所以即使有批评，也会用更为平和的方式。博客中写作者得到的正面反馈会相对更多。因此，博客作者可以较好地按照自己的意愿与方式，来进行写作与表达。

你怎么看

博客的黄金时代为什么过去了？如何评估博客的价值和意义？

博客更适合于个人资源与品牌的积累。对于那些已经在博客世界里有了深厚的资源积累的博主来说，他们可能不会轻易放弃博客这片领地。即使他们同时使用微博等平台，也会将博客作为自己的一个重要的表达空间。

第2节　博客的传播结构及传播特点

与论坛相比，博客的传播结构及传播特点截然不同。

一、博客的传播结构

从结构上看，每一个博客上的传播都是一种“舞台表演＋观众围观”的模式，如图6—1所示。

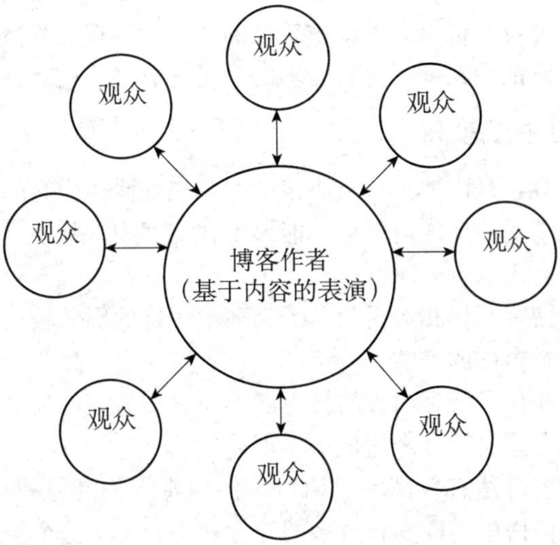

图6—1　博客的结构模式

每一个博客空间，都是一个舞台。与论坛不同的是，一个博客只有一个主角。所以，博客这种模式保证了表演者的中心地位。与SNS等不同的是，博客的表演主要是通过其博客内容，其他展示手段是相对缺乏的。

而博客的阅读者，则是观众。他们虽然对博客的表演热情、表演方式等有着直接的影响，但是，他们只是作为观众产生影响，无法争夺博客作者的主角位置。

表演者与观看者之间有时存在着直接评论、留言等互动，但也可以完全是单向的传播。

这样一个模式，从表面上看，类似于传统媒体的大众传播模式，但是，由于“观众”的自由选择空间较大，所以他们比大众传播时代拥有更多的自主权，且与博主之间的互动可以非常直接。而博客的“观众”的数量，多数时候也远远低于专业媒体的受众数量。

在整个博客平台上，各个个人舞台之间，又存在一定的联系。早期的博客是比较封闭的，博客内容的转发相对麻烦。理论上各个博客之间也可以有相互链接、相互转发的可能，但它们之间的互动仍然有限。所以整个博客世界是一个连通不充分的网络。今天在SNS和微博等的影响下，博客正在变得开放，但是，与SNS、微博等相比，它仍然要显得封闭些。

二、博客的传播特点

博客传播是一种以个体为中心的、非制度化的传播，它的传播特点主要表现如下。

（一）个体构成传播中心

上文对博客传播结构的分析表明，个体是博客舞台的一个中心，尽管一个大的博客平台是由无数个这样的个人中心构成的，但是对于每一个博主来说，在自己这个中心上，他是绝对的主角与焦点，他人的互动必然是围绕主角展开的。

这样一种中心地位，可以给予博主较大的传播控制权。当然，要让博主在这样的控制权下保持持续的活跃度，对其需求的满足与刺激，就变得尤为重要。

（二）内容自由度较高

博客传播的内容，是由博主自己决定的。当然，博客内容的发布需要在法律的框架下，法律法规禁止传播的内容也不能出现在博客中，除了这个限制外，博客中的内容发布是相对自由的。

前文也提到，博客写作相对封闭，受到环境因素的影响较小，因此，作者的想法可以得到较充分、自由的表达。

与微博等平台相比，博客内容的自由度，还表现为它的长度不受限制。容量的自由度也为博主的深度、充分表达提供了可能。

尽管博客的内容表达有较高的自由度，但通常人们在这里的自我要求却比较高，一般不会像在微博中一样发布过多的碎片式内容。从这个意义上看，博客又是一种高门槛的表达方式，

（三）传播手段相对单一

一般的博客以文字、图片传播为主，播客则专注于音频或视频。与微博、微信等相比，其传播手段相对单一。但在某种意义上，专注于单一的手段，也可以使得博客们对这些手段的运用能力与水平不断提高。

（四）传播节奏自由

作为一种非制度化传播，博客的传播不需要遵循固定的周期或节奏，博主可以按照自己的兴趣与心情，根据自己的情况来进行内容发布。

由于博客内容通常更为厚重，因此，它的发布间隔一般也会更长。

（五）私人话语空间与公共话语空间界限模糊

私人话语空间与公共话语空间的模糊，是博客的渠道特点。

在博客兴起的初期，一部分人将博客视为自媒体，“媒体”这个偏向，即强调它对公共空间的影响力。但常态下，并非所有博客都具有公共话语空间的“自媒体”的影响力，多数人认为它只是纯私人空间，但是，在某些因素推动下，被当做私人空间的博客里的内容，可能会越过私人空间的边界进入到公共空间，从而造成影响。第 2 章提到的中国博客第一案就表明，博客并非纯粹的私人空间。

第3节　博客用户的使用与满足

使用与满足，是传播学的一个基本理论框架，它的重点是分析受众对媒介的使用动机。这个框架适用于各种媒体的用户需求及深层动因分析。对于博客等社会化媒体来说，这个框架也是适合的。

博客的写作者与阅读者的使用动机与满足状况，直接决定了他们在博客平台活动的持续性，对于博客平台的发展来说尤为关键。因此，博客平台的管理与运营，应围绕对使用者需求的认识和满足来展开。而媒体、企业要利用好博客这个平台，也需要对博客的个体使用者有更透彻的了解。

一、博客写作者的使用与满足

虽然将博客视作一种“自媒体”是一种普遍的观点，但是，对于大多数博客的写作者来说，他们并不是自觉地将博客当做媒体来看待的。

博客的写作者主要是个体，他们并不从事制度化的传播，这就意味着，理解博客写作者的行为及其内在动因，不能仅仅放在传播的框架下去观察，而是要从个体自身的需求角度入手。

网民从事博客活动，在外在表现上有着种种不同，但是，他们的内在心理机制是一致的。从总体看，博客活动表现为三个层面的需求，一是内在的根本心理需求，二是对博客平台的直接使用诉求，三是对社会报偿的需求。三者相辅相成，博客活动能否持续，也在很大程度上取决于这三个层面的需求是否得到很好的满足。个体也会通过自我调节来尽可能使三者达到协调一致。而个体需求的满足还需要一些其他因素的支持。

（一）自我形象塑造是博客活动的深层心理动因

如果说博客是一个舞台，那么其作者便是处于一个清晰可辨的主角的位置。无论博客活动的外在诉求是什么，从深层心理上来看，博客们都会希望通过自我表达、交流分享等活动，塑造一个理想的自我。也可以说，自我形象塑造是博客写作者最主要的心理动因。

从另一个角度看，博客是个体进行印象管理的一个重要平台。博客是个体与社会相连接的一个节点，是个体向社会展示自我的一个窗口。鉴于这一点，博客们大多会注重自己在博客中所表达的内容及其表达方式，并试图通过这些来传递一个自己认为理想的个人形象。

与现实社会相比，由于博客在传播方面占据更大主动权，因此，在印象管理方面也具有更多的控制力。

博客中涉及的自我表达的内容，在过去往往是属于私人的、“后台”的内容。因此，有研究者认为，人们有一种借助媒介技术把自己的后台行为前移的倾向。①

然而，博客并不是在所有的场合都表现出自己的后台行为，对什么样的人表现什么样的后台行为，实际上是经过选择的。这表明了人们具有通过博客进行印象管理的心理动因。

博客的印象管理是放在一个开放的社会环境里的，其最终目标是为了强化自我

①参见王传晓：《博客日志传播与人的后台行为前台化》，见 http://media.people.com.cn/BIG5/22114/52789/66887/4510029.html，2006-06-20。

认同，并获得更高的社会认同。而各种博客的内容及活动，便是获得这种社会报偿的途径。

（二）多样化的活动体现多元的使用诉求

虽然博客写作者具有相同的深层心理动因，但是，由于各种因素，他们在外在的使用诉求上会表现出不同。下面是人们写作博客的一些重要诉求。

1. 自我表达诉求

许多从事博客活动的人，首要的动因是利用博客来表达个人的情感、思想。对他们来说，博客是一种自我表达的平台，它可以为博客作者表达思想、塑造自我、影响他人提供一种自由的途径。它也可以成为自我调节的一种手段，帮助人们释放消极情绪，改善心情。

在一些社会事件发生时，博客也可以成为人们表达意见与态度的一个渠道。因此，它们也是网络舆论形成的渠道之一。

2. 历史记录诉求

博客的本意是“网络日志”，在其起源阶段，与日记有着相近之处。直至今天，记录个人历史或社会历史，仍然成为不少人博客活动的主要诉求点。

虽然作为日记的博客，与过去人们完全私人化的日记有所不同，但是，博客的“流水账”仍然可以在一定程度上记录个人的行踪。而将个人活动置于公众视野之下，会让博客作者感受到过去只有公众人物才能享受的“受瞩目感”，这往往可以增强个人的自信，放大其个人行为的影响。

而博客中个体记录的片断的个人历史，汇聚起来又成了社会历史的一部分。过去记录历史的官方特权，在某种意义上，被民间记录冲击，民间记录成为官方记录的一个补充。

3. 自我推介诉求

如果说自我表达更强调的是内在的情绪释放与思想表达，那么自我推介则更重功利性的目的。它通过博客作品来展现个人的能力、才华，赢得他人的尊重，甚至可能借此改变自己人的命运。也有一些人和一些组织直接利用博客来进行产品营销。

4. 个人信息传播诉求

在传统媒体时代，个人信息的传播是受到许多限制的。普通人的个人信息只能通过人际关系网络进行有限的传播，而名人或新闻事件当事人的信息虽然可以通过大众传媒进行传播，但是必须以大众传媒为中介。个体对于传播哪些信息、如何传播这些信息，往往都不能进行直接的控制。因此，有时面对媒体的不属实报道，个体也无能为力。而博客则为个体信息的无中介性、无障碍性传播提供了基础。

在这方面，公众人物的需求往往表现得更为突出。公众人物过去需要借助媒体这一中介来传播自己的信息，但是媒体并不总是会按照公众人物的意愿来运行。媒体中的负面消息、虚假消息的传播，会不断地困扰名人，甚至影响到他们的公众形象。而博客则给了名人一个直接的传递个人信息的渠道，他们可以利用这一手段，根据自己的想法，对个人信息的传播进行更有效的控制。有时，博客也成为他们与大众媒体的报道相抗衡的一种渠道。例如，2006 年，关于演员李亚鹏女儿“兔唇”的消息以及关于主持人李湘离婚的消息等，都是当事人首先通过他们自己的博客公开的。当然，个体在进行自我信息传播时，出于各种目的，也可能传递一些不实信息。

5. 公共信息整合诉求

对于部分博客作者来说，将自己感兴趣的公共信息整合起来，利用博客这一“自媒体”发布，不仅是博客作者们进行环境认知的一种方式，也是他们与他人进行互动的一个启动点，是他们表现个人特长的一个途径。

6. 知识管理与分享诉求

博客也可以看做一种个人化的知识管理平台，是一种个性化的知识库。博客在给其写作者带来自我学习的快乐的同时，也给博客的阅读者带来了知识分享的可能性。

7. 公共服务诉求

曾经有不少政府官员和公务员开设自己的博客，这类博客大多不是纯私人性的，而是以公共服务为主要的目标。这些博客对于提高政府部门的公共服务质量、推进政治的民主化，具有一定的积极意义。

8. 娱乐诉求

也有一些网民从事博客活动，是把它当做一种娱乐方式。在博客中与人交流，更多是给他们带来娱乐性的满足。

当然，除此之外，博客写作者还有很多其他的诉求。

以上这几种诉求并不是截然分开的，它们之间存在着相互交叉、相互渗透的关系。

而从事博客活动的人也并不一定需要用一个博客同时满足所有的需求，有一些网民会拥有多个博客，每一个博客满足的个人需求有所不同。

每一个博客写作者用博客从事什么样的活动，不仅取决于他们的心理需求，也取决于一些个人的或外在的因素，如时间、个人特长、外在环境等。

（三）社会报偿成为博客活动的外在追求

尽管博客与私人日记有相似之处，但人们将这种个人表达放到网络空间里，就说明，他们不仅是要进行自我倾诉，还希望获得社会报偿，即希望通过与他人的交流，通过个人信息或思想的传播，来获得社会影响或认同。跨越时空的交流分享是博客平台与过去的私人话语空间的一个重要区别，是博客们获得社会报偿的基本途径，也是博客活动的另一种推动力量。即使博主只将自己的博客向少数几个朋友开放，也表现出他们对于交流的需求。

博客中的交流，首先表现为博客的拥有者与博客的访问者之间的互动。交流能给博客带来心理释放或调适，这种互动会激励博客的拥有者的创作欲望，也可能会影响到他们下一步的博客内容。

当博客的内容引起更广泛的关注时，交流就可能从几个人的小圈子扩散到更大的圈子，甚至可能在网络中产生强烈的反响。这时的交流就变成了更广泛的社会性交流。

博客获得的社会报偿主要表现为：

博客带来的社会影响力。博客的访问量、博客文章被广泛阅读与转载的成就感、博客人气上升所带来的社会名声，等等，都有助于扩大博客作者的社会影响。许多“草根”正是由于博客而一夜成名。这种名声甚至可能成为获得其他功利性报偿的基础。

博客形成的人际关系网络。博客是一个社会关系的联结点，它可以为博客的作者吸纳各种社会关系，编织自己的人际关系网络。

博客带来的功利性报偿。功利性报偿的表现是多种多样的。一些博客作者通过博客平台改善了工作或生活质量；一些博客成为媒体的专栏作者；一些博客得到出版社的青睐，可以将自己的博客文章结集出版；一些访问量很大的博客可能吸引到广告，获得广告收入。

可以说，博客活动的社会报偿，一方面是强化博客作者的自我认同，另一方面是争取更高程度的社会认同。

社会报偿获得的多少，是一种反馈与评价。它会反过来促使博客作者对自己的博客活动进行调整，以求获得更多报偿，甚至可能会使他们对自己的自我形象塑造目标加以审视。

（四）支持系统是影响博客持续发展的重要因素

尽管博客传播活动的核心机制取决于博客的心理需求以及满足，但也会受到除此之外的其他因素的影响，受到支持系统的制约。

支持系统的构成因素包括以下几项。

1. 个人特长

每个个体在利用博客时都有不同的心理诉求，但这只是一种主观愿望，它必须外化为某种形式，而这种形式需要相应的手段作为保障，个人特长便是主要的保障手段。有时，这些外在手段也会反过来引起博客作者对自己心理诉求的调整，以便两者更好地契合，获得更大的报偿。

2. 时间与精力

虽然博客传播不是一种制度化的传播，但它也需要较大的时间与精力代价。没有一定的时间作保障，纵使博客作者有良好的愿望，也无法将博客活动持续下去。

3. 外在环境

外在环境会形成对博客写作者的积极或消极刺激，影响他们对博客活动的热情及持续性。这种外在环境主要包括：

博客的平台环境。博客平台的人气、提供的服务种类、服务水平的高低（如网站访问的速度、提供的空间大小等），都会在一定程度上影响到博客作者的热情。

网站的编辑手段。提供博客服务的网站，通常会采取一定的编辑手段对其博客平台进行管理，其中常见的手段是，提升某些博客文章，将它们放到博客频道的首页。这些提升手段对提高博客内容的影响力具有显著的作用。编辑手段成为调控博客流量的一只“看得见的手”，对于某些博客的发展具有重要的影响。

博客平台的竞争。博客世界也存在竞争，访问量、阅读量、评论数、转发数等，都是竞争的主要指标。竞争态势会对一些博客产生直接影响。

圈子及其他社会关系。很多网站提供了博客圈子的功能，有共同兴趣爱好的博客们可以组成一个圈子。圈子有利于博客内容在“同好者”之间的交流，也会影响到博客影响力的范围。此外，一个博客链接其他博客所构成的社会关系，也会影响到博客影响力的形成与扩散。

图 6—2 说明了博客写作者的需求及满足机制。

从总体看，博客写作者的活动，是他们的心理需求、外在活动、社会报偿以及保障因素等共同作用的结果。如果博客写作者在三个层面的需求中无法获得预期的效果，或者三个层面的需求无法得到协调与统一，那么，他的博客活动就有可能中止。而这种满足，没有支持系统的保障，同样也无法持续。

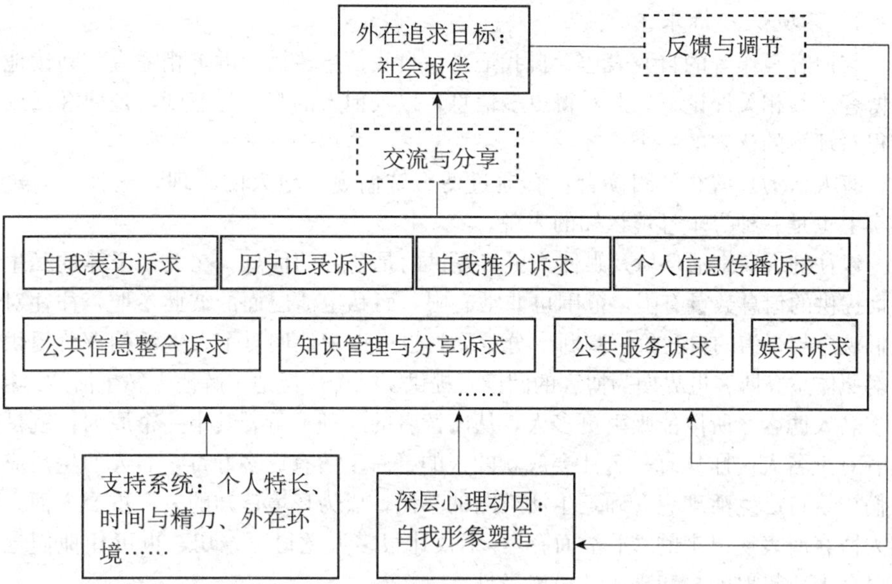

图6—2 博客写作者的需求满足机制

二、博客阅读者的使用与满足

博客阅读者的需求及满足机制与博客写作者有着相似之处，它也表现为三个层面，即深层心理动因、直接诉求和外在的社会报偿满足。但是，由于博客阅读者的地位与写作者不同，因此，其需求的出发点也有所不同。

（一）寻找社会归属感是博客阅读者的主要心理动因

如果说博客的作者是在博客这个舞台上进行表演，那么，博客的访问者就是作为“观众”存在。当然，这些“观众”对于“表演者”的“表演”起着重要的推动作用。作为“观众”的博客阅读者更多的是处于“人群”中，加入什么样的人群，是一个带有强烈倾向性的选择。这意味着博客阅读者的活动有着很强的社会归属感的需要。

前面章节曾提到唐纳德·肖等提出的“议程融合”（agenda melding）的理论，即，媒体设置的议程具有一种聚集社会群体的功能，这是因为人们都有一种对于“群体归属感”的需要。

尽管博客不是一种像传统媒体那样贯穿社会的各个阶层的“垂直媒体”，但是，博客的内容也无形中成为一种凝聚与区分社会群体的“议程”。在博客世界里，实际上也存在着“物以类聚、人以群分”的动态过程，博客的阅读者都是通过寻找阅读对象、参与评论等方式，来寻找与强化自己的社会归属感。

（二）博客阅读者与写作者的外在诉求相互呼应、相互伺服

在寻找社会归属感的深层动因的推动下，博客阅读者阅读博客或参与交流。但由于个人兴趣、社会文化背景等各种因素的影响，他们的外在使用诉求可能各有侧重。而这些诉求与博客写作者的活动诉求形成了相互呼应与相互伺服的关系，两者的相适应度与互动程度成为博客活动能否持续的重要影响因素。

博客阅读者的外在诉求主要表现为如下方面。

1. 环境认知诉求

与博客写作者的自我表达、自我记录、自我信息传播的诉求相呼应，阅读他人的博客及其相关评论，以此获得更多信息，以及他人的观点与态度，是博客阅读者获得对环境的认知的一个途径。

有人认为，博客的阅读者，有通过博客“偷窥”他人的心理。这种“偷窥”，事实上也是一种寻求环境认知的表现。

以往的现实生活环境及媒体，更多提供的是公共的信息，在关于个体的私生活层面提供的信息数量有限，范围也非常有限。而私生活层面的彼此参照，往往对于人们观念与行为的自我价值判断十分重要，也可以为他们对个人生活的评价提供一个对照体系。博客世界便为博客的阅读者提供了一个广泛地了解他人私生活的途径。

名人博客之所以能吸引更多人，从阅读者的心理上看，其中一个原因，就是阅读者对于名人这样具有一定社会成就的人的幕后生活有更多好奇，名人的生活成为人们描绘自己生活理想、确定生活道路的参照，成为环境认知的一个重要方面。而名人博客所表现出来的“平常面孔”，不仅让很多人觉得更亲切，也可让他们觉得通过名人所投射的自我理想的可触及性。

此外，由于名人博客的浏览量与评论量更大，它可以提供一个更丰富的环境认知的氛围，这就会促进人们的参与，因而形成一种正反馈的效应，即强者更强。

与此形成对比的是，如果一个博客的内容是非常狭窄的个人体验，对于其阅读者来说，环境认知的意义便是非常有限的。

2. 自我表达诉求

与论坛不一样的是，博客的阅读者不能发主帖，他的表达往往是受制于主帖的。这虽然在很大程度上是一种弱势，但是，从另外一个角度看，它也为博客阅读者用一种“低成本”的方式进行自我表达提供了基础。

博客阅读者的自我表达，以博客作者提供的“文本”为基础，进行个人化的“解码”，以此来表达个人思想与情感。因此，博客作者提供的文本的开放性，直接影响到阅读者能否找到自我表达的依据。过于专业化的内容、过于深奥的内容，往往“曲高和寡”，封闭性也更强，无法形成作者与阅读者的有效互动。反而是很多生活化、日常化的内容，容易使阅读者找到各自的解读角度，为阅读者的自我表达提供广阔的空间。

3. 自我推介诉求

许多博客的读者自己也是博客作者，他们会通过在他人博客上的交流推介自己的博客。此外，利用他人博客来推销个人网站、个人作品、产品等，也是非常常见的。尽管这种推销像垃圾广告一样为博客作者和读者所痛恨，但它的确是一个客观存在。

4. 信息或知识获取诉求

与博客作者的信息传播、知识管理与分享诉求相对应，不少博客的读者也是为了获取信息或知识而访问他人的博客。

5. 自我投射诉求

自我投射是指内在心理的外在化，即以己度人，把自己的情感、意志、个性特征投射到他人身上。博客作为公共空间，为博客阅读者提供了一个更广阔的自我投射的环境。博客阅读者往往是在他人的博客作品中寻找自己情绪、观点的载体，将个人的情感与态度投射其中，以此去寻求个人心理的社会性支持或认同。这种自我投射诉求，在某些明星博客的粉丝的评论与留言中，表现得更为充分。

6. 娱乐诉求

出于娱乐动机看博客的人不在少数，这里面除了博客内容带来的娱乐性外，交流的娱乐感，甚至发帖本身的娱乐化，都是吸引阅读者的因素。不少博客访问者喜欢抢“沙发”，即争做一篇文章的第一个回帖者。这种娱乐性里面，也包含着一种社会性的成就感。

（三）社会报偿成为博客阅读者流向的重要调节因素

一个博客能否吸引人、留住人，不能简单地看它内容水平的高低，而需要从它给博客阅读者的社会报偿角度进行综合评价。

对于博客阅读者来说，他们参与博客活动的诉求能否被满足，有一个外在的衡量因素，那就是社会报偿。社会报偿也是决定他们在整个博客世界里的走向的重要调节因素，而这反作用于个别博客的稳定性与可持续性。

对于博客阅读者来说，衡量他们在博客世界获得的社会报偿的指标主要包括：

群体意见对个体价值取向的支持度。大多数博客阅读者处于“潜水状态”，即只是阅读博客内容和他人评论，自己并不发言。但是，由于他们阅读博客的一个根本动力是寻找社会归属感，因此，他们时时在将博客中他人的意见倾向与自己的态度进行比较。他们的潜在愿望是，在他人的意见中找到能支持自己的价值取向的依据，这种价值取向可能是针对一人一事的价值判断，也可能是根本性的价值观。如果群体意见对个体价值取向的支持度高，那么，个体的归属感就强。而如果两者出现较大程度的冲突，个体心理上就会产生较严重的“认知失调”。这时，他有两种选择，一是采取从众的方式，改变自己的态度，另一个是离开某个博客，甚至到其他博客寻求认同。

群体对个体评论的认同度。评论是博客阅读者进行交流与自我表达的主要手段，评论的认同度高，意味着其自我也得到更高的社会认同。当然，在有些情况下，评论得不到他人认同，也可能引起一些人的自我辩解与争论，成为另一个方面的激励因素。

他人博客对自我影响力的提升度。通过他人博客进行自我推介是许多博客阅读者的一个使用诉求，因此自我影响力的提升度，成为一个外在指标，影响着博客阅读者的“去”与“留”。

博客带来的社会资源。像博客的写作者一样，博客的阅读者也可以通过他人的博客寻找自己的人际关系资源，虽然相比博客的作者，阅读者在此获得的资源较为有限，但是，博客毕竟是一个跨越时空的交流平台，它对于传统的人际交流空间仍是一个有益的扩充，它为网民结识素不相识的人以及过去可望而不可即的名人提供了更多机会。而且，通过一个个博客之间的链接关系，博客阅读者获得对自己有用的人脉资源的可能性也在不断增加。此外，博客给阅读者提供的信息与知识等，也是社会资源的表现。

名人博客之所以能在很短时间内产生很高的浏览量，其中一个重要的原因就是它为阅读者获得社会报偿提供了更多的可能。

图 6—3 说明了博客阅读者的需求及满足机制。

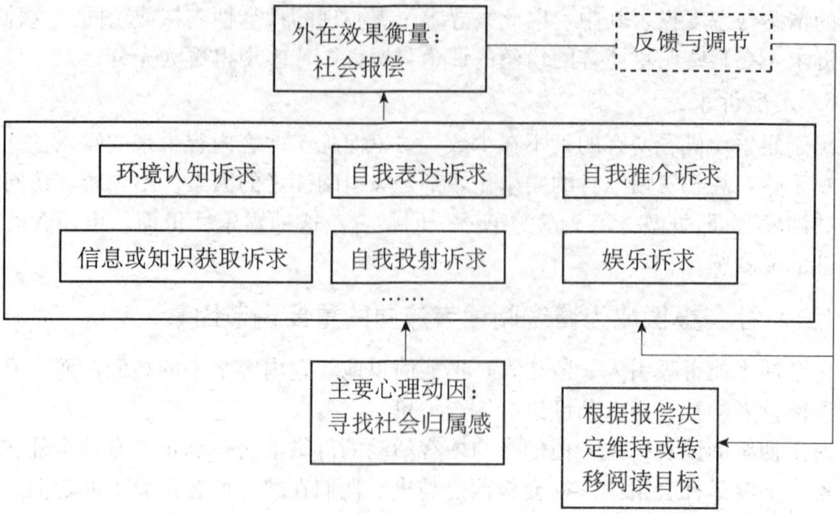

图 6—3 博客阅读者的需求满足机制

第 4 节 博客与新闻传播

作为早期公民新闻的代名词，博客与新闻传播有着天然的血缘关系。博客与新闻传播的关系，一是表现为博客用户的新闻参与层面，二是表现为媒体对博客的利用方面。

一、博客用户参与新闻传播的方式

虽然以新闻报道为职业的博客微乎其微，但是，不少博客在自己的博客活动中，已经有意或无意地参与到新闻传播活动中。作为个体的博客参与新闻传播的方式是多样的。下面是其中的一些主要方式。

（一）博客介入新闻报道

1. 博客提供新闻线索

由于博客分散在各个地域、各个阶层、各个行业，他们往往能直接接触到一些突发事件或媒体尚未关注到的事件，因此，他们可以成为一种敏感的“触角”，为媒体的报道提供相关线索。

【案例】 博客迅速提供新闻线索：地震消息发布

2005 年 11 月 26 日 8 时 49 分 38.6 秒，江西九江、瑞昌间发生 5.7 级地震，余震波及南昌、宜春等县市地区，以及湖北、安徽、湖南、江苏、浙江等周边省区。9 时 04 分，博客网的一个博友“寻找东海岸”发出了“2005 年 11 月 26 日 9 时整武汉发生地震，有较强震感”这样一条消息。这是最早对此次地震事件做出有记录的文字反应的消息，比各家媒体早了 15 分钟。

这个案例是作为自媒体的中国博客在突发事件的反应速度上超过传统媒体的最早案例之一。此后，在四川汶川地震等重大灾难时刻，博客都以其快速反应成为传统媒体的有力补充。

博客提供新闻线索，有时是有意识的，他们可能会通过一定的方式引起网站或他人对于这些新闻线索的关注。但有时博客们是在无意识中提供新闻线索的，好的新闻线索可能会在博客中“沉没”。所以网站或其他媒体需要有一定的机制，来发现博客中的新闻线索。

【案例】博客目击新闻：英国伦敦爆炸案

2005 年 7 月 7 日，英国伦敦发生多起爆炸案，许多网民利用手机拍摄了爆炸现场的照片，并将它们传到网上。其中，Flickr 作为全球最好的图片博客网站，更是集中了几千张博客拍摄的照片，这些照片给人强烈的身临其境的感受，弥补了专业媒体报道的不足。

整个爆炸过程里的第一张即时照片也是由非专业记者拍摄的。现场目击者之一亚当·斯塔西在国王十字地铁站内，用手机不停地拍摄即时照片，并将它们发给他的朋友阿尔菲·丹恩，丹恩将照片发到了 moblog. co. uk 这一博客网站。在这之后短短几个小时，斯塔西拍摄的第一张照片已成为各大电视网竞相播放的画面。

2005 年 12 月美国《时代》杂志公布了当年的最佳新闻图片，其中，以“目击者”（Eyewitness）为题的一组乘客拍摄的反映伦敦地铁爆炸事件的照片榜上有名（见图 6—4）。无独有偶，《今日美国》评选的 2005 年度最佳新闻照片中，也有一张是乘客查德威克用手机拍下的照片，它表现了伦敦地铁发生爆炸后，人们进行紧急疏散的混乱场景。这些普通人拍摄的照片，从技术上看是不完美的，甚至难以达到新闻照片的一些基本要求，如清晰度方面。但是它们的得奖，反映出专业媒体以全新的姿态向个人媒体敞开了大门。

图 6—4 伦敦地铁爆炸事件中乘客拍摄的照片

2. 博客从多角度记录新闻事件

由于手机、数码相机、数码摄像机、数码录音笔等设备的日益普及，普通人在新闻现场时可以利用各种方式进行第一时间的记录。而博客则为这些普通人采集的新闻素材的发布提供了平台。

除了照片、视频等手段外，文字也是博客记录新闻事件的一个重要方式。在美国的“9·11事件”、印度洋海啸以及中国的汶川地震等灾难发生后，一些博客用文字真实、生动地记录了现场的情形及人们的感受。这些第一手材料，为人们认识这些灾难事件提供了宝贵的资料。

虽然博客的报道一般不会像专业媒体的报道那样专业，但是，它们往往能提供专业媒体报道中不会涉及的视角或细节内容，这与他们在新闻现场的位置、观察视野以及个人的价值判断相关。这些多角度的报道，不仅可以弥补专业媒体在新闻素材采集上的不足，也可以为受众提供更为鲜活、直接而丰富的信息。

你怎么看

作为非新闻工作者，我们如何参与到新闻报道中去？

即使在微博、微信等应用普及的今天，在一些重大、突发事件的报道中，博客仍然蕴藏着丰富的新闻资源。

（二）博客进行新闻评论

博客并不身处新闻第一现场、直接发现与体验新闻的几率毕竟不高。而且由于相关政策的限制，对于某些领域的新闻报道，博客也不便涉及。因此，更多的博客参与新闻报道的方式，并非原创的新闻，而是新闻评论。尽管这种评论并不一定是完全规范的新闻评论稿件。

博客进行新闻评论，通常有两种形式。

一类是偶尔发表的新闻评论。在一些重大事件或特别事件发生时，很多博客会做出反应，利用博客平台这种便捷的手段，来发表自己的意见，表达自己的态度。这些评论反应迅速，针对性强，意见多元。其中一些评论，可能产生重大影响力。

另一类是将评论作为自己博客的特色，长期发表评论。这类博客的评论往往又会集中在某一个特定的领域中。

以评论见长的博客，一部分也成为网络空间中的“意见领袖”，他们在局部或大范围内影响网络意见的走向。如果他们利用微博、微信等来传播博客内容，其影响力更广。

（三）博客进行新闻整合

许多博客不会总是进行新闻的报道或评论工作，但他们会将自己感兴趣的新闻转发在自己的博客上，并根据自己对社会环境与新闻事件的理解，对各种不同来源的新闻稿件进行整合。这种整合中包含了博主的价值判断，而这种价值判断又会在一定程度上影响到博客的受众的认识视野与角度。因此，进行新闻整合也是博客参与新闻活动的一种方式。这更类似于专业媒体的编辑的角色。

在博客发展之初，有人曾称“博客吃的是信息的草，挤出来的是信息的奶”，也有人称博客是信息海洋的“导航者”，这些观点都较好地揭示了博客在信息整合中的作用。

【案例】 麦特·德拉吉：率先披露克林顿性绯闻案

美国博客麦特·德拉吉（Matt Drudge）以率先在网上披露克林顿性绯闻案闻名。他的“德拉吉报道”（Drudge Report）便是以新闻的整合为主的，原创新闻只是少数，多数新闻仍来源于传统媒体，特别是主流媒体。德拉吉在博客中是具有强烈的编辑意识的，他不仅选择新闻，还对新闻的重要性进行判断，并通过版面语言来表明自己的倾向性，尽管这种倾向性无疑具有强烈的个人色彩。

这类导航式的博客之所以会产生并为人所需要，是因为在网络世界信息过载的情况下，越来越多的人感觉不堪重负。他们更需要有人为他们在信息的海洋中去粗取精。尽管这也是专业新闻网站的一个主要职责，但是，网站的力量毕竟是有限的。从事信息整合工作的博客，在一定程度上可以起到辅助作用。

二、媒体对博客的利用

越来越多的媒体意识到博客在新闻传播中蕴含的能量，因此已不满足于仅仅给博客活动提供一个平台，而是更多地利用博客，将博客与媒体的新闻报道活动进行有机结合，充分挖掘两者互动的潜力。

美国研究者拉斯迪·福斯特（Rusty Foster）提出，博客与传统媒体可以构成一个共生生态系统，这个系统的构成如下。①

(1) 草根报道（grassroots reporting）：首先，越来越多的故事由博客作出首次报道。

(2) 博客过滤（blog filtering）：最好的故事被博客链接，由社区博客、主题博客等联合过滤和筛选出来。

(3) 传统的报道（traditional reporting）：头脑灵活的传统媒体的记者将被博客激发的最好的故事写成文章发表。

(4) 博客过滤和事实验证（blog filtering and fact checking）：博客们链接记者们写成的最有趣的故事，进行事实验证和重新过滤这些故事。

如此重复，构成一个完整的博客生态圈。

这样一个完整的生态圈是一种理想的媒体与博客的关系状态，当然，它并非在所有时候都能实现。一般情况下，媒体对于博客的利用主要从以下几个方面出发。

(一) 通过博客获得新闻线索

上面已经提到，不管博客作者是否有主动意识，一些博客的内容能为媒体报道提供线索。博客所能提供的新闻线索主要包含两类，即事件性线索与现象性线索。

事件性线索：这类线索直接指向某个已经发生或将要发生的新闻事件，循着这些线索，媒体可以展开相关的报道活动。除了从博客中寻找现实社会的新闻事件线索外，博客中出现的一些事件本身，也可以是新闻报道的对象。

现象性线索：这类线索虽然不直接与某一新闻事件相关，但是它们能反映当下

①参见方兴东、刘双桂、姜旭平、王俊秀：《博客与传统媒体的竞争、共生、问题和对策——以博客（blog）为代表的个人出版的传播学意义初论》，载《现代传播》，2004 (2)。

社会中的某一热点现象或问题。如果善于以此为思考起点，就有可能找到适合于做报道的选题。

当然，媒体人不可能每天浏览所有的博客，这有可能使他们错过一些重要的新闻线索。因此，媒体可以采取一些更积极的方式来搜集新闻线索。例如，设立“新闻线索推荐”的功能，并采取相应的激励机制，使更多网民主动地参与到新闻线索的提供中；也可设立一些博客圈，培养那些有一定新闻素质的博客，使他们成为常规的新闻线索来源。

网络编辑在利用博客的新闻线索时，也需要进行严格的把关，特别是对真实性的把关。

（二）通过博客核实新闻

博客的内容，有时可以为媒体的报道提供一种旁证。例如，新闻事件当事人的博客，也许会提供一些更为直接、真实的信息。所以，在一些情况下，如果需要对新闻稿件中的事实或观点进行核实，可以在一定程度上利用相关博客。但此时，对博客本身内容的核实也是重要的。偏听偏信不利于发现事实的真相。

（三）利用博客开发评论资源

前文提到，发表评论是博客参与新闻传播的一种重要方式。充分利用博客中的评论资源，可以与媒体的新闻稿件形成有效的配合。

博客中可以利用的评论主要包括以下几种。

普通博客中的代表性评论：一些普通博客虽然没有任何媒体工作背景，但是他们在博客中发表的一些文章，具有典型性或普遍性意义，将它们与新闻稿件结合起来，可以在一定程度上反映民意或网络中的意见走向。

媒体从业者博客中的评论：由于媒体的容量有限，越来越多的媒体记者、编辑会利用博客来发表他们不能发在媒体上的评论，更新速度也更快。媒体从业者的评论往往更具有新闻性，有时直接与某些新闻稿件相关，可以加以充分利用。

专家博客中的评论：一些领域的专家的博客，可以从专业的角度提供对新闻事件或现象的评析。这些专家往往也是网站博客频道的专栏作家。他们的文章也是评论的一个重要来源。

对于博客中的评论，媒体编辑仍然需要通过各方面的把关，来保证评论的质量。

（四）利用博客资源组织专题

在政策允许的范围内，利用博客中的丰富资源来组织专题，也是一种开发与应用博客的方式。

在这样一种专题里，本来分散的博客力量被集中起来，形成一种强大的合力，这不仅可以形成更大的声势，提高专题的人气与影响力，同时也可以给网民的博客活动以更积极的反馈，促进他们的参与。而博客内容的丰富与生动，又可给专题带来更多的活力。

当然，利用博客资源开发新闻专题，在选题上需要格外慎重，要对博客参与的影响有充分的估计。此外，在专题的组织方式上，也需要做周密的策划。

有时，也不一定采取整个专题完全依赖博客资源的做法，可以在一些专题中部分地导入博客文章。

第5节　博客的商业化应用

一、企业博客的种类

在博客盛行的年代，很多企业都在运用博客。尽管今天这样的博客已经不多见，但是，它们是很多企业走向社会化媒体营销的起步方式。

从博客的传播对象来看，企业博客主要分为两种，即内部博客和对外博客。

（一）企业内部博客

企业内部博客，主要面向的是企业的员工，博客成为一种新的“内刊”形式。

这样一种内部博客，既可以及时进行企业内部信息的沟通，特别是便于下情的上达，也可以用来展示员工的风采，构建企业的内部文化。

（二）企业对外博客

对外博客，是企业更常见的博客运用方式。它面向企业的客户或一般公众，是企业营销的一种手段，也是企业文化的对外传播窗口。

二、企业博客的营销意义

从营销方面看，企业博客主要可以在以下几方面发挥作用。

（一）网上的4S店

前文提到，与微博、微信相比，博客在深度的、专业化的信息传播与互动中，仍有它独特的价值。因此，对于企业来说，博客可以作为企业产品的一个深度展示厅，也可以通过优惠等方式，导入产品的直接销售，而更重要的是为用户提供全方位的服务。在某种意义上，它可以成为一个网上的4S店，就像传统汽车的4S店一样，企业的博客可以完成销售（sale）、零配件（sparepart）提供、售后服务（service）、信息反馈（survey）等各个环节。尽管前两者在博客中较为少见，但是，博客在提供售前的咨询、产品比较方面，以及在售后服务、信息反馈等方面都具有优势，因此也可以提供到位的服务。

（二）聆听客户声音的渠道

把聆听作为重心，并成立专门的聆听管理中心，反映了企业对于客户的重视，也反映了企业对于社会化媒体营销的本质意义的认识。

（三）企业文化的塑造与展示空间

今天企业的社会化媒体营销，更多是以赢得客户对企业及其产品的认同为前提的。而企业文化的塑造与文化价值观的传递，对于赢得认同，至关重要。

企业博客，是赢得这一文化认同的重要手段。

【案例】“戴尔直通车”与“用户聆听”

戴尔公司是较早运用博客这样的社会化媒体的企业之一。2007 年，它开通中文博客“戴尔直通车”，以此作为其营销与服务的平台。

但戴尔对于这个博客还有一个重要的定位，那就是用户聆听。

戴尔商用销售业务副总裁芭比·丹杰菲尔德（Bobbie Dangerfield）在“戴尔直通车”中的一篇博客里写道：“从 2006 年起，戴尔就开始研究如何运用社交媒体与用户直接沟通。在探索的过程中，我们发现在信息交流和分享方面，社交媒体有着显著的优势。它不但让我们通过大量的直接反馈提升服务、改进产品，而且让我们实时为客户解决问题。2010 年，戴尔公司成立社交媒体聆听管理中心，以监测和回应世界各地社交媒体上出现的涉及戴尔品牌的话题。每天，戴尔社交媒体聆听管理中心要处理 2.5 万条来自不同地区、不同内容的信息，通过一套系统进行分析，并根据话题、敏感度、区域、普遍性、趋势等，用红色、橙色和绿色分类标记，而且无论好坏都要反馈给相关部门。”*

*芭比·丹杰菲尔德：《聆听用户，完善自身》，见 http://blog.sina.com.cn/s/blog_4d08eb0b0101dqa8.html，2014-03-14。

【案例】“谷歌黑板报”传递的企业文化

在企业博客的文化塑造与传达中，谷歌中国公司开设的“谷歌黑板报”是一个成功的代表。

“谷歌黑板报”开通于 2006 年 2 月 14 日。根据谷歌内部的说法，其博客之所以称为“黑板报”，是因为“我们希望这里成为普通 Google 员工（简称 Googler）与用户分享点滴、自由涂画的小园地，就像我们童年教室后面的黑板报一样。我们在做什么，公司发生了什么新鲜的事，我们的新想法、新创意……当然，还有 Google 的最新发布产品、在中国的进展，或是任何一件我们觉得值得和你分享的东西”*。

“谷歌黑板报”不仅在努力实现让用户了解谷歌的目标，还通过有谷歌特色的知识传播，为其用户提供另一种服务，而这也成就了“谷歌黑板报”的影响力。

“谷歌黑板报”的“数学之美”系列文章，获得上百万次点击，在网络中广为传播。有读者说，读了“数学之美”，才发现大学时学的数学知识，比如马尔可夫链、矩阵计算，甚至余弦函数原来都如此亲切，并且栩栩如生，才发现自然语言和信息处理这么有趣，才真正明白“数学是科学的皇后”这句名言。后来，在经过作者的进一步整理后，“数学之美”系列文章结集出版。

《数学之美》的作者为时任谷歌研究院研究员的自然语言处理专家吴军博士。他表示，写这些文章的目的，是希望读者学到思考问题的方式，学会如何化繁为简，如何用数学去解决工程问题，如何跳出固有思维不断去思考创新。**

在《数学之美》后，吴军又写了“浪潮之巅”系列文章。这些文章通过对美国硅谷一些明星公司的兴衰沉浮的记录，梳理了 IT 产业发展的历史脉络，同样让人大开眼界，这些文章此后也结集为《浪潮之巅》一书。

“数学之美”、“浪潮之巅”这些系列文章，并没有直接给自己贴上谷歌企业文化的标签，但是，在无形中，它们将谷歌人的视野、智慧、才能等，展示在网民面前。人们对谷歌公司的品牌印象，也在这样的浸染中，不断强化。

*吴丹丹：《Google 中国的博客——黑板报开通了》，见 http://arch.pconline.com.cn//pcedu/softnews/dongtai/0602/757177.html。

**参见《数学之美》内容简介，见 http://news.xinhuanet.com/book/2013-04/23/c_124613778.htm，2013-04-23。

第6节　博客案例分析

博客是一个博大的世界，不同的人对于博客有不同的理解，也有不同的应用方式。

一、德拉吉报道

“德拉吉报道”是美国甚至全球范围内个人网络媒体的代表，其创始人麦特·德拉吉基于“每个公民都可以成为记者”的理念开始了他的实践。由于他后来以博客作为其主要的发布平台，因此，他也被视为著名博客的代表。

（一）嗅觉灵敏的独立新闻人

1995年，“德拉吉报道”正式推出。德拉吉常会感慨那些传统媒体在报道突发事件的时候实在反应太慢，他也认为，如果说有什么能摆平CNN（有线新闻网）的话，那就是互联网。他还认为，每个读者都是一个潜在的消息来源。通过网民这个信息源，德拉吉积累了大量的独家新闻。①

最初的“德拉吉报道”主要包括各种小道消息和大众观点，它们以邮件的方式在网上传播，或者以帖子的方式出现在论坛的娱乐版上。后来，“德拉吉报道”的内容发生了变化，转而关注政治圈的“内部消息”。

“抢先一步”，始终是德拉吉的法宝。即使是那些未经证实的消息，他也敢于发布。而在几次重大事件上的“抢先一步”，进一步成就了他的名声。

1997年，由于在法新社工作的“内线”的帮助，“德拉吉报道”在美国率先发布了戴安娜车祸身亡的消息，比美国各大电视网早7分钟。

1998年，它因为在全球最早报道美国前总统克林顿和莱温斯基丑闻一事而全球闻名。

最初发现并追踪克林顿绯闻的并非德拉吉，而是美国《新闻周刊》的记者迈克尔·艾西科夫，但他的稿件却在见报前的几个小时被高层把关人封杀。而就在当天，德拉吉发布了这样一条消息：“在最后一分钟，星期六（1月17日）晚上6点，《新闻周刊》杂志扼杀了一个重大新闻。这条新闻注定将动摇华盛顿的地基：一个白宫实习生与美国总统有染。”这条消息被迅速关注、转载、更新，声势越来越大。起初传统媒体还试图对此事做低调处理，但在公众的关注和舆论的压力下，传统媒体也开始大量报道此事，克林顿也因此经历了一场空前的危机。

作为独立的新闻人，德拉吉在发布克林顿绯闻的消息时没有像《新闻周刊》那么多的阻力和顾虑，因此可以完全按照自己的判断来行事，这也就使他可以保持“抢先一步”的优势。

尽管没有专业媒体的从业经历，但德拉吉无疑是一个嗅觉灵敏的新闻人，他通过各种渠道挖来的猛料，也成为不少专业媒体的新闻来源。

（二）网络新闻的导航者

尽管“德拉吉报道”有不少原创或独家新闻，但是，它的核心定位是新闻聚合者，这是它一直坚持的目标。

①参见颜世宗：《一鸣惊人的德拉吉报道》，见http：//www.people.com.cn/GB/it/1069/1922018.html，2003-06-18。

资深媒体人加布里埃尔·斯奈德认为，“德拉吉报道”成功的原因首先在于德拉吉的专业水准，他认为德拉吉是“世界上最好的新闻编辑”。他能从大量的新闻中找出热点，并放上一个极为诱人的标题。①

在“德拉吉报道”中，主要采用的是新闻标题加链接的模式，人们在这里不会有长时间的停留，而更多的是通过它的导航跳转到具体的新闻页面。

尽管互联网的应用不断创新，技术也越来越复杂，但是，“德拉吉报道”始终采用简洁的博客式页面。美国《旗帜周刊》作家马特·拉巴什认为，德拉吉天才的地方就在于简单的布局。许多想超过他的人都把问题复杂化了。没有标签，没有跳转，他一直遵循着自身的原则。②这样一种简洁的页面，在信息整合和导航方面，却是高效的。

根据皮尤研究中心卓越新闻项目2011年5月发布的报告，新闻网站通过链接中转得到的访问流量大多来自谷歌搜索和新闻，差不多占据了30%，而对新闻网站访问量的贡献排在第二位的便是“德拉吉报道”。③

在某种意义上，德拉吉是以不变应万变。无论是其博客的定位，还是表现形式都没有变化，但是因为他抓住的是本质的需求，因此，这种不变才能适应变化的形势。

对于德拉吉，美国传媒业的感觉是复杂的。喜欢的人说他是瓦尔特·温切尔（美国电台的先锋记者）的化身，不屑的人说他是“谣言八卦之源”，中立的则称他为“互联网上的报童”。④

但无论如何，类似“德拉吉报道”这样的个人媒体，在未来会越来越多，在网络新闻传播中也将扮演越来越重要的角色。

二、徐静蕾博客

名人博客的出现及影响力的迅速上升，是中国博客发展中一个突出的现象。尽管在名人博客盛行的时期，也有人批评名人博客挤占了草根的话语空间，但是，名人进入博客平台，的确在很大程度上提升了博客这个网络应用的知晓度，推动了它的普及。

在众多名人博客中，徐静蕾的博客是访问量最早突破1亿的。尽管今天这个博客已经停止了更新，但是作为一个阶段性的现象，它仍然具有研究的价值。

2005年10月25日，徐静蕾在新浪博客平台开通了个人博客，名为“老徐”。2007年7月12日，“老徐”博客访问量超过1亿，虽然也有业界人士质疑其点击量的数字是否准确，但从当时的知名度与影响力来看，它的确是中国博客的一个代表。

（一）文艺青年与博客气息的契合

尽管是娱乐明星，但徐静蕾的身份不仅是演员，还兼有作家与导演等身份，在很多人看来，她是一个具有文艺气质的明星，而博客，在它兴起的年代，也恰好与这种文艺气质相吻合。

在博客之前出现的论坛也吸引了不少文艺青年。但是，一方面，在论坛那样的多对多的环境中要脱颖而出，更多靠伶牙俐齿、反应机敏，有时甚至还要有些死缠烂打的精神，文艺气质并不容易吸引人们的眼光。

①②③参见柯山：《新闻聚合网〈德拉吉报道〉：一个人的超级媒体》，见 http：//it.sohu.com/20110516/n280592804.shtml，2011-05-16。

④参见《史上最牛新闻人成希拉里铺路石》，见 http：//news.sohu.com/20080310/n255612485_1.shtml，2008-03-10。

另一方面，论坛并不是已经功成名就的明星们所垂青的地方，因为那种互动氛围无助于他们形象的进一步提升。

相比论坛，博客更适合一个人的浅吟低唱。徐静蕾一贯的气质，也正吻合了博客这一文艺的舞台。

(二)“家长里短”构建的“后台”效果

尽管有着文艺的气质，但徐静蕾的博客内容并没有太多文艺的成分，更多的是流水账式的个人记录、家长里短的小事，特别是她家猫的各种趣事。但即使如此，她的博客仍然吸引了无数人的眼球。

仅仅从内容的质量上去评价，是难以解释这一现象的。

徐静蕾的博客的阅读者，多数是她的粉丝。对于粉丝而言，这样的内容，反而给了他们一种近距离接触感，可以让他们自认为看到了名人的“后台”，并由此产生自己成了名人的朋友甚至家庭一员的感觉。尽管前面的分析也指出，这些“后台”的内容，也可能是名人经过精心设计的一种表演，但至少从粉丝角度看，与他们的需求是吻合的。

这样的内容，也给粉丝们与她的互动提供了更低的门槛，即使她并没有时间回复粉丝的评论，但粉丝能在她的博客留言，这也会使粉丝觉得有满足感。

即使不是粉丝，一般的阅读者也没有期待在名人博客里学习知识或受教育，他们同样希望看到平时在媒体看不到的“花边”消息。

徐静蕾博客对于个人生活的“暴露”，也让人觉得她是一个亲和的、自然的人，不装。这无形中也提升了她的人气。

(三) 有意无意的营销平台

作为一个导演、演员，徐静蕾在博客里披露了很多与拍片或工作有关的行程和细节，这些“花絮”式的内容，也成为她作品的一种营销手段。比起媒体提供的类似内容，人们从徐静蕾的视角看到这些，会觉得更有代入感、更内幕，人们感觉自己在目睹一个作品诞生的过程，由此而产生的感情会更强烈并持续。

(四) 敢于尝试新鲜事物的开放形象

在众多明星中，徐静蕾是比较早开设博客的，这既使她占了更多的天时，也成就了她敢于尝试新鲜事物的形象。除了博客外，她还开办了电子杂志《开啦》，后来，她也是较早进入微信公众平台的明星。这一系列动作，也让她的粉丝们有了更多喜爱她的理由。

徐静蕾的博客在 2010 年 11 月就停止了更新。那正是微博在中国最火热的时候。徐静蕾在新浪微博发出第一条微博的时间是 2010 年 8 月，而被称为“微博女王”的姚晨发出第一条微博的时间是 2009 年 9 月，徐静蕾微博的粉丝量与影响力，与姚晨相比，也要弱很多。徐静蕾的微博名称为“鸡毛蒜皮与鸡毛蒜皮”，从名称与内容看，还是在坚持其博客的一贯风格。但是，在微博这样一个有着强烈的媒体取向的社交平台，只谈鸡毛蒜皮的事而不讨论公共话题，能吸引她的粉丝，却难以成为意见领袖。加上没有个人认证，因此，徐静蕾的微博没能再延续其博客的风光。

三、《赫芬顿邮报》

《赫芬顿邮报》被称为美国"互联网第一大报"。它于2005年由阿里安娜·赫芬顿、肯尼斯·勒利尔和乔纳·佩雷蒂共同创建。2011年2月，"美国在线"以3.15亿美元收购了该网站。2011年5月，《赫芬顿邮报》的月独立用户访问量超3 800万人次，首次超过《纽约时报》。这意味着《赫芬顿邮报》已经跻身主流媒体。①

2012年，《赫芬顿邮报》网站因其推出的"战场之外"(Beyond the Battlefield)系列报道而获得了普利策"国内新闻报道奖"，该系列报道反映了在伊拉克和阿富汗战场受伤的退伍军人与他们的家庭生活。

2015年3月15日，在中国的全国人大闭幕会后的总理记者会上，《赫芬顿邮报》记者获得提问机会，这是国外的新媒体首次获得这种机会。

《赫芬顿邮报》曾在美国《时代》杂志评选的"25个最好的博客"中排名第一，在英国《卫报》评出的"50个最有权势的博客中"同样名列榜首。

《赫芬顿邮报》的成功，有很多原因，下面几个方面是其突出的特点。

（一）众包的力量

《赫芬顿邮报》采用的是博客平台的方式，虽然它只有150名带薪工作人员，但它有超过3 000名投稿者，此外还有12 000名"公民记者"，它的读者每个月也能贡献多达200万条投稿。《赫芬顿邮报》称它的工作模式是一种生产者与消费者之间的"共享事业"，其内核是网站最坚定的具有原创能力、质量非常高的博客作者，再外一环是公民记者，而最外的大环则是读者，在这个过程当中与网站博主发生互动。这种新的、更开放的新闻模式可以被视为一种众包模式，其中两个重要的贡献群体是博客与公民记者。②

网站主要创始人阿里安娜·赫芬顿认为，《赫芬顿邮报》的媒体权威性来自网站"未被金钱污染"的运营模式，即网站的新闻内容主要来自博客群体的义务奉献，由广大受众根据兴趣及关注度来决定头版头条。③

（二）媒体化架构与专业化导向

虽然是一个博客平台，但取名为"邮报"，这表明了《赫芬顿邮报》的媒体追求。从网站的整体架构设计、信息整合形式及页面呈现来看，它也完全是按照媒体的方式来布局的。

此外，网站对于博客及公民新闻活动，也有自己的引导。

从2007年7月开始，《赫芬顿邮报》启动了名为"Off The Bus"的公民新闻项目，在普通民众中间大量招募志愿者共同参与总统大选的报道。网站设计了统一的采访问题或要采集的信息，参与的公民将采集的信息填入相应表格中，发回网站。他们将一个采访任务，比如跟踪奥巴马在十几个州的拉票过程，分给50到100名普通人，每人每天花上一个小时，就能完成一个记者两个月才能完成的工作。他们只需要填写统一的表格，并写上自己的观察，然后将素材统一交给"Off the Bus"的编辑，最后写出一篇完整的报道。这个过程是完全透明的，在《赫芬顿邮报》微博上能看到全部源素材。还有志愿者为这个项目设计了维基页面，提供候选人的各

①参见张毅：《〈赫芬顿邮报〉：用6年战胜100年》，见 http：//it.sohu.com/20120418/n340860357.shtml，2012-04-18。
②参见胡泳：《报纸已死，报纸万岁——报纸转型的关键策略》，载《新闻记者》，2011（11）。
③参见林磊：《聚合社群与推动交流——论博客网站赫芬顿邮报之特色》，载《今传媒》，2010（9）。

种背景信息。阿里安娜·赫芬顿把“Off the Bus”称为“分布式新闻”。2008年7月，参加该项目的公民记者数量从最初的300人发展到了7 500人。

可以看到，《赫芬顿邮报》并不是一个完全供人们自由发挥的舞台，它在尊重与激励博客作者的参与的同时，也注重网站的规划与导向，使网站逐步向一个专业化媒体的方向发展。

网站还注重汲取传统媒体新闻价值观的精粹来树立自身作为公共媒体的权威性。阿里安娜·赫芬顿称网站“尝试通过重新呈现新闻事件、议题以引领读者摆脱传统‘左’或‘右’的政治观点局限去观察、思考”①。

当《赫芬顿邮报》影响力与日俱增时，越来越多的专业媒体人也加盟这一新兴的媒体，他们对网站的贡献也越来越大。获得普利策新闻奖的作品正是专业媒体人采访完成的。

(三) 主攻“政治新闻”的定位策略

作为一个媒体，《赫芬顿邮报》将网站主要定位在“政治新闻”上。

网站初创时期有意识地邀请了一些美国著名人士，如曾获普利策奖的历史学家小阿瑟·施莱辛格、名主播沃尔特·克朗凯特、著名记者诺曼·梅勒等，在网站开博。议题主要集中在国内外公共事务领域，如小布什的伊战政策、总统选举、金融危机等，把政治新闻作为网站的重点方向。

这样一种定位，不仅可以有效地将那些领域内的专家力量吸纳进来，也可以在新闻网站的竞争中凸显自己的特色。事实证明，这一定位是成功的。

【本章思考题】

1. 博客中存在哪些公民新闻活动?
2. 你是否还在写博客? 什么原因让你坚持或放弃博客写作?
3. 为什么名人博客更容易吸引网民?
4. 媒体可以如何利用博客?
5. 企业可以如何利用博客?

①转引自林磊：《聚合社群与推动交流——论博客网站赫芬顿邮报之特色》，载《今传媒》，2010 (9)。

第 7 章　SNS："小世界"的映射

SNS是人们基于现实身份进行交流的平台，是现实社会中的社会关系与社交圈的映射与拓展。它使得人们的关系更为多元、紧密，因此在某种意义上，它是六度分隔的"小世界"的一个映射。

由于目前SNS网站在中国发展相对弱势，因此，本章的分析主要围绕Facebook等国外SNS的案例来展开。但其中的规律，对于中国的其他社会化媒体平台，也有借鉴意义。

第 1 节　SNS 的含义及发展

一、SNS 的基本含义

概念

SNS 是 Social Networking Service 的缩写，中文译为"社会网络服务"。它是一种帮助人们建立社交网络或社会关系的互联网应用服务。

SNS以鼓励用户实名注册为前提，为他们提供建立自己朋友圈的服务，用户可以通过朋友去认识朋友的朋友。所有用户的朋友圈相互交织，这样就扩展成一个庞大的联系网络，"小世界"也就得以实现。SNS网站也可以为人们提供以兴趣为基础的社群服务。由于SNS建立的是熟人的网络，因此，其交流的信任度更高。

SNS在很大程度上印证了"六度分隔理论"，甚至进一步缩小了人们之间的分隔度数。2012年1月，米兰大学的几位研究者发布的研究报告《四度分隔》指出，一项针对7亿多Facebook用户进行的研究显示，在Facebook上每两个人之间的中介者平均为3.74个，也就是分隔度数为3.74度。这也意味着，六度分隔的世界已经被Facebook缩小为四度。①

在很多时候，SNS在中文中也被称为"社交网络"或"社交网站"。尽管Facebook的出现的确是源于社交的需要，但是，正如有的研究者指出的，Facebook这样的网站，不只是满足社交功能。②SNS的发展，使得它超越了单纯的社交功能。将SNS简化为社交网站，也许是贬低了其意义。但因为实践中这一提法较为常见，所以也需要尊重约定俗成的用法。

维基百科对于SNS的定义是：它是一个构建人们的社会网络或社交关系的平台，人们借此来分享自己的兴趣与活动、彼此的背景，或者建立实时的联系。③

可以说，SNS是基于人的社会关系网络而构建的新的网络平台，这个平台以个人为中心，以社交为出发点，但是，在社交的推动下，也会产生大量的公共活动与公共信息。

有研究者也将微博（包括Twitter）视作SNS的一种，虽然这样的观点不无道理，但是，SNS与微博的偏向还是有所不同，SNS更多是社交偏向，而微博是媒体偏向。因此，在本书中将微博与SNS分开进行研究。

在美国等国家，当提及"社会化媒体"这个概念时，多数时候也主要指向SNS应用。

①参见"Four Degrees of Separation"，见 http://arxiv.org/pdf/1111.4570v3.pdf，2012-01-06。

②参见谢文：《为什么中国没出Facebook》，前言，北京，凤凰出版社，2011。

③参见 http://en.wikipedia.org/wiki/Social_networking_service。

二、SNS 的发展

当雅虎等门户网站发展进入高峰期时，一批社交性网站开始出现，其中一个代表是 MySpace。

MySpace. com 成立于 2003 年 9 月，由音乐人安德森和商人迪乌夫共同创建。在上线和开始推广后的头几个月，用户增长并不成功。后来 MySpace 开始进行线下推广，对洛杉矶地区的俱乐部、乐队和各种派对等进行赞助，逐渐吸引了很多小的线下社区进入 MySpace，并产生滚雪球式的用户增长效果。[①]

渐渐地，有很多有名的音乐人和乐队加入了这个网站，他们的粉丝也追随而来。

以音乐主题为中心，MySpace 逐步成为一个功能强大的交际平台，在这个平台上，可以实现现实中人际交往的大部分环节。

2005 年 7 月，新闻集团（News Corporation）以 5.8 亿美元现金收购当时 MySpace 的母公司 Intermix Media。

2006 年 7 月，MySpace. com 超过 Yahoo 和 Google，成为美国第一大网站。[②]

2006 年年初，MySpace 开始启动其全球化战略。迄今为止，已开通了加拿大、澳大利亚、新西兰、法国、英国、德国、意大利、西班牙、中国、日本、印度等 20 个国家或地区的分站点。

但是，此后的几年，MySpace 却逐渐衰落，网站一度无法被访问。

2011 年 6 月 Specific Media 公司从新闻集团手里收购 MySpace，将 MySpace 重新定位为专注于音乐领域的垂直娱乐社交网站。MySpace 开始复苏。

尽管目前的 MySpace 影响力大大减少，但它作为 SNS 网站的先行者，仍然具有历史性的地位。

今天全球范围内 SNS 应用的最主要代表，是美国的 Facebook。

Facebook 创办于 2004 年 2 月，最初它是美国校园内的一个交友应用。2006 年 9 月，Facebook 全面开放，用户数量呈爆炸式增长，在年底达到 1 200 万。

今天的 Facebook 已经在全球拥有了超过 10 亿的注册用户。2014 年 12 月，Facebook 日活跃用户为 8.9 亿。[③]

除了 MySpace 和 Facebook，在美国，还先后出现了 Google+、LinkedIn、Instgram、Reddit、Pinterest 等 SNS 应用。它们有些与 Facebook 类似，但也有一些通过人群细分或功能细分的方式，进一步丰富了 SNS 的应用模式。

在 SNS 服务方面，中国早期曾出现了亿友（www. yeeyoo. com）、联络家（www. linkist. com）、优友地带（www. uuzone. com）、四度关系（www. 4dguanxi. com）等网站，但它们都没有产生足够的影响力。后来校内网（后改名为人人网）、开心网的出现，才使得 SNS 应用在中国得到了广泛的关注与应用。

校内网成立于 2005 年 12 月，是中国最早的校园 SNS 社区。2009 年 8 月，正式更名为人人网。

开心网创建于 2008 年 3 月，是国内第一家以白领用户群体为主的社交网站。它创建后，与人人网共同成为中国用户最主要的 SNS 网站。

2012 年 9 月 17 日，人人网宣布即将与开心网实现互联互通。

但是，由于微博、微信等应用的冲击，这两个 SNS 平台在今天都已经衰落。

①②参见《MySpace 为什么会飞速发展》，见 http://finance. qq. com/a/20070118/000628.htm，2007-01-18。

③参见《Facebook 第四季度净利 7.01 亿美元同比增长 34%》，见 http://tech. ifeng. com/a/20150129/40962975_0.shtml，2015-01-29。

在中国，QQ空间也可以被视为SNS平台的代表。QQ空间是腾讯公司在2005年开发的一个应用，早期主要发挥日志的功能，后来逐渐扩展出主页、说说、日志、音乐盒、相册、个人档案、个人中心、分享、好友秀、视频、游戏等。

国外一些研究者将中国的QQ空间视作一种SNS应用，而国内更多时候将其视作博客类应用，但从其结构来看，目前的QQ空间与SNS应用更为相似，视之为SNS更为合理。

根据CNNIC发布的《2014年中国社交类应用用户行为研究报告》，中国的社交网站的渗透情况如图7—1所示。[①] 它所指称的社交网站是"与Facebook形态和功能类似、基于用户线下社交关系而诞生、旨在为用户提供一个沟通交流平台的社交网站"，也就是SNS应用（虽然豆瓣被列为这一类别可能会有异议）。

图7—1　中国社交网站应用的渗透率与经常访问率

资料来源：http://www.cnnic.net.cn/hlwfzyj/hlwxzbg/201408/P020140822379356612744.pdf。

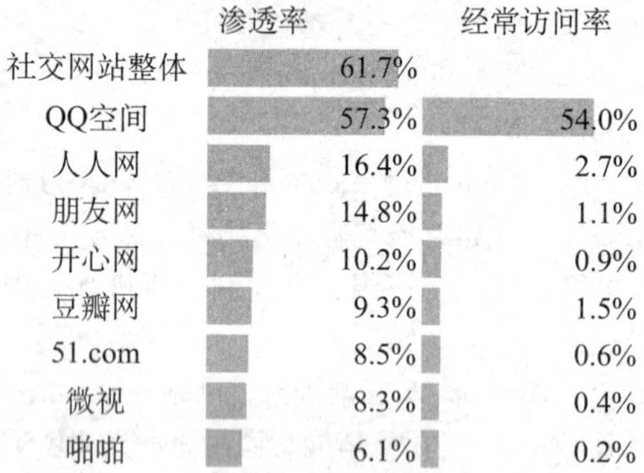

进入移动时代后，SNS在移动互联网生活中的作用仍然十分显著。根据We Are Social与Hootsuite合作发布的《2020全球数字报告》，受调查用户在移动端使用SNS类APP的比例达89%，与聊天（即时通信）类APP并列第一，如图7—2所示。

图7—2　全球用户在移动端使用的主要APP类别及比例

资料来源：https://wearesocial.com/uk/blog/2020/01/digital-2020-3-8-billion-people-use-social-media。

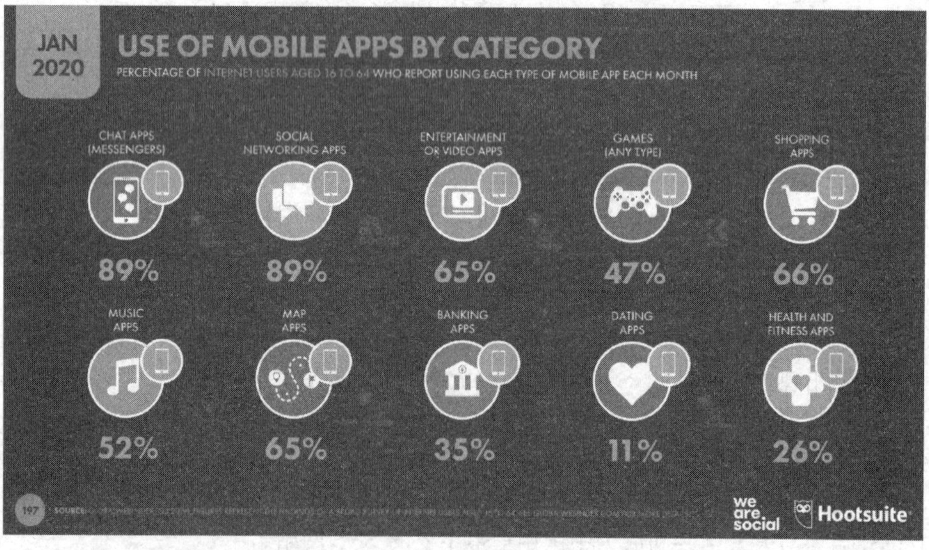

就像其他的社会化媒体应用一样，SNS网站也会有不断的潮起潮落。但是，SNS

①参见CNNIC：《2014年中国社交类应用用户行为研究报告》，见http://www.cnnic.net.cn/hlwfzyj/hlwxzbg/201408/P020140822379356612744.pdf。

的结构与互动模式，在今天的网络中，已是一种常态，也在其他的社会化媒体应用中得到体现。

第2节　SNS的传播结构及传播特点

一、SNS的传播结构

观察SNS的传播结构，可以从它的基本构成单元以及单元之间的连接方式这两个层面入手。

(一) SNS的基本单元

英文维基百科关于SNS的词条，指出了SNS与网络社区的差异：SNS是一个以个体为中心的网络服务形式，而网络社区是以群组为中心的。① 这也表明，SNS的基本单元，是一个个的用户中心。

从每个用户这个SNS的基本单元来看，SNS提供的是一种"个人展示＋多重关联"的模式（见图7—3）。

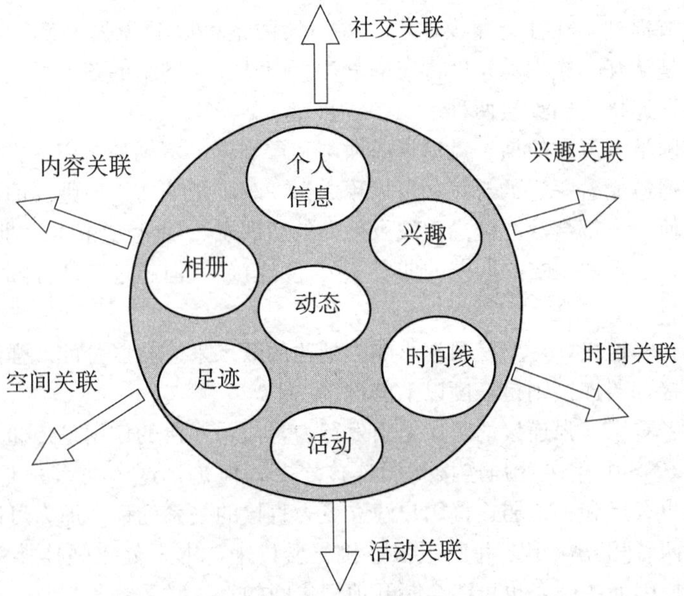

图7—3　SNS的"个人展示＋多重关联"模式

"展示"是以个人为中心的。个体是SNS的基本细胞，而"关联"则是社会网络形成的基础。

虽然微博等平台也是以个人为中心的，但那些平台的重点目标是促进内容分享与流动，因此，内容互动是微博的核心，为个人展示而设置的功能相对较少。而SNS网站则是围绕个体展示来设计其功能的。虽然不同的SNS网站的功能不尽相同，但是，在个人展示方面，它们的方向都是一致的。这些展示功能，也成为个体间形成联系的重要纽带。

在SNS网站里，人们的关联主要包括以下内容。

① 见 http://en.wikipedia.org/wiki/Social_networking_service。

社交关联：通过有意识的社交互动来建立和发展联系。

内容关联：通过对别人发出的内容进行评论、评价或转发，来产生与他人的互动。

兴趣关联：共同的兴趣爱好可以把人们连接在一起，有些情况下，即使人们不进行主动的互动，也会产生联系。

时间关联：人们在某一时间里的共同行为，或特定时间节点引发的兴趣，也是用户产生关联的基础。

空间关联：以空间为基础来寻找人们的共同点，例如开心网的“足迹”，就是以空间为基础，来展示人们的经历或爱好，而这些空间也使不同人之间建立起了联系。

活动关联：通过某一活动来激发人们的共同性，使人们的连接得以强化。调查、投票、游戏等，都是SNS网站常见的活动。

与博客、微博等相比，SNS的关联维度更多，人们形成互动的方式也更多。

而从传播方面看，个人中心也是一个传播节点，它既是一个信息的源头，也在整个网络中扮演着信息流动的开关的角色。

（二）SNS中的强连接与弱连接

SNS中的基本单元——用户，需要通过某些关系链条连接起来，才能构成一个完整的社会网络。

前面章节提到，在社会化媒体中，人们的关系可以分为强关系与弱关系两大类，这主要是从互动频率的角度进行的分类。而从社会网络的角度看，人们的关系还可以分为强连接与弱连接两种。

根据美国学者尼古拉斯·克里斯塔斯基和詹姆斯·富勒的研究，影响力在社会网络上的传播遵循着一定的规律，可以称之为“三度影响力”原则。即人们在社会网络中的任何行为都会泛起涟漪，波及他们的“朋友”（一度连接）、“朋友的朋友”（二度连接），甚至“朋友的朋友的朋友”（三度连接）。但超过三度分隔，影响力就会逐渐消失。①

强连接与弱连接，主要是根据影响力到达的效果来进行区分的。强连接指三度及以内的连接，弱连接则是三度以上的连接。

在研究者看来，强连接的意义是引发行为，而弱连接的作用是传递信息。②

尽管在SNS中存在着强连接与弱连接之分，但是，这个关系并非是凝固的。如果一个用户有意和一个弱连接用户建立更为直接的关系的话，那么可以通过有意的行为，使两者相互认识，并产生强连接。反过来，本来处于强连接关系的两个人，因某些原因而决裂，也可能会断开他们之间的直接联系链条。

因此，SNS的一个意义，也许正是可以实现强连接与弱连接之间的自由转换，构建动态的而非固定的社会网络。

二、SNS的传播特点

SNS的传播特点主要表现为以下几方面。

（一）SNS是从虚拟互动向现实互动的转折

在SNS普及之前，网民更多地采用昵称的方式进行交流互动，更多的互动发生在陌生人之间。而SNS大多要求实名方式，因此，过去戴着面具式的ID互动，

①参见［美］尼古拉斯·克里斯塔斯基、詹姆斯·富勒：《大连接》，39页，北京，中国人民大学出版社，2013。

②参见上书，153页。

变成了真实身份基础上的熟人互动。这使得网络交往的虚拟性减弱，而现实性增强。

从虚拟互动向现实互动的转变，不仅意味着人们互动关系的变化，也意味着网络自我与现实自我关系的变化。网络自我不再是人们逃避现实的方式，而是现实自我的延伸。在这个基础上，网络与现实社会的交融也就更加深入。

SNS中的基于真实身份的互动，也为人们获得社会资本提供了更现实的基础。

尽管在SNS之后出现的社会化媒体应用，并不一定都采用实名制，但是SNS让网络用户有了一个基本的心理基础，他们不再完全排斥实名互动。实名这一前提，为互联网中更丰富的应用开发，提供了新的可能。

而基于实名产生的社会关系映射，也使得网络从虚拟世界逐渐变成现实世界的一个构成部分。

（二）SNS突出了社会网络在传播中的作用

尽管由人们之间的社交关系构成的社会网络，早就广泛存在于互联网中，但是在论坛、博客这样的社区结构里，社会网络往往被局限在小范围里，且是以隐性的方式存在的，人们难以明确知道自己所处的社会网络的全貌。而从传播的角度看，人们的互动往往是基于特定内容的封闭互动，即使有转发这样的信息扩散，其路径也不太明确，社会网络在其中扮演的角色难以判断。

而SNS实现了社会网络的大范围连接与扩张，并且从其设计机制上明确了社会网络作为信息传播渠道的功能。

使社会网络同时充当传播网络，这是SNS最显著的传播特色之一，这也为它之后的微博、微信等应用，开辟了一个重要方向。

（三）SNS确立了个人作为网络传播的节点的地位

在论坛时代，网络是以一个个的群体为基础单元的。一个个体即使在一个论坛拥有呼风唤雨的能力，在传播结构上，他也不是一个独立存在的节点。

博客开始赋予个体以传播节点的角色，每个个体都可以以此为中心，来进行双向的信息交流。但在博客的结构中，个体向外发布信息的能量较大，而从外界获取信息的能量较小，因此，还是有一定的封闭性。

而SNS使个人完全成为一个传播节点，并且从传播结构上提供了平衡的双向信息流动的可能性。

（四）SNS拓展了表达与互动的维度与形式

在论坛、博客等应用中，自我表达与互动常常是单一维度的，文字表达更是自我表达以及与他人互动中的主要形式。而文字表达有一定的门槛，这会影响那些不擅长或不愿意进行文字表达、交流的用户的活跃度。

但在SNS中，音乐与图片等的分享也成为标准配置，文字交流的水平、频率等不再成为互动的障碍，人们获得的乐趣也更为多样。

此外，SNS还包含了礼物、点赞、游戏、调查等互动形式。游戏这种互动方式，对于提高用户的参与度尤为重要。中国SNS网站的兴起，在一定程度上与"偷菜"等游戏的风靡有关。

第3节 SNS中个体用户的使用与满足

SNS中的用户分为两大类——个体用户和机构用户。此处主要分析个体用户的需求与满足。

为行文简洁，本节将SNS个体用户简称为SNS用户。

SNS用户的使用动机，与他们使用其他社会化媒体的动机是相似的，但由于SNS本身的特性，人们在SNS中社交方面的需求表现得更为充分。他们的各种行为，也是围绕社交这个核心展开的。

一、SNS用户的构成

你怎么看

中国SNS用户的构成说明了中国社会的哪些特征？

根据CNNIC《2014年中国社交类应用用户行为研究报告》，中国社交网站用户的构成如表7—1所示。从年龄分布来看，中国社交网站用户主要年龄段为10～19岁（33.8%）、20～29岁（33.4%）、30～39岁（21.9%）；从收入方面看，中国社交网站用户主要分布区间为“无收入”（40%）、月收入3 000元以下（20.2%）、月收入3 001～5 000元（20.9%）；从学历结构来看，初中（18.9%）、高中/中专/技校（30.3%）、大专（19.7%）、大学本科（23.6%）为主要区间。[①]综合这些数据可以看出，中国年轻用户对于SNS的使用热情更高。

表7—1 中国社交网站用户的构成

年龄	比例（%）
10～19岁	33.8
20～29岁	33.4
30～39岁	21.9
40～49岁	7.3
50～59岁	2.8
10岁以下或60岁以上	0.8
月收入	比例（%）
无收入	40.0
3 000元以下	20.2
3 001～5 000元	20.9
5 001～8 000元	10.9
8 001元以上	8.1
学历	比例（%）
小学及以下	5.3
初中	18.9
高中/中专/技校	30.3
大专	19.7
大学本科	23.6
硕士及以上	2.2

①参见CNNIC：《2014年中国社交类应用用户行为研究报告》，见http://www.cnnic.net.cn/hlwfzyj/hlwxzbg/201408/P020140822379356612744.pdf。其中按收入进行分类的用户统计数据，各部分加起来比例超过100%，但原文如此，应为四舍五入造成。

【知识窗】 皮尤研究中心：Facebook、Instagram、Pinterest、LinkedIn 的美国成年用户构成

皮尤研究中心的《2014 版社会化媒体报告》（*Social Media Update 2014*）中关于 Facebook、Instagram、Pinterest、LinkedIn 的美国成年用户（即 18 岁以上）的数据统计如表 7—2 至表 7—5 所示。*

表 7—2 皮尤研究中心报告中 Facebook 的用户构成情况 **

	2013 比例***（%）	2014 比例（%）
在所有互联网用户中的比例	71	71
男性	66	66
女性	76	77
白人、非西班牙裔	71	71
黑人、非西班牙裔	76	67
西班牙裔	73	73
18～29 岁	84	87
30～49 岁	79	73
50～64 岁	60	63
65 岁以上	45	56
高中或以下	71	70
部分大学教育****	75	71
大学及以上	68	74
年薪 30 000 美元以下	76	77
30 000～49 999 美元	76	69
50 000～74 999 美元	68	74
75 000 美元以上	69	72
城市	75	71
郊区	69	72
农村	71	69

表 7—3 皮尤研究中心报告中 Instagram 的用户构成情况

	2013 比例（%）	2014 比例（%）
在所有互联网用户中的比例	17	26
男性	15	22
女性	20	29
白人、非西班牙裔	12	21
黑人、非西班牙裔	34	38
西班牙裔	23	34
18～29 岁	37	53
30～49 岁	18	25
50～64 岁	6	11
65 岁以上	1	6
高中或以下	16	23
部分大学教育	31	31
大学及以上	15	24
年薪 30 000 美元以下	18	28
30 000～49 999 美元	20	23
50 000～74 999 美元	15	26
75 000 美元以上	16	26
城市	22	28
郊区	18	26
农村	6	19

表 7—4 皮尤研究中心报告中 Pinterest 的用户构成情况

	2013 比例（%）	2014 比例（%）
在所有互联网用户中的比例	21	28
男性	8	13
女性	33	42
白人、非西班牙裔	21	32
黑人、非西班牙裔	20	12
西班牙裔	18	21
18～29 岁	27	34
30～49 岁	24	28
50～64 岁	14	27
65 岁以上	9	17
高中或以下	17	22
部分大学教育	20	30
大学及以上	25	32
年薪 30 000 美元以下	15	22
30 000～49 999 美元	21	28
50 000～74 999 美元	21	30
75 000 美元以上	27	34

续前表

	2013 比例（%）	2014 比例（%）
城市	19	25
郊区	23	29
农村	17	30

表 7—5　皮尤研究中心报告中 LinkedIn 的用户构成情况

	2013 比例（%）	2014 比例（%）
在所有互联网用户中的比例	22	28
男性	24	28
女性	19	27
白人、非西班牙裔	22	29
黑人、非西班牙裔	30	28
西班牙裔	13	18
18～29 岁	15	23
30～49 岁	27	31
50～64 岁	24	30
65 岁以上	13	21
高中或以下	12	12

续前表

	2013 比例（%）	2014 比例（%）
部分大学教育	16	22
大学及以上	38	50
年薪 30 000 美元以下	12	15
30 000～49 999 美元	13	21
50 000～74 999 美元	22	31
75 000 美元以上	38	44
就业	27	32
无业	12	21
城市	23	32
郊区	26	29
农村	8	14

＊参见 *Social Media Update 2014*，见 http：//www.pewinternet.org/2015/01/09/social-media-update-2014/。

＊＊表 7—2～表 7—5 原为英文，此处做了翻译。

＊＊＊“比例”指的是在互联网整体用户中的占比。

＊＊＊＊原文为 Some College。这是美国全国教育中心设定的学历统计中的一个分类，意为没有完成大学学业。下同。

表 7—2～表 7—5 资料来源：http：//www.pewinternet.org/2015/01/09/demographics-of-key-social-networkingplatforms-2/。

对美国 SNS 用户构成的分析，不仅揭示了美国几个主流的 SNS 应用平台上用户的构成状况，也反映了它们的用户结构差异。在 Instagram、Pinterest 等以图片交流为主的 SNS 网站上，女性用户比例显著高于男性用户，其核心用户的年龄段也偏低。而在 LinkedIn 这样的职业性社交网站上，核心用户的年龄段、收入水平、受教育水平等较之其他社交网站明显偏高。

不同国家的用户在同类型的 SNS 应用方面，也存在差异。

【知识窗】　人人网和 Facebook 数据调研比较

2012 年年初，市场研究公司尼尔森（Neilson）发布报告，对中美两大社交网站人人网和 Facebook 进行了数据调研和比较。其中一项是用户结构的比较。从调查来看，人人网的用户年龄较 Facebook 用户年龄偏低，而男性用户的比例更高（见图 7—4）。从地域分布来看，人人网用户主要分布在东南部沿海地区，广东、上海和北京等一线发达城市是用户分布最多的省市；Facebook 的美国用户主要分布在东北部、南部和西部，加利福尼亚州、佛罗里达州和纽约州是用户分布最多的三个地区。＊

＊参见《尼尔森：人人网用户黏度高　活跃度超 Facebook》，见 http：//tech.qq.com/a/20120228/000250.htm，2012-02-28。

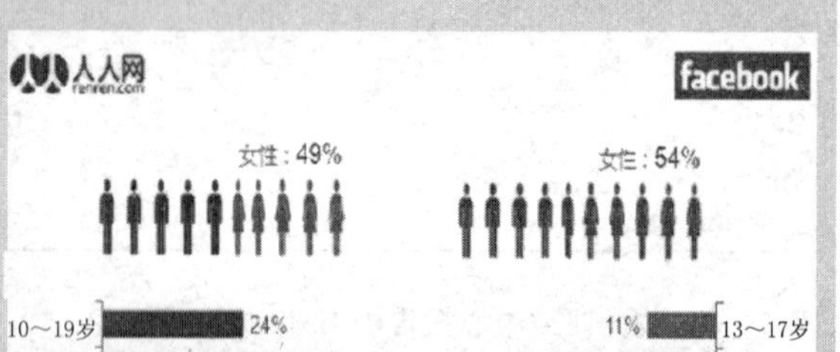

图 7—4　人人网与 Facebook 的用户结构比较

资料来源：http：//tech.qq.com/a/20120228/000250_1.htm，2012-02-28。

当然，用户结构总是会动态变化的。今天的构成情况并不能说明未来的情况。

二、社会关系拓展——SNS用户的基础需求

在CNNIC《2014年中国社交类应用用户行为研究报告》中，社交网站用户使用的主要功能如图7—5所示。①除了看视频/听音乐、在线购物外，其他的功能都与社交有关。

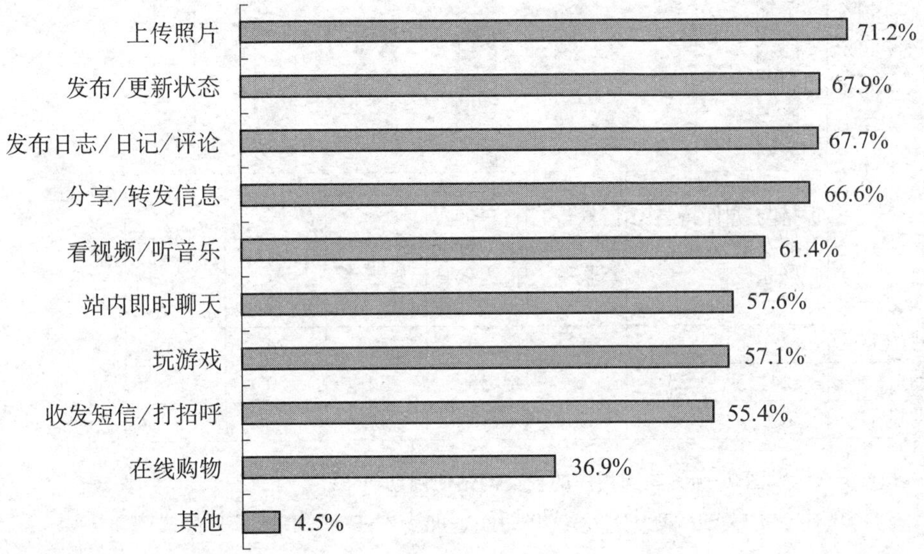

图7—5 中国社交网站用户使用的主要功能

资料来源：http://www.cnnic.net.cn/hlwfzyj/hlwxzbg/201408/P020140822379356612744.pdf。

①参见CNNIC:《2014年中国社交类应用用户行为研究报告》，见http://www.cnnic.net.cn/hlwfzyj/hlwxzbg/201408/P020140822379356612744.pdf。

【案例】 皮尤研究中心：美国人使用社交媒体的动机调查

2011年美国调查机构皮尤研究中心进行的一项名为"美国人使用社交媒体的动机"的调查显示，"保持与现有朋友的联系"，是人们使用社交网站的最主要动机，其次为"保持与家人的联系"、"恢复与老朋友的联系"、"通过分享自己的兴趣爱好与他人保持交往"、"结交新朋友"、"阅读名人、运动员或政治家的评论"、"寻找约会对象"等。具体数据如图7—6所示。*

皮尤的研究也揭示出，性别、年龄、是否有孩子等因素，对于用户的具体使用动机都会产生影响。例如，在将"保持与家人的联系"作为主要动机这一选项上，女性（72%）明显高于男性（55%）；在将"保持与现有朋友的联系"作为主要动机的选项中，女性（70%）也与男性（63%）有较明显差异。在利用社交网站"恢复与老朋友的联系"这一动机方面，有孩子的用户（56%）显著高于无孩子的用户（47%）。50岁以下的用户在"保持与现有朋友的联系"或"恢复与老朋友的联系"的动机的选项方面，显著高于50岁以上的用户。30岁以上用户在"通过分享自己的兴趣爱好与他人保持交往"方面，显著高于18～29岁的用户。**

*参见*Why Americans use social media*，见http://www.pewinternet.org/2011/11/15/why-americans-use-social-media/。

**参见上文。

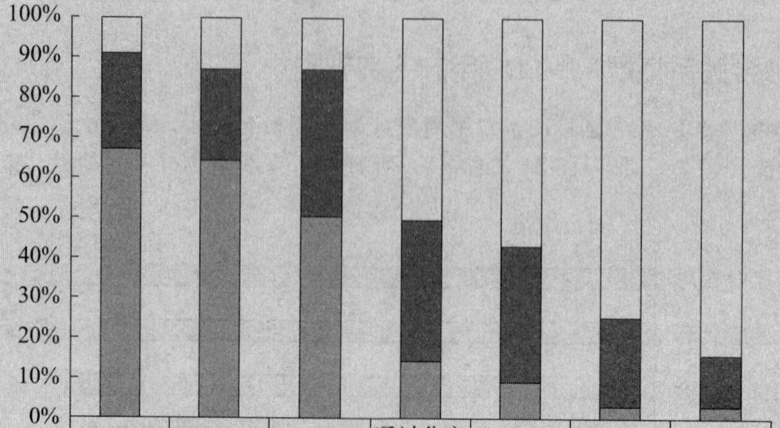

	保持与现有朋友的联系	保持与家人的联系	恢复与老朋友的联系	通过分享自己的兴趣爱好与他人保持交往	结交新朋友	阅读名人、运动员或政治家的评论	寻找约会对象
□不是我的动机	9	13	13	50	57	74	84
■次要动机	24	23	36	35	34	20	13
■主要动机	67	64	50	14	9	5	3

图 7—6　美国用户的社交网站使用动机

资料来源：http：//www. pewinternet. org/Reports/2011/Why-Americans-Use-Social-Media/Main-report. aspx。

由此可见，尽管社交需求毫无疑问是用户的核心需求，但不同用户对于社交的对象与形式的诉求，有所不同。

而从结果来看，SNS 的确对人们的社交圈的拓展起到了显著作用。

皮尤研究中心“互联网与美国生活项目”和哈佛伯克曼研究中心在 2012 年共同发布的调查数据显示，约 72.3%的美国青少年网民使用 Facebook，Facebook 好友的平均数值在 425.4 左右。Facebook 用户的社交圈大小的分布如图 7—7 所示。这一调查还显示：“74%的青少年社交媒体用户，曾经删除过自己网络或好友名单中的朋友。”①

图 7—7　Facebook 用户的社交圈大小

资料来源：http：//tech. qq. com/a/20130522/015769. htm，2013-05-22。

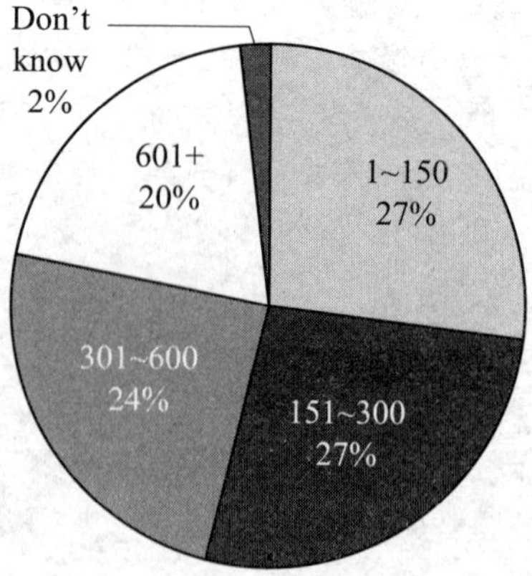

①参见《超 7 成美国少年用 Facebook　人均好友 425》，见 http：//tech. qq. com/a/20130522/015769. htm，2013-05-22。

从调查结果来看，人们在SNS的好友往往数以百计甚至更多，但从理想的社交效果来看，人们的社交圈的规模应该控制在一定范围内，一些研究者认为，“邓巴数”便是其上限。

邓巴数也称为“150定律”。英国牛津大学的人类学家罗宾·邓巴（Robin Dunbar）在对灵长类动物的大脑容量与其群体规模的关系研究中推断，根据人类的大脑容量，人类社会群体的理想规模在150人左右。他进一步解释，这是人们分开之后再见面，一眼能认出来的人数。①

上文提到的尼尔森关于人人网与Facebook用户的调查，也揭示了中美SNS用户在社交圈的构成方面的差异。Facebook用户关注对象排在前三位的分别是朋友（95%）、家人（87%）、同事（45%），对家人的关注度仅次于朋友，远高于其他社会关系；人人网分别是朋友（72%）、同事（40%）、家人（33%），同事在社交网络中扮演了更重要的角色，其比例甚至高于家人。②

CNNIC发布的《2014年中国社交类应用用户行为研究报告》中的调查结果与尼尔森的调查结果有所不同。数据显示，中国社交网站用户的关注对象的情况如图7—8所示。③从中可以看到，同学是中国社交网站用户关注对象中第一位的选择。这也许是因为在尼尔森的调查中，没有把同学作为专门的选项列出来。在这一调查中，亲人或亲戚的比例也明显较尼尔森调查中的家人的比例高，其原因，或许是家人是一个相对较小的概念，而亲人或亲戚涵盖范围更广。

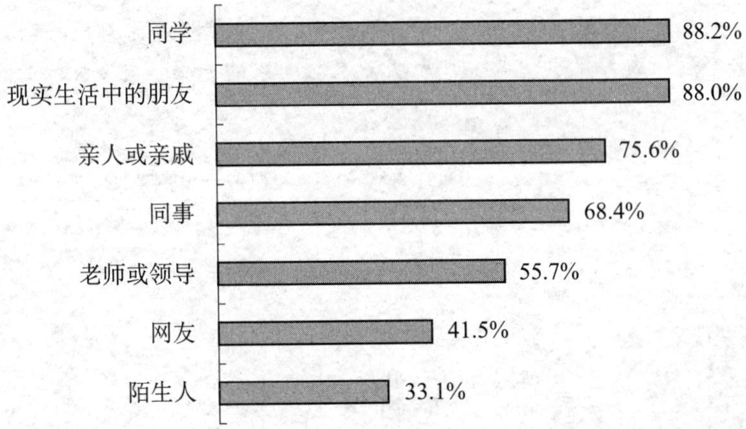

图7—8　中国社交网站用户关注对象的构成

资料来源：http://www.cnnic.net.cn/hlwfzyj/hlwxzbg/201408/P020140822379356612744.pdf。

尽管从理论上来说，SNS网站可以帮助人们拓展自己的社交关系，将与自己没有直接关系的社会网络中的弱连接发展为熟人与朋友。但是从目前情况来看，人们在SNS中，更多的是在熟人的圈子中进行互动，因此，它的更大贡献在于熟人圈子的维系。

三、展示与控制——SNS用户的基本社交策略

SNS用户的社交，大多是以个人的展示为前提的。这包括个人活动、兴趣与观点的展示等。

从社会互动的角度看，这样一种展示是一种形象管理，是用户在SNS这样的平台上的基本社交策略。如果他们能塑造出自认为理想的自我形象，同时这一形象还

---

①参见［美］尼古拉斯·克里斯塔斯基、詹姆斯·富勒：《大连接》，269页，北京，中国人民大学出版社，2013。

②参见《尼尔森：人人网用户黏度高　活跃度超Facebook》，见http://tech.qq.com/a/20120228/000250.htm，2012-02-28。

③参见CNNIC：《2014年中国社交类应用用户行为研究报告》，见http://www.cnnic.net.cn/hlwfzyj/hlwxzbg/201408/P020140822379356612744.pdf。

能获得他人的认可，带来社交活动，那么这种策略就是成功的。

就像在其他社会化媒体空间一样，人们在 SNS 网站中，也同样会进行“表演”，即尽力对自己的社会形象进行控制与整饰。由于人们的活动都是以个人账号为中心的，个人对其管理更为方便，因此，其表演存在着反复排练的可能，用户也可以根据他人的反馈，来不断地进行自我的修饰。

你怎么看

你在 SNS 上进行过形象管理吗？你认为应该如何评价这种行为？

【案例】 美国青少年 SNS 形象管理

美国皮尤研究中心“互联网与美国生活项目”和哈佛伯克曼研究中心在 2012 年共同完成的调查证明，美国的青少年会选择性地“管理”自己 Facebook 的声誉、人缘。数据显示*：

59%的青少年用户，曾经删除或编辑过自己过去发布的内容。

53%的青少年用户，曾经删除过在其他用户主页的评论。

45%的青少年用户，曾经从自己被标记的照片中，删除这些标记。

31%的青少年用户，曾经删除或停用自己的账户。

19%的青少年用户，曾经后悔发布或分享某些状态更新、评论、图片、视频。

青少年用户在社会化媒体上自己的个人档案中披露的信息情况如图 7—9 所示。相比 2006 年，2012 年时，他们在个人照片、学校名称、居住城市、邮箱和手机号码等私人化信息的披露方面，更为开放。这也许是因为实名社交的体验给了他们更多的安全感，使他们对于这些信息的暴露顾虑更少。

该报告还指出：“由于性别、好友网络规模的不同，青少年在社交网络上的声誉管理模式大相径庭。”**

除了性别、好友规模等因素外，现有的调查还表明，不同国家的网民，在 SNS 的形象管理方面，策略也有所不同。

* 参见《超 7 成美国少年用 Facebook 人均好友 425》，见 http：//tech.qq.com/a/20130522/015769.htm，2013-05-22。

** 参见上文。

	自己的照片	学校的名称	居住的城市	邮箱	手机号码
□2006	79%	49%	61%	29%	2%
■2012	91%	71%	71%	53%	20%

图 7—9 美国青少年用户在社会化媒体的个人档案中的信息披露情况（2006 年与 2012 年对比）

资料来源：http：//tech.qq.com/a/20130522/015769.htm，2013-05-22。

【案例】 人人网与 Facebook 用户发布非常个人化的信息的频率

2012 年年初，市场研究公司尼尔森对中美两大社交网站人人网和 Facebook 进行的数据调研和比较显示，人人网用户在发布非常个人化的信息方面，比 Facebook 更为开放，24.2%的人经常发布非常个人化的信息，36.8%的人有时发布非常个人化的信息，29.9%的人很少发布这类信息，9.1%的人从不发布这类信息。而在 Facebook 中，四者的比例分别为 8.8%、27.2%、36.3%，27.7%（见图 7—10）。*

*参见《尼尔森：人人网用户黏度高　活跃度超 Facebook》，见 http：//tech. qq. com/a/20120228/000250. htm，2012-02-28。

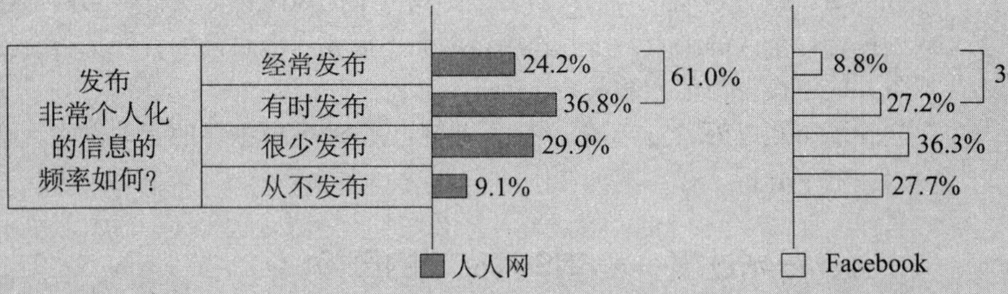

图 7—10　人人网与 Facebook 用户发布非常个人化的信息的频率对比

资料来源：http：//tech. qq. com/a/20120228/000250. htm，2012-02-28。

这样一种调查结果似乎有些出人意料，因为从早期的跨文化传播研究来看，包括中国人在内的东方人在个人信息披露方面是较为保守的。如果尼尔森的调查没有出现大的偏差的话，那么，一种可能的推断是：社会化媒体对于促进中国人在社交方面的开放起到了推动作用。

四、互动——SNS 的多重表演可能

除了个人展示外，SNS 用户之间也存在着互动，这也是一种社会化的表演。而互动是多维度、多形式的。也就是说，用户有了多重的表演道具与模式。

其中，游戏是 SNS 一个非常重要的互动方式，对于中国 SNS 用户来说，它的作用尤其突出。游戏既是一种与他人建立关系的方式，也是一种自我调整、自我表达的方式。

根据 CNNIC 发布的《2010 年中国网页游戏调查报告》，2010 年，依附在 SNS 网站上的网页游戏用户达到 9 209 万，占网页游戏总规模的 87.7%。[①] 这一数据在一定程度上反映了中国 SNS 网站发展的鼎盛时期，游戏在其中扮演的角色。

当时，在人人网和开心网，最流行的是“开心农场”中的“偷菜”游戏。在游戏中，用户扮演一个农场主，在自己农场里种植各种各样的蔬菜和水果。作物从种植到成熟有不同的阶段，每个阶段会发生不同的问题，如干旱、病虫害、长杂草等，需要农场主细心照顾。果实成熟之后，可以被收获进仓库，如果不及时采摘，就会被朋友偷摘。用户可以根据市场波动来选择合适时机卖出仓库中的果实，以获得金币。除了购买种子，金币还可以购买化肥等道具和农场的装饰品，以及用于农场的土地扩建。

这一游戏吸引了数百万的用户，尤其是都市白领。“偷”与“防偷”这种用户

①参见 CNNIC：《2010 年中国网页游戏调查报告》，见 http：//www. cnnic. net. cn/hlwfzyj/hlwxzbg/201106/P020120709345283675163. pdf。

间的互动成为游戏的焦点，一些用户甚至定闹钟半夜起来收菜或偷菜。

这一看似简单的游戏之所以风靡一时，其原因主要是：

第一，整个游戏门槛低，没有太多技术含量，便于全民参与。但它有一种时间的延续性，并且设置了某些特殊的时间点，这样会让用户时时牵挂。

第二，偷菜一方面带来一种成就感，另一方面使得不同用户之间建立起了一种亲密的互动关系。“偷”这个听上去不光彩的词，在游戏里，却被赋予了新的含义，人们往往通过这样一种动作来传递与其朋友的互动意愿。

第三，光明正大地“偷”，在某种意义上也将人们心里压抑的一些暴力倾向或负面情绪释放出来，对很多平日里需要谨言慎行的白领来说，是一种解压的方式。

第四，相对其他互动形式而言，游戏带来的风险可能更低，人们都在按照游戏规则进行，个人的因素不再起作用，因而不需要考虑自己的言行是否会损害自己的形象，或者伤害与他人的关系。

除了游戏以外，“点赞”、“转发”等也是SNS中主要的互动方式，第3章对其动因进行了分析，在此不再赘述。

五、曝光过度——SNS社交中的风险

尽管多数SNS基于实名交流，但是，此类社交仍然存在一定的风险，特别是在对个人信息和行踪曝光过度的情况下。

但是，并非所有用户都会意识到SNS中的风险。

【案例】人人网与Facebook开放性社交需求与风险意识比较

图7—11是尼尔森关于人人网与Facebook用户比较研究的另一些数据。从中可以看到，58%的人人网用户会“直接接受陌生人的好友申请”，而只有26%的Facebook用户会接受；在“允许网站获取我的地理位置”这个选项上，37%的人人网用户的回答是肯定的，而Facebook的比例是24%。对“愿意与别人分享交流”的肯定回答，人人网是85%，而Facebook是60%。这些数据表明，人人网用户对于开放性社交的需求比Facebook用户更为强烈，而在社交中的风险意识相对较弱。

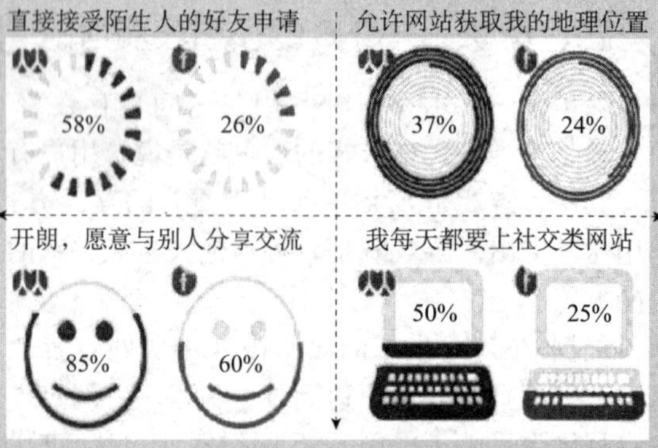

图7—11 人人网与Facebook用户的黏性与开放度对比

资料来源：http://tech.qq.com/a/20120228/000250.htm，2012-02-28。

接受陌生人的好友申请、允许网站获取自己的地理位置，并不是风险源泉的全部。图7—12这一信息图表，用形象的方式说明了社会化媒体给用户带来的风险。

过去，小偷们利用讣告来寻找那些悲催的家庭。现在他们把目光瞄向
Twitter, Facebook, 和 FourSquare
谷歌街景
是精通技术的小偷最经常利用的工具，可以让他们安全地监视目标房屋中人员的进出情况。
超过 75%
被判有罪的小偷认为，其他小偷正利用社交媒体来寻找作案对象。
他们是怎么做的？
你拥有什么
你住在哪里
你离开这些财产的时间可能有多长
通过在Facebook或者Twitter上进行几次高级搜索，可以找到那些可能不在国内的人士。
CHECK-IN
例如有些人在机场休息室签到Foursquare。
地理位置数据
社交媒体平台越来越多地显示用户进行内容更新时身处何方。
57.9N : 2.9W
如果他们知道你在哪里住，并且知道你去了哪里，他们能够获悉你家什么时候是没人的。

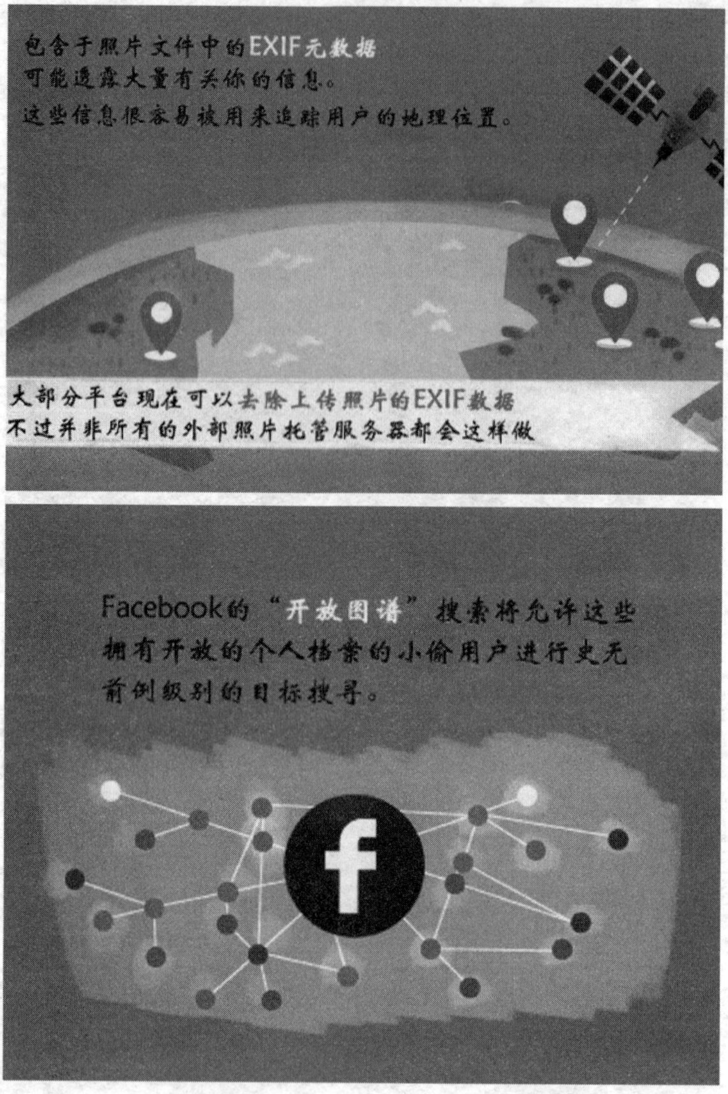

图 7—12　小偷如何利用社会化媒体

资料来源：http://tech.qq.com/a/20130710/012648.htm#p=2，2013-07-10。

但“惦记”SNS用户的不只是小偷，总体来说，SNS中的风险来源于以下几方面。

个人档案中的私人信息泄露：所有SNS网站都需要用户填写一些私人信息，以构成个人档案。尽管用户填写的信息未必是百分之百真实的，但是或多或少，它们还是会与个人的真实情况相关，这些信息即使通过隐私设置进行了保护，也不一定是完全安全可控的。

有意或无意的位置泄露：许多用户都会到一个地方后进行签到，这种方式会暴露用户此刻身在何处以及不在何处，这样的信息被恶意利用的话，便会带来风险。即使不主动签到，如果允许各种应用获得和使用自己的手机位置信息，同样也会带来风险。

个人及家人状态、行踪的过多暴露：很多用户会在SNS中晒自己和家人，特别是孩子的照片，也喜欢直播自己的行踪，其中的风险可能同样很大。

文件中隐含的元数据信息：即使不主动发布自己的状态与行踪，但用户上传到网络中的文件，也会包含一些隐私透露的风险。如图7—12中提到的EXIF文件，是图片背后隐藏的数据文件，记录了一张照片拍摄的时间、相机机身及镜头信息、曝光时间及光圈数据等，这些数据在某些时候也会成为隐私泄露的途径。

六、社交质量与生活质量——不确定的报偿

尽管社交是SNS用户普遍的核心需求，SNS等网络社交也在很大程度上改变着人们的生活方式和社会互动方式。但从结果来看，它并不一定给个体社交质量及生活质量带来积极的回报。

【案例】 SNS对生活质量的影响研究

美国密歇根大学研究人员针对82名大学生志愿者进行了一项研究。调查采用"经验取样法"，研究人员监控这些大学生的社交网络使用状况，同时每天五次不定时给他们发去手机短信，要求他们回答一些问题，比如：当前感觉如何、是否焦虑、是否孤独、是否在使用Facebook、是否在与其他人面对面交流等。调查结果显示，使用社交网站越多的大学生，不快乐的感觉越多，对生活的满意度下降越明显。与之相反的是，使用网络摄像头与朋友聊天或在现实生活中见面能让他们更开心，就连笑的频率也会增加50%。*

虽然这一研究结论的普遍性有待验证，但至少它表明，SNS的使用与社交质量的提升，并不一定存在正相关关系。

*参见荆晶：《常用社交网站影响心情》，见 http://news.xinhuanet.com/world/2013-08/16/c_125179005.htm，2013-08-16。

尽管人们会在SNS平台上精心地进行形象管理，并把它作为一种社交策略，但是，这一策略的过度应用，反而会使人们更多掩饰自己。它也可能导致人们越来越多地只关注自己的形象而不是与他人的互动，从而逐渐失去与他人进行深层交谈的能力。

【案例】 《群体性孤独》：对数字化社交的反思

2011年，美国心理学者雪莉·特克尔（见图7—13）出版了《群体性孤独》（*Alone Together*）这样一部著作，其核心是要唤起人们对数字化社交的反思。从这本书的标题我们可以看到她的寓意——数字化社交或群体互动并非一定是医治孤独的良药，运用不当反而可能是新的孤独的来源。她在2012年TED演讲中也指出：在社会化媒体中"以这种小片段的方式交流可能可以收集到那些精心修饰过的信息，可能表达'我在想你'，甚至表达'我爱你'，但是那些小片段很难让我们互相了解……我们正在为自己挖陷阱，这个陷阱无疑会影响人与人之间的联系，同时也会影响我们和自己的联系，降低我们认识和反省自己的能力。我们越来越习惯这种新的'一起独处'的相处方式。人们想要定制他们的生活，想要在不同的场合和地点之间切换。有人认为这是好事，但是长此以往，人们就会对别人隐藏自己，即便我们一直保持着彼此间的联系"*。

图7—13 麻省理工大学社会学教授雪莉·特克尔

*《雪莉·特克尔：时刻保持联系，却依旧感到孤独》，载《新华日报》，2015-03-18。

你怎么看

SNS 引发了人们社交与生活中的诸多变化和烦恼，你怎么看待这一问题?

SNS 的使用，使用户处于一种广泛的社会比较的环境中。与他人的比较，对个体生活状态带来的影响，也未必是正面的。

【案例】 对 Facebook 引发嫉妒心理的研究

德国柏林洪堡大学和达姆施塔特工业大学的研究人员合作开展的一项调查发现，Facebook 引发嫉妒心理的情况十分普遍。假期照片是引起愤恨的最大诱因，超过半数的嫉妒心理来源于 Facebook 上的假期掠影。社交互动则是引起嫉妒心理的第二大常见原因，用户会比较自己和好友收到的生日祝福的数量，以及照片和帖子获得多少"赞"或评论。

在这项对 600 人的调查中，研究人员发现，1/3 的人们在浏览 Facebook 后感觉心情更糟，对生活更加不满；而那些只是浏览却没有上传任何信息的人受到的负面影响最深。

调查还发现，这种嫉妒心理会让某些用户在 Facebook 上夸大自己的成就，以更好地表现自己。调查显示，男性大多会在 Facebook 网站上进行自我宣传，从而让人们知道自己的成就，而女性则注重表现自己的姣好的样貌和丰富的社交生活。*

同样，目前我们不能对这项研究结果的普适性做出判断，但是社会比较的确会带来更大的社会压力，而 SNS 扩展了社会比较的广度、加深了其程度，它带来的困扰也是可想而知的。

* 参见《调查显示：社交网站易引发嫉妒心理　度假照片为最大诱因》，见 http://www.199it.com/archives/94560.html，2013－02－15。

第 4 节　媒体对 SNS 的应用

SNS 在今天日益成为媒体的新的传播渠道，在 Facebook 等平台上，这一点表现得尤为明显。

一、SNS 与媒体的相遇

尽管人们对新闻的需求是永恒的，但他们对于新闻传播渠道需求却是变化的，在今天，包括 SNS 在内的社会化媒体已经成为人们获得新闻的重要渠道。

事实表明，类似 Facebook 这样的社交平台，正在推动着公共信息的传播，特别是它们将社交与新闻阅读两者捆绑在了一起，人们更有可能因为社交活动而有意、无意地增加对新闻的接触。

用户获取新闻的渠道转移，意味着媒体传播渠道的变化，进入 SNS 平台，已经成为媒体的一个重要选择。

在中国，最早的社会化媒体传播实践，是从 SNS 平台上的探索开始的。

2009 年 6 月 16 日，新华社电视成为开心网的第一个机构用户。在此之前的 5 月 12 日，新华社音视频部以汶川地震一周年电视直播报道为契机，把其中的部分

【案例】 Facebook 的新闻消费者比例研究

根据皮尤研究中心 2013 年与奈特基金会(John S. and James L. Knight Foundation) 合作进行的一项研究显示，有 30% 的美国成年人(或者说 Facebook 用户的 47%) 会在 Facebook 网站上消费新闻内容，这一调查还揭示了用户眼里 Facebook 作为新闻来源的重要程度及其原因等，如表 7—6 所示 (表中的"比例"指在 Facebook 的新闻消费者中的比例)。*

表 7—6 Facebook 作为新闻来源的重要程度及原因

Facebook 作为新闻来源的重要程度	比例
Facebook 是最重要的新闻来源	4%
Facebook 是非常重要但并非最重要的新闻来源	39%
Facebook 是不那么重要的一个新闻来源	57%
选择 Facebook 作为新闻来源的原因	比例
它是一个有价值的新闻渠道	22%
在 Facebook 上干其他事时可以看新闻	78%
Facebook 作为新闻来源的不可替代性	比例
Facebook 中的新闻只有在这里里才能看到	25%
在这里看的新闻，也能在其他渠道看到	75%

资料来源：http：//www. journalism. org/2013/10/24/the-role-of-news-on-facebook-2/，2013-10-24。

* 参见 *The Role of News on Facebook*，见 http：//www. journalism. org/2013/10/24/the-role-of-news-on-facebook/，2013-10-24。

内容放到开心网上，5 月 11 日清晨 6 时推出，到 13 日下午下线。"新华社音视频部和开心网汶川地震一周年寄语专题"留言达 63 万条。通过新华社电视的主页，用户可以加新华社的十大主播、十大电视评论员、海内外十大出镜记者等为好友，与新华社的这些"名嘴"、"名记"们近距离交流。

2009 年 7 月 10 日，上海文广集团旗下的媒体整体进驻开心网，东方卫视、第一财经等 9 个电视频道和上海交通台等 3 个广播频道，成为开心网的机构用户。与新华社电视一样，上海文广同样让旗下媒体主持人、团队成员在开心网与粉丝实时互动，发布新闻，交流心得。这些主页还发布电视剧、新闻、电视栏目的信息，利用"投票"、"留言"等功能，实时掌握粉丝们的需求，并进行有效的调整。

此后，"央视财经频道"、《北京晚报》、"新浪头条"、《南方日报》、"时尚芭莎"等数十家媒体在开心网建立了自己的账号，并拥有了各自不同阵容的"粉丝团"。

在人人网，也有一些媒体建立了自己的公共主页。

但在中国，SNS 网站最终并没有成为传统媒体主要的传播渠道。究其原因，主要是因为 2009 年 8 月新浪微博开始运营，风头很快盖过开心网、人人网，用户也开始向微博转移。微博偏媒体的属性，使其在大众传播方面的影响力迅速增长，于是成为传统媒体新的选择。

但 Facebook、Pinterest、Instagram 等 SNS 平台，仍然是媒体重要的社交传播渠道。

在这些渠道的传播，不是传统媒体内容的简单再发布，也不仅仅是媒体记者、编辑、主持人等与受众的互动，它是一种全新的传播形式。

2009 年 5 月，《纽约时报》任命詹妮弗·普雷斯顿 (Jennifer Preston) 为报社的首任社会化媒体编辑。而今天的《纽约时报》更是有了一个专门的团队来进行社会化媒体的编辑与运营，包括指导报社的编辑与记者如何开展社会化媒体上的业务。

这种变化不仅是针对《纽约时报》而言的。今天，所有媒体的所有媒体人，都需要拥有对包括SNS在内的社会化媒体的应用能力。

二、媒体利用SNS的主要方式

SNS给媒体带来了很多新可能，具体而言，媒体应用SNS的方式主要包含以下几个方向。

（一）传统媒体传播的扩张与改造

媒体在SNS中的新闻传播，既是传统的新闻报道的延伸与扩张，也是一种改造与变革。在以下几方面，表现更为突出。

1. 重大或突发新闻的实时报道

2013年4月15日，波士顿爆炸事件发生后，几乎在爆炸案发的同时，相关图片与现场描述就通过Twitter、Instagram等途径传上网络。包括SNS在内的社会化媒体已经成为突发事件发生后信息汇聚与交换的一个不可替代的渠道。在这些特殊时刻，它们扮演的角色不亚于传统媒体。

与此同时，传统媒体在时效性要求很高的突发新闻报道中，也开始全方位利用SNS平台。

【案例】 SNS成为重要信息发布平台

2013年8月，《纽约时报》网站遭遇不明技术故障，整个网站宕机逾一小时。而此时，《纽约时报》正在进行一个重大新闻的报道，即埃及军警清场导致数百人死亡。报纸在第一时间通过Twitter宣布了宕机消息，接下来的几个小时，该账号发布了很多发自埃及的报道，但《纽约时报》网站依旧宕机，于是报纸转而通过Facebook官方主页发布全文报道。*

卡塔尔半岛电视台英语频道也充分利用Facebook进行突发事件报道，一旦有突发新闻，编辑人员就会在Facebook主页上发布最新消息，通知读者有重大事件发生，读者可以直接在这个网页上观看。一位半岛电视台的高层评价说："Facebook是一个不可思议的信息发布平台。"**

*参见思远：《纽约时报网站周三宕机：转用社交媒体发布新闻》，见http://tech.sina.com.cn/i/2013-08-15/09148640670.shtml，2013-08-15。

**清风：《Facebook正改变传统新闻报道模式》，见http://tech.sina.com.cn/i/2011-02-28/16145227170.shtml，2011-02-28。

类似这样的例子，在SNS中屡见不鲜。作为一个7×24小时的新闻发布平台，SNS无疑为媒体实现时效性方面的追求提供了广阔的空间。

2. 跨平台的融合式传播

今天的媒体都在进行跨平台的融合式传播，特别是在较为重大的题材上。这既体现在媒体机构层面，也体现在媒体记者的个体层面。这其中的平台，也包括SNS这样的社交平台。

一个报道题材在几个平台同时传播时，并非只是一个内容在多个渠道的反复出现。所谓融合，包括报道形式、角度等的差异与互补。

在SNS平台上出现的内容，通常是为了抢新闻的第一落点，内容与形式更为简洁，报道过程更为动态。

除了正式的报道外，与报道有关的采访手记、记者的评述等，也是这个融合体系中的一个组成部分，而这样的内容，更适合于在SNS上发布。

3. 传统媒体内容的再传播

并非所有题材都需要进行融合式报道，但即使是那些非融合报道的内容，SNS也是它们的一个再传播平台。

再传播并非只是一个复制与粘贴的过程，而是一个再提炼、再加工的过程。

将传统媒体的内容放到SNS上时，可以考虑从以下几个方面进行再加工。

其一，对传统媒体已发布的内容进行精华摘录，并赋予其新颖的包装形式。

【案例】 在Pinterest创建"引言"

《华尔街日报》在Pinterest创建的名为"引言"（Quotes）的图片板（board），便是传统媒体内容再传播的一个新尝试。编辑们收集《华尔街日报》文章中的金句，并设计了一个将周边文字雾化的模板（见图7—14）。尽管这些文字本质不是图片，但这样的形式，突出了那些中央的文字，整体也具有了图片的效果，编辑们认为这是一种"最好的表现形式"。《华尔街日报》的社会化媒体编辑布瑞恩·阿吉乐（Brian Aguilar）认为，报纸的文章里有很多值得记住的声音，这使编辑有机会凸显它们并激发读者阅读文章的兴趣。*

＊参见王崇旭：《WSJ与Pinterest：传统媒体在新锐服务上的另类风采》，见http：//www.ifanr.com/80349，2012-03-28。

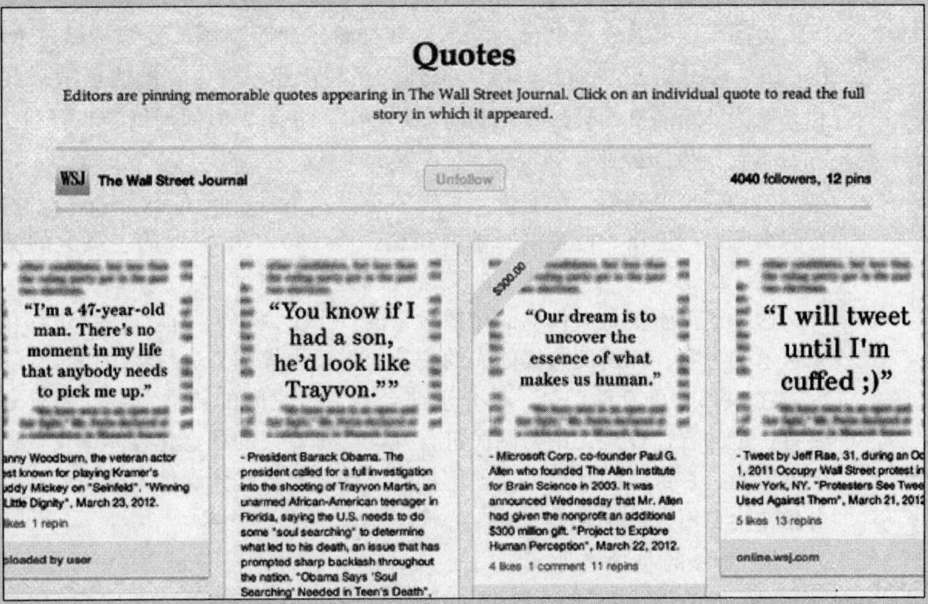

图7—14 《华尔街日报》在Pinterest创建的"引言"(Quotes)

资料来源：http：//www.ifanr.com/80349，2012-03-28。

其二，对传统媒体已发布的内容进行语态变换，以适应SNS的传播特点。

SNS是基于人际关系网络进行的传播，在这里发布的内容要打动人并被人们传播，需要更有人情味、更具故事性、更具趣味性，需要有更多的成为谈资的要素，篇幅通常也应更短小。编辑需要从传统媒体的内容中去寻找和突出这些要素，通过缩写、改写等方式，改换其语态。

其三，增加台前内容的幕后背景，以调动人们的兴趣。

传统媒体呈现给受众的内容，都是经过精心加工、整饰的，是一种在台前呈现的效果。但是，有时幕后的内容，如记者的采访过程、采访中的遭遇、写作中的磨难等，反而更能引起人们的兴趣。在SNS中，适当披露这些背景性的内容，可以使网民感觉自己变成一个见证人和参与者，立体地了解了一个报道的诞生过程。因为这些信息、这些报道也许会唤起阅读者更多的情感因素。

4. 与网民的"共动式"新闻报道

美国南加州大学新闻传播学院数字新闻部主任马克·库珀（Marc Cooper）指出，发布不是新闻的结束，而是新闻的开始。① 在SNS等社会化媒体平台，他的观点尤为适用。

今天的很多新闻是媒体人和公众之间的一种共动式报道。

在进入网络时代后，媒体与受众的互动性成为网络媒体的主要特点之一，但网络不仅提高了互动性，更是赋予了媒体与受众的共动能力。也就是两者紧密结合，甚至融合，不分彼此地共同完成新闻资源的获取、提炼与加工。今天很多新闻报道不再是传统意义上一个个完整的新闻作品，而是一个多方参与、延绵发展的新闻生产过程。

这种共动式报道，首先体现为一个新闻事件披露出来后，网民以有意或无意的方式参与后续报道，提供新闻线索或相应资源。

美国全国公共广播电台（NPR）社交媒体部门制作人爱德·佩拉尔塔（Eyder Peralta）在分析SNS对其影响时提到，在利比亚事件中，虽然全国公共广播电台和其他国外新闻机构被禁止在利比亚从事新闻报道，但他们仍能获取利比亚用户在Facebook上发布的照片和视频。②

共动式报道的第二个表现，是媒体报道发布后，网民与媒体人以及网民之间进行的交流。与论坛、博客以及微博相比，Facebook等SNS的主页上的交流可以更为持续、广泛，且一个主题下的交流可以更为集中。

这种交流不仅是对作品的传播效果的一个反馈，也可能促进报道深化，影响未来报道的方向。而网民与媒体人的交流，需要由媒体来进行组织。

在SNS中的互动，是一种介于前台与后台之间的传播。它既要有专业性，又要有一定的普适性。无论与网民进行互动的是专门的社会化媒体编辑，还是一般的记者编辑，在这样的互动中，他们都既要展示自己作为媒体人的职业性，又要展示自己作为自然人的亲和力。

5. 资源的整合与展示

Facebook等SNS平台提供了时间线（timeline）功能，用户可以按照时间线来查看自己或他人在特定时间发布的内容或进行的活动。对于媒体来说，如果思路创新，应用得当，时间线也会具有重要的价值。

例如，《纽约时报》将从创刊的19世纪50年代直至今日的重大事件都载入到时间线内，一方面让人们看到完整的历史进程，另一方面引导用户联想到《纽约时报》作为历史的见证者与记录者的角色。

①参见《马克·库珀：发布不是新闻的结束而只是开始》，见http://mp.weixin.qq.com/s?__biz=MjM5MzMxNjcyOQ==&mid=204324392&idx=1&sn=36f1044916ffebb9cd41539853c60904#rd，2015-03-17。

②参见清风：《Facebook正改变传统新闻报道模式》，见http://tech.sina.com.cn/i/2011-02-28/16145227170.shtml，2011-02-28。

【案例】《纽约时报》：在 Facebook 上与网民互动的步骤

《纽约时报》总结的在 Facebook 上与网民互动的步骤包括：

提前宣传：在活动之前，发布一篇博客让读者知道这个互动话题，并且在 Facebook 和 Twitter 上进行宣传。

给读者一个有利的开端：在话题开始前十分钟，在 Facebook 上提出话题，让人们知道开始并采集问题。

向大家打招呼：作为东道主，应开始介绍自己，让读者知道你已经准备开始了。

回答问题：每次都选择一个最好的问题去回答，在回复中提及提问者的名字。每次可能有很多评论，你不必立刻回答所有问题，试着理清你想提及的内容。

建立一个持续的关系：如果你允许订阅者订阅你的 Facebook 帖子，抓住问答时的机会鼓励参与者订阅。

规范思路：有一个协调者监督协调评论，删除那些令人讨厌的或者脱离话题的评论，这将有助于在互动前期表明你的适度温和策略。

顺利地完成任务：让读者知道你的话题总结时间，或者是你最后一个答复的时间。《纽约时报》在 Facebook 上的话题互动时限为一小时。

总结和分享：在话题互动结束之后，将问答交流的收获发布在 Storify 上，或者将其放在《纽约时报》网站上，使得非 Facebook 用户可以看见和了解。*

* 参见斯年：《解析〈纽约时报〉在 Facebook 互动八个步骤》，见 http://news.sina.com.cn/m/2012-02-02/095723870736.shtml，2012-02-02。

时间线也可以成为一个很好的媒体资源的归档与展示手段。将媒体最重要的报道整合到时间线中，可以展示媒体的精华，也可以让用户更方便地进行资料的查询。

(二) 媒体网站的流量导引

SNS 不仅是媒体直接的信息发布渠道，也是媒体网站的导引者，毕竟新闻的完整呈现常常只能在网站中才能完成。

而 SNS 在给第三方网站进行流量导引方面，其能量的确是不可小视的。根据美国社交发现和分享平台 Shareaholic 在 2014 年 10 月发布的数据，2014 年第三季度，Facebook 平均为第三方网站输送了超过 22%的流量，Pinterest 比例为 5%。①

在媒体的 SNS 主页中发布媒体的精华内容，以吸引用户到媒体的网站，是最常见的方式。

根据皮尤研究中心的调查，用户点击 Facebook 中新闻网站的链接的原因，如图 7—15 所示。

这些调查数据提示我们，报道内容与网民兴趣相吻合，是网民愿意点击链接进入到新闻网站的重要原因。当然，SNS 常常只提供报道的标题和内容提要，而不是全文。要让 SNS 中的网民能发现报道的趣味与价值，很多时候需要根据 SNS 的情境改写标题，制作引人入胜的引导文字。在微博的传播中，也有同样的问题，下一章将对此进行进一步分析。

上述调查也表明，朋友的推荐，也常常是人们愿意进行深度阅读的原因。吸引

①参见鼎宏：《调查机构报告：Facebook 稳坐输送流量王座》，见 http://tech.sina.com.cn/i/2014-10-28/doc-iawmsfu3188347.shtml，2014-10-28。

一个用户的结果，可能是通过他带动了一批用户，因此，利用相关技术来发现用户的阅读偏好，不仅可以满足一个用户的需求，还可以通过他去影响更多人。因而，对那些有影响力的关键用户的分析尤为重要。

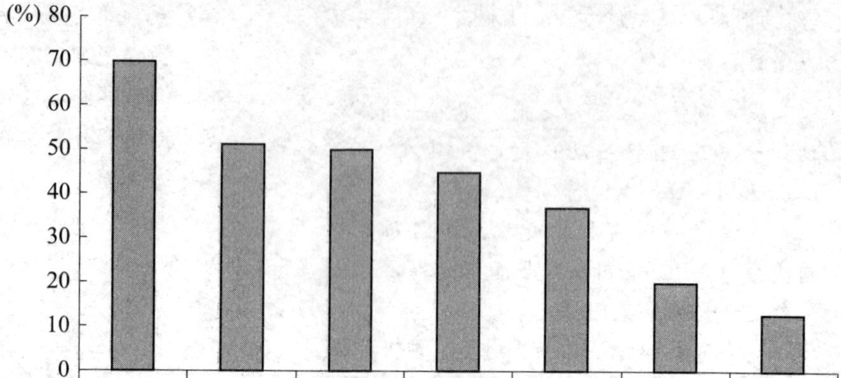

	对话题感兴趣	报道看起来有意思	报道出乎意料	与我此前关心的内容有关	朋友推荐的新闻	报道是我喜欢的媒体发布的	报道的评价和点赞数很多
■比例	70	51	50	45	37	20	13

图 7—15　用户点击 Facebook 中的链接进入新闻网站的原因

资料来源：http：//www.journalism.org/2013/10/24/the-facebook-news-experience/，2013-10-24。

媒体的品牌仍然在 SNS 中有一定的意义，但已经没有绝对优势。但媒体保持其专业水准，无疑仍是重要的。

对报道的评价和点赞数量，在一定程度上对用户也会有影响，但其影响力度未必像人们想象的那么大，因此，单纯关心和追求点赞与评价数，也许是本末倒置的做法。

除了在媒体机构的主页发布媒体网站中的内容以吸引用户到网站访问外，SNS 还有其他方式，为网站进行流量的导引。

媒体机构的每个成员的主页，也可能成为流量的引导者。这些主页的信息一般更为个性化，通常比官方的主页更有人情味。媒体人自身也有朋友圈子，利用个人魅力和人际网络的劝服力，将更多用户引导到网站，也是可行的。

SNS 的一些插件，也有助于媒体网站与 SNS 网站之间的互通。

例如，如果在网站安装 Facebook 推出的点赞“Like”插件，就会在网页上显示一个“Like”按钮，通过它用户可用 Facebook 账号对网站上的内容进行评价，而用户在网站的行为可动态同步到 Facebook，这同样有助于网站流量的提升。该功能于 2010 年推出，而 2011 年公布的数据显示，嵌入了“Like”按钮的媒体网站的跳转流量平均增加了 300%。① 当然，在网站什么样的位置放置这个按钮会产生更好的效果，也是需要仔细斟酌的。

（三）用户资源的整合、管理与利用

被称为“社交媒体时代的通讯社”的美国新媒体企业 Storyful 的创始人及 CEO 马克·利特尔（Mark Little）指出：“不久之前，记者还是稀缺信息的保卫者，读者在特定时刻被动接收这些信息。今天，我们是过剩信息和内容的管理者。信息的发现、验证和发布需要与活跃社区合作。”②

而要利用好来自用户的内容资源，除了人工方式外，借助相应技术工具也很重

①参见王壮：《用数字说话：Facebook 的 Like 按钮和社交插件有多牛!》，见 http：//www.36kr.com/p/25230.html，2014-06-06。

②李玮：《社交媒体上，如何鉴别假消息?》，见 http：//tech.sina.com.cn/i/csj/2013-04-23/08468269167.shtml，2013-04-23。

要，因为毕竟SNS中的资源是海量的。

Storyful提供的Newwire便是一个帮助媒体进行社会化媒体资源收集与整理的工具，它实时监测Twitter、Facebook、Youtube、Instagram、Pinterest等社交媒体上的"有新闻潜质"的UGC图片、视频素材等，并通过专业新闻方法对之进行核实、求证和加工，在原创作者允许的情况下分发给其合作客户。

Newwire对信息进行核实的方法包括：检查视频上传者的历史记录，他是否分享过有用、可信的内容；充分利用Google街景、卫星图等，比照视频中的地点信息是否属实；翻译出视频中的每句话，分析其中的意思；咨询其他消息源或相关已经证实了的消息源；监测社交媒体信息流，看看都有哪些人在分享，都问了什么问题等。①

Newwire的这些原则，也可以作为人工查找信息、核实信息的参照。

Facebook近年开发了专门针对媒体的API（应用程序编程接口），Facebook上的一些媒体合作伙伴，如BuzzFeed、CNN、NBC都可以接入到公共API上，从而可以实时追踪Facebook用户围绕某些关键词讨论的内容。

SNS中蕴藏的来自用户的资源，不仅表现为作为新闻报道的由头、线索或推动力量的UGC，也包括用户的行为及其相关数据等。这些数据都是大数据的来源之一，也是今天媒体需要用全新的思维与手段利用的资源。

（四）媒体的品牌或产品营销

对于媒体来说，SNS网站也是其品牌或产品营销的一个新平台。

国内多数媒体在开心网、人人网以及Facebook上开设账号，其主要目的就是品牌传播。

媒体生产的单个产品，也可以借SNS进行营销。例如，在中国媒体开始进驻开心网的时候，《让子弹飞》、《熊猫大侠》等电影也探索过在这样的平台上进行营销的思路。其中，《让子弹飞》在开心网注册账号仅3天，粉丝用户就接近2.5万人。这个账号每天都会分享和转发多篇有关姜文和电影《让子弹飞》的新闻及活动信息，并发起各类与电影有关的投票。《让子弹飞》的营销人员表示："在开心网上投放的影片花絮、宣传内容，通常是传统媒体无法利用的所谓'边角料'；而现在，'边角料'也可以发挥最大效用。"②

当然，媒体及其产品在SNS的营销，并不只是利用"边角料"，它们也需要针对SNS平台专门制定营销策略与营销活动。

过去由于媒体本身的公器性质，它们无法在自己的媒体平台上开展营销活动，而SNS则给它们提供了一个新的空间。

但是，也有一些媒体坚持不在SNS为自己做营销推广，如《纽约时报》的社交媒体部门资深内容编辑麦克尔·罗斯通（Michael Roston）表示，我们不做任何与发布新闻的工作相冲突的事情。③

对于媒体来说，SNS上的营销的确需要更为审慎，应该避免任何有损于媒体的客观、中立形象的营销活动。而优质的内容、高明的传播技巧，本身就是其品牌最好的支撑因素。

三、媒体在SNS上可能遭遇的陷阱

就像在其他社会化媒体平台上一样，在SNS中，媒体可能遭遇的陷阱也很多。

①参见Chloe：《因为有种信息匮乏叫做"海量数据"，所以社交媒体时代的通讯社Storyful才存在》，见http://www.36kr.com/p/208659.html，2014-01-03。

②《姜文〈让子弹飞〉入驻开心网 借社交网拉影迷》，载《解放日报》，2009-08-03。

③参见陶文静：《揭秘：〈纽约时报〉怎么玩转社会化媒体》，载《新闻记者》，2015（3）。

主要风险有以下几种。

（一）虚假信息陷阱

【案例】 波士顿爆炸案：虚假信息的流传

2013年4月波士顿爆炸案发生后，在Facebook上流传着一张照片，照片中一名身穿红色衬衣的男子跪在地上，用手抱着一名女性，其解说是："红色衬衣男子计划在跨过波士顿马拉松比赛终点线后向女朋友求婚，但她却去世了，我们中的大多数人永远不会体会到那样的情感痛苦。"但事实是这是一名男子在终点线安慰一名受伤女子。尽管媒体在发布图片时的说明是准确的，但"求婚说"这样的假信息仍在Facebook大量传播，一个冒充演员威尔·法瑞尔的Facebook账号（该账号自称是恶搞）转发了这张图片，很快这张图片便有了448 000个"赞"，被分享了92 000次。*

尽管在这个事件中，媒体并没有"中招"，但是这样的典型事件时时提醒着媒体，社交网站的内容鱼龙混杂，稍不留神，就可能落入虚假新闻的陷阱。

*参见《海外观察专稿：波士顿爆炸案5大谣言》，见http：//news.sina.com.cn/w/gc/2013-04-17/114745.shtml，2013-04-17。

除了突发事件中的各种不实消息外，名人去世的假消息，也是SNS等社交平台最容易出现的假新闻中的一种。金庸、成龙、摩根·弗里曼、威尔·史密斯、贾斯汀·比伯等都多次在社交媒体中"被死亡"。曼德拉、普京等政要，也曾被传过"死讯"。

虽然Facebook已经建立了由用户举报假新闻的机制，但是这并不能完全避免虚假新闻的存在。

在时效性压力很大或是媒体间竞争激烈的情况下，例如突发事件发生时，记者或编辑可能更容易受到虚假新闻的欺骗。甚至一家媒体出错后，会引发一连串媒体的错误跟进。

越是这样的时刻，媒体人越需要冷静，多源求证这样的基本原则，仍需坚守，而利用各种手段进行信息的查验，也是预防假新闻的关键。下一章将结合微博的实践介绍一些具体的信息核实的方法。

（二）个人行为与职务行为边界的模糊

今天的媒体都鼓励编辑记者积极利用Facebook等SNS网站。如何才能把握好个人行为与职务行为的界限，也就成为一个新的挑战。

路透社有这样的规范，名为《网络报道守则》（*Reporting from the Internet*），规范指出：

利用社会化媒体也要遵循准确、不偏袒、完整的原则。记者不能损害路透社以公正和独立著称的声誉，否则路透有权调整其报道领域和管理职位。如果情节严重，路透社将会启动既定的管理程序。①

此外，规定中还对社会化媒体的使用给出了具体建议，包括：

三思而后贴：面对不真实甚至是恶意的指责时，要控制负气回帖的冲动，同时一刻也不能丧失判断能力。

①参见文建：《怎样规范使用博客、微博等社会化媒体——路透〈网络报道守则〉主要内容和要求》，载《中国记者》，2010（6）。

【案例】 美联社：美联社员工社会化媒体指南

早在2009年，美联社就出台了《美联社员工社会化媒体指南》（*Social Media Guidelines for an AP Employee*），2011年、2013年又先后对这一规范进行了更新。2013年5月版的规范中的要点包括：

我们鼓励每一个美联社的员工开设社会化媒体账号。社会化媒体已经成为美联社的记者们获取信息和分享工作成果的重要工具。我们建议在每一个社会化媒体中创建一个既个人化又有专业性的账号。

关于账号

如果将社会化媒体账号用于工作目的——无论采用何种方式——必须标识出自己是美联社的员工。

严禁在社会化媒体上发布美联社专有的或者保密性的材料。

关于意见表达

不要在自己的个人信息中透露自己的政治立场，不要在社会化媒体上发布关于自己政治观点的文章。

员工们必须清楚他们表达的意见可能会有损美联社作为中立的新闻源的形象。员工们应该避免在任何公开讨论中发表对争议性的公共话题的观点，禁止参与有组织的运动或者抗议。

关于隐私

员工们需要明白，他们发表的观点或者透露的关于自己和同事的个人化信息都可能会与美联社这个名字产生联系。即使将页面限制为只被朋友们访问时也如此。

建议在Facebook上对于你分享的内容和分享的对象进行一定程度的隐私控制。

关于关注对象

在Facebook上，出于新闻报道的目的把自己的新闻源、政客和新闻当事人加为好友是可以接受的，也可以在Twitter上关注这些人。

但是，美联社员工将政治人物加为好友或对政治目标点赞可能会使那些不熟悉社交网络规则的公众误认为这是在表达他们的拥趸。因此，如果将某个争议议题的一方加为了好友，那么对另一方也要建立同样的关系。

应该避免与新闻当事人在公开的页面中进行互动，例如在他们的文章下进行评论。

关于内容发布

美联社鼓励员工们以任何形式分享美联社的内容，他们也可以分享其他媒体的内容，谣言或者其他不适当的内容除外。要避免在网络中传播未经证实的信息，即使其他记者或媒体分享了这些信息。

员工们应该尽量用链接方式转发已经在互联网中发布的新闻，而不是直接上传或者复制内容。*

* 参见 http：//www. ap. org/Images/Social-Media-Guidelines_ tcm28 -9832. pdf。

避免引发公众对记者公正性的质疑：对于哪些信息适合在社会化媒体上透露，要十分小心。

透明：在个人博客和个人社交网络中，要声明是路透社的记者，但表达的仅仅是个人观点。发表评论时，使用真名。

工作账号和私人账号分开：记者在利用社会化媒体工作时应遵循一些规则，使之有别于个人行为。当然，这并不意味着要求记者从工作账号中剥离出所有的个性化内容，而是说，记者应该慎重考虑哪些个性化内容适合放在工作账号上。①

①参见文建：《怎样规范使用博客、微博等社会化媒体——路透〈网络报道守则〉主要内容和要求》，载《中国记者》，2010（6）。

从这些规定中我们可以看到，无论是美联社还是路透社，都一方面鼓励记者、编辑积极运用社交平台，另一方面也强调即使是个人行为，也关系到媒体机构的形象，因此必须有所约束。

尽管上述两家媒体的指南并不一定适用于所有媒体及媒体人，但是，以此为参照来确定媒体从业者个人在SNS中的行为规范，应是必要的。

第5节 SNS的商业化应用

SNS也是一个典型的商业平台，今天的社会化媒体营销，很多时候是在SNS中展开的。同时，SNS也给企业的招聘等提供了新的可能。

一、SNS与企业营销

（一）SNS在企业营销中的地位上升

SNS兴起以来，越来越多的企业发现了它的营销价值，它在企业营销中的角色也越来越重要。

【案例】 美国中小型企业使用社会化媒体的情况研究

市场研究机构BIA/Kelsey和ConStat 2011年发布的研究数据显示，Facebook和电子邮件成为美国中小型企业偏爱的社会化媒体。数据显示，48%的企业声称他们使用Facebook来为企业做广告和促销，43%的企业使用电子邮件这种营销方式，如图7—16所示。*

*参见《艾瑞视点：Facebook和电子邮件是美国中小型企业偏爱的社会化媒体》，见http：//www.iresearch.com.cn/View/143656.html，2011-07-05。

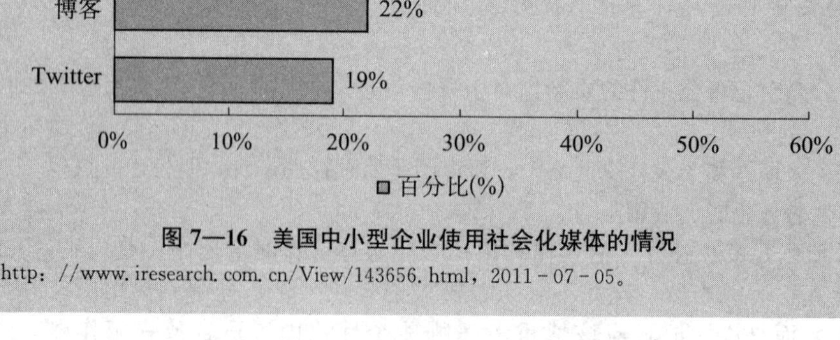

图7—16 美国中小型企业使用社会化媒体的情况

资料来源：http：//www.iresearch.com.cn/View/143656.html，2011-07-05。

【案例】 美国企业最常用的数字营销手段排行

2014年美国研究机构Gigaom及Extole的一项调查的结果表明，美国企业最常用的数字营销渠道/策略按比例从高到低依次为：电子邮件营销（86%）、社会化媒体营销（72%）、搜索引擎优化（70%）、内容营销（64%）、显示广告（53%）、推荐营销（39%）、付费搜索（38%）、移动广告（32%）、数字视频广告（31%）、联盟营销（19%）。企业管理者最希望增加预算的数字营销渠道/策略排名第一的为社会化媒体营销（38%）。* 这其中的社会化媒体主要指的是SNS网站。

* 参见陈永东：《最常用及最盼加预算的数字营销渠道》，见http://weibo.com/p/1001603733814252835019，2014-07-18。

宝洁的首席执行官罗伯特·麦克唐纳（Robert McDonald）认为："我们发现在Facebook与谷歌等数字媒体中，如果设计得当并有好的创意，那么广告投资回报率要远比传统媒体更为有效。在我们的Old Spice宣传活动中，我们得到了18亿点击率，而几乎没花什么成本。"①

SNS作为营销渠道的地位的不断上升，与很多因素相关。

因素之一是其用户规模。Facebook、Instagram等数以亿计的用户，对于广告主来说的确是一个新的诱惑。

因素之二是用户的数据资源。利用大数据技术，对用户数据资源进行深入挖掘，可以使广告的定向性更强，效果更好。

因素之三是更多的营销主动权。与在传统媒体投放广告或进行营销不同的是，在SNS网站，企业可以更多地控制营销活动，包括内容选择、表现形式、发布节奏、发布时机等。

因素之四是可以利用的用户力量。很多营销活动都将用户作为主角，使他们自愿成为营销的参与者与推广者。

①转引自明煜：《宝洁发现Facebook广告免费高效 裁撤推广人员》，见http://tech.sina.com.cn/i/2012-01-31/10226669445.shtml，2012-01-31。

【案例】 网民了解小企业产品/服务的社会化渠道研究

据G/O Digital对美国成年网民的调查，网民了解小企业产品/服务的社会化渠道依次为：Facebook（62%）、Pinterest（12%）、Twitter（11%）、Instagram（9%），如图7—17所示。整体来看，Facebook仍是美国中小企业最佳的社会化营销渠道。但其他几家平台在某些领域的产品的营销方面，也可能有一定优势。

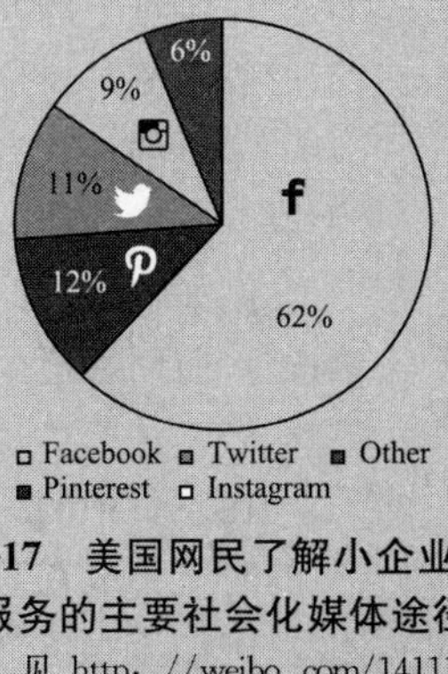

图7—17 美国网民了解小企业产品、服务的主要社会化媒体途径

资料来源：见http://weibo.com/1411111864/BjIyDgeBq#!/1411111864/BjIyDgeBq?type=comment#_rnd1426660835383，2014-08-24。

尽管各类企业都试图在SNS平台上开展营销活动，但不同平台的用户定位不同，适用的企业或产品、服务类型也会有所差异。

前文提到的皮尤研究中心关于Facebook、Pinterest、Instagram、LinkedIn的用户构成数据，可以进一步帮助我们了解不同类型的SNS网站的定位差异。

在中国，尽管人人网等SNS网站已经衰落，但是一些企业曾在这些平台进行的营销尝试，不仅在当时取得了较好的效果，也为之后的微博、微信营销等积累了经验。而QQ空间的营销，还有进一步的创新可能。

（二）"以我为主"的SNS营销模式

SNS营销的一个基本思路，仍是以企业为主体进行营销活动。

从SNS网站目前提供的营销渠道和方案来看，在SNS中以企业为主体的营销主要包括：在广告位发布广告，利用品牌主页进行长期营销，利用信息流发布广告，利用网民发布的内容生成广告，利用调查、游戏等进行营销，甚至可以直接导入电子商务。当然，这些形式有些有一定的交叉。

1. 利用网站广告位进行硬性广告推送

社交网站多数在其页面中设立了一定的广告位，允许广告主在这些位置投放广告，甚至包括视频广告。有些社交网站在用户登录或退出的页面中也提供了广告位。

网站的广告位可以在各种用户对象的页面看到，且强制性较强，因此还是一种硬广告形式，通常也会有一定效果。

2. 利用品牌主页进行持续营销

2012年2月，Facebook推出了专门的品牌主页功能，这个主页的整体构成元素和界面设计更适合于对一个特定的产品、公司或品牌的展示。

而中国的人人网、开心网等，也在很早就开设了机构主页，这也是企业SNS营销的一种主要形式。

对于品牌主页营销来说，主页的设置、发布信息的选择与表达技巧，是实现好的营销效果的关键。

对于用户来说，他们希望通过企业或产品的品牌主页，了解最新的产品信息，更希望获得相应的实惠，偶尔的促销活动往往会奏效。

在主页上的互动，也是营销的一个重要组成部分。如果只是单向发布信息，而不形成交流与对话，这样的主页很难给人留下积极的印象。

主页的运营者不能守株待兔式地等着用户来与自己互动，而需要采用一些刺激手段。

例如，多芬的Facebook主页的做法是，每促销一样产品，都会提出一个相关问题，而回答这个问题时，用户会顺便点"赞"或者转发。

另一种技巧是将产品的宣传与用户的日常活动联系起来，

在主页中的另一个重要的传播手段是时间线。除了将企业或产品最精彩、最重要的时刻集成在时间线中，有些年轻的企业或品牌，还通过其他思路来形成时间线。例如流媒体音乐服务商Spotify是一家2006年成立的年轻公司，公司历史本身很短，但Spotify在其时间线上描绘了音乐的发展之路，以此来带动人们对自己品牌的关注。

一个理想的品牌主页，还应该成为企业文化的推广窗口，甚至是企业与用户共同文化的塑造地。

虽然品牌主页通常是由企业的运营人员来打理，但如果让用户参与到主页的管理与运营中，也许会收到意想不到的效果。

可口可乐在Facebook上的主页就是这样一个范例。早期的Facebook中并没有可口可尔的官方主页，一个名叫达斯迪（Dusty）的年轻人试图在Facebook上搜索可口可乐的主页无果后，灵机一动，和朋友米歇尔（Michael）一起创建了可口可乐的主页。尽管后来这两个人加入了可口可乐并且负责运营这个Facebook主页，但是，整个主页的运营机制却仍是以粉丝为主。除了很少的官方信息外，主页中大量的内容都是由粉丝自发地发布的。

3. 让广告自然融入信息流

信息流（newsfeed），也被称为新闻源，即人们在自己的主页中看到的按时间等顺序排列的信息（包括他们自己发布的，以及其好友分享的）。

以往这样的信息流只是用户及其好友的信息的排列，但是，今天的一些SNS网站也已经在这样的信息流中插入了广告。

2013年3月，Facebook便推出了信息流广告这一形式。广告主可以根据用户的浏览历史有针对性的把广告投放到用户的信息流中。

尽管Facebook表示："在决定把哪些广告显示给哪类人群时，我们会更加看重用户对广告发回的反馈，包括人们报告或隐藏某类广告的频率。"但是，当一些知名度较小或比较低端的产品的广告出现在人们的信息流中时，还是会引起用户的不悦。因此，有分析师建议，Facebook应当将这类广告放在侵扰性较低的网页右侧，将信息流留给高品质的广告。[①]

用户并不绝对排斥在信息流中看到广告，但是，这是基于两个前提的：第一是这些广告内容不会产生"违和感"，也就是不会与信息流的整体内容格格不入；第二是这些广告内容不会与用户对自己的定位产生冲突。即使有些用户本身收入并不高，生活在底层，但他们也希望自己被当做"成功"人士、有地位的社会阶层中的一员来看待，而低端的广告，往往会与他们的愿望相违背。

4. 利用网民分享的内容生成广告

SNS网站中网民分享的内容，很多都与企业或产品相关，在这些内容基础上生成针对特定对象的广告，让广告的由头从用户处发起，是一种全新的营销思路。

Facebook在2011年1月推出"被赞助的内容"（sponsored stories）这一广告形式，就是这一思维的代表。它被称为"由朋友生成的广告"。

当一个用户的信息流中分享了某些产品的信息，或者对某些产品进行了"点赞"，或在某些位置"签到"时，与之相关的广告主便会向其好友推送一个广告，它出现在主页右侧位置，提供指向相应品牌的Facebook主页的链接等，并会显示分享者的姓名、照片。

类似的广告形式在此前的Twitter中也已经出现。

这样一种广告形式，是利用人际关系网络中的信任感，用更为自然的方式，使用户之间进行相互的广告推荐。其个性化程度更高，带来的信任度通常也更高。

一方面，对于广告主来说，无论用户分享的内容对于其是正面的还是负面的，

①参见《Facebook减少NewsFeed侵扰性广告投放量》，见http://tech.qq.com/a/20130928/003459.htm，2013-09-28。

都会成为他们推送广告的理由。而对于用户来说，即使自己分享的是负面的评价，也会推动一个品牌的传播，这也许并不是他们乐于看到的结果。

另一方面，这样一种广告形式，对于用户的个人隐私保护，也会带来一定的损害，因为从 Facebook 的规定看，他们无法拒绝这样一种被动参与。

5. 利用调查拉动人气

调查功能是 SNS 网站常设的功能之一，通过发起与企业或品牌有关的调查活动，增加品牌的曝光率，提高用户的参与度，也可以起到一定的营销效果，调查的结果也可以成为营销宣传的由头。

6. 将广告嵌入游戏

很多 SNS 网站都有社交游戏，在这些游戏中嵌入广告，也是企业一种可能的营销方式。如果创意得当，它们可以与广告自然地融为一体，使人们在游戏体验中增加对品牌或产品的认知。

7. 与电子商务实现连通

今天所有的网络营销，都不应只停留在品牌宣传与广告的思维上，导入销售链条，应该是重要的发展方向。

在 SNS 网站发布折扣或新品信息，虽然是一种常规的宣传方式，但如果在这些信息中加入购买链接，也有助于将信息转化为交易。

为了更好地实现交易目标，一些零售商在自己的网站上设置了 Facebook 的“喜欢”（Like）按钮。也有一些企业借助 PowerReviews 等服务，在 Facebook 上发布产品评价。还有零售商将 Facebook 的 Open Graph 技术整合到自家网站，为用户显示过生日的好友名单，提醒其购买礼物。

8thBridge 和 Payvment 等公司的技术还可以帮助企业直接在 Facebook 中销售商品。当然，市场调研公司 Forrester Research 的报告显示，Facebook 更适合小型零售商、小众产品或是折扣很多的商品。①

Pinterest 中用户分享的图片信息，很多都可以成为电子商务网站的入口。

（三）SNS 中的社群聆听

企业的营销，不应只以提高知名度或卖出商品为目标，了解用户对企业或产品的认知与评价，以了解自己的生存环境，也是营销的一个目的。

在社会化媒体时代，很多企业都在进行社群聆听（social listening），以此发现他们的消费人群在谈论产品的哪些关键特性，是正面的还是负面的，是怎么谈论他们的竞争对手的，等等。这些信息会成为企业的社会化媒体营销策略或者营销策略的基础。②

第 6 章提到，博客是一个用户聆听的平台，而社群聆听把用户聆听的理念又往前推动了一步，企业不仅需要了解自己用户的声音，还需要了解自己的竞争对手以及整个市场环境。而 SNS 提供了比博客更广阔的聆听空间。尽管不能保证用户在这些平台分享的与企业或产品有关的评价是百分之百准确的，但是，总体来看，这些评价是从其他任何渠道都难以获得的，是宝贵的信息资源。

在中国，这样的信息，往往也会与“舆情”这样的词挂上钩，对这些信息的了解与监测，往往被称为“舆情监测”。但社群聆听这样的视角也许比舆情监测更为得当。聆听的目标，不是为了发现于己不利的信息而将其封杀，而是为了真实地了

①参见《Facebook 上购物逐渐流行　电商转化率最高可达 6%》，见 http：//it.sohu.com/20110413/n280257206.shtml，2011－04－13。

②参见关雪菁：《奥巴马宣传胜出秘密：社交媒体与传统媒体结合》，载《中国企业家》，2013（4）。

解用户的反映，将其作为改善自己产品与服务的基础。

（四）SNS 中的口碑营销

社会化媒体营销的另外一个重要思路，是推动以用户为核心的口碑营销。

很多时候，这样一种口碑营销，体现为“社会化推荐”。用户将自己认可的产品推荐给他人，其效果往往比企业的广告更好。

【案例】 Smiley360.com 成员的社会化推荐情况调查

美国调查机构 Socialmedialink 在 2014 年 10—12 月对全球范围的 24 367 个 Smiley360.com 成员的社会化推荐情况进行的调查显示，Facebook 是信任度最高的社会化推荐平台，其 2014 年信任度高达 71%。在产品发现阶段，社会化平台的影响力排名从高到低依次为：Facebook、博客、Pinterest、Instagram、品牌自有社区、Youtube、Twitter。在研究与信息收集阶段，社会化平台的影响排名从高到低依次为：零售网站、品牌网站、Facebook、品牌自有社区、博客、Pinterest、Youtube、Instagram、Twitter。在购后分享阶段，社会化平台的分享比例从高到低依次为：Facebook、Instagram、零售网站、品牌网站、Pinterest、Twitter、博客、品牌自有社区、Youtube。*

从这一调查的统计数据中，我们也可以看到激发用户分享产品点评的因素以及决定点评或推荐影响力的相关因素。其中，中小企业在 Facebook 上吸引网民的因素，如图 7—18 所示；激发用户分享产品点评的因素，如图 7—19 所示；推荐与点评的影响力因素，如图 7—20 所示。**

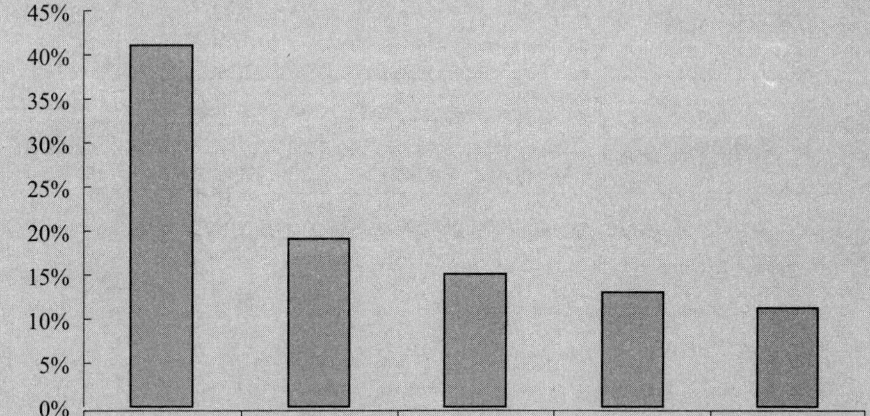

	顾客点评量或排名	适合自己需求的特定产品或服务	页面被点赞的数量	粉丝的数量	吸引人的或有意思的内容
□比例	41%	19%	15%	13%	11%

图 7—18 美国本地/小企业在 Facebook 上吸引网民的主要原因

资料来源：http：//weibo.com/1411111864/BjIyDgeBq＃！/1411111864/BjIyDgeBq? type＝comment＃_rnd1426660835383，2014-08-24。

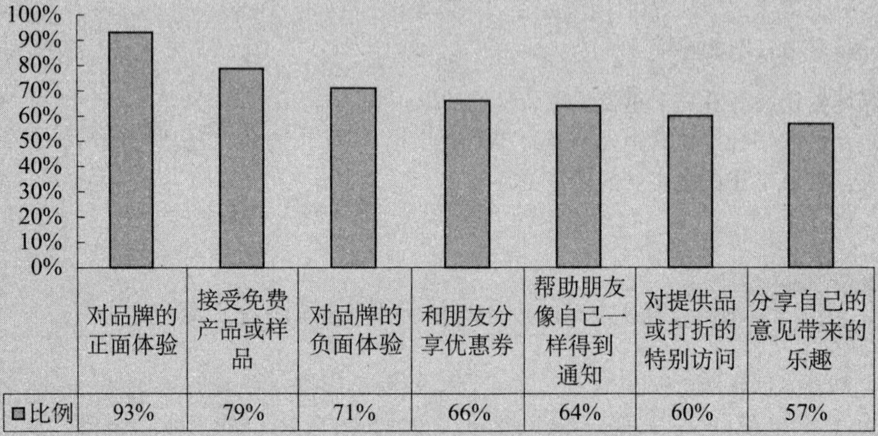

图 7—19　Facebook 网民分享产品信息的主要原因

资料来源：http：//weibo.com/p/1001603817133548162026，2015-03-05。

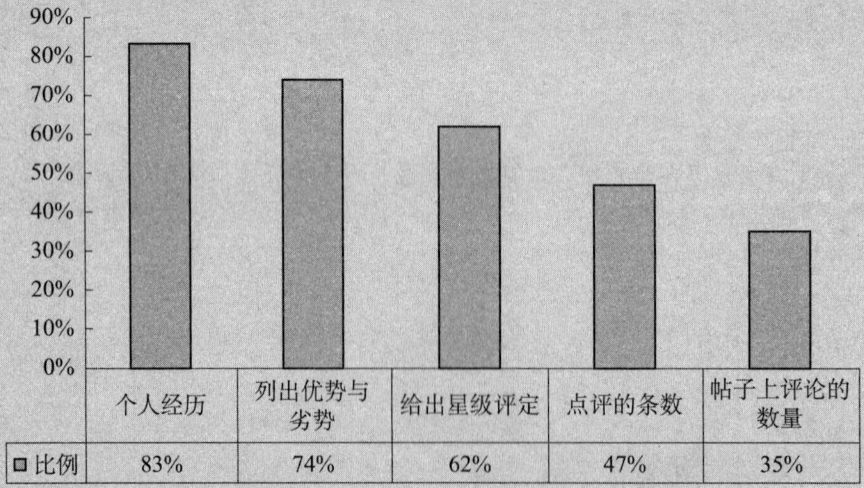

图 7—20　Facebook 中的推荐与点评的影响力因素

资料来源：http：//weibo.com/p/1001603817133548162026，2015-03-05。

上述调查中涉及的分享、点评，是网民的自发行为，其起点是网民生产的内容。而网民最大的分享动机，来源于对产品的正面体验。可见，社会化媒体营销的核心，还是足够优良的产品质量和用户体验。尽管负面的体验也会带来网民的分享，但显然，这是企业不愿意看到的。

这些调查也说明，实在的优惠以及产品宣传中良好的表现形式，对于推动网民的口碑传播，也具有重要作用。

*/参见陈永东：《全景图：社会化推荐背后的秘密》，见 http：//weibo.com/p/1001603817133548162026，2015-03-05。

**参见上文。

除了通过好的产品与服务来促进用户对企业的正面信息的主动分享外，企业也可以发布自己创作的营销文案，在 SNS 中引起用户的关注与分享。

要使自己创作的文案激发起人们的主动分享、点评，调动公众的积极性，需要注意以下几方面。

真实的利益或价值传达：如果在核心信息方面出现差错甚至故意制造虚假信

息，那么即使方案再好，也会给企业带来负面影响。

用户的视角：在SNS中的传播，要更多地激起用户的主动了解、需要等愿望，而不是让他们感觉受到强迫，因此，从用户视角来撰写文案就十分重要。

故事化表达：故事化表达方式适用于几乎所有社会化媒体，SNS也不例外。下一章将结合微博，进一步说明故事化文本的特点。

在SNS中的口碑营销，其理想是形成一种病毒式营销的效果。

【知识窗】 拉夫·威尔逊：病毒式营销的六个基本要素

美国电子商务专家拉夫·威尔逊（Ralph F. Wilson）认为，病毒式营销需要具备六个基本要素：提供有价值的产品或服务；提供无须努力地向他人传递信息的方式；信息传递范围很容易从小规模向大规模扩散；利用公共的积极性和行为；利用现有的通信网络；利用别人的资源。*

*参见应斌：《试论病毒式营销》，载《经济管理》，2005（9）。

从这些要素来看，SNS已经提供了无须努力向他人传递信息的方式、现成的通信网络、别人的资源等，而企业的营销重点就在于提供有价值的产品或服务，以及调动公众的积极性和公共行为。

概念

病毒式营销是指利用公众的积极性，通过人际网络让营销信息像病毒一样传播和扩散，快速覆盖大规模的人群。SNS的结构决定了它有形成病毒式营销的基础。

（五）SNS的创意活动

发动SNS用户参与活动，是SNS营销的另一种常见形式。

SNS的特色，是真实的用户身份、广泛连接的社会关系，在进行活动的创意时，需要充分考虑这些特点。

【案例】 麦当劳："见面吧"活动

2009年麦当劳推出的"见面吧"活动，正是基于真实身份这一基础进行的创意。

2009年6月，麦当劳通过人人网发起"见面吧"系列活动，鼓励人人网的用户在线上邀约朋友，参与在麦当劳这一现实空间中的见面活动。活动规则是，如果一周内主题活动的支持人数超过十万，麦当劳将为参加聚会的网友提供购餐半价优惠。半价的诱惑带来了自发传播效应，活动得以顺利进行。

整个活动分为三个阶段。第一阶段的主题是："老朋友见面吧！"鼓励人人网用户参与真朋友测试，召集网友在麦当劳见面。第二阶段的主题是："再远也要见面吧！"即邀请远方的朋友来家乡见面。第三阶段的主题是："甜蜜一刻见面吧！"鼓励用户选出自己在人人网上最知心的密友，分享自己与朋友在麦当劳见面的故事和照片。

活动期间，麦当劳还在人人网征集了101个见面的理由，如果上传的理由能赢得最多网友的赞同，便可以获得麦当劳颁出的特别奖项——免费邀请朋友来麦当劳见面。

人人网的核心用户群体是学生，尤其是大学生，这个群体也是麦当劳的忠实顾客。活动发起时，正值暑假开始，也是同学聚会需求可以被拉动的时段，因此，麦当劳发起的"见面吧"活动，很容易受到认同与推广。

麦当劳这一活动，充分利用了人人网中真实的同学关系网来造势，同时又为学生们拓展朋友圈提供了推动力。

当然，用SNS发起的营销活动并非都需要在现实空间展开。

【案例】 优衣库：与人人网合作的网上排队活动

2010年12月，优衣库在中国内地推出了与人人网合作的网上排队活动。其创意是，参与者用自己的人人账号登录优衣库官网，选择一个喜欢的卡通形象，用这个小人和其他人一起，在优衣库的虚拟店面前排队，并发表一句留言同步到人人网新鲜事。在排队时，把鼠标移到队伍中的其他顾客，可以看到他们的人人网账号、姓名和留言。在活动页面还能看到实时更新的人人网好友留言，在线“与好友聊聊”。用户每隔5分钟即可参与一次排队，每次排队都有机会抽奖。活动从10日开始至23日结束，排队人次突破133万，所有参与用户都同步成为优衣库人人网公共主页的粉丝。优衣库负责人表示，这次排队活动不仅为优衣库人人网公共主页赚足了人气，更有效地在圣诞季期间促进了优衣库实体店的客流导入。

此前，优衣库也借助Facebook和Twitter平台，在中国台湾地区推出了同样的排队活动，超过60万人次通过网络在优衣库门前排起长队，优衣库在Facebook上的粉丝数从零激增到8万。

尽管在现实空间，排队是一个让人烦恼、抗拒的事情，但在网络空间里的排队，可以瞬间聚集起优衣库的用户，让他们彼此发现、了解，让他们产生归属感。当然，丰厚的奖品，也成为虚拟排队的重要动力。

将活动与SNS中流行的游戏结合起来，也可能产生很好的创意，例如在偷菜游戏风靡开心网时，中粮发起了悦活果蔬汁产品的营销活动。在开心网花园的种子仓库中，提供了代表悦活产品的5个品种，使用户在游戏过程中增加对悦活产品及生产链的认知。活动还设计了一个榨汁过程，用户可以利用游戏中收获的悦活果实进行榨汁，榨出来的果汁以悦活产品的真实形象存放在用户的仓库中，用户把榨出的果汁送给自己的好朋友，一些中奖的用户的朋友还会收到其线上送出的真实版果汁。

你怎么看

你参加过企业举办的与SNS相结合的活动吗？

尽管SNS中的用户本身已经构成了一个巨大的网络，但要让一个活动在这个网络中传播，还是需要尽可能降低门槛和参与成本，不费力气，才可能使活动推广更为迅速。

二、SNS与企业招聘

人才测评机构SHL发布的2013年全球企业中国区测评趋势报告显示，六成企业选择通过社交网站发布招聘消息、收集应聘者资料等。另据美国《财富》杂志2012年的统计，全球500强企业中有超过88%的企业是使用网络来进行员工招聘的。[①]

SNS网站对于企业招聘的意义可以体现在以下几个方面。

（一）帮助企业快速发现可能的人才

Adobe公司曾组织过一场“寻找天才员工”的竞赛，他们把负责招聘的人力资源部的人员分成两组，一组采用传统的方式招聘50名可靠的技术工程师，另一组则在社交网站上招聘。结果，用社交网站的一组只用了几个小时就找够了人选，而

①参见黄敏：《六成企业通过社交网站招聘制胜市场精准定位是关键》，载《通信信息报》，2013-08-12。

【案例】 2015 年中国人才招聘趋势报告

2014 年 12 月 LinkedIn 发布的《2015 年中国人才招聘趋势报告》称，受访的 201 个中国企业招聘人员中，68%认为求职网站是他们招聘员工的最主要渠道，其次是员工内部推荐（38%）、外包猎头公司（28%）和校招项目（27%）等，这个报告同时也对比了全球范围内的招聘渠道的情况（见图 7—21）。此外，87%的中国企业招聘负责人认为雇主品牌对招聘工作影响甚大。在他们眼里，最有效的营销渠道是职业社交网站（62%），其次是公司官网（57%）、亲友口碑（46%）、社交媒体（40%）等。超过一半的中国招聘负责人认为，大数据的应用可提高职位匹配度，这将在 5 年到 10 年内重塑整个人才招聘行业。*

尽管在上述报告中提到的求职网站与 SNS 并不等同，但两者显然存在交集。传统的招聘网站，今天也在向社交类招聘网站发展，LinkedIn 便是其中的范例。

* 参见梁晓憧：《LinkedIn 中国的这份报告要告诉你 2015 年中国的人才招聘趋势》，见 http：//www. jiemian. com/article/218408. html，2014 - 12 - 26。

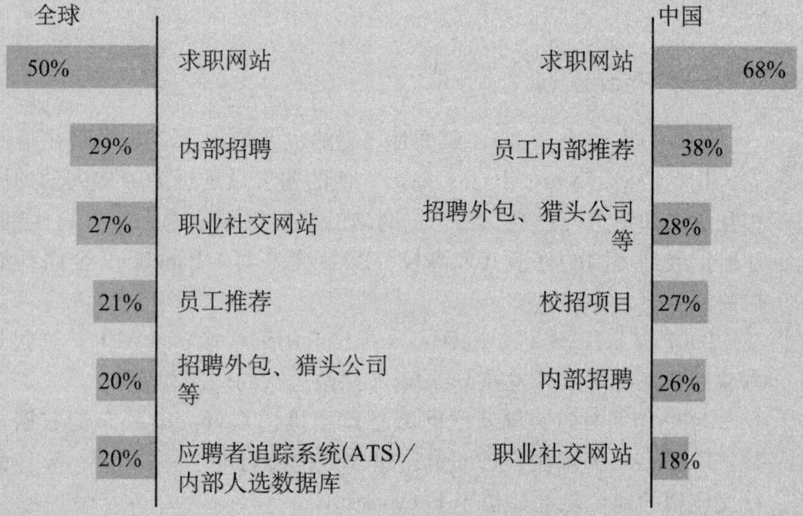

图 7—21　中国与全球的招聘渠道对比

资料来源：http：//www. jiemian. com/article/218408. html，2014 - 12 - 26。

用传统方式的一组好几个星期之后还在寻找过程中。①

招聘者可以在 SNS 平台聚集的广泛用户中快速地进行寻找，并通过其社会关系对其身份和信息进行核实。如果方法得当，SNS 的确是一个有效发现人才的途径。

（二）通过 SNS 了解应聘对象

无论是专门的社交招聘网站，还是一般的 SNS 网站，都可以帮助招聘者更好地了解一个应聘者。

社交招聘网站可以较好地展示一个应聘者的职业经历与能力，但这其中也可能会存在自我美化的现象，而普通的 SNS 网站则可以全面地展示一个人的性格、修养。一个人在 SNS 中的一个不慎言行，如果被招聘单位发现，很可能会成为其落聘的理由。通过对 SNS 中分享内容的观察，招聘者也可以更好地判断一个应聘人

①参见赵建凯：《通过社交网络招聘》，见 http：//www. ceocio. com. cn/magazine/it/2012/348/2012 - 09 - 21/130751. shtml，2012 - 09 - 21。

与企业文化的合拍度。

（三）通过 SNS 发布招聘信息

对于企业来说，SNS 不仅拓展了招聘信息的发布渠道，还给予了招聘者控制信息发布的内容与频率的权力，他们也可以实现定向的信息推送，因此，通常效果会较好。

（四）在招聘者和应聘者之间建立匹配关系

SNS 网站不仅是招聘者或应聘者的单向信息发布平台，也是两者间的桥梁。如果能为招聘者与应聘者提供相互发现和匹配的服务，SNS 的价值就更大了。LinkedIn 的独特价值，正是建立在这个方面的。

第 6 节　SNS 网站案例分析

在过去十多年中，全球出现了大批的 SNS 网站。下面这几个网站，更是其中的典型。

一、Facebook

Facebook 创办于 2004 年 2 月，它的主要创始人，是当时在哈佛大学读书的马克·扎克伯格（Mark Zuckerberg），他的初衷只是想为哈佛大学的同学们建立一条相互认识和熟悉的途径。最初，网站的注册仅限哈佛大学本科生部的学生。之后，注册扩展到美国的许多其他高校。2006 年 9 月，Facebook 全面开放，其用户很快扩展到全美、全球。

2007 年 5 月 24 日，Facebook 推出应用编程接口（API）。通过这个 API，第三方软件开发者可以开发在 Facebook 网站运行的应用程序。

2009 年 2 月，美国互联网流量监测机构 Compete 公布的数据显示，2009 年 1 月，Facebook 美国用户访问量首超 MySpace 近 20%。① MySpace 作为美国最主流的社交应用的地位从此让位于 Facebook。

2010 年 3 月，另一家互联网流量监测机构 Hitwise 发布消息称，在美国的互联网流量中，Facebook 主页访问量占总访问量的 7.07%，谷歌则占 7.03%，这是 Facebook 在美国的流量首次超越谷歌，成为美国访问量最高的网站。②

2011 年 12 月，美国科技博客 Business Insider 报道，美国人流连在 Facebook 上的时间占到所有社交网站访问量的 95%。③

根据美国监测网络流量的市场研究公司 Experian 发布的数据，2012 年，Facebook 在美国十大最热门搜索关键词排行榜和美国访问量最大的十个网站排行榜均占据第一位置。Facebook 也连续三年成为美国访问量最大的网站。④

2012 年 5 月 18 日，Facebook 正式在美国纳斯达克证券交易所上市。

2012 年 10 月 4 日，Facebook 宣布，该网站活跃用户数突破 10 亿大关，其中 6 亿来自移动平台。活跃用户是指平均每月至少登录一次的用户。而活跃用户平均年龄约为 22 岁。⑤

2012 年 4 月，Facebook 以 10 亿美元的价格收购移动照片共享服务网站 Instagram。这也是 Facebook 有史以来进行的最大一笔收购。

①参见 Ben：《1 月 Facebook 美国用户访问量首超 MySpace 近 20%》，见 http：//it.sohu.com/20090207/n262103851.shtml，2009-02-07。

②参见《Facebook 访问量首次超过谷歌　成美国最大网站》，见 http：//tech.qq.com/a/20100316/000053.htm，2010-03-16。

③参见《Business Insider：Facebook 占据美国 95%社交网站访问量》，见 http：//www.199it.com/archives/20967.html，2011-12-22。

④参见刘春：《Facebook 蝉联美国访问量最大网站》，见 http://tech.163.com/12/1221/14/8J8LEQ8M000915BF.html，2012-12-21。

⑤参见唐家婕：《Facebook 用户数突破 10 亿》，见 http：//international.caixin.com/2012-10-05/100444055.html，2012-10-05。

根据Facebook发布的2013年第四季度财报，2013年12月，Facebook日活跃用户人数为7.57亿人，同比增长22%。Facebook移动业务日活跃用户平均为5.56亿人，同比增长49%。Facebook2013年第四季度营收为25.9亿美元，比上年同期的15.85亿美元增长了63.4%。其中广告业务的营收为23.4亿美元，同比增长76%，来自移动广告业务的营收占据了公司广告营收的53%左右。Facebook 2013年营收为78.7亿美元，较上年增长55%。①

根据Facebook发布的2014年第四季度财报，2014年12月，Facebook日活跃用户为8.9亿，同比增长18%；移动端日活跃用户为7.45亿，同比增长34%；移动端用户占比超过八成。Facebook第四季度来自广告业务的营收是35.9美元，移动广告业务的营收占广告总营收的69%，接近七成，同比增长53%。② 2014财年全年Facebook营收124.7亿美元，同比增长58%。③

尽管有研究者认为，将Facebook归为SNS应用是一个严重的误读，一个天大的误会④，但是Facebook的起源无疑是社交应用。然而它在发展过程中，对社会关系网络的意义的挖掘不断深化，这也使得它最终超越了社交平台，而建构了互联网全新的关系与内容架构。

(一) 以实名制为基础构建新型网络社会

SNS应用推动了网络的实名互动，而Facebook是主要的贡献者。

有研究者分析指出，在Facebook发展初期，扎克伯格出于其对人际互动机制的特殊敏感，严格捍卫Facebook的实名制，并且以校际的方式有效控制Facebook的扩张速度。Facebook的成功，与其选择在封闭密集的环境内推广关系重大。也正是扎克伯格对于Facebook实名制偏执狂般的执着，使得原本鱼龙混杂的互联网世界第一次出现了同现实世界内容高度接近的站点。⑤

《Facebook效应》的作者大卫·柯克帕特里克（David Kirkpatrick）也认为，实名制是Facebook成功的一大关键要素，这使得Facebook拥有了Twitter和其他社交网站不具备的特征。⑥

扎克伯格曾经这样表达他的野心："让我们共同建立持久的文化价值，并且为了从前人手中接管这个世界而全力以赴。"⑦无论如何评价他在创业初期说的这句话，今天我们可以看到的是，Facebook以实名为基础，以社交需求的深层满足为目标，建立了一个新型的网络世界。这个世界既是大的，又是"小"的。

从规模来看，Facebook的确是目前最大的互联网帝国，如果将它的"人口规模"与世界上的国家相比的话，它的"人口数"已经接近中国和印度。

Facebook又是一个"更小"的世界。如前文指出，六度分隔的世界已经被Facebook缩小为四度。

尽管在各种原因的影响下，Facebook并没能完全坚持实名的制度，且实名制也不断引发争议，但是，当互联网与现实社交的交互越来越深入时，由网络社区倡导的实名制，必将越来越普遍。

(二) 一切从"人"出发，一切围绕"人"

由于Facebook的目标是建立一种新型的网络社会，因此，它所追求的，与早期的门户网站截然不同，它的一切都是从人出发，也一切都是围绕人来展开的。

很多用户在使用Facebook时都为它的人性化设计所打动。但这并不是全部。

---

①参见《FB四季度净利润为5.23亿美元 同比增长717%》，见http://tech.qq.com/a/20140130/001688.htm，2014-01-30。

②参见徐安娜：《Facebook 2014年完美收官：移动广告助长营收》，见http://tech.qq.com/a/20150129/026674.htm，2015-01-29。

③参见《Facebook第四季度净利7.01亿美元 同比增长34%》，http://tech.ifeng.com/a/20150129/40962975_0.shtml，2015-01-29。

④参见谢文：《为什么中国没出FACEBOOK》，北京，凤凰出版社，2011。

⑤参见王琛元：《马克·扎克伯格：我们如何接管世界》，载《商业价值》，2010-11-10。

⑥参见郑峻：《〈Facebook效应〉作者：实名制使扎克伯格成功》，见http://tech.sina.com.cn/i/2011-09-08/01436037499.shtml，2011-09-08。

⑦转引自王琛元：《马克·扎克伯格：我们如何接管世界》，载《商业价值》，2010-11-10。

有研究者指出，Facebook 做的是人类行为的生意。它的成功基础是了解人们的“连线”方式：人们如何展示自我，人们留存了哪些记忆，人们信任哪些人。现在，他们还将探究人们如何查询信息。[①]

斯坦福大学人机交互专家克利福德·纳斯（Clifford I. Nas）认为，Facebook 的产品并不是照搬人们在线下的互动方式，而是反映了一种“理想化的人类交流方式”。“他们使用的心理学并不是纯粹的人际交流心理学，而是让人们在网站上多停留一些时间的心理学，同时还能让人们点击网站上的广告。”[②]

马克·扎克伯格在 Facebook 上市的公开信中指出：

“人际关系是社会的基本构成单元，是我们发现创意、理解世界并最终获得长久幸福的必经之途。Facebook 创造多种工具，帮助人们相互联系，分享观点，并以此拓展人们建立和维护人际关系的能力。

“人们分享得越多——即便只是与密友或家人分享——文化就越开放，对于他人的生活和观点的理解也就越深。我们认为，它能够创造更多、更强的人际关系，并帮助人们接触到更多不同观点。

“我们希望通过帮助人们建立关系，重塑信息的传播和消费方式。我们认为，世界信息基础架构应当与社交图谱类似——它是一个自下而上的对等网络，而不是目前这种自上而下的单体结构。此外，让人们自主决定分享哪些内容，是重塑架构的基本原则。”[③]

从传播的角度看，Facebook 的核心，是将人作为传播的节点，将人的关系作为传播的渠道。而这是对传统媒体以及门户传播模式的颠覆。

有研究者这样比较谷歌和 Facebook：“谷歌为互联网引入了数学与逻辑学，Facebook 则为互联网引入了心理学与社会学；谷歌拥有强大的数据库与计算能力，Facebook 则拥有迁移自现实社会关系的一系列节点与路径——‘节点是个人，路径是朋友关系’；谷歌利用搜索引擎沟通个人与海量的信息，Facebook 将个体重新编织进入曾经存在于现实世界中的社交网络。谷歌致力于满足个体的信息需求，但却不知道这需求从何而生，因为人类的需求本不是数学与逻辑学所能解决的。Facebook 致力于在互联网上还原有血有肉的现实社交生活，因为扎克伯格坚信社交才是人类需求的源泉。”[④]

在今天，以人为节点、以人际关系为渠道的思想，已经在 Facebook 中延伸到其搜索技术中。2013 年 1 月，Facebook 正式发布其高级搜索功能——社交图谱搜索（Graph Search）。社交图谱搜索的对象并不是传统网页，而是用户们发布的内容或他们的行为数据，它可以以语义分析等为基础，帮助用户从朋友分享的信息、上传的图片、点过赞的对象等海量数据中找到某个问题的答案。这也使得 Facebook 中的广告有可能进一步与用户分享的信息产生关联。

也是因为有了无数的人的活动，Facebook 产生了海量的用户数据，而实名制提高了这些数据的价值，于是 Facebook 也成为大数据技术的领先采用者之一。这些数据不仅可以为用户提供更精准的服务，也为广告主提供了更有诱惑力的广告投放方式。

（三）越开放，越美好

360 公司董事长周鸿祎认为，Facebook 的运作模式带给 360 很大的启发，Facebook 依靠开放打败了竞争对手。[⑤]

①参见《纽约时报：Facebook 社交搜索“求学记”》，见 http://tech.sina.com.cn/i/2013-01-29/15028026552.shtml，2013-01-29。
②转引自上文。
③《扎克伯格公开信：Facebook 拥有五大核心价值》，见 http://tech.sina.com.cn/i/2012-02-02/08476676940.shtml，2012-02-02。
④王琛元：《马克·扎克伯格：我们如何接管世界》，载《商业价值》，2010-11-10。
⑤参见《周鸿祎：360 将学 Facebook 做开放性平台》，见 http://news.imeigu.com/a/1301500714272.html，2011-03-20。

扎克伯格在上市公开信中提到，世界越开放越美好。因为人们拥有更多信息，就能够做出更好的决定，对社会施加更好的影响。这也是Facebook的运营理念。Facebook存在的意义，是让世界更加开放和紧密相连，并非仅仅是开办一家公司。他期望，Facebook的每一个人，每时每刻都要致力于为世界创造真正的价值，并将这一理念融入自己所做的每一件事情中。①

《Facebook效应》作者大卫·柯克帕特里克指出："扎克伯格是从刚一触摸键盘起，就一直在构思一个平台"，"希望把Facebook设计成某种操作系统，你可以在上面运行各种各样的程序"②。操作系统这样一个比喻，也说明了Facebook的开放性。

2007年5月，Facebook开放了自己的平台，即通过开放API，将网站用户和关系数据开放给第三方开发者，Facebook自己则完全停止了应用程序开发，只把精力放在维护用户的个人主页和人际网络上。据称一年多的时间里，这个平台就聚集了20多万开发者的45 899个应用。③

2010年4月，Facebook推出了"开放图景"（Open Graph）计划，强调要在各种应用间造就一种"无缝体验"。通过开放图景这一平台，Facebook用户可以与其他网络服务平台，如Pinterest、Ticketmaster、Gogobot、Rotten Tomatoes等，实现无缝连接，用户体验进一步提升，而其他平台也可以与Facebook共同构建一个功能更为丰富的大平台系统。

此外，Facebook还为企业、媒体等推出了相应的开放计划和合作模式。

开放性，使Facebook平台逐步成为一个良好的生态系统。开放性带来的流动性、活力与平衡等，增加了Facebook对用户及合作者的吸引力，也使其地位不断巩固。

当然，Facebook的开放也并非那么彻底，例如，无论是出于隐私方面的考虑，还是出于商业利益方面的考虑，它对谷歌搜索的屏蔽都是客观事实，也因此受到谷歌的抨击。作为一个商业企业，Facebook显然也不可能放弃自己的利益追求。

二、Pinterest

在Facebook长期占据SNS网站老大位置的情况下，Pinterest的出现与发展，使人们看到了SNS发展的另外的可能。

Pinterest是一个创意组合词，由pin和interest组合而成，原意是指把自己喜欢的图片像用钉子钉在白板上一样分享。

2010年，Pinterest正式上线，2011年即被评为"美国最受欢迎的十大社交网络"。2012年1月，Pinterest的流量超过LinkedIn、Youtube和Google+。

2012年8月，Pinterest发布了新版iOS和Android应用。

市场调研机构comScore公布的数据显示，2015年1月，Pinterest的美国独立用户访问量达到7 580万，创下历史新高，同比增长37%。④

Pinterest的特点与其给予我们的启发主要体现在以下几方面。

（一）视觉效果的创新

Pinterest在界面上，采用瀑布流的形式展现图片内容，这是它最让人耳目一新的地方，用户无须翻页，新的图片会不断自动加载在页面底端，让用户不断地发现

①参见《扎克伯格公开信：Facebook拥有五大核心价值》，见http://tech.sina.com.cn/i/2012-02-02/08476676940.shtml，2012-02-02。

②转引自《Facebook：开放的乌托邦》，载《IT经理世界》，2011-07-15。

③参见《Facebook引领开放平台风潮　掘金者蜂拥而至》，载《财富时报》，2008-11-14。

④参见徐鹏：《图片分享网站Pinterest估值110亿美元》，见http://news.zol.com.cn/511/5114620.html，2015-03-17。

新的图片。

对于习惯了不断点击进入新页面的网民来说，这样一种方式。不仅减少了人们获取信息所耗费的力气，也产生了一种泉涌般的新鲜感。

（二）以退为进的单媒体互动

一般的SNS网站都提供了多元的传播及互动手段，包括多媒体的形式。似乎越多的手段意味着越高的互动频率或越强的黏性。但是，让人看得眼花缭乱的手段未必适用于所有用户，甚至某些时候让人无所适从。

Pinterest将图片这一手段作为核心来突出，提供了一种成本更低的互动方式。相比需要雕琢的文字生产，拍摄、分享图片这些动作更为简单。而Pinterest的图片来源，也不局限于用户自己拍摄的，人们在网上看到的任何有意思的图片，都可以“钉”（pin）到自己的主页中，图片的来源地址也随之被复制。这带来一种混合式的信息流，使得内容生产的门槛进一步降低。当然，这也使得版权问题成为它发展的一个制约因素。

Pinterest称其目标是“帮助人们发现喜欢的事，并在现实生活中去做”[①]，这是对于以往的在线视觉类媒体或视觉内容分享平台的一个大的突破。过去这些平台，往往强调内容的专业性，比拼的是视觉表现力；而Pinterest不像以往类似平台那样强调图片的质量和水准，而是强调“有意思”，这为更多用户参与其中提供了可能。

从结果来看，Pinterest的核心用户群体是家庭主妇，这意味着Pinterest的定位的确是成功的。

这样一种平实定位，也给Pinterest的营利模式创造了更多可能，以这样的定位分享的照片，更有可能与商品和服务联系起来，Pinterest于是变成电商网站的一个流量导引者。在O2O进一步发展的今天，Pinterest的内容也会成为线上或线下其中一端的启动器。

表面上看，从多媒体回到以图片为主的单媒体交流，是一种退步；从强调图片的质量到只关注图片传达的对象，也是一种退步。但是，在某种意义上，它却实现了以退为进。

（三）兴趣图谱对社会图谱的拓展

开心网创始人程炳皓认为，Pinterest的兴起意味着，社交网站会从社会图谱往兴趣图谱方向演进，这也是一个很大的发展方向。[②]

第2节提到，SNS网站里，人们的关联主要包括社交关联、内容关联、兴趣关联、时间关联、空间关联及活动关联等。在Pinterest之前，Facebook主要是通过社交关联来构建人们在SNS中的关系。当Facebook已经成为这一领域的极致平台时，其他平台的提供者要突破Facebook的垄断，一个思路是，在其他的关联维度做文章，Pinterest正是在兴趣这一维度找到了自己的突围可能。

在SNS时代之前，兴趣就是社会化媒体的一个重要维系要素，视觉化兴趣更是其中的一个常见方向。但是论坛这样的兴趣社区过于封闭，而图片类博客如Flickr，用户之间又缺乏足够强的关联。Pinterest在社交网络基础上，搭建起一个兴趣网络，在过于封闭与过于松散的结构之间找到了一个平衡点。

---

①《Pinterest公布发展路线图：将打造兴趣图谱》，见http：//tech.sina.com.cn/i/2013-08-01/14378596779.shtml，2013-08-01。

②参见乐天：《程炳皓谈Pinterest：社交网站向兴趣图谱演进》，见http：//tech.qq.com/a/20120223/000271.htm，2012-02-23。

类似的，Instagram也是基于图片的兴趣关联而形成的SNS平台；Twitter则是在内容关联中凸显出自己的影响力，甚至在某种意义上突破了SNS的原有格局；而Foursqure是在空间的关联维度找到了自己的特点。

尽管Pinterest在美国取得了成功，但是中国模仿Pinterest的网站却并没有取得相应的影响力。其中的一个原因，也许是中国用户喜欢大而全的平台，而不太适应定位相对单一的平台，在这方面，微博、微信等显然更具有黏性。

三、LinkedIn

LinkedIn，中文名为领英。它的酝酿始于2002年年末，网站于2003年5月5日正式上线。创始人为雷德·霍夫曼（Reid Hoffman）等。

LinkedIn创立时间比Facebook更早，而其定位却似乎是Facebook的细分。它主要是为职场人士打造的社交平台，也被认为是商务社交的代表。

2011年5月，LinkedIn在纽约证券交易所上市。

截至2014年4月，LinkedIn全球注册会员突破3亿。① 这年2月25日，LinkedIn简体中文测试版正式上线，中文成为LinkedIn第22种官方语言，在此之前，它已经在中国积累了400万用户。

面临Facebook这样强大的竞争对手，LinkedIn能一直占据自己的一片领地，这与它坚持自己的定位和特色相关。

（一）专注的职场定位

LinkedIn中国负责人沈博阳认为，LinkedIn是一家耐得住寂寞、经得起诱惑的公司。作为一个职场人士的社交平台，LinkedIn不仅在坚持其用户的定位，也在坚持其内容与氛围上的定位。

沈博阳认为，除了社交网站，LinkedIn在某种意义上更像是一个无趣但非常有用的工具，人们用它来记录职场发展，展现个人品牌，获取更多的机会和知识。②

LinkedIn很自然地形成了一种单纯的信息环境，所有内容都围绕职场这个焦点展开。即使在某些特殊时刻，例如在2014年世界杯德国队以7∶1大胜巴西队之时，其他社会化媒体被笑话、图片和段子所淹没，但在LinkedIn上并没有这类信息，“这是因为其单纯的内容氛围，使得只有跟职场相关的内容才会受到欢迎并得到传播”③。

沈博阳认为，从长远角度来看，人们的生活和职业身份有一个分开的趋势。④ 而人们在职业身份这种特定角色下的形象管理，会比他们在一般的社交平台的形象管理更为严格。因此，在某种意义上，用户们的自我约束，使得网站的生态可以达到无为而治。

把网络中获得的社会资本现实化，是LinkedIn的一个重要特点。尽管在多数社会化媒体平台中，人们都能或多或少获得社会资本，但是，很多社会资本仍然被局限在网络这个空间里，难以有效地向现实的社会资本转化。而LinkedIn却以这样的转化作为其社区的出发点，同时作为其终极目标，这成为社区里人们互动的导向，也是它能够保持单纯的信息环境的一个重要原因。

（二）比数据更重要的是匹配

LinkedIn一位负责人称这个网站为“2.0版简历”。⑤ 2.0版的含义，不仅在于

①参见张帆：《美职业社交网站LinkedIn全球用户数突破3亿》，见http：//tech. sina. com. cn/i/2014-04-19/12099332330. shtml，2014-04-19。

②③④参见百晓僧：《对话沈博阳：LinkedIn在华如何发展?》，见http：//tech. 163. com/14/0725/11/A20C0LFA000915BF. html，2014-07-25。

⑤参见虎嗅：《Facebook与LinkedIn案例小结：在社交网络领域，统一标准的盈利模式并不存在》，见http：//www. huxiu. com/article/3858/1. html，2012-09-18。

其数据量的巨大，更在于对数据的应用思维。

LinkedIn的用户有两大类，即个体用户和机构用户。加起来超过3亿用户的数据，使得它成为全球最大的职场人员的简历与档案库。但如果这些数据之间不能实现匹配，其价值就会大打折扣。

不少个体用户利用LinkedIn的一个目的是找工作，而机构用户的目的则是招聘。LinkedIn是这两种需求的连接者。为这两种需求提供匹配服务，是LinkedIn的一个主要任务，也支撑起它的营利模式。

LinkedIn要解决的是如何“帮助求职者和招聘者更好更快地找到对方”这个问题。十年间，LinkedIn收购了mSpoke、ChoiceVendor、IndexTank、CardMunch等公司，以完善自己的个性化内容推荐、商业服务和搜索引擎功能。LinkedIn提供的人才推荐引擎能够分析用户的社会关系、推荐信息和工作声誉等，并将这些与职场相关的信息、搜索服务以及交流沟通工具打包卖给猎头。①

有了足够多的数据积累，又有足够好的数据匹配工具，数据的价值才能得到充分挖掘。LinkedIn为大数据时代的用户数据的利用，提供了一个很好的示范。

（三）在匹配中寻找营利模式

从一开始，LinkedIn就确定了收费的商业模式，即求职者和企业只有付费才能使用网站的就业服务。目前，LinkedIn有三种主要的收入来源：招聘、为企业提供营销方案、付费资讯。而这些营利模式都建立在网站的匹配服务基础上。

虽然定位专一，但LinkedIn也有很大的延展性。2015年4月，LinkedIn宣布以15亿美元收购在线教育网站Lynda。LinkedIn的CEO杰夫·韦纳（Jeff Weiner）在声明中表示，LinkedIn和Lynda的使命高度一致，两家公司都致力于帮助专业人士提高职业技能，Lynda上有海量的视频教学内容帮助人们学习职业技能，而LinkedIn上有上亿的会员和上百万的工作机会，两者的结合会带来革命性的改变。②这表明，职场这个定位，可以与其上游或下游的那些领域，包括教育、培训、招聘等，产生各种关联，它们的合作也给各种类型的用户之间的匹配带来了更多可能。

四、人人网

人人网的前身叫校内网，创办于2005年12月，其创办人是来自清华大学和天津大学的王兴、王慧文、赖斌强和唐阳等几位大学生。

2006年10月，校内网被千橡集团收购。同年年底，千橡集团的5Q校园网与校内网合并完成。2009年8月4日，校内网更名为人人网。

2010年6月23日，千橡集团推出团购网站糯米网（nuomi.com）。

2011年5月4日，人人网、人人游戏和糯米网三者整合为人人公司，在美国纽约交易所上市。

2011年9月27日，人人网宣布以8 000万美元收购视频网站56网。

2012年9月17日，人人网发布公告称，将与同属千橡集团的开心网实现互联互通，人人网和开心网的所有注册用户，可以在两站之间随意转换。

2013年8月，主打上网偷菜、曾有上亿用户的小游戏开心农场正式从人人网开放平台下线，停止服务器运营。

①参见童滨：《10年2.25亿用户　社会化招聘网络LinkedIn是如何发展的》，见http：//newseed.pedaily.cn/201305/20130507347998.shtml，2013-05-07。

②参见宋星：《LinkedIn收购在线教育网站Lynda交易额15亿美元》，见http：//www.techweb.com.cn/world/2015-04-10/2141304.shtml，2015-04-10。

2013年8月，百度以1.6亿美元收购了糯米网59%股份。2014年1月，百度全面收购糯米网。

2014年第四季度，人人网以50万美元的价格将视频网站56网出售给了搜狐。

2015年1月31日，人人网宣布，其站内信功能将下线。

根据2015年3月发布的2014财年第四季度及全年财务报告，人人公司2014年第四季度总净营收为1 720万美元，比去年同期下滑38.5%；人人网2014年总净营收8 300万美元，游戏业务同比下降56.6%。①

人人网在成立几年后，一度发展达到顶峰，甚至曾被称为中国的Facebook。但遗憾的是，当Facebook还在坚守着全球影响力最大的SNS网站的地位时，人人网在中国已经衰落。一方面，微博和微信的兴起等外界因素，的确不可忽视，但另一方面，它自身在发展中的定位、运营等问题也是值得反思的。

（一）成也校园，败也校园

人人网起源于校内网，这个名称说明了它最初的定位。校内网的一个重要特点是用户注册必须具有特定大学IP地址或者大学的电子邮箱，这样就保证了注册用户绝大多数都是在校大学生。

这样一种机制，可以有效地保证成员的定位，也可以为其实名制的推广提供基础。

大学生群体对新事物的热情，也迅速推动了校内网的普及。

但是，将成员定位于学生，也带来一些问题。

一方面，学生的生活相对单调，他们发布的内容也有较大的局限性，久而久之产生创作疲劳与审美疲劳，内容的可持续发展也就成为问题。

以学生为主的定位，也容易使用户之间的关系固化，太小的圈子逐渐会让用户觉得彼此靠得太近，而距离感的丧失，最终会变成一种束缚。

另一方面，当学生们离开校园后，他们对于这个平台的使用热情就会下降。虽然理论上校园是铁打的营盘流水的兵，但是，新一代的学生未必仍能延续上一代的热情。

也许是意识到定位于学生可能存在的风险，校内网后来改名为人人网，但是，这并没有在实质上改变人人网的用户构成。

（二）对移动浪潮的反应迟钝

美国麦格理（Macquarie）银行一位分析师认为："人人在过去很长一段时间里，都是中国社交网络的领导者，但问题在于随着智能手机的普及，中国不再需要一个PC端的社交网。"②

人人网风头最劲的时候，智能化移动终端悄然进入人们的生活，但对于这样的终端带来的变革，人人网没有表现出足够灵敏的反应。而微博、微信却借这样一个机会，将人们从PC社交转移到移动社交，尤其是微信与人人网在很多方面有相似性，因此很容易就替代了人人网。

（三）跟风模仿，创新能力不足

一位曾在人人网任职的管理人员指出，人人将模仿做到了极致：看到页游火，就抓紧开发页游，在过去几年的时间中也捞了不少；看到视频网站火，就抓紧收购56视频，到如今56的影响力却越来越弱。③

①参见阿茹汗：《人人网2014年Q4财报：净利润3 500万美元　同比降65%》，见http：//www.ce.cn/cysc/tech/07ityj/qy/201503/19/t20150319_4866404.shtml，2015-03-19。

②转引自《金融时报：人人衰落因未能紧跟智能手机浪潮》，见http：//tech.sina.com.cn/i/2013-09-29/09058781552.shtml，2013-09-29。

③参见康斯坦丁：《人人网没落缘由探求：固执内斗+模仿投机》，见http：//it.sohu.com/20140704/n401771325.shtml，2014-07-04。

模仿能力很强，但是没有足够的创新能力，人人网也就难以保持其持续的领跑地位。

（四）隐私保护不力

从人人网的用户角度看，人人网隐私保护不力，也是人们普遍抱怨的问题。即使用户注销账号，其信息仍然在其服务器上保存。作为实名的社交网站，对于用户隐私的保护是重中之重，Facebook 等网站也经常在这些方面受到诟病。而人人网在这方面，问题更为突出，这也容易导致其用户的流失。

【本章思考题】

1. SNS 中的强连接与弱连接关系分别会对人们产生什么影响?
2. 你在 SNS 中如何进行印象管理?
3. SNS 中的社交是否提高了你的社交质量? 为什么?
4. 媒体应该如何利用 SNS?
5. 企业应该如何利用 SNS?
6. 你认为 SNS 是否应该采用实名制，为什么?

第 8 章　微博：大众传播的社交化

尽管在用户间的关系结构上，微博与 SNS 是相似的，但是，微博用户的使用重心，是在内容的传播而非单纯的社交上，且在微博中，具有公共价值的内容更容易得到广泛的传播。因此，它可以看做一种社交化的大众传播平台。这也是媒体、政府机构以及企业对它趋之若鹜的一个原因。

第 1 章提到，社会化媒体传播在很大程度上是一种微传播。微博正是微传播的一个代表，传播的实时化、内容的轻量化与碎片化、以个体为节点的传播结构等，都决定了它与传统大众传播模式的不同。

第 1 节　微博的发展及其影响

微博的鼻祖 Twitter 起源于美国，中国的微博参照了 Twitter 的模式，但也有一些自己的创新。

一、Twitter 的发展①

尽管 Twitter 在美国常常被列为 SNS 中的一个，但它也同时被视为微博的鼻祖与代表。

Twitter 的构想起源于 2000 年左右，其初衷是，让用户通过短信服务系统实现群组交流。

2006 年 3 月 21 日，Twitter 开始从构想变成现实。在它的内测版上，创始人杰克·多西（Jack Dorsey）发出了第一条推文，内容是“just setting up my twttr”（我刚刚建立起 twttr）。

Twitter 最初的名字叫做“Twttr”，后来因为各种原因，2006 年秋季正式更名为 Twitter。

Twitter 第一个正式版本在 2006 年 7 月 15 日发布。

服务推出不久，它就显示出了在公共信息传播方面的能力。2006 年 8 月旧金山地震，相关消息通过 Twttr 很快传播出去。

使得它名声大振的是 2007 年 3 月的西南偏南（SXSW）音乐节。Twitter 在音乐节上的推广，带来用户的迅速增长。

2007 年 4 月 30 日，美国总统奥巴马发布了他的第一条推文。与此同时，越来越多的名人也开始进驻 Twitter。

2008 年 11 月 12 日，Twitter 上的推文达到 10 亿条。

2009 年 1 月，一架客机在哈德逊河上迫降，Twitter 成为最重要的第一手信息的传播平台，这也使得它在新闻传播方面的地位得以确立。

2009 年 5 月，美国航天局的麦克·马西米诺（Mike Massimino）从空间站发出第一条太空推文，只是当时空间站不能上网，他是把信息传回到太空控制中心，再

①关于 Twitter 的资料主要来源于英文版维基；《Twitter 历史上 23 个重要时刻》，见 http：//tech. ifeng. com/internet/special/twitter-ipo/content-3/detail_2013_10/04/30066746_5. shtml，2013-10-04；《Twitter 今天四周岁生日　回顾其发展历史》，见 http：//tech. 163. com/10/0321/11/62A0GRDG000915BF. html，2010-03-21；《揭秘 Twitter 真实的历史　被刻意忽略的创始人》，见 http：//tech. sina. com. cn/i/2011-04-14/15175406201. shtml，2011-04-14。

由地面人员帮助更新的。2010年1月，宇航员蒂姆西·克里莫（Timothy Creamer）实现了人类在太空的第一次Twitter实时更新。2012年6月，美国宇航局的“好奇号”登陆火星，它的Twitter账号直播了它的探索过程。

2009年6月，在伊朗大选后，德黑兰的示威者通过Twitter发出他们的声音，并提出了“Twitter革命”的口号。类似的，2011年1月，在突尼斯、埃及的“阿拉伯之春”行动中，Twitter成为行动的一个重要的召集平台。

2012年12月，罗马教皇本笃十六世开通Twitter账号，后来他的继任者继续维护这一账号。

2013年1月，Twitter推出短视频应用Vine，允许用户拍摄并分享6秒钟的短视频。

根据2015年2月Twitter发布的2014年第四季度财报，截至2014年12月31日，Twitter的月度平均活跃用户人数为2.88亿人，比去年同期增长20%。①

从技术上看，Twitter是短信和SNS、博客等的一个结合。相比短信，它的传播对象更广，且可实现手机与电脑的跨终端传播；相比Facebook等SNS，由于短信服务系统的限制，它提供的手段相对有限；相比博客，它的容量有限制，每条推文（tweet）140个英文字符的限制，也与短信的容量（160个英文字符）有关。

虽然看上去Twitter有很多限制，但也许正是这些限制使得它可以专注于信息传播。它在一些突发事件中扮演的角色，也使得它作为社交化媒体的地位不断巩固。

二、微博在中国的发展及意义

Twitter模式在美国兴起后，中国的微博客（也可以看作“类Twitter”）应用也开始躁动。

在中国，最早的微博应用是2007年5月推出的饭否。其创始人王兴也是校内网和美团网的创始人。它的一条信息的容量是140个汉字，这也成为后来多数中文微博的标准。饭否的模式，使得中国用户对于移动社交和微传播，有了直接的体验。

2009年上半年，饭否用户数发展到了100万左右。2009年7月7日，该网站被关闭。2010年11月25日，饭否再度开放。

与饭否类似，在当时的中国用户中也有一定影响力的是叽歪。

虽然饭否、叽歪的发展磕磕绊绊，但在2009年下半年新浪开始推向公测的微博，让人看到微博应用在中国普及的可能性。

此后，人民网、网易、搜狐等也纷纷推出自己的微博服务。中国最早涉足微博的腾讯早在2007年就已推出了类Twitter微博网站“滔滔”。2010年年初，腾讯关闭了“滔滔”，重新打造了一个全新的腾讯微博。

2010年以后，微博在中国全面发展，并且迅速成为重要的传播平台，也成为社会舆情、舆论的表达平台。政府机构开设政务微博、企业开设营销微博，也成为一个普遍的现象。

尽管多家网站都推出了自己的微博平台，但经过几年的洗礼，目前在中国的微博领域，变成了新浪微博一家独大的局面。

自2009年8月推出以来，新浪微博的发展势头十分迅猛。在头几年，其用户

①参见《Twitter公布第四季度财报：净亏损同比收窄》，见http://tech.sina.com.cn/i/2015-02-06/doc-ichmifpx7174427.shtml?sina-fr=bd.ala.cb，2015-02-06。

数量呈直线增长：2011年3月，新浪宣布微博注册用户超1亿；2011年8月，新浪宣布微博注册用户超2亿；2012年3月，新浪宣布微博注册用户超3亿；2012年11月，新浪宣布微博注册用户超4亿；2013年2月，新浪宣布微博注册用户超5亿。①

根据新浪发布的2014年微博第四季度及全年财务报告，2014年12月，微博月活跃用户数为1.757亿，同比增长36%。2014年12月微博日均活跃用户数为8 060万，同比增长31%。2014年微博净营收3.342亿美元，较上年度增长77%，其中微博广告和营销营收2.648亿美元，较上年度增长78%，增值服务营收6 940万美元，较上年度增长74%。②

根据CNNIC发布的《2014年中国社交类应用用户行为研究报告》，中国微博用户认为，微博对当下社会的影响主要集中在“让新闻资讯传播更加便捷”、是“最直接展示个人意见的平台”、“能推动公益事业的发展”、“对政府政务透明起到推动作用”等方面，如图8—1所示。③

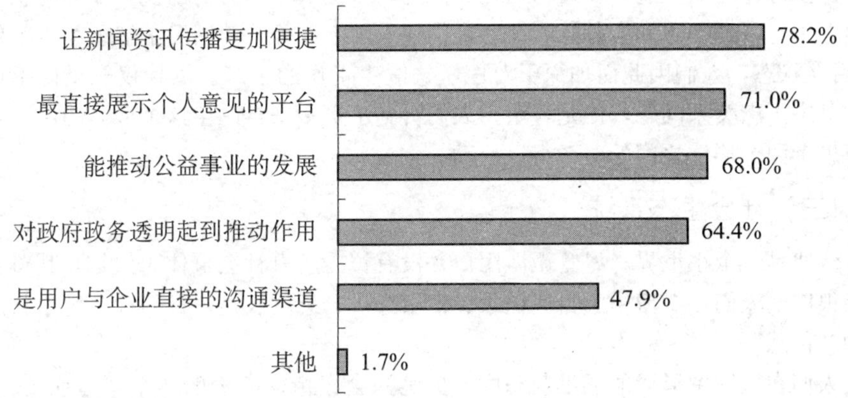

图8—1 中国微博用户对微博社会影响的评价

资料来源：http://www.cnnic.net.cn/hlwfzyj/hlwxzbg/201408/P020140822379356612744.pdf。

用户的评价，较好地反映了他们对于微博在社会发展中的作用的认知。

尽管在中国微博的作用是全方位的，但是，它的核心角色体现在如下方面。

（一）公共信息系统

相比它之前的SNS，微博作为社会公共信息系统的作用更为突出。在新闻信息的传播方面，其价值尤为显著。而对公共信息的了解，也会促进人们对社会事务的关注与参与。

微博中一个流行的段子，形象地说明了微博的这一功能：

> 早晨起来看微博，确实很容易让人产生一种皇帝批阅奏章，君临天下的幻觉。国家大事潮水般涌来，需要迅速作出各种判断，提出各种建议，各种转发，各种忧国忧民，各种踌躇满志，万物皆备于我。每个人心中都藏着一个披星戴月上朝堂的皇帝，微博把人的这种情结激活了。

与传统媒体不同的是，微博中人们获得公共信息的渠道是其关注的对象，关注对象的范围及质量，会影响到他们获得信息的质量。

作为公共信息系统的微博，其信息来源多元，质量参差不齐，但很多时候，特别是在一些焦点事件或话题的传播中，不同来源、不同角度的信息，可以构成相互

①数据来自历年媒体报道。

②参见《微博发布2014年第四季度及全年财报》，见http://tech.sina.com.cn/i/2015-03-11/doc-iawzuney0631454.shtml，2015-03-11。

③CNNIC：《2014年中国社交类应用用户行为研究报告》，见http://www.cnnic.net.cn/hlwfzyj/hlwxzbg/201408/P020140822379356612744.pdf。

补充或相互校正，这有助于提高微博中公共信息传播的质量。

（二）公共沟通系统

各种社会阶层、社会机构的进入，公共信息、组织信息、群体信息、个人信息的交织，使得微博作为一个社会的沟通系统的作用也越来越突出。

微博的公共沟通作用，体现在“纵向”与“横向”两个方面。

从“纵向”来看，微博在“上情下达”与“下情上达”方面，起到了疏通作用。尽管上下之间的信息、意见的流动仍会存在一定的阻力，但是它至少开辟了一个新的渠道。

从“横向”来看，微博为社会不同阶层、不同行业、不同群体之间的相互了解、对话提供了可能。特别是一些过去受到误解较多的职业、行业，它们的一部分从业者开通微博，使得过去的信息不对称、声音一面倒的状况得到一定改善。

例如，医生这个行业过去在媒体上多以负面形象出现，一些关于医患冲突的报道，也使得这个群体进一步被污名化。但是，一批医生微博的出现，如“@急诊科女超人于莺”、“@协和章蓉娅”、“@烧伤超人阿宝”等，使网民了解了医生工作的“幕后”状态，人们因此而加深了对医院、医生工作的了解。尽管仅靠微博不可能根本解决医患关系问题，但是，至少人们听到了更多来自医生这个群体的声音，医生与患者两个群体之间的对话得以启动。

（三）社会生态系统

微博是一个小世界，尽管微博用户并没有覆盖所有社会群体，但是，其覆盖面已经很广。人们在微博中的自我记录、情绪抒发、意见表达，都是社会生活状态的一种“传感”。

人们在微博中形成的意见与态度，更是社会舆情、舆论的一个“指征”。虽然微博舆情、舆论不等于网络舆情、舆论，更不等于社会舆情、舆论，但是，它是一个社会气候的风向标。今天中国的社会管理，需要更多地以微博对社会生态的洞察为依据。

（四）服务系统

微博中的服务，包括政府机构的公共服务以及企业的商业服务。无论是公共服务还是商业服务，都可以以对微博用户的行为、态度、意见的分析为基础。这也是传统的服务平台难以实现的。

（五）公共知识系统

微博中也存在着大量的公共知识，如各种学科的专业知识等，一些用户也在有意识地进行公共知识的生产、梳理与整合。

同样，尽管个体用户提供的知识可能是零碎的、片面的，但是，微博的协同机制，有助于知识的丰富与系统化。

（六）社会动员系统

在某些情况下，微博可以组织起社会动员，发起社会行动，如微博中发起的“随手拍拯救被拐卖儿童”活动、微博助农活动以及各种捐款活动等。尽管有些社会行动的效果并不理想，但是，微博作为社会动员的渠道的作用，是不言而喻的。

尽管新浪微博等在其发展中，也提供了越来越多的个人化服务功能，但是，从网民的需求偏向来看，它的公共性功能仍是其核心竞争力所在。

第 2 节　微博的传播结构与传播特点

一、微博的传播结构

微博是一种以内容为纽带的社会网络连接，其结构特点是“个人中心＋内容关联”。

每一个微博账号就是一个个人中心（见图 8—2）。但与 SNS 不一样的是，微博中的每一个个人中心都主要是基于内容的，其他的自我展示手段相对不突出，尽管微博平台本身提供的功能是较为丰富的。

同样，虽然微博用户之间的连接纽带不限于内容，但微博用户之间的关系的核心仍然是内容。即使有些人只是观看他人的微博内容而不进行转发或评论，但之所以他能保持对他人微博的关注，也主要是为了通过内容获得对信息的满足或心理满足。

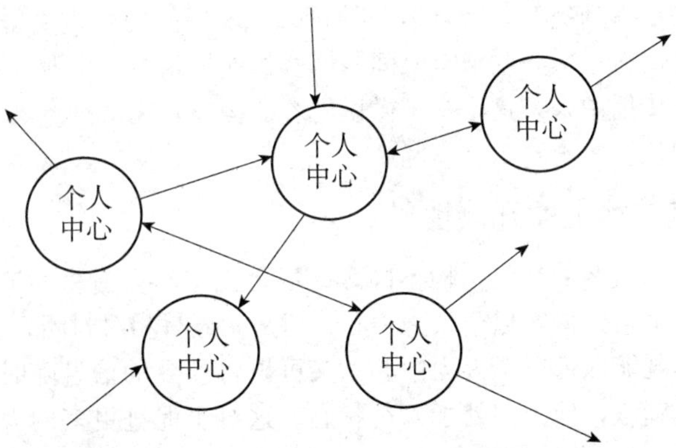

图 8—2　微博的结构

微博中的内容连接既可以是双向的，也可以是单向的。

微博的结构也意味着，社会关联网络的质量，直接决定了个人对外发布信息的传播广度，以及他们获得外界信息的广度。每一个连接的链条，都是一个传播的通道，连接的链条数越多，理论上信息传播的通道也就越广。

尽管从理论上看，在这样一种结构中，每个个人中心的起点都是相同的，但有一些用户可以借助其既有的社会地位或影响力在微博中很快赢得众多的连接（粉丝），从而变成话语权力中心。而多数用户，其连接主要是基于原有的社会关系，规模有限，话语影响力也有限。

多数关于微博关系的研究，都会强调其弱关系的偏向，但是，对于很多普通用户来说，强关系仍是他们形成自己的微博关系网（特别是粉丝群体）的基础。也正是由于多数普通用户的粉丝群体难以突破其强关系网络，因此，其话语权力也就难以实现实质的突破。

但是，由于整个微博结构的连通性，某些特殊时候，普通用户也可以借助意见领袖，来实现大规模的传播。

二、微博的传播特点

与社区、博客、即时通信和SNS等相比，微博传播具有以下特点。

（一）内容上的微型化

Twitter的容量上限是140个字符。中文的微博，多数上限为140个汉字，网易微博设为163个汉字，搜狐微博不设上限。尽管人们可以用图形化的长微博的方式来突破内容的限制，但在多数情况下，人们还是会把微博内容保持在限制范围内。

"微"的特点，使个体参与信息传播的门槛进一步降低，人们也不必像博客那样端着架子凝重思考，而是随时记录自己的所见、所想，因此信息发布的频率通常比博客要高。

除了文字的微型化外，在微博中，视频传播也趋向微型化。这一方面是为了适应移动终端对流量的限制，另一方面也是为了更便于短平快的传播。

（二）传播的移动化

微博允许通过手机进行访问、更新。因此，减少了在信息传播的时空方面的限制，时效性进一步得到提升，来自第一时间第一现场的内容也更丰富。"微"与移动性的结合，也使得过去一些没有时间写博客的业界精英、专业人士，得以更多地参与到微博信息传播中来，这丰富了微博内容的构成，在某种意义上，也提高了微博信息的专业性。

（三）交流结构上的开放性

微博与论坛和博客的交流结构不同。论坛是无中心多对多交流，除了少数人，其他人很难成为主角；博客以个人为中心，但是又显得相对封闭，不容易与外界进行互动。而微博既能保证以个人为中心，又可以将外界的信息随时随地吸收进来，更容易形成持续刺激，使人们处于兴奋状态。这对于促进更多的人参与新闻传播，也是重要的。

与博客相比，微博的转发非常简单、方便，这是开放性的另一个表现。转发成为微博平台上促进信息流动的一个重要手段，转发使有公共价值的新闻可以轻易地实现"病毒式传播"。因此，微博的信息传播效果通常比博客要好。

（四）传播的碎片化

与传统博客相比，微博在内容上的"微"与信息发布上的移动性，都使得它呈现出更多的碎片化的特点。

碎片化看上去与全面性、深刻性是相对立的，但未必一定如此。碎片化的信息反映的是某些时间或空间上的点的状态，当很多碎片被以一种内在的逻辑拼贴在一起时，它反映的事物的面貌与深度，也许比某一个个体的长篇大论更为全面、深刻。

当然，如果不能实现这样一种富有逻辑的拼图，那么碎片化的信息的确可能带来信息消费的负担，也可能形成某些误导。

从文化的角度看，碎片化的文化，反映了多元的、碎片化的价值观和参差多态的文化个性。在微博平台上，每一个用户也都是一个文化的碎片。

（五）信息传播与社交有机结合

一方面，微博是一种基于社交的信息传播平台，人们的信息传播与社交活动是同一的。社交是信息传播的目的，信息传播是社交的手段。人们的关系网络与信息传播网络也是同一的。人们的社会关系网络的广度，决定了其获得信息的广度与深度，也决定了其传播的信息能走多远。

另一方面，由于以人际关系网络为传播网络，传播结构开放，信息流动容易，因此，一旦微博中出现了刺激性的或者人们关联度很高的话题，这个话题就很容易在整个平台上“引爆”，以病毒式的扩散路径，迅速成为公共话题。

除了以上共同特点外，中国的微博还有聚焦度高的特点。与 Twitter 不同的是，中国的微博在一开始就设置了评论的功能，这使得 BBS 式的围绕一个话题的聚焦及深度讨论在微博中也能实现。评论成为微博的重要构成部分，在某些时候，它们的影响甚至要比事实性信息更大。

以上这些特点结合起来，使微博显现出“微传播”的特质，但同时又具有较强的大众传播属性，也就是媒体的偏向。

第 3 节　微博个体用户的构成及需求

微博中既有个体用户，也有机构用户。但个体用户是整个微博的基石，对他们的理解与认识，是利用微博平台的前提。

为行文简洁，本节将微博个体用户简称为微博用户。机构用户的分析将在后面相关部分进行。

一、微博用户的构成

根据 CNNIC《2014 年中国社交类应用用户行为研究报告》，中国微博用户的构成如表 8—1 所示。[①] 从数据来看，中国微博用户的年龄整体偏低，无收入群体占据重要比重，以高中和大学本科两个学历层次为主。

表 8—1　　中国微博用户的构成

年龄	比例（%）
10～19 岁	34.3
20～29 岁	33.9
30～39 岁	21.6
40～49 岁	6.3
50～59 岁	2.5
10 岁以下或 60 岁以上	1.4
月收入	**比例（%）**
无收入	39.6
3 000 元以下	17.9
3 001～5 000 元	22.4
5 001～8 000 元	11.9
8 001 元以上	8.2

① 参见 CNNIC：《2014 年中国社交类应用用户行为研究报告》，见 http://www.cnnic.net.cn/hlwfzyj/hlwxzbg/201408/P020140822379356612744.pdf。

续前表

学历	比例（%）
小学及以下	3.1
初中	17.4
高中/中专/技校	29.5
大专	18.0
大学本科	29.2
硕士及以上	2.8

但值得注意的是，虽然微博用户整体构成是低龄的、收入偏低的，但微博中那些影响力最大的群体——意见领袖，却并不在这些群体中。

【知识窗】 Twitter 用户构成

皮尤研究中心发布的《2014 版社会化媒体报告》（*Social Media Update 2014*）中关于美国 Twitter 的成年用户（18 岁以上）的数据统计如表 8—2 所示。* 从数据中可以看到，Twitter 的用户年龄层次也相对偏低，而文化层次、收入水平较高。黑人使用 Twitter 的比例较白人和西班牙裔更高。

表 8—2　　Twitter 的用户构成**

	2013 比例***（%）	2014 比例（%）
在所有互联网用户中的比例	18	23
男性	17	24
女性	18	21
白人、非西班牙裔	16	21
黑人、非西班牙裔	29	27
西班牙裔	16	25
18～29 岁	31	37
30～49 岁	19	25

续前表

	2013 比例（%）	2014 比例（%）
50～64 岁	9	12
65 岁以上	5	10
高中或以下	17	16
部分大学教育	18	24
大学及以上	18	30
年薪 30 000 美元以下	17	20
30 000～49 999 美元	18	21
50 000～74 999 美元	15	27
75 000 美元以上	19	27
城市	18	25
郊区	19	23
农村	11	17

资料来源：http：//www. pewinternet. org/2015/01/09/demographics-of-key-social-networking-platforms-2/，2015-01-09。

* 参见 *Social Media Update 2014*，见 http：//www. pewinternet. org/2015/01/09/social-media-update-2014/，2015-01-09。

** 原表为英文，此处做了翻译。

*** 比例指的是在互联网整体用户中的占比。

总体来看，目前中国的微博用户与 SNS 用户的结构相似，而 Twitter 与 Facebook 的美国用户的构成则有一定差异。

二、微博用户的需求

微博用户的需求与博客、SNS 用户的需求有很多的共同点。其中更为突出地表现为如下几个方面。

(一) 公共信息获取需求

尽管传统的网站、论坛以及博客等，都可以用不同的方式提供公共信息，但是，微博的信息传播有自己的特点，如时效性、丰富性。微博常常会比其他渠道更快地提供有关突发事件的信息，来自事件当事人或现场的第一手材料，可以无中介地直接到达微博用户。此外，由于微博中有各行各业的专业人士，他们提供的一些“内幕消息”往往也是在其他渠道求而不得的。

微博传播还有一个重要特点，那就是信息与意见的并行传播，一些专业人士的专业评论，也能给用户额外的收获。

图8—3是CNNIC发布的《2014年中国社交类应用用户行为研究报告》中对中国整体微博用户和新浪微博用户使用微博的动机的调查结果。[①]从中可以看到，无论是整体微博用户还是新浪微博用户，都将关注新闻和热点话题作为微博最重要的功能。新浪微博用户在这方面的比例更是高于整体微博用户。而之所以将微博作为关注新闻和热点话题的渠道，网民回答的主要原因包括：第一时间快速响应、话题关注度热度不容易消退、快速到达各种用户群体等（见图8—4）。

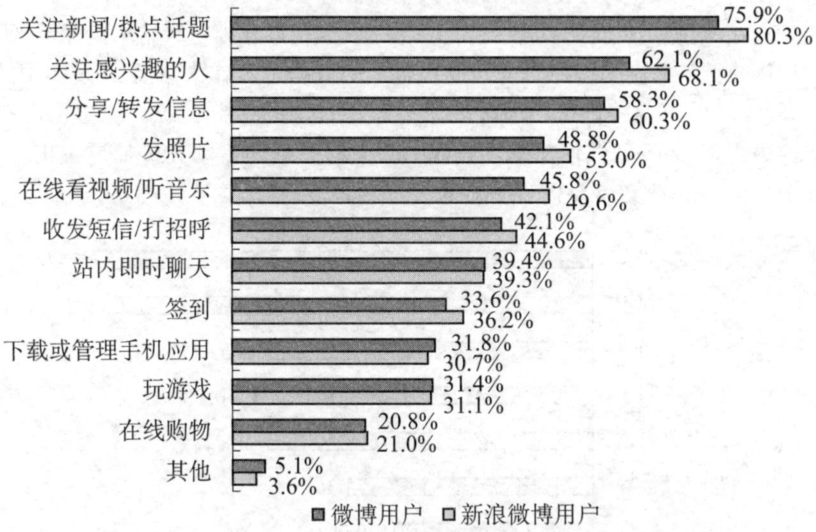

图8—3 中国网民使用的微博功能

资料来源：http://www.cnnic.net.cn/hlwfzyj/hlwxzbg/201408/P020140822379356612744.pdf。

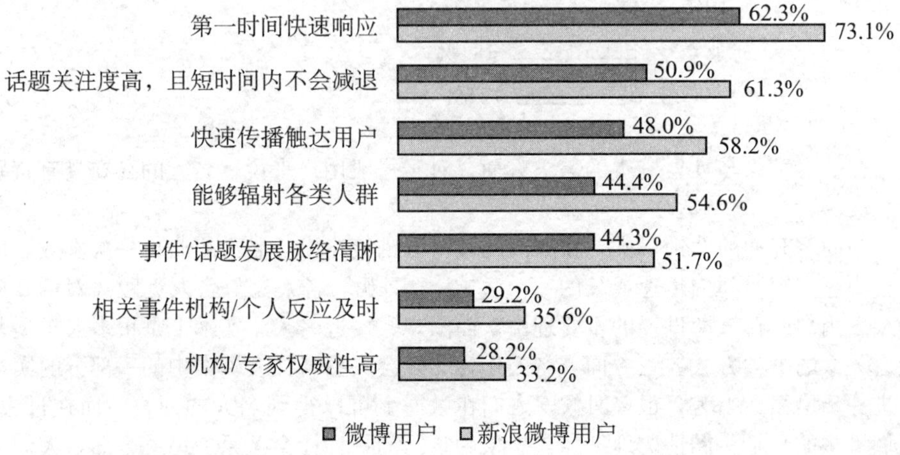

图8—4 从微博上获取新闻/热点话题的原因

资料来源：http://www.cnnic.net.cn/hlwfzyj/hlwxzbg/201408/P020140822379356612744.pdf。

①参见CNNIC：《2014年中国社交类应用用户行为研究报告》，见http://www.cnnic.net.cn/hlwfzyj/hlwxzbg/201408/P020140822379356612744.pdf。

（二）自我记录与表达需求

这似乎也是多数人使用博客的基本动机，但是由于博客写作需要更多的时间、精力、知识以及文字水平等做保障，因此，不少饱受博客"摧残"或者已经放弃博客的人，开始转向微博。甚至没有使用过博客的人，也可以尝试将自己的只言片语发到公共空间里。虽然微博平台里能得到广泛评论的微博并不多，被广泛转发的更是少数，但自言自语，仍然可以成为许多用户的使用起点。

自我表达也体现为个体的形象塑造。微博与博客、SNS形成互补的舞台，为人们塑造形象提供了不同的手段，更有利于展示人的多面性。

（三）社会关系与社会资本需求

微博是一个个用户的社会关系网络的集合，每一个人都是以自己为中心，通过"关注"与"被关注"建立起自己的社交网络，并从中获得自己所希望的某些社会资本的，如名声。

与博客和SNS应用一样，在微博中，人们对于社会关系和社会资本的需求也是非常突出的。图8—5的数据也说明了这一点。

要考查在微博中人们的社会关系网络构成如何，图8—5显示的来自CNNIC《2014年中国社交类应用用户行为研究报告》的数据可以作为参照。①现实中的关系（朋友、同学、同事）等仍是中国微博用户关注对象的主要来源。明星也占有重要的分量。尽管与SNS和微信相比，微博中基于弱关系的互动和传播更突出，但是，人们基于强关系的社交需要仍是明显的。

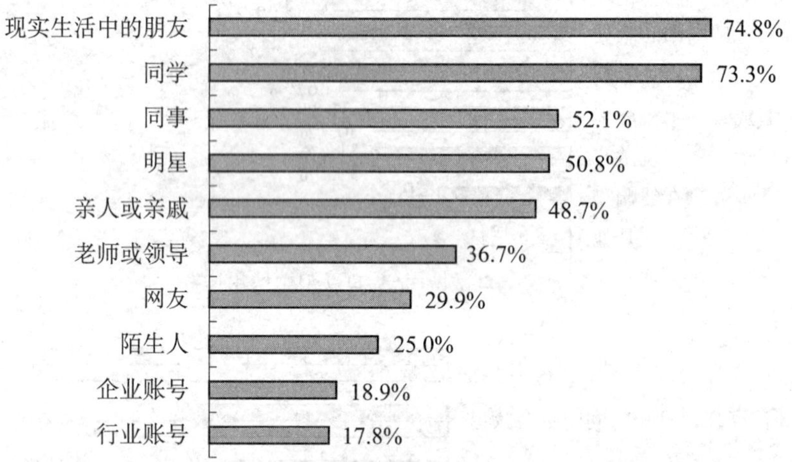

图8—5　中国网民在微博中的关注对象

资料来源：http://www.cnnic.net.cn/hlwfzyj/hlwxzbg/201408/P020140822379356612744.pdf。

在社会关系与社会资本的需求方面，对于一般用户来说，名人的存在具有特别的意义。

与博客时期的营销一样，在新浪的微博营销策略中，名人战略再一次奏效，而且成为它在短时间内迅速成长的一个法宝。"围观"名人，与名人近距离对话，成为很多用户留在微博世界的重要理由。而围观、接近名人，实际上是很多人扩展其社会关系的一种方式。一方面，名人作为其社会关系与社会资本中的一部分的实在感进一步增强，因为，很多时候，人们在微博上可以得到名人的回复，而在过去，人们更多的只是一厢情愿地把名人想象为自己的一种社会关系。另一方面，人们通

①参见CNNIC：《2014年中国社交类应用用户行为研究报告》，见http：//www.cnnic.net.cn/hlwfzyj/hlwxzbg/201408/P020140822379356612744.pdf。

过名人这样一个话题，可以和其他粉丝建立起更为多样的互动，粉丝之间的社会关系也得以强化。

(四) 信息与知识的积累、归档

对于部分用户来说，微博也可以成为他们进行信息与知识积累的一种手段，他们分享、收藏的很多信息，虽然对当时的他们来说，并不一定能成为深度阅读的对象，但如果日积月累，也可以成为重要的知识库或资料库。

第4节　机构微博运营的共性规律

对于机构用户来说，微博账号是他们公共信息发布和交流的一个新平台，微博的运营水准，直接决定这些账号的价值。

尽管不同类型的机构微博在运营时有一些特殊的规律，但也有一些共同的规律可以遵循。无论是哪种机构的微博，微博的日常运营和推广，都可以在以下策略中进行相应的选择与组合。

一、形象塑造策略

微博所营造的，是一种社交性信息传播，而在社交语境下，形象的塑造十分重要。

对于机构来说，过分相信自己已有的品牌，而忽略微博世界的形象经营或者说"印象管理"，是一个大的误区。孤芳自赏、漫不经心等，都可能消解其原有的品牌价值，甚至可能产生负面的影响。

对于一部分机构来说，微博还承担着修复或改善其形象的作用。一些机构已经在网民心目中形成具有距离感的刻板印象，改变这种印象，对于机构与网民交流质量的提高，具有重要作用。

在微博平台上进行机构的形象塑造，需要有一种基本思维，那就是：即使是机构微博，也应该把自己想象为一个活生生的"人"，而不是冷冰冰的机构，只有用"人"的方式与网民进行互动，才能在这个社交空间中游刃有余。

当然，一个机构毕竟不等于自然人，它的微博毕竟代表了机构的定位、立场，因此，在某些方面，它的信息发布活动需要更为谨慎，尤其在一些重大的问题上。机构的微博既要保持自身的"形象"，又要有"人"的"温度"，要在两者之间找到一个平衡点。

在微博平台上的形象塑造，需要充分利用以下手段。

(一) 精心设置账号信息实现形象"激活"

微博账号有很多信息需要设置，机构微博也不例外，要充分利用这些细节，来激活机构形象，传达机构的自我形象定位。

例如，ID号和头像是用户的最基础的标识信息，绝大多数情况下，用机构的名称和LOGO作为ID号和头像，是一种有效的做法，因为较易实现品牌的辨识。但如果机构知名度过小，不妨用更为生动的用户名和头像代替自己的机构名称和LOGO，也可能会有意外的收获。为了让微博与机构的官方网站、博客等其他平台连通，在用户自我介绍中，需要加入相关链接信息。

微博页面的背景图，也是彰显个性、塑造形象的一个手段，机构的微博最好自行设计背景图，而不是采用微博自带背景。但背景图一定要简洁，避免繁复的图案干扰人们阅读。背景与正文的色彩搭配也要重视“可读性”，即用户阅读文字时感觉轻松自然。背景图可以根据季节、社会环境的变化等做适当轮换，这样可以让用户常有新鲜感，同时也能感觉到微博经营者的用心。

微博平台通常会有“标签”的功能，标签不仅是标识机构身份、定位的手段，也是扩大关系圈的方式，因为微博系统通常会根据标签来进行用户间的相互推荐。因此，机构微博要针对自己的目标用户认真选择标签，一般来说，多设置一些标签，对于扩大被推荐的范围是有好处的。

（二）以个性定位进行形象强化

微博虽然以社交为基础，但是，为了能被更多的人关注，微博也应该形成自己的鲜明个性，甚至是不可替代性，这样不仅可以强化机构的形象，也有利于信息的广泛传播。

微博的个性可以从其内容的个性、语言的个性等方面表现出来。尽管机构微博不必拘泥于某一个领域的话题，但是，将自己最擅长的领域作为主线，保持这个领域话题的高比重，是形成稳定风格的基础。“打一枪换一个地方”的做法是不可取的。

创造出有个性的语言风格，也是形成个性的重要手段。尽管每条微博的字数有限制，但是，这并不意味着这个小小的舞台上就没有施展个性的机会，相反，只要认真体会，认真总结，就有可能找到自己的语言个性。

例如，《新周刊》杂志微博的“早安”体、“晚安”体，是它早期的招牌之一。一个机构账号每天跟粉丝道“早安”、“晚安”，这就有了“人”的情感色彩。但它的问候并不只是简单的两个字，而是每个“早安”或“晚安”前都带有一段格言、语录，这就成了它的个性标志。由于格言等在微博中也格外受关注，转发率很高，因此，这些看上去程式化的内容，对于《新周刊》微博形象的提升，却起到了重要作用。当然，早安、晚安帖的滥用，也可能使网民出现审美疲劳。

（三）以持续努力加固信任力

机构微博不仅要有鲜明的个性化形象，还需要培养粉丝对自己的信任度。可信是机构微博形象的根本。

第 5 章提到过“信任力公式”。即：

T（trust：信任）＝C（credibility：可信度）×R（reliability：可靠度）×I（intimacy：亲密度）÷S（self-orientation：自我意识导向）[①]

这一公式也可以作为微博形象塑造的一个参考：内容的可信性、过往的信誉、有亲密度的内容，对于一个微博账号的信任度获得是正面的影响因素，而过强的自我意识是获得信任的阻碍因素。

因此，微博的运营者应通过分享有人情味、有亲密度的信息来赢得用户，而尽可能减少自我标榜、自我推销的内容。

这个公式也表明，信任的获得与既往的信誉历史有关。同样，微博中的形象塑造不是一件一蹴而就的事，它需要持之以恒的经营。

①转引自［美］克里斯·布洛根、朱利恩·史密斯：《信任代理：如何成就网络影响力》，73 页，沈阳，北方联合出版传媒集团，万卷出版公司，2011。

二、关系建设策略

微博信息传播是以关系网络为基础的，因此，要让自己在微博平台上形成传播的影响力，就需要认真地维护与各方的关系，精心经营关系圈。

（一）优化关系圈结构

微博上的关系圈，主要是由两方面因素决定的，即关注谁和被谁关注。在这两方面的经营，决定了关系圈的大小。

微博中的关注对象具有双重作用：一是信息源，二是帮助自己发展社会关系的力量。从信息源方面看，关注对象的质量，直接决定了获得信息的广度、深度与准确度等，因此，机构微博在选择关注对象时，应该根据自己的需要精心选择。有些微博用户（特别是名人），虽然在直接生产公共信息方面的贡献有限，但是，他们是微博中的关键性节点，有些时候可以通过他们来发展自己的关系网络，或者借助他们推动某一特定信息的传播，所以选择性地关注与自己领域相关的一些名人也是需要的。此外，本机构或本系统内的具有代表性的个人微博、本机构其他官方微博、行业内其他机构微博、相关管理部门等的微博，也常常需要关注。

当然，并非关注的人的数量越多，就意味着关系圈越大，也不意味着社交圈的质量就越高。关注对象的同质化会限制视野，因此，一个合理的关注结构是必要的，也可以根据情况适时做出调整。

而被谁关注是相对被动的，除非采用“拉黑”等方式来屏蔽某些用户，否则，不能选择什么人关注或不关注自己。通常粉丝数量越大，信息的传播面就越广，但是不能盲目追求粉丝的数量而不注重其质量。通过与粉丝的积极互动，来发展强关系，形成黏性，比单纯的粉丝数量更重要。至于买假粉丝的方式，则有可能对形象造成损害，是大忌。

（二）在互动中经营关系

今天几乎所有的微博账号都把粉丝数量看得很重，因为粉丝量决定了信息覆盖的广度，以及再扩散的动力。

但是花钱买僵尸粉，只能带来虚假的繁荣。僵尸粉对于信息的传播，是不会产生贡献的。

真正的粉丝，是关系经营的结果。

除了少数名人，在关系建设方面，微博用户的收获程度取决于他们的耕耘程度，也就是说关系是需要经营的，对机构微博来说，也是如此。

评论、转发等互动方式，是关系的润滑剂，也是扩大关系圈的重要手段。对于已有关注关系的微博用户来说，评论、转发可以加深彼此的交流，联络感情。同时，评论、转发可以让自己的微博账号加入到公共传播的链条中，这样，随着某些公共信息的传播，微博账号也得以更多地进入他人的视野，得到关注的概率也会增加。

三、信息发布策略

机构微博中的信息大致有三类。

形象塑造类信息：用于传达机构微博的特定定位与形象。

关系维护类信息：这些信息并不一定与机构微博定位直接相关，但是，对于维护微博的社会关系具有意义。

公共服务类信息：体现机构的核心定位，带来公共价值的信息。

当然，这三者并不是截然分开的，有时一条信息同时具有三个方面的功效。

从信息来源来看，机构微博中发布的信息包括两大类：一是原创性信息，二是转载、转发的他人信息。两者都考验着微博运营者的信息筛选、判断能力，以及内容的呈现与传播能力。

机构账号发出的微博信息能走多远，既与其自身形象塑造与关系建设相关，也与每一次信息发布的策略选择相关。要将信息推送得更远、更广，理解与把握好以下几个问题是关键。

（一）微博需要什么样的话题？

好的话题，是成功的微博的首要因素。

虽然每天微博上的信息可能达上千万，但是，从微博的相关统计来看，热门的信息却相对集中，而这些信息通常有一些共性。

从话题的属性来看，微博的热门话题常常具有以下一种或几种特点。

公共性：越是与多数人利益相关的话题，越容易引起关注。涉及政治或经济改革、官员、民生、弱势群体等话题的内容，其公共性往往更显著。

争议性或冲突性：微博中涉及的事实或观点，如果包含了冲突与争议，更能引起人们关注。

公益性：诸如寻人、帮人、救人、捐助等方面的信息，往往会更受关注。

人情味：人情味浓的话题，特别是故事性的内容更容易打动人心，也容易给人留下深刻印象。

盘点性：对一些现象进行规律性总结，条分缕析，再加上数字编号，通常可以吸引他人。其中，加上数字编号是一个非常重要的“秘籍”。它在形式上强化了总结盘点的意味，也让人感觉更有条理。

娱乐性：轻松、搞笑的话题，或与娱乐明星相关的话题，也容易成为热门话题。当红名人的动态尤其会受到较多的关注，如果这些名人的动态中有一些戏剧性的言行，则更容易成为焦点话题。

格言性：被称为“心灵鸡汤”的能引起普遍共鸣的人生格言或语录，常常也会被广泛转发。

知识性：人们了解较少但又与多数人相关的专业知识、生活常识等，也会受到欢迎。

当然，除了这些常规的热门话题外，如果表达方式打动人或有新意，其他内容也有可能被广泛关注。

（二）如何在 140 个字中讲故事？

绝大多数微博平台上一条微博的容量是有限制的，如 140 个字或 163 个字，因此，简洁、明晰、准确，是微博表达的基本要点。也就是说，微博内容是“高浓缩”的。

要在 140 个字左右的空间里组织信息，有时不一定用完整的句子，可以用一些标点符号作辅助来简化句子结构，只要不影响人们对关键信息的理解。必要时，也可以加上图片、视频等，几者配合，能产生更好的效果。

除了简洁、凝练这一前提外，在微博中进行传播，还需要会运用微博语态。

微博语态并没有严格的定义，也没有明确的规则。它更多体现的是人们在微博平台上进行文字交流的一种“感觉”，强调的是与微博的传播特性相吻合，与整体文化氛围相契合。

微博语态的一个表现，是角度的适宜性。也就是需要多从粉丝的关注视角出发，而不是从机构的宣传需要出发，要打动人心，而不是喊口号。

微博语态最重要的特点，是故事化表达。

讲故事，意味着依托具体的事实，来解说抽象的道理，并把这些事实放在特定的情节中，体现在人的活动、情感中。

故事往往是以具体的个体为依托的，而不是抽象的“大家”。“大家一致认为”、“人们异口同声”这些复数的表达，不是讲故事的口吻，应该尽量避免在微博内容中出现。多用单数的第一人称，即“我”，常常可以使故事显得更为可信，也更容易使听者产生代入感或卷入感。

故事是在具体的场景展开的，因此，故事要有时间、地点等要素，也需要细节的刻画。

【案例】 微博上的140字故事

图8—6是曾经被热转的一条微博，在短短的一百来字中，这条微博用白描的方式刻画了地铁中一个普通男人的生活瞬间，虽然内容没太多文采，但细节传达非常到位。这样的瞬间我

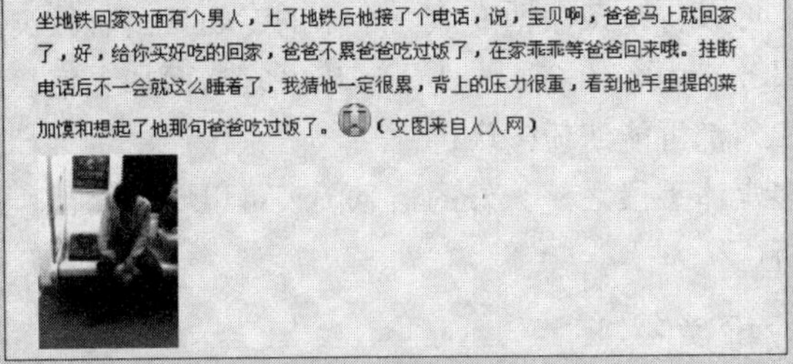

图8—6　一条故事化的微博

资料来源：http://weibo.com/1725859994/AfNSud11Z?from=page_1005051725859994_profile&wvr=6&mod=weibotime #!/1725859994/AfNSud11Z? from = page_1005051725859994_profile&wvr=6&mod=weibotime&type=comment#_rnd1428650765734，2013-10-26。

们在生活中随时可能碰到，但它变成这样一个故事呈现在面前时，我们还是会被它打动。我们不仅看到了一个为了家人而努力打拼的男人的形象，也会联想到自己或自己的家人。

下面这段文字是一个政务微博为一个长微博配发的引导文字。长微博讲述了一个优秀警察的故事，但是在这段引导语中，丝毫看不到故事的痕迹，只有“总是”这样抽象的概述。即使长微博的故事讲得很精彩，人们也可能没有兴趣点开它。

> #身边警察故事#北京市公安局出入境接待大厅就有这样一位太阳花似的民警，她总是想着如何为群众解决问题，让群众少跑“冤枉”路，减少群众的负担和损失……

类似上述例子这样的表达方式，在机构微博中屡见不鲜，特别是政务微博中。把公文式的语言变成接地气的、人情化的、故事化的表达方式，对政务微博来说仍是一个挑战。

（三）如何把握网言网语使用的度?

微博语态还与网络语言和网络流行词有关。

使用网络语言和网络流行词，除了容易与网友形成共鸣外，也意味着一种共同的文化认同。有些流行词，反映了重大的新闻事件或社会问题，对它们的运用，也表达着机构的某种立场。

因此，今天的机构微博，首先是通过对网络语言的运用，来寻求与网民及网络文化的“对接”。在合适的语境下运用网络语言，的确有助于拉近机构微博与粉丝及其他网民的距离。

但是，语言只是一个表征，而不是核心。改了语言这张“皮”，而没有改变自己的根本心态与姿态，微博就会产生撕裂感。时间长了，也难免露真容。

滥用网络语言，也可能使人们产生审美疲劳，难以产生持续效果。

你怎么看

你关注的政务微博账号有哪些？你认为如何可以写好一条政务微博？

（四）多媒体在微博中如何运用?

微博信息是以文字为主的，但是图片、视频等多媒体手段也越来越重要，图片、视频可以对文字信息形成补充作用，而且加入图片、视频后，往往会提高人们对特定信息的关注度，对于扩大传播面是有效的。

长微博是一种特殊的微博图片运用方式。为了应对微博的字数限制，一些微博发布者将超过一条微博容量的文字通过相关工具变成一张图片，这样也可以实现大容量的文字传播，且转发也很方便。当然，如果只依赖图片，而不给其加上任何文字说明，或者文字推荐无力，那么这些长微博图片被点开阅读的概率也会较小，所以长微博应该与有效的文字引导结合起来。

今天的新浪微博中，另一种常见的图片运用方式是“九宫格”。根据新浪微博平台的设定，一条微博最多可以发 9 张图片，这 9 张图片，共同构成了九宫格形式。某些时候，用九宫格式图片，可以将一条微博变成一个小的专题，具有较高的信息集成度。但这样的形式应该服务于内容的需要，为了凑出九宫格而加上信息量不大的图片，或者滥用九宫格形式，都可能使粉丝厌倦。

信息图表也是微博中常见的多媒体手段之一。好的信息图表可以实现简洁、高效的信息传达，后文将进一步分析。

（五）如何实现微博的有效推送?

除了好的内容与表现形式外，微博本身推送的方式与时间等，也是有一定技巧的。

1. 保证焦点

对于像新闻这样的信息的传播来说，一条微博传达一个新闻事实是最佳方案。如果用几条微博来传达一个信息，有可能分散人们的注意力，不容易形成焦点，也容易让人只看到其一，没看到其二其三，漏掉一些重要信息，产生理解上的偏差。

如果必须用多条微博才能构成完整的信息发布，可以以一条微博为基础，在转发它时增加新信息。这样可以保持焦点的稳定性。

2. 让信息推送“踩在点上”

人们不可能一天二十四小时在微博上活动，他们在微博上的活动时间与其工作生活的节奏紧密相关。一天中的不同时段，会有较为明显的用户活跃期和平淡期，机构需要根据自己粉丝们的活动规律来制定微博信息的发布节奏。让信息传播“踩在点上”，是十分重要的。

当然，时效性很强的信息，必须在第一时间发布，之后可以通过多次推送的方式来扩大传播面。

一条重要的信息如果第一次发布后传播效果不太理想，可以进行再次、多次发布，以便能不断地引起人们的注意。但同一信息过多刷屏，也会带来粉丝的逆反心理。如果确实需要重复一条信息，可以采用加上自己或他人的评论再转发的方式，产生滚雪球式的信息叠加效果。

从总体来看，一个机构微博需要保持较高的更新频率，这是保持其活力的基础。当然，过密的更新，可能让粉丝反感，所以也不宜频繁刷屏。

3. 有节制地使用定向推送

微博的信息不仅可以发送到粉丝群中，也可以通过一定的手段向特定的用户进行推送，目前最主要的手段是“@”。

@特定用户的手法，可以让某条信息到达明确的目标，也促使收到@的用户做出相应回应，形成一个互动过程。

当然，滥用@，可能使信息推送的对象产生反感心理，因此，需要有所节制。

4. 利用主题词

为了让某些特定的信息与微博中的同类话题信息汇聚在一起，形成规模效应，在发出的信息中可以设置一些主题词（不同微博平台上设置的具体方式可能不尽相同），有时会收到很好的效果。这也可以方便那些对某一主题感兴趣的人进行信息的查询。

（六）如何对他人的内容进行二次开发?

除了发布原创信息外，很多时候机构微博也会转发他人微博，或将网络中其他内容转载到自己的微博中，但是转发、转载也是有技巧的。

很多转发或转载性微博，只有一个标题和一个链接，而标题往往是传统媒体风格的，四面八稳，缺乏亮点，因此很难激起网民点击链接的兴趣。

转发、转载，应该是一个内容再开发的过程，是发掘原始内容的亮点或者帮助网民理解其亮点的过程。再开发主要可以通过以下方式实现：

加上吸引人的内容提要，例如提示其中的重要观点或者突出其中有意思的故事。

加上有一定“刺激度”的评论，以帮助人们理解其意义，或者激起人们的关注意愿。

（七）如何避免成为谣言的帮凶?

对于机构微博来说，转发、转载的过程也应看作是一次把关的过程。

在微博中，人人都是把关者，而有着机构背景的微博账号，在信息把关方面，拥有更重要的责任。如果机构微博的管理者能及时发现虚假信息并提出质疑、进行证伪，那么不但中止了一个虚假信息的传播过程，也会为自己的形象加分。反之，机构微博如果成为谣言的帮凶，可能会使自己的形象一落千丈。

微博中信息把关的主要方法包括以下几种。

1. 核对来源与多源求证

“多源求证”是传统媒体核实新闻真实性时的主要手段之一。为了保证新闻的真实性，通常媒体不能在仅有一个消息来源的情况下就发布某条新闻。“多源求证”即是通过两个以上与事件无关的独立消息来源对新闻进行核实。

这一方法，也可以为其他机构的微博运营者所借鉴。

在网络中进行信息核实时，对于“多源”的选择十分重要，因为很多网站相互转载。如果仅仅看到有几家网站同时发布了某新闻，并不能由此断定这一新闻就是可以发布的，因为这条新闻可能是由同一个来源提供的。一定要注重鉴别谁是独立消息来源。

信源的身份、信源的一贯信用等，也是在进行来源核实时需要注意的问题。有些网站或微博账号，本身定位就是虚构新闻，如美国的“洋葱新闻”。对来自这些来源的信息，一定不能轻信。

2. 查看原文或原始出处

微博中很多偏差是以讹传讹造成的。例如，一个微博账号转发他人的文章，在写引导性文字时，曲解了原文的意思，如果再转发者不看原文，直接转发，就可能将错误延续下去。因此，如果转发的对象中有链接，一定先查看链接中的原文，做出判断。

对照片移花接木的使用，是微博中信息混乱的一个主要表现，查找照片的原始出处，也是减少错误的主要方法。今天的一些搜索引擎，如百度，有“以图搜图”的功能，即在图片搜索时，将本地一张图片上传，让搜索引擎找出相似的图片。尽管这一功能目前还不完善，但还是有一定帮助的。

3. 逻辑判断

一些信息中出现的问题，用逻辑推理的方法很容易做出判断。但是，一方面因为在微博中很多人不愿意花时间对看到的内容进行思考，另一方面是时间上的压力，因此，很多有明显逻辑漏洞的消息，仍然在微博上大量传播。

例如，网络中流行一个说法：如果在ATM机取款时被歹徒劫持，可以通过反向输入密码的方式向银行报警。即使不懂银行的相关技术细节，至少可以想想这种方法是否可行。如果一个密码所有位数都是一样的数字，如666666，或者前后两部分是对称的，如678876，那么，反向输入的数字与原密码就会完全一致。这样的漏洞显然意味着上述说法是不成立的。

4. 时间核对

有些信息本身是真实存在的，但已是旧闻，如果把旧闻当新闻来传播，也会出现问题，如将汶川地震中的照片当做雅安地震时候的照片使用。对于一条信息涉及的时间进行核查，也是判断信息的真伪和准确度的重要方法。如果出现了图片，用“以图搜图”功能，可以分析图片是否在更早的时间点出现过。

5. 知识性内容的核查与比较

如果微博中出现了知识性的内容，除非是自己特别有把握的知识，否则尽可能通过相关手段对这些知识进行核查，也可以少犯错误。

【案例】 关于马英九的伪新闻

图 8—7（A）中的内容，是网络中曾流传过的一条微博，图片似乎传达了一个冲突性的场景，即马英九被一个学生质问。有了这张图片，微博的文字似乎也就顺理成章了。但是在网络中搜索这张图片会发现，它的实际出处是另一条新闻，内容如图 8—7（B）所示，与微博中所描述的情况大相径庭。

马英九出席两岸青年学生交流论坛，一位大陆学生站身来呛声马英九"你老婆乘公交车上班，你自己背包、拿优惠券买咖啡，这种与领导人身份极不相称的做派究竟是有心还是无意，假如是有心，又出于何种动机，意欲达成何种目的？"马英九笑答"我本来也不想这么做，但是媒体和民进党时刻盯着我，没办法啊！"

查看大图　向左转　向右转

图 8—7（A）　一条配发图片的伪新闻

陆生指台湾学生不太节约能源 马英九微笑未答

2012年04月29日 09:29

来源：东南网　　1人参与　0条评论　打印　转发　字号：T|T

陆生当着马英九竖起大拇指说，在路旁这样比，就能搭到"顺风车"，这就是台湾的人情味，马点头称是。

东南网4月29日讯 据台湾媒体报道，马英九昨天与陆生交流，有陆生谈到很多台湾同学不满油电上涨，但"台湾同学老是电脑一开就放着不关"，电扇冷气也开一整天，陆生就没有这种"习惯"。

图 8—7（B）　图 8—7（A）图片的原始出处

资料来源：http：//www. fjsen. com/b/2012 - 04/29/content_8296445. htm，2012 - 04 - 29。

6. 直接验证

对于一些似是而非的说法，当通过推理或核查仍不能做出肯定判断时，如果条件允许，可以做些实验进行直接的验证。

当然，对于个人用户来说，这样的验证有时会费时费力，所以通常不太可行。但是机构微博的运营者面对一些重要的信息又不能做出明确判断时，可以尝试进行验证，特别是这些信息与自己的工作领域相关时。

例如，在微博中有一些“知识帖”，告诉人们如何消除快递单上的个人信息，如用花露水清除字迹等。有公安系统的微博运营者亲自检验每一种方法的有效性，并把整个过程通过照片记录下来，这个验证的过程，不仅给人们提供了更有效的方法指导，也把公安微博的严谨精神表现了出来。

7. 细心计算

当一条微博内容中出现了数字时，对数字进行计算或者进行基本的常识判断，是必要的。

【案例】 @江宁公安在线对一条出现数字差错的微博的质疑

2013年的双十一网络购物节后，天猫的新浪微博官方账号发出一条信息，称当天卖出了200万条内裤，加起来有3 000公里长。很多微博网友也转发了这条消息。但细心的@江宁公安在线发现，用最简单的除法验证这两个数字时出现了问题，这表明，至少有一个数字是出了差错的，于是它用幽默的方式提醒了天猫（见图8—8）。@江宁公安在线的这条微博，也为它赢得了近两万的点赞量。

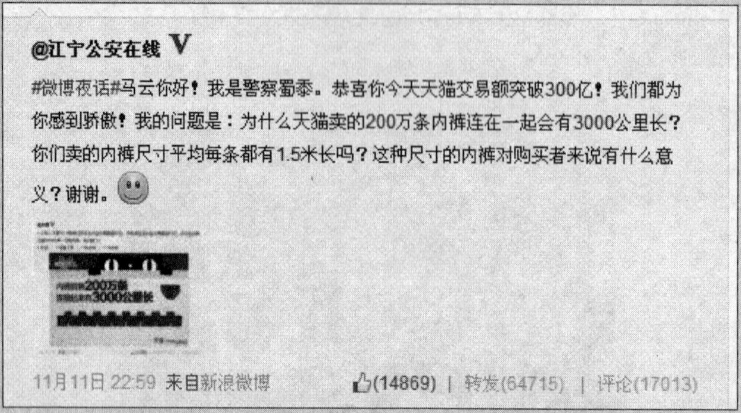

图8—8 @江宁公安在线对一条出现数字差错的微博的质疑

资料来源：http://weibo.com/1113218211/AihRA803H?from=page_1001061113218211_profile&wvr=6&mod=weibotime#!/1113218211/AihRA803H?from=page_1001061113218211_profile&wvr=6&mod=weibotime&type=comment#_rnd1428654531171，2013-11-11。

8. 警惕名人被假借

微博中虚假消息的另一个常见的表现，是假借他人之口表达一些观点，名人尤其是常被借用的对象。白岩松、崔永元以及国外一些已经去世的政治人物，最常出现在这样的假消息中。

【案例】 关于弗里德曼观点的假微博

图 8—9 是曾经被很多微博网友转发的消息，它提到了诺贝尔奖获奖者弗里德曼在新书中的一个观点。但是如果搜索弗里德曼的信息会发现：他在 2006 年已经去世，因此新书的说法也就存疑，进而整个微博的内容都值得怀疑了。

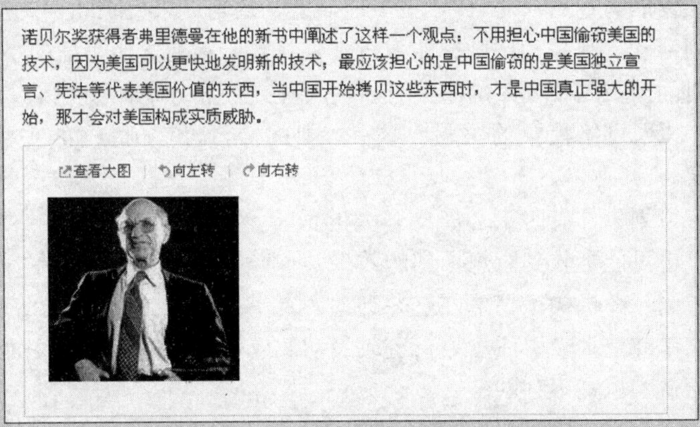

图 8—9　关于弗里德曼观点的假微博

四、意见领袖策略

意见领袖是那些可以影响别人的观点、态度甚至行为的人。他们是有稳定的强大的传播能量的微博用户，影响他人的能量也较大。

意见领袖并不一定限于政治性话题，在各种专业领域，都可能有意见领袖出现。

对于机构微博来说，要不断提高自己的影响力，一方面是要争取成为微博平台上的意见领袖，另一方面是要借力于已有的意见领袖。

要成为意见领袖，需要在形象塑造、关系建设和信息传播等各个方面努力。另外，由于一些特殊事件和机会，机构微博可能会在瞬间形成较大的吸引力，如果能趁热打铁，将优势保持下去，就可能形成稳定的影响力。

而借力于意见领袖，则意味着要关注微博平台上的传播格局，了解意见领袖的分布情况，在必要的时候，借力于特定的意见领袖，帮助自己扩大影响力。与意见领袖之间的日常关系的维护，是借力于意见领袖的重要前提。

五、事件营销策略

机构微博要不断扩大自己的影响力，也需要一定的“营销”。信息传播活动本身是一种营销，但有时也可以通过事件营销来实现短时间内影响力的提升。

微博中事件营销的第一种方式，是利用现成的事件。例如，针对微博中的求助信息，发起公益活动，通过这个活动来提升自己的形象。

微博中事件营销的第二种方式，是策划相关事件。在微博中所策划的事件一定要与广大网友相关，事件的主角多数情况下应是网民而不是机构，同时事件的参与成本要低，这样才能引起广泛的共鸣。

著名作家郑渊洁，在微博中十分活跃，他策划的一些活动，都富于创意。例如，他曾策划过一个“见郑蓝天”活动，其初衷是将每天北京的天空拍下来，以统计北京一年中的蓝天数量。他把自己的这个活动在微博中公布后，网友反响热烈，全国各地的很多网友都参与到这个活动中。后来，他又把这个单纯反映环境状况的活动发展为“见郑北京”，更多地从人文的角度来反映北京。他策划的“郑在寻找”系列活动，则是利用微博的力量来寻找几十年前给他写信的小读者，他不仅在很短的时间内找到了当年的小读者，而且让人们充分地体会到了“六度分隔”的“小世界”以及网络社会的力量。这一活动也受到传统机构的关注，成为机构的报道对象。

策划事件有时未必需要多大的成本，通过一些日常事件或现象唤起人们的参与，也可能会收到意想不到的效果。

当然，机构策划事件，并通过网络来传播，一定要把活动的社会影响放在首位，单纯追求吸引注意力，造成轰动效应，而忽略可能的负面影响，对于机构的形象塑造，也是不利的。

第 5 节　媒体的微博应用

当微博对于网络信息传播以及整个传媒格局产生越来越大的影响时，专业媒体必须主动出击。将微博作为媒体报道的辅助、延伸手段，以及新的传播和营销平台，是专业媒体利用微博的主要方式。

一、微博对专业媒体的意义

微博对专业媒体具有多重意义，主要表现在以下几方面。

（一）业务的延伸平台

就像论坛、博客和 SNS 一样，对于媒体的新闻报道活动来说，微博可以在各个环节发挥其补充、延伸作用。

1. 利用微博发现新闻线索

微博日益成为重要的新闻线索来源，但要通过微博迅速发现新闻线索，必须设置合理的关注对象，以便给自己足够多的触觉点，能敏感捕捉微博平台上的各种重要信息。关注微博平台一些关键的意见领袖，特别是与媒体相关的领域的意见领袖，关注一些相关的政府机构、企业、组织以及其他媒体的微博，都可以提高自身的灵敏度。

2. 利用微博核实新闻

通过新闻事件的当事人、目击者和其他相关人员的微博，来核实新闻的一些要素与细节，对于提高报道质量是有帮助的。当然，对于这些信息，媒体不能盲目轻信，必须冷静地核查，以排除个人偏见和有意造假等因素的影响。

3. 利用微博进行实时报道

无疑，微博比传统媒体更适合进行时效性很强的报道。即使媒体网站在时效性上可以达到同样的水准，但为了使突发新闻的报道到达更广泛的受众，还是需要利用微博。

对于一些重大新闻，微博也是一个很好的直播平台。

4. 利用微博拓展报道

在微博发布某一报道的同时，可以提供这一报道的相关报道、背景延伸、评论解读等，为人们提供立体的信息。

与报道有关的微博评论，也是一种拓展报道的资源。它可以帮助记者拓宽报道思路，更深入地认识事件发生的深层背景与社会影响。其中，有些评论或者人们补充的信息，也可以成为报道中的背景素材。

5. 利用微博扩大报道影响

对于一个具体的报道来说，微博也是一个再传播的平台。将专业媒体平台上发布过的报道，用某种形式通过微博再传播，例如将其中重要的部分发在微博上，或者在微博上发起相关讨论，都有助于扩大报道的影响面。

(二) 业务融合平台

对于媒体来说，微博传播，也应是融合性传播，这主要表现为以下几方面。

1. 多种媒体手段的融合

微博是媒介融合的一个平台，因此，传统媒体的跨媒体内容通过微博发布，成本低，且可能获得较好的传播效果。

微博提供了多种媒体手段整合的可能，例如文字＋多图片、文字＋视频的组合等。因此，各种媒体都可以根据自己的资源情况，挖掘微博的跨媒体传播潜能。

2. PGC与UGC的融合

媒体微博发布的内容，主要是其记者、编辑生产的，也就是PGC（专业生产的内容），但是，它也必须充分利用UGC（用户生产的内容）的力量，微博本身应该成为PGC与UGC融合的一个平台。

“@人民日报”的“微议录”栏目，就是PGC与UGC整合的例子。每天“@人民日报”会针对一个特定的话题，从微博网友的评论中精选若干条，将它们整合成一条图片型的长微博。这不仅可以反映意见的多元性，也可以给参与互动的网民以成就感。

3. 台前内容与幕后内容的融合

与SNS类似，适当的幕后内容的出现，可以使媒体的微博账号更富人情味，同时也可以让人们了解一条新闻背后记者、编辑付出的劳动。

某些时候，将幕后的内容用未播出版、未删减版的方式发布在微博中，可以原生态地展现新闻的全貌，不仅有更强的真实性与现场感，也可以传达更多的潜台词。

【案例】 央视新闻：交代幕后故事

2013 年春节期间，李克强总理视察内蒙古棚户区。在当晚的中央电视台《新闻联播》关于这一活动的报道中，观众看到这样一个镜头，在一户人家，当李克强与男主人聊天时，突然从炕头的柜子里钻出一个光屁股的小孩。这个镜头很快成为微博热议的话题，但这个孩子为什么会躲到柜子里去，这是新闻联播的新闻中没有交代的细节。而“@央视新闻”则将没有删节的采访时的全部视频发布出来，讲述了幕后的故事（见图 8—10）。这样的没经过加工的视频，将一个没有经过事先排练的视察过程展现了出来，不仅无损领导人和媒体的形象，反而为其赢得了更多认可。

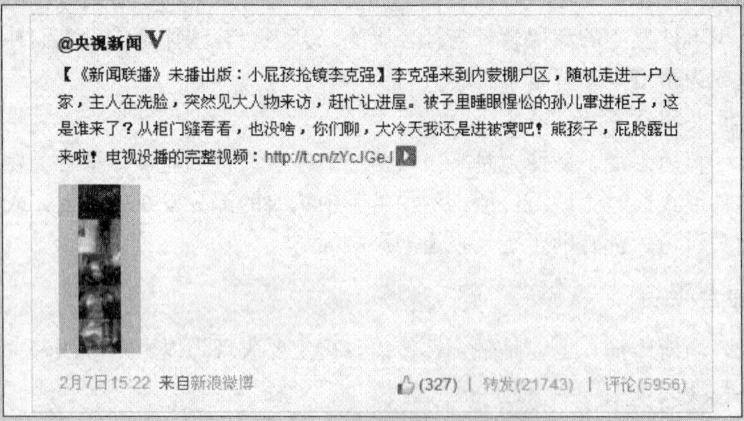

图 8—10 “@央视新闻”关于李克强视察内蒙古棚户区的微博

资料来源：http：//weibo. com/2656274875/zi4WFxET6？from = page _ 1002062656274875 _ profile&wvr = 6&mod = weibotime＃！/2656274875/zi4WFxET6？from = page _ 1002062656274875 _ profile&wvr = 6&mod = weibotime&type = comment＃_rnd1427086893625。

（三）新传播手段与思维的试验田

微博不仅是某一个报道的再传播平台，也是整个媒体的新传播空间。在这个平台上的传播，应该更重视基于创新性的表现形式。

微博本身可以催生很多新的表现形式与传播手段，另外，媒体的一些新产品，也可通过微博进行“测试”，以获得用户的反馈，为产品的改进提供依据。

更重要的是，微博这样的基于关系的大众传播空间，需要与之相匹配的传播思维，这种思维是专业媒体普遍缺乏的。培养新思维，需要克服传统媒体的惯性，需要有自我革命的精神，更需要不断的尝试。微博这样的平台允许展开各种尝试，这为新思维的训练提供了一个很好的演练场地。

（四）传播效果评估的新指标

微博是一个新的传播渠道，也是传统媒体传播效果的一个检验平台。目前，媒体传播效果的评估体系，已经开始将微博传播状况作为一个新的指标纳入。

【案例】 Twitter 电视收视率调查数据

2012 年 12 月 17 日，市场调研公司尼尔森宣布联手 Twitter 推出"Twitter 电视收视率"（Nielsen Twitter TV Rating）调查数据统计，并将对 Twitter 用户在观看体育赛事或者电视剧时发表的评论，以及通过智能手机、平板电脑等"第二屏"分享的想法进行数据统计。该服务的测量数据涵盖了在 Twitter 上对某个电视节目进行讨论的用户数、阅读这些讨论的 Twitter 用户数等，以便对社交电视的规模和效应进行更加有效的评估。

2013 年 3 月，尼尔森与实时社交电视监测服务商 SocialGuide 合作进行的一项研究证实，Twitter 信息和电视收视率之间存在相关性，从统计上看，Twitter 信息与电视收视率显著相关。SocialGuide 的数据显示，2012 年，超过 3 200 万美国人会在看电视的同时发布 Twitter 信息。40%的智能手机和平板电脑用户会在看电视的同时访问社交网络。在 18 至 34 岁的观众群中，Twitter 相关信息量 8.5%的增长意味着初次播放的剧集收视率 1%的增长，而已播放了一段时间的剧集相关信息量 4.2%的增长意味着收视率 1% 的提升。在 35 至 49 岁的观众群中，Twitter 相关信息量 14%的增长意味着收视率 1%的增长。*

2013 年 8 月，尼尔森发布的另一项研究报告指出，通过对 200 多个黄金时段电视节目进行分析发现：有关一部电视剧的 Twitter 消息数量的激增将可在近三分之一的时间里提高收视率，反之亦然；越多观众收看一部剧集，就会有越多 Twitter 用户发布实时评论。这份报告还指出，Twitter 消息对某些类型的电视节目所起到的影响更大。有关真人秀节目的 Twitter 消息会对 44%的真人秀节目的收视率造成影响，对喜剧片则为 37%。体育节目可在 28%的时间里得益于 Twitter 消息，而剧情片则将在 18%的时间里受到影响。

* 参见《尼尔森研究证实 Twitter 信息量与收视率显著相关》，见 http://it.sohu.com/20130321/n369722387.shtml。

将社会化媒体的相关指标纳入电视收视率衡量体系这一做法，也已经在国内开始实践。

2014 年 1 月 9 日，央视—索福瑞媒介研究有限公司（CSM）与新浪微博达成战略合作，将共同推出微博收视指数，为电视媒体从社会化传播维度开展节目的评估、营销传播提供标准化分析工具。该指数参照国际通行标准，对新浪微博上关于电视节目的讨论量及用户规模等进行规范化统计分析。

调查显示，在国内市场，电视节目收视率与微博讨论热度呈现出正相关。例如，2013 年 9 月 27 日《快乐男声》总决赛当晚，其收视率达到开播以来的最高峰，这一天的微博话题中，正向和中立话题数量的比例也最高。其他很多节目也有类似的情形。①

在未来，会有越来越多的媒体将微博中的传播情况、讨论热度等作为传播效果的衡量指标。而如何进行准确的数据采集，如何设置科学的指标体系，也会成为未来的研究重点。

（五）媒体品牌的重塑空间

微博是媒体塑造其品牌的一种新手段。尽管很多传统媒体已经形成了自己强大的品牌，但是在新媒体时代，原有的品牌效应会受到一定冲击。要保持自己的品牌

①参见《央视—索福瑞新浪微博强强联手打造国内首个微博收视指数》，见 http://www.chinaz.com/news/2014/0109/334901.shtml。

优势，传统媒体需要在新的平台上，运用新的思维和手段，再塑品牌。而对于以往品牌不够强大或者在受众心中有负面刻板印象的媒体来说，这也是一个新的机会。

当然，品牌的重塑，是建立在运用好微博的延伸功能、融合功能、探索功能的基础上的。特别是在一些特殊时期，如果媒体微博能发挥自己在突发事件信息传播、失实信息的辨析、复杂线索的梳理、相关知识的传播等方面的优势，就有可能使自己的影响力得到较快的提升。

二、传统媒体在微博的主要新业务

除了做好日常运营外，媒体微博还可以探索一些新的新闻业务形式，主要包括以下几种。

（一）微博直播

尽管微博直播目前还不是一种稳定的新闻业务形式，但已经有媒体进行了一些探索。例如习近平以国家主席身份首次出访俄罗斯、坦桑尼亚、南非和刚果（布）等国家时，新华社的一个部门性微博账号“@新国际”就进行了全程的微博直播。

微博直播主要面对的是两种选题：一是突发新闻事件，一是可预知的重大活动。

1. 突发事件的微博直播

对突发事件的直播，主要是为了帮助微博用户及时了解突发事件的关键要素与进展过程。

这样的直播有两种可能，一种可能是媒体记者到达事件发生现场，另一种可能是记者无法到达现场，只能借助于其他信息源进行直播。即使是前一种情况，多数媒体的微博也会转发一些其他媒体的消息。

突发事件直播中最大的陷阱就是虚假新闻。当各种媒体都在争夺新闻发布的时效而各种来源的信息又都混杂在一起时，一些媒体就难免被假新闻诱惑、欺骗。这时，“多源求证”仍是媒体微博运营者需要坚持的原则。

在对事实进展进行直播时，媒体也可以邀请一些熟悉相应话题的专业人士通过微博进行访谈，或者转发他们的评论，以帮助人们加深对新闻的了解与认识。

突发事件的直播，往往可以持续到事件结束后的一段时间，这时直播主要是为了呈现事件的后续影响，以及不同方面的反应。

2. 重大活动的微博直播

对于重大活动的报道来说，微博直播在很大程度上是对正式报道的补充。这时，它的侧重点应是对关键信息的传递、对生动细节的捕捉、对现场气氛的传达和对相关背景的补充。

直播中信息的准确度非常关键。即使发布的新闻只是一个最简单的陈述，例如，什么人讲了什么话，如果记者对于当事人情况不熟悉，也可能将其身份和名字写错，或者因为现场气氛或自身原因，没能准确记录与理解说话者的观点，从而造成信息的误传。

为了保证直播的质量，直播前记者、编辑需要做好功课，特别是对相关背景材料进行收集，例如参加活动的某个人物的个人信息及其专业背景等，这不仅有利于在直播时保证信息的准确度，而且可能帮助记者理解当事人的观点，或者发现其活动中的新闻亮点。

直播中图与文的配合也是很重要的。有些时候，在文字传达速度有限的情况下，用图片来传达信息，既可以保证时效性，又可以有更强的现场感。

无论是对哪种对象的直播，在直播中，都可以充分利用模板和主题词两种手段。

对于直播而言，模板方式是指将直播中可能出现的那些固定句式事先准备好，当需要用到时，直接贴到微博中，再加上相应的信息要素，这一方式可以有效地提高传播速度。

主题词方式即用“#”的方式突出直播中的主题，如突发事件的名称、活动的名称等。这不仅便于媒体自身以后的信息整理，也方便微博用户对某一主题下内容的收集与阅读。

（二）微博专题

微博专题也是一个没有统一定义的新的业务探索形式。微博专题既可以指在一段时间内延续的对同一主题的报道的集合，也可以指在一定空间内进行的相关信息的整合，例如新浪微博提供的微专题，或信息图表、九宫格图片组成的专题。

在一段时间内延续的专题，与微博对突发事件的直播有交叉之处，其原理与直播类似，在此不再重复。

新浪微博的微专题主要提供了以下几个版块：滚动消息、图片集成、意见集纳（包括已有微博的集纳以及互动的入口）。这样的专题的内容，并不一定都来自媒体微博，其他用户的微博内容也可被整合进来，因此内容比较多元，而形式简单明了，是一种常见的微博专题模式。

如果用九宫格方式做专题，需要考虑的问题如下，一是图片的选择或制作，二是图片之间的逻辑关系。

作为媒体的微博，九宫格的图片，多数以新闻照片为主，它是对以往报纸的新闻组图或图片专题的一种继承。它们之间，多以简单的时间线索为结构逻辑，或者以新闻故事的讲述线索为结构逻辑。

九宫格中的图片，并非一定是现成的新闻照片，也可以是一种以文字为主的加工型的图片（见图8—11）。这种情况下，一组九宫格图片，相当于一个信息图表，它们按照一定的逻辑串联起来，形成一个话题的展开与阐释过程。

无论是用九宫格方式还是信息图表来组成专题，除了信息与知识要点的准确性外，信息之间逻辑关系的合理性，也是其传播效果的重要影响因素，下文将继续分析。

（三）微博信息图表

信息图表（infographic）是指数据、信息和知识的视觉化展示手段，包括图表、图解、图形、表格、地图和列表等。

目前的信息图表的应用主要有两大方向：一是数据可视化，即将数据信息的“量值”或“关系”等转变为直观的图形，目前主要指将数值型、文本型的数据及其关系用视觉化手段如图片、动画等形象呈现出来；二是看图说话，在中国，这个方向的信息图表通常也称为“图解”，其主要思路是将文字符号转换成形象易懂的图形符号，引起人们的兴趣，加深人们的印象，或以视觉方式引导人们对问题进行思考。当然，数据可视化与看图说话两者间并没有绝对清晰的界限，看图说话类的信息图表中常常也包含着数据可视化的成分。

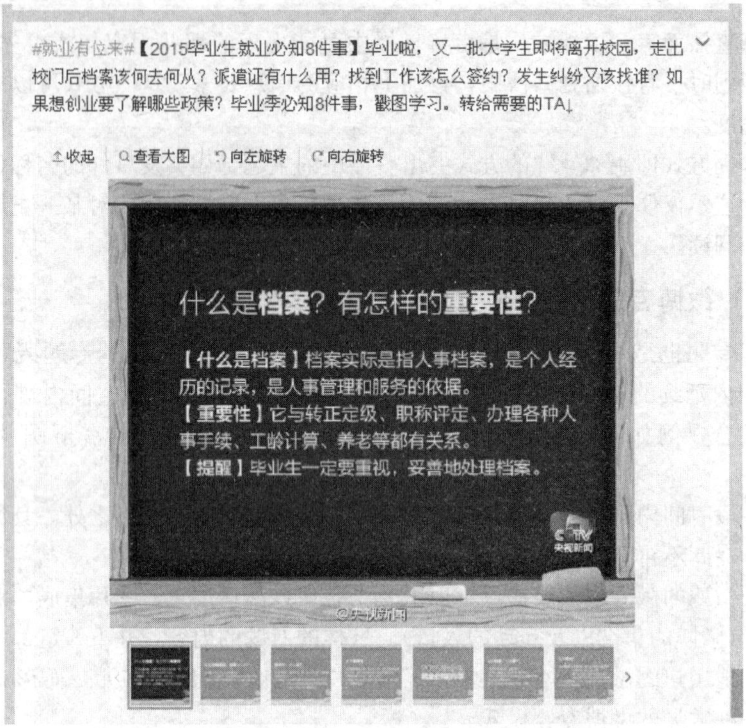

图 8—11 “@央视新闻”制作的九宫格图片示例

资料来源：http：//weibo.com/2656274875/C9Jkwtdtm?from=page_1002062656274875_profile&wvr=6&mod=weibotime#！/2656274875/C9Jkwtdtm?from=page_1002062656274875_profile&wvr=6&mod=weibotime&type=comment#_rnd1427083417718。

今天的媒体，特别是网络媒体，面对着一对极大的矛盾：一方面是信息的高度过载，另一方面是受众变得越来越懒这样一个现实。这也导致了信息图表的流行。信息图表是信息萃取与精华提炼的一种重要方式，对于受众来说，这意味着他们可以用更小的代价更快地获得信息精华。这种图表常常也引导着解读与思考信息意义的方向和路径。对于微博这样的文字传播有容量限制的平台，信息图表更是有着独特的价值。

在国内，看图说话类的图表在目前应用更为广泛。这类图表的作用可以表现为浓缩要点、揭示关系、展现情状、图解过程或梳理进程、阐释观点、分析解读、再现场景等不同方面，信息图表也可以作为一个专题，通过信息的逻辑化整合和解读，来反映一个事件或主题。

国内一些网络媒体制作的信息图表，还特别注重“代入感”，例如把一些抽象的政策解读转换为与每个人生活相关的场景与故事，这样的信息图表更容易在微博中流传。

信息图表虽然在今天越来越成为常规传播手段，但是，其运用中也存在很多陷阱。如果仅仅注重外表的生动与形象，而忽略了内在的质量要求，信息图表的生命力就很难持续。

【案例】《中共中央关于全面深化改革若干重大问题的决定》信息图表

图 8—12 是新浪新闻中心在《中共中央关于全面深化改革若干重大问题的决定》发表以后制作的一个信息图表，它以一个虚拟人物“小明”为例，说明了这些重大改革措施对普通人生活将产生的九个方面的影响，要点提炼准确、表达明晰。尽管从信息图表制作角度看，它几乎没有什么技术含量，但这样的信息图表对读者还是很有帮助的。类似这样的信息图表，在微博中应用得越来越多。

图 8—12 新浪新闻中心制作的信息图表《你将会变化的人生》

资料来源：http：//news. sina. com. cn/c/t/20131115/1944146. shtml。

数据与资料的真实性与准确性，应是信息图表最基本的要求。信息图表中的资料、数据，如同新闻要素一样，失去了真实与准确的前提，再好的表现形式也失去了意义。

图表的科学性与合理性也十分重要。利用可视化软件，数据可以变成饼图、柱状图、折线图等各种生动的图形，但是，并非软件生成的每一个图表都一定是科学合理的，图表也存在欺骗性。例如，在图表的单位上做手脚，可能会在视觉上放大或者缩小某些差异，给人们带来误导。

决定信息图表能否达到预期效果的另一个因素，是其内在的逻辑结构。信息图表常见的逻辑结构主要有：

基于“关联”的逻辑结构：这里所说的关联，主要指的是“相关性”或直接联系这样的关系。运用“关联”这样一种线索，可以将事物之间的复杂联系直观呈现出来。

基于“比较”的逻辑结构：通过对比，展现事物之间的差异，而这些差异，可以揭示事物的内在意义。

基于“演变”的逻辑结构：揭示一个事物或现象的发展演变过程。

基于“说理”或“论证”的逻辑结构：基于对某一论点的阐释、分析过程，来组织内容。

除了讲求内在逻辑外，信息图表同样需要强调用户体验。信息图表的用户体验首先表现为“明晰”。图表的内在逻辑、图例等的意义，应该能够让人一目了然，不能把信息图表变成一个挑战人们智力的游戏。

从用户这端来看，信息图表好坏的另一个重要衡量标准确是是否“好看”。这既体现为审美上的“好看”，也表现为用户体验上的“好看”。在用户体验上的“好看”更是重点，也就是说要让用户在不必费太多力气的情况下，就可以看清图表中的内容，抓住要点，并能产生深刻印象。

尽管信息图表的意义越来越突出，但信息图表运用的度，也需要把握。太多的信息图表，也容易带来审美疲劳。一些粗制滥造的信息图表，会使人们对信息图表整体失去信心。

（四）微视频

微博可以传播视频内容，这也为媒体提供了新的创新空间。

但微博中的视频，还是应该多从“微”入手，这种“微”，既是指时间上的，也是指角度与手法上的。

从时间上控制视频的长度，意味着需要对一些电视台的节目进行再加工，特别要考虑移动传播环境中用户的需求。BBC 电视台通常将其经典节目压缩到 15 分钟后再放到移动平台上，以使观众更便捷地在手机上收看节目视频。对于微博中的微视频来说，15 分钟甚至都太长。

尽管微博并非不能进行宏大题材的视频传播，但是，一般情况下，就像微博文字需要简洁、明快、故事化一样，微博视频的角度与表现手法，也需要更为接近用户，更接地气。

三、媒体人的微博运用

媒体人个体的微博虽然与媒体微博的定位和功能有着很大的相似性，但也有一定的差异，他们的微博可以更个性化地体现自身的专业特长。

(一) 媒体人微博的功能

媒体人进入微博平台，不仅在吸收公民新闻的能量，也在运用自己的专业能力，提升专业媒体的影响力，以及作为公共新闻源的微博平台的水准。从目前来看，媒体人微博的专业角色主要体现在以下几方面。

1. 传统媒体内容的导引者

今天的新闻人仍要把自己采写或制作的新闻发布在传统媒体或其网站等平台上。对于他们来说，微博是他们传播自己工作成果的一个主要平台。在进行自我推介的同时，他们也可以为媒体网站贡献流量，还可以为传统媒体带来更多的注意力。

2. 新闻线索的集结地

媒体人微博往往也是新闻线索的集结地。

通过网络发现新闻线索，目前已经成为媒体的一种工作常态。微博丰富的信息来源、四通八达的传播网络，以及它作为一种小社会的特性，都使得它成为网络中重要的新闻线索源泉。

具有新闻敏感度的记者，更擅长从微博平台多如牛毛的信息中发现具有新闻价值的内容，并且通过他们的转发、评论，使这些新闻线索为公众所关注，其中，有些线索成为专业媒体报道的源头。很多媒体人微博成为新闻线索的梳理者、整合者。

3. 新闻的延展空间

记者、编辑平时的工作成果主要发布在专业媒体平台上，但由于专业媒体空间的限制，一些新闻背景、采访过程、记者编辑的感受和评论等延伸性内容不能在媒体空间中呈现，而微博在这方面可以起到补充、延展的作用。

4. 新闻真伪的检验员

虚假新闻、不实信息，是目前困扰微博的一个问题。虚假信息的形成有各种原因，大多数情况下，并非人们有意为之，但是，微博要在公共新闻传播中形成更重要的影响力，就需要在信息传播的质量方面有更高的追求。专业媒体人应该在其中扮演主要角色。特别是在转发信息时，他们应该有意识地扮演信息的验证者与过滤者的角色。

5. 信息流向与流量的调节阀

微博平台的信息流向与流量，虽然取决于所有用户（或者说网络节点）的共同作用，但其中一些关键性节点的作用更为明显，这也包括很多知名记者、编辑的微博。这一方面是因为他们本身粉丝数量多，他们原发或转发的信息，扩散面更广；另一方面是因为他们的关系网络中，往往还有一些具有影响力的人物，可以借助这些人来进一步放大影响。

媒体人微博对于信息传播的影响，不仅表现在事实性信息的扩散方面，也表现在意见性信息的扩散方面。某些时候，他们在微博平台上舆论形成过程中的作用也是明显的。

(二) 微博中个人身份与职业身份的平衡

尽管大多数媒体人在自己的微博中声称其微博与所在媒体无关，但由于其特定背景，人们还是很难完全将媒体人微博中的信息和言论与其所在的媒体完全隔离开来。

代表个人还是代表媒体，为个人行为负责还是为媒体声誉负责，这成为媒体人微博需要把握的一种特殊的平衡。

第7章介绍了路透社关于记者使用社会化媒体的规定中的一般原则，这一规定就Twitter的使用，也提出了非常具体的要求与建议：记者如果将Twitter作为工作工具，则需要事先征得主管同意；如果因工作需要以记者的身份使用Twitter，则必须加上“路透”标签；记者须尽可能邀请第二人核查Twitter帖子内容；路透记者如果在Twitter中发布独家新闻，则必须保证该新闻是在路透社已经被播发过的，在Twitter上转发其他人发布的新闻不受约束；如果有需要更正的内容，应以大写的“更正”开头发布新的帖子。①

这些规定，也可以作为中国媒体人的参考。

第6节　政务微博运营

根据2014年7月人民网舆情监测室联合新浪微博发布的《2014年上半年新浪政务微博报告》，截至2014年6月26日，新浪微博平台认证的政务微博达到119 169个，其中党政机构官方微博84 377个，公职人员微博34 792个。②

另据新华网舆情监测中心发布的《2014年全国政务新媒体发展研究报告》，2014年1月1日至2014年11月30日间，中央国家机关微博累计发布内容超过30万条，累计覆盖超过2.3亿人次，微信累计推送内容超过1万次，全国各地方省份政务微博累计覆盖超过1亿人次，发布内容超过10万条。③

这些数据表明，政务微博已经是今天的政府机构普遍采用的信息发布及公共交流手段。

一、政务微博与“网络问政”

政务微博是具有中国特色的网络问政的一个体现。

网络问政主要指政府、公民通过网络平台管理、交流或参与社会公共事务的活动。它有两层含义：一是政府问计于公民，即政府官员通过网络了解舆情民意，汇聚民智，接受群众监督，改进工作，实现科学民主决策；二是公民问事于政府，即公民通过网络表达自己的利益诉求，寻求问题的解决，或行使法律赋予自己的权利。

从世界范围来看，政府管理与政府工作的电子政务化，是发展方向。而在中国，在电子政务还不够发达的今天，网络问政充当了先行者与培育者的角色，为电子政务的普及做了铺垫。

网络问政是政府部门新的服务方式，它不仅拓宽了现实中的服务渠道，也促进了政府机构的服务手段与理念的变革。

中国早期的网络问政，主要是基于各新闻网站搭建的以BBS为主要技术支持的互动平台。这些平台为公众反映现实生活中的问题提供了一个通道，也为政府各部门提供了信息传递与工作监督的一个手段。

①参见文建译：《路透社〈网络报道守则〉主要内容和要求》，载《中国记者》，2010（6）。

②参见《人民网舆情监测室发布新浪政务微博半年报》，见http：//yuqing.people.com.cn/n/2014/0724/c209043-25336293.html。

③参见《2014年全国政务新媒体发展研究报告》，见http：//news.xinhuanet.com/2014-12/25/c_1113781094.htm。

微博兴起后，网络问政开始向微博平台延伸，各级政府机构开办的微博，也被冠以“政务微博”的称呼。

此外，一些公务员的个人微博，也具有一定的“政务微博”的色彩，因为这些微博主要是其工作的延伸。例如公安部打拐办主任陈士渠开设的个人微博，围绕着打拐工作进行信息发布、工作部署以及与公众交流，是典型的个人化的政务微博。

二、政务微博运营要点

尽管开设政务微博已经成为一个普遍的现象，但很多政务微博是在一纸文件的“指令”之下开设的，机构领导者对于政务微博的意义、运行机制的理解不够，其运营人员没有受过专门的培训，只是凭个人感觉运营微博，整个机构也缺乏对政务微博的整体规划和机制保障，因此，政务微博在遍地开花的同时，也出现了很多问题。常见的问题包括：官话套话，机械生硬；自说自话，缺乏互动；卖萌跟风，角色不清；装聋作哑，反应迟钝；避重就轻，徒有其表；应景摆设，名存实亡。

要使政务微博发挥其真正的作用，就需要了解政务微博运营的一些主要规律，掌握运营要点。当然，微博运营并不只是一个传播技巧的问题，它更需要以政府机构及工作人员思维的转变为基础。对政务微博的定位及对公众的基本态度，决定了政务微博的走向。

在政务微博运营中，下列几个方面尤其需要重视。

（一）主动说话，坦诚交流

政务微博是政府机构、公务人员与公众沟通的重要渠道，而要实现有效的沟通就意味着主动说话、坦诚交流。

很多政府机构或官员总是担心开设微博是自己往网民的枪口上撞，害怕一言不慎，就让自己成为众矢之的，因此，对于开微博心存恐惧。但是今天这个时代，如果把自己的头埋起来，不让自己倾听公众的声音，那只是一种自欺欺人的鸵鸟政策。回避、逃避，并不能使已经存在的问题和矛盾得到缓解，反而会使这些问题累积起来，在未来产生更大的爆炸力。

微博也并非像一些人想象的那么可怕，只要主动开口，说实情，以坦诚的方式与网民沟通交流，即使在某些时候会遇到一些挑战与冲击，最终的结果仍会比躲避好很多。

在与政府机构或官员有关的危机事件发生之时，利用微博主动说明情况，表明态度，也会给危机事件的解决赢得主动。

（二）姿态放低

政务微博不同于政府网站，它是一个交流的场所，而不是一个做报告的地方，因此，需要呈现的是一种与网民平等对话的姿态。然而由于惯性的影响，一些政务微博可能还会不自觉地用高高在上的姿态，用俯视的方式、教导的方式，来做信息的发布。这样的姿态难以得到网民的认同，甚至有可能会加深人们对微博背后的政府机构的误解。

【案例】 薄熙来案：新浪微博开通“@济南中院”官方账号

2013 年 8 月 22 日，薄熙来受贿、贪污、滥用职权一案在山东济南中级人民法院开庭审理。在这场世人瞩目的庭审开始之前的 8 月 18 日，济南中级人民法院在新浪微博开通了“@济南中院”官方账号。庭审开始后，该账号不仅以平实的文字公布了整个案件审理过程中的核心环节，而且在每次庭审告一段落时，都会将这一阶段的庭审对话，通过长微博用全文实录的方式在微博中发布出来。通过微博以如此彻底的方式公布这样一个重大案件的审理过程，这样一个举动在中国是前所未有的。

尽管当时很多媒体的记者在采访该案审理时被挡在了法庭门外，但是，通过微博，媒体的记者仍然能够得到非常翔实的信息。而且“@济南中院”微博发布的信息，记录非常专业、用词准确，这为媒体对这一案件的报道提供了很好的基础。

“@济南中院”微博在这一案件审理过程中，也成为网民了解案件细节和审理过程的主要信息源，对于信息如此公开的做法，网民也给予了积极的肯定，到 23 号中午，“@济南中院”的粉丝数已经超过 38 万人。

这一案例说明，用开放、主动的方式去发布信息，即使是薄熙来案这样的敏感问题，也可以触及，甚至可以为政府机构赢得很好的口碑。很多时候，是政府机构和官员自己束缚了头脑和手脚。怕惹麻烦而躲起来，也许会带来更大的麻烦。

（三）语态亲民

“语态”，即政务微博选择的话题和表达方式，这是政务微博最核心的呈现手段。

注重语态，首先要注意话题的接近性、平民性。要改变一味“说我自己想说的”的思维，而考虑如何在微博中“说网民想听的”。适合发布在政府网站上的一些政绩宣传内容，也许并不适合直接搬来放在微博上。

语态的选择，还表现在角度的选择上。政务微博要从“宣传我”的角度转换为“为了你”、“感染你”、“让你卷入”的角度。也就是更多地考虑网民想听到什么，怎么样才能让他们被打动。

此外，政务微博的文风应“网络化”，接地气，学会讲故事，本章第 4 节中已对此做了分析。

（四）注重关系营造

任何一个微博账号，都是在微博平台的关系网中生存着，关系是微博的“营养素”，对于政务微博也不例外。

要赢得更多的关系，核心当然是以尽职尽责的服务和持续有效的交流赢得网民对自己的价值认同和情感认同。但与此同时，必要的运营技巧，也是发展关系网的手段。

很多政务微博账号，不注重关注对象的设置，有些甚至几乎没有关注对象，或者只关注自己系统内的几个账号。这也很容易让政务微博被局限在狭小的视野里，不能充分地了解外界环境和网民整体。

对于政务微博来说，建立与意见领袖的良好互动，也非常重要。在政务微博运营初期，借助意见领袖的支持，可以更快地使微博获得人们的关注。而一些重大的信息，通过意见领袖的助推，也可以到达更广的传播面。

（五）坚守职责，做好服务

政务微博中的信息发布以及与网民的互动，要始终围绕政府机构的职责来展开。偶尔的调味料或心灵鸡汤式的内容并非不可，但长期只有“调味料”的政务微博，不可能赢得网民的信任。

从长远来看，“服务”是政务微博的立足之本。没有服务价值的政务微博，在很大程度上会沦为摆设。

目前，新浪微博的政务微博版，在私信功能中，已经加入了自定义菜单功能，这一功能为政务微博的服务提供了更多的手段。一些政务微博也在尝试发挥这些功能的作用，如“@平安北京”的自定义菜单包括“业务指南”（下面又分“人口管理”、“交通管理”、“出入境管理”三个二级菜单）、“便民服务”和“线索举报”三个部分，这为服务的深化提供了基础。但遗憾的是，微博用户大多对这些功能还缺乏了解，这些功能的利用率还有限。

（六）保证信息质量

政务微博是政府机构形象的“前台”代表，因此，信息的准确性与政府形象的可信度直接关联，对于信息的核实，在政务微博的运营中显得尤为重要。

要尽可能避免不实信息对政务微博形象的损害，政务微博运营人员各方面素养的提高非常重要，对信息核实技能的培训也十分必要。而与此同时，政务微博也需要制定一定的制度，来防范相应风险。

（七）学会认错与道歉

即使微博运营人员非常专业与谨慎，政务微博仍难免会出现一些偏差。出现了偏差怎么办？掩盖、回避或者找借口将问题一推，显然都不是办法。在直面问题的前提下，用恰当的方式来改正，不仅可以及时消除负面影响，甚至可能为政务微博的形象加分。学会认错与道歉，是政务微博的另一个“基本功”。

【案例】 榆林公安：发帖道歉

2013年11月6日，陕西榆林市公安局的微博账号“@榆林公安”发布了一条微博称“延安市洛川县一废弃房内发现一无名女尸，年龄约四十岁……陕北口音，自称榆林吴堡人，请知情人或家属迅速与公安联系”。这条微博引起了网民的围观，有网民评价“这个表述太狗血了”。“@榆林公安”运营者从网民的反馈中发现了这条微博的问题，于是在转发原帖和网民批评帖的基础上发帖表示道歉：“怎么就把‘提供线索的知情群众’忘记了，难怪网民吐槽，吃水不能忘了挖井人啊……”这段话的末尾还加了一个表示囧的表情符号。此后，还再次用“诚恳接受批评、感谢大家的理解与支持”等文字表示歉意。尽管在道歉文字的遣词造句方面，它的表现并不是特别出色，但是它接受批评的态度与方式，还是赢得了普遍认可。

除了微博运营本身可能出错外，政府部门在运行过程中，也必然会出现很多问题。然而不少管理者认为，承认有错就会影响自己的形象，因此千方百计推托问题与责任。而事实上，今天的公众则倾向于认为，勇于承认错误的政府机构和官员是可敬的，会道歉、会改正错误的政府机构和官员更值得信赖。

三、政务微博运营中需要把握的关系

政务微博运营中需要把握的关系主要体现在三个方面。

（一）人性化形象与官方定位的平衡

你怎么看

政务微博如何获得更多关注，并得到网民的认可？

政务微博的运营要能体现出人情的温度，但这并不意味着政务微博等同于个人微博。如何在权威、可信的官方形象与人性化的形象之间找到平衡，对政务微博尤为重要。

一个政府机构的政务微博，它的态度应该是官方态度的体现，特别是在重大的事件与问题上。但是，政务微博的运营者个人，往往也有着自己的观点与立场，有些时候，甚至可能与官方的声音不一致。政务微博究竟是传递官方声音还是个人声音？当个人声音与官方声音发生冲突时，微博运营者该怎么办？这是政务微博运营时需要把握的一个基本问题。通常个人的声音应该让位于机构的声音。

那些以官员个人身份开设的政务微博，同样也需要把握好职务角色与自然人角色之间的平衡。无论如何，网民都会把这些微博与其工作的机构联系起来。

（二）传播技巧与实质服务的协同

今天很多政务微博为了适应网络文化的风格，吸引网民的注意，往往会特别注重语言风格，尤其喜欢“卖萌”。在某种意义上，这是一种进步，表明政务微博的运营者在用心探索网民能接受的沟通方式。但是，对政务微博来说，卖萌并非万能良方。一方面，卖萌分寸拿捏不得当，反而让人对政务微博背后的机构形象产生怀疑；另一方面，只靠卖萌语言讨好网民，而不解决实际问题，网民也不会买账。仅仅把重点放在语言技巧上的微博，最终不可能取得成功。

同样，当与政府机构有关的危机事件出现时，政务微博的及时表态是必要的，但更重要的，是工作的实质性改进。如果“态度很好”但“坚决不改”，最终微博中的危机公关努力也会化为乌有。

（三）前台运营与后台保障的统一

一个政务微博平台的维护，不应只靠运营人员，还要靠规范的、合理的制度与流程的保障。政务微博的制度需要明确运营人员的权限与职责，以及微博的支持部门。

特别是在危机时刻，谁可以在微博中发布声明或道歉信息，如何发布这些信息等，相关机构需要有明确的制度规定。否则，因微博运营人员自作主张发布的内容被上级否定而导致微博内容被删，或者因发布者不同而导致微博内容前后不一，甚至“不断打自己耳光”，最终都会损害到微博以及它背后的机构的形象。

一些政务微博运营出了问题，总把责任推到“临时工”身上，但这种做法在今天不再灵光，甚至会成为笑柄。

微博运营的后台保障的另一方面，是机构的各个部门与微博运营部门的配合，包括信息的提供、服务的实施、投诉问题的处理等。在某种意义上，微博只是一个工作承接的窗口，它承接下来的工作需要相应部门的跟进，否则，政务微博的服务也就是空谈。

第7节　企业的微博应用

对于企业来说，微博是社会化媒体营销的一个重要平台。

从应用主体来看，除了企业专门的营销部门的微博账号外，企业所有相关微博构成的矩阵都是营销的参与者，这其中也包括企业的领导者和普通员工的个人微博。

企业微博运营的一般策略，在前文机构微博运营中已经涉及，在此着重分析微博对企业的主要作用，包括企业公关、企业营销、电子商务和文化塑造等。这不仅涉及企业微博账号本身的运营，也涉及其他微博资源的利用。

一、企业的微博公关

今天的企业微博，首先被当作企业的公关窗口，这表现为日常的公关和危机时刻的公关两个层面。

（一）微博中的日常公关

第2章指出，网络公关不应该是“临时抱佛脚”的行为，而应该是一种长期的与公众沟通的机制。微博这样一个公开的平台，为这样一种长期的、持续的沟通，提供了充分的空间。

从长期沟通的角度看，企业或者领导者、员工微博中的每一条微博，都是这种公关的构成部分，它们都可能成为企业的正面口碑形成的基础。

但这些微博本身又可能是危机的源头，任何一点失误，都可能引发公共性危机。

其中，企业领导者在微博中的表现更为关键。网民希望能在微博上看到他们犀利的言辞、率真的性格、对企业的领导思想，甚至个人化的生活。一些企业领导者也在极力地进行这样的形象营造，但是如果拿捏不得当，稍一过火，就可能引起危机。

对企业领导者来说，“真性情”的表演，在微博中未必总是最得当的策略，还是需要把企业形象与个人形象的塑造统一起来考虑，也需要考虑时机、环境等因素。

普通企业员工的微博某些时候也会成为企业公关的正面或负面因素，特别是在引发负面的舆论方面。例如：员工有意无意地晒个人收入，会引发网民的不平衡与不满心理；一张工作时普通的自拍照，可能会引出人们对其工作状态的质疑，进而演变成舆论风波。

【案例】 李国庆：发表原创“摇滚歌词”

2011年1月15日中午，即当当网在美国上市后不久，当当网CEO李国庆发布了这样一条个人微博：“很多公司职业经理人的CEO、CFO上市前后被投行算计，但不敢声张，一来怕股东骂，再来不得罪投行，今后另谋高就职业路宽些。……”那时他开通微博刚1个月，但不断发表的尖锐观点已使他在微博中备受关注。下午六点，他又在微博上发表了一首自创的带脏字的“摇滚歌词”，歌词描述的便是当当网的上市过程。这些微博发表后，各方反应不一，而几个自称是运作当当网上市的摩根斯坦利公司的女员工，通过微博对其进行反击，最终双方展开对骂，李国庆微博大战“大摩女”，成为一时的微博热点。

尽管此次事件中李国庆也受到一些方面的支持，但是，以这样的方式与微博用户展开口水战，对其本人以及当当网的形象而言，是弊多于利的。当当网的公关部门也不得不在此后出面救火。

（二）微博中的危机公关

在危机事件发生后，以企业微博或企业领导者个人微博做出直接回应，是常见的危机公关方式。其主要原则如下。

1. 分秒必争

微博的病毒式传播效果，使得与企业有关的危机信息的传播异常迅速，以往危机公关的黄金四小时（也即在危机发生后四小时内应对），在今天已经大大缩短。分秒必争，成为危机公关的基本原则。

【案例】 麦当劳：关于“北京三里屯餐厅违规操作”的回应

2012年3月15日晚，中央电视台的“3·15”晚会曝光了麦当劳北京某餐厅违规操作的问题，在晚会还没结束时，21点50分，麦当劳的官方微博发出了如下声明：

> 央视“3·15”晚会所报道的北京三里屯餐厅违规操作的情况，麦当劳中国对此非常重视。我们将就这一个别事件立即进行调查，坚决严肃处理，以实际行动向消费者表示歉意。我们将由此事深化管理，确保营运标准切实执行，为消费者提供安全、卫生的美食。欢迎和感谢政府相关部门、媒体及消费者对我们的监督。

这一声明发出后，马上引起微博热议，从这条微博下的直接评论来看，多数网民对其危机公关的速度与态度表示了认可。麦当劳的形象并没有因为这次曝光受到太大影响，反而得到了更多网民的理解。评论中有网民戏称，“央视完全是在给麦当劳打广告，还是免费的”。

这一次公关行动的成功，首先体现在其反应的速度上，这也反映了麦当劳这个企业的危机公关机制的健全与高效率。

上述案例中，麦当劳在微博声明中不狡辩、不逃避的态度，也是赢得网民认可的原因，而很多企业或政府机构在危机公关时，总是千方百计推脱责任，撇清自己，即使面对严重的问题，也总是试图大事化小、小事化了。而麦当劳此次被央视曝光的问题——销售超过最佳使用期15分钟的食品——并不算严重，在很多网民看来甚至不是问题，但是其在声明中还是表示，要坚决严肃处理、深化管理。

当然，麦当劳能很快扭转局面，也与人们受到它长期的文化熏陶有关。对于吃着麦当劳成长起来的一代人，麦当劳是一种已经渗透到骨子里的文化，它不会轻易地被一两次事件改变。虽然这并不能成为一个企业犯错的理由，但这个事件也表明，有效的企业危机公关，实质上是一个日积月累的文化培养过程。

尽管每一个企业面临的危机问题不尽相同，其品牌基础也不尽相同，但是，面对危机做出快速的反应，直面问题做出回应，对所有企业都是适用的。

2. 不“打太极”

很多时候，公关被形容为“打太极”，就是左推右挡，不正面回应。虽然看上去这样的公关很有技巧，但是，从实际效果来看，它往往不如直面回应问题来得有效。推挡太多，容易造成公众的逆反心理，反而火上浇油。

3. 善始善终

一个好的危机公关，需要一个善始善终的过程。既能让人看到企业对危机的快速反应，又能让人看到问题解决的进程，最终应该是以给公众一个完整的交代为目标的。

在对危机相关的舆情的回应方面，企业微博也需要根据事态的变化做出持续反应，而什么时候需要发布什么信息，应该是基于对微博反馈和舆论氛围的观察，而不是自说自话的机械动作。

二、企业的微博营销

企业的微博营销，也需要新的营销思维与营销手段。这主要包括以下几方面。

（一）营销文本故事化

微博用户并不绝对排斥微博中的营销活动或广告，因为有些商业信息是他们需要的，可以给他们带来利益或实惠，但是，如果不注重营销的创意与文案的创作，即使再好的营销活动，也可能达不到理想的效果。

就像其他机构用户一样，微博中的营销文字，也需要更多地借助讲故事这样一种手段。

【案例】 @天才小熊猫：广告宣传行家

新浪微博账号“@天才小熊猫”，以其独特的广告宣传著名。尽管该微博中有大量植入式广告，但这些广告内容，也会被微博用户津津乐道，广泛转发。其原因之一，就是它的广告是深藏在各种生动故事里，甚至是很多杜撰的故事里的。例如，“我在新浪工作一天的经历”，虚构出自己为了参与新浪“微博之夜”活动而混入新浪公司工作一天的故事，其中描述了新浪的工作环境以及“新浪微博之夜”的工作筹备情景，激起人们对“微博之夜”的好奇与参与热情。* 这条微博转发数超过3万，评论数超过1万，点赞数超过6万。

* 参见 http://weibo.com/1563926367/BFkEJgSkf?from=page_1005051563926367_profile&wvr=6&mod=weibotime#!/1563926367/BFkEJgSkf?from=page_1005051563926367_profile&wvr=6&mod=weibotime&type=comment#_rnd1427520582875。

在微博中的营销或广告，需要激发出用户的好奇心，特别是通过“后台”信息的披露来引发人们的关注，而讲故事，往往是达到这一效果的捷径，这也包括虚构的故事。当然，虽然故事是虚构的，传达的企业的相关信息却应该是真实的，否则就有虚假宣传的嫌疑。

（二）激发全民参与

第2章提到，社会化媒体营销的一个核心是将用户变成营销的参与者。对于微博营销来说，全民参与，往往会带来比企业单方面推广更好的效果。

【案例】 海底捞：海底捞体过度夸张

在微博中，曾经有一段时间流行着针对海底捞服务而写的赞扬段子，后来经过微博的传播，发展成为独特的语体，被称为海底捞体。

一个典型的海底捞体段子是这样的：

> 吃完饭客人想把剩下的切片西瓜带走，服务员说，对不起，打开的西瓜不能打包，于是作罢。临走时，服务员提来一整个西瓜：“对不起，打开的西瓜不能打包，给您一个没打开的。”……人类已经不能阻止海底捞了。

作为一家以优质的、以人性化服务见长的餐饮企业，海底捞给顾客带来的体验，是其口碑营销的基础。最初大众点评网的网友如潮的好评，使其声名鹊起，微博兴起后，类似海底捞体这样的段子，进一步成就了它的名声。

但是，这样一种方式如果用过头，也可能会变成压力甚至变成口碑传播的负面因素。段子中总是包含夸张的方式，而这种夸张，会使人们对一个品牌产生过度的期待，一旦他们发现现实并非如此，就会产生很大的落差。

如果这样的段子并非网民自发参与，而是由企业雇用的段子手来操纵的话，也容易表现出“用力过猛”，夸过了头，就会变成虚假广告。

海底捞在网络中形成良好的口碑，其根基还是服务本身的质量，没有这个基础，再好的段子，也无济于事。因此，能激发网民参与的，主要还是其实质性的产品。

以××体的方式，调动网民参与创作与传播，是企业微博营销的一种新思路，除了海底捞体外，凡客体也曾在微博中流行一时。

海底捞体是起源于网民的自发创意还是营销人员的策划，难以考证，而凡客体则是由企业明确引导用户参与的。

凡客体最初是韩寒代言的凡客网的广告词——“爱网络，爱自由，爱晚起，爱夜间大排档，爱赛车，也爱29块的T-SHIRT，我不是什么旗手，不是谁的代言，我是韩寒，我只代表我自己。”

“爱××，爱××……我不是××，不是××，我是××”这样一种句式，简单好记，也容易被填入各种内容，而且与90后的生活信条和文化取向吻合，因此，很快风靡，成为网民共同创作的标准模板。

企业在微博中的营销活动要能激起用户的参与热情，需要具备以下条件：

首先，营销主题应与多数用户的兴趣或利益相关，切入角度合理。

其次，用户参与创作、传播或活动的门槛低，不需要付出太多代价。例如××体这样的，句式不太复杂，容易创作与记忆。

最后，形式新颖，可复制性或可模仿性强，但又提供了一定的自由发挥空间。

（三）善于借势和“搭车”

企业微博需要借助各种方式来形成自己的口碑和影响力，并将它们转化为直接的销售业绩，而其中一个相对常见的方式，是借势营销或“搭车”营销。

借势营销也就是利用网络或现实世界中出现的某个事件和话题，在挖掘其与企业形象、产品或文化的关联点的基础上，设计出贴切的营销话题，通过微博进行传播、互动。这种方式也可以说是搭别人的便车，来进行自己的推广。

【案例】 京东商城、苏宁易购、国美电器价格大战

2012年8月，京东商城、苏宁易购、国美电器等三家电商先后通过微博宣布以降价为手段开展促销活动，三家之间也通过微博开始一场价格大战。尽管这个事件的焦点是三家电商企业，但是，其他一些企业也开始纷纷借这个话题，开始自己的营销活动。最早“搭车”的是经营纸墨笔砚等传统文化用品的“一得阁”，它发出了如下一条微博：

> 明天开始的@京东商城@苏宁易购@国美电器三家价格大战，如果大家在消费过程中被算计了，你们愿意去@刘强东和三家企业办公室门口泼墨的，一得阁愿意免费提供墨汁。

这条微博很快成为网民热议的另一个话题。当然，“一得阁”微博中戏称的“泼墨抗议”行动未必得当，但网民也完全理解这只是一种调侃。一得阁的确搭这场价格大战的“便车”，使知名度有了一定提升。

【案例】 杜蕾斯：北京暴雨中的“搭车”营销

性用品“杜蕾斯”的微博营销也是借势和“搭车”营销的代表。

2011年6月，北京的一场大雨后，微博上网友开始讨论如何回家，一个叫“@地空捣蛋”的账号发出一条微博，内容为：“北京今日暴雨，幸亏包里还有两只杜蕾斯。”微博配图详细介绍了怎样把杜蕾斯变作鞋套。微博发出1小时之内便被转发了1万多条。而这条微博，实际上是杜蕾斯的营销人员策划的。在各种特定时机或事件后，借势推出与产品有关的微博内容，成为杜蕾斯微博营销的一个特色，而将其他产品的广告套用在杜蕾斯上，也成为它的营销人员与网民互动的一个方式。

很多淘宝店主也非常懂得进行“搭车”营销，不断推出的明星同款就是一个证明。企业的微博营销者也可以从中获得启发。

（四）提高促销的“技术含量”

促销是企业在微博营销中常用的手段之一，常常也以对转发者的利益诱惑来刺激他们的参与。

微博用户很乐于看到各种企业的促销活动，很多人也有参与的积极性，但是，

太过频繁的促销而优惠又很有限的情况，也会使用户产生厌烦感。

利用名人来进行促销，也是一些企业采用的手段，某些时候，名人效应的确可以收到较好的效果，但是，如果产品与名人气质完全不吻合，那么名人的推销，不仅不会起到预想的效果，甚至可能连带毁了名人的形象。

以企业的领导者个人身份发起一些特别活动，进行产品的促销，通常也会产生不错的效果。用个人的身份促销，使企业的优惠转变为私人性优惠，这样的优惠力度即使不大，也会给消费者带来受到特别重视的满足感。

(五) 远离"水军"

水军是被雇用在网络中发帖的人，短时间内高频率、一面倒的发帖是他们行为的主要特征，其目的是进行某个方面的信息轰炸，或影响舆论走向。

尽管某些时候，利用水军似乎可以取得一时的效果，但是，水军是能够被识别出来的，一旦企业的营销或公关活动被发现使用了水军，人们就会对其信息的真实性、企业的信誉产生质疑，最终企业会得不偿失。

三、企业的微博客服

微博用户在使用产品或服务时出现了问题，需要请求帮助或投诉，往往会想到寻找企业的微博。因此，无论企业是否明确赋予微博运营人员客服职责，微博也会在客观上成为企业客服的一个主要渠道。用户可以通过评论、@企业账号或者私信等方式来寻求帮助。

企业微博客服的主要挑战在于，它面对的用户的问题是多样的、个性化的。如果运营人员对于产品和服务不熟悉，则很难给用户满意的回复。

其他渠道的企业客服可以进行服务范围的细分，甚至可以通过技术进行预处理或者自动回复，但是，微博不能提供这样的便利，它对运营人员的要求也就更高。

当然，即便如此，在微博运营人员的背后，还应该有相对稳定的客服支持人员。有条件的企业，也需要运用相关技术来对微博用户问题进行分类处理，以减轻人工负担。

从这个角度看，并非所有的企业的微博都可以交给专业化的机构来运营，因为很多产品的客服问题是那些机构无法处理的。

四、微博的交易促成

有研究者指出，在网络中，内容是媒体属性的，用来做流量的入口；社群是关系属性的，用来沉淀流量；商业是交易属性的，用来变现流量价值。[①] 在微博中，将用户关系带来的流量，转化为交易，是多数企业的另一个目标。

企业微博账号就是交易的一个直接入口，就像媒体的微博可以为其网站带来一定的流量一样，可以直接进行网上交易的企业的微博，也应该努力为其背后的电子商务网站带去流量。

此外，目前新浪微博开通了支付功能，所以通过微博本身已经可以开"网店"。在这里的交易，可以更方便用户。

要促成实际的交易，在微博中可以采用适当的特别优惠，尤其是在早期的推广

①参见《社群商业：移动互联时代的新商业图景》，见 http：//www.tmtpost. com/121367.html。

阶段。利用团购模式，将优惠力度与参与人数挂钩，也是一个较为有效的方法。

产品推荐文案的水平，对于交易的实现，也具有一定的促进作用。搭配适当的图片，给人直观的印象，可以起到很好的效果。

有人认为，微博卖产品，销售的是互动、故事、场景、感悟，虽然这个说法并不百分之百地适合所有微博销售者，但是一定意义上，互动、故事、场景等，的确对于微博中的直接销售会有一定的促进作用。

五、微博中的文化共同体建设

如第 2 章所言，社会化媒体营销的目的，并不只是打品牌、卖东西。对于企业来说，今天一个新的目标是通过社会化媒体来培养更持久的粉丝群体，甚至是创造出企业与粉丝之间的文化共同体。而微博正是营造这种文化共同体的重要平台。

戴尔、凡客、小米等，都是通过微博等社会化媒体平台，使粉丝成为企业文化的一个有机体的。

文化共同体的形成，大致要经过以下几个阶段。

1. 通过社区进行粉丝群体的识别与召集

一个企业或产品有众多的消费者，但过客式的用户与潜在的粉丝及已有的粉丝之间是有区别的。要将现有的和潜在的粉丝识别与聚集起来，就需要打造专门的粉丝社区。多数时候企业的官微不能完全胜任这样的社区角色，而是需要专门的账号或平台。

2. 在社区土壤中培养粉丝社群文化

建一个社区只是圈定出一片地，而最终的目标，是要在这片土壤上培育出群体文化的果实。

社群文化不仅可以创造出粉丝间的相互认同、群体的归属感、一致的行动力，以及对企业与产品的忠诚度，还可以使粉丝变成企业的义务推销员和客服等。

要培养粉丝文化，首先需要理解粉丝间的凝聚点何在，并且不断地对它进行加固。

粉丝文化需要引领者。在很多粉丝社区中，会自发地出现粉丝意见领袖或召集者，但是，企业也可以有意识地去发现那些潜在的粉丝领导者，为他们的脱颖而出增添助力。

3. 企业文化与粉丝社群文化的互动

有了足够牢固的粉丝社群及文化基础后，进一步的目标，是让用户参与企业的产品和文化建设，让粉丝文化变成企业文化的一个有机部分。今天一些企业已经开始了这样的实践，例如，戴尔公司的“头脑风暴”（IdeaStorm）社区，已经征集了 8 000 多个用户为产品出的点子，50 多万条评论。[①] 尽管头脑风暴采用的平台并非微博，但在微博中，完全可以借鉴它的思路。

4. 新的文化共同体形成

在企业文化与粉丝社群文化充分互动的基础上，一种新的文化共同体有可能形成。这种共同体会使得用户产生对企业与产品的“主人翁”式的情感，他们会把企业品牌视为自身荣誉的一部分，也会更积极地推动企业与产品的成长。

①参见唐兴通：《引爆社群》，85 页，北京，机械工业出版社，2015。

第8节 微博应用案例分析

媒体微博与政务微博，是伴随微博平台发展出现的新事物，在这其中，“@人民日报”和“@江宁公安在线”的运营，都是有代表性的案例。而就像徐静蕾之于博客，作为微博女王，姚晨对于微博也有特别的意义。

一、“@人民日报”

在主流媒体的微博实践中，《人民日报》在新浪的官方微博“@人民日报”是一个代表。

1. 特殊时刻的“早产儿”

“@人民日报”原计划于2012年7月26日上线，不过最终它提前在7月22日凌晨4点58分正式推出。它发出的第一条微博是：

> 北京暴雨，整夜无眠。人民日报官方微博与大家共同守望。为每一位尚未平安到家的人祈福，向每一位仍然奋战在救援一线的人致敬！北京，加油！

2012年7月21日晚，北京遭遇数十年一遇的特大暴雨。“@人民日报”的“早产”，正是这场大雨“催生”的结果。

运行几天后，《人民日报》内部对其微博的评价是：“早产四天，活得很好。”①

在很多网民，特别是年轻网民心中，《人民日报》是严肃的、正统的、与他们格格不入的，这样的媒体进入微博，迎接它的，也许是各种板砖。它在大雨之夜提前开通的举动，似乎与它在人们心中的刻板印象不相吻合，这给了网民一些意外，也让他们多了一些期待。

2. 主流媒体转型的“试验田”

《人民日报》官方微博由人民日报社新闻协调部下属的微博运营室负责。微博运营室由各处室抽调人员组成，属于正处级单位。这些人员都毕业于北大、清华的新闻、国关等专业，年龄最大的生于1979年，其余的则生于1981年、1982年。这样一种人员结构，也许是它有更多的探索精神的缘由之一。

应该看到，尽管传统媒体蜂拥至微博平台，但开一个微博账号并不必然意味着会多一条传播渠道，如果没有对这个新的传播渠道的深刻认识以及与之匹配的操作模式，没有新观念与新思维，这条路未必能走通。

“@人民日报”选择在北京大雨夜提前启动，是其适应新平台的新观念、新思维的体现。选择这样一个时机，使它从一开始就表明一种新姿态，它是与网民同呼吸共命运的。当然，即使不是选择这个特殊时机，只要放下架子，学会与网民进行平等对话，同样也可以使网民逐渐接受它。

在推出早期，“@人民日报”的话题非常多元甚至涉及了很多敏感话题，一些观点也比较犀利，表现出较印刷版《人民日报》更开放的姿态与风格。

与此同时，“@人民日报”多数时候会表现出小清新的风格，某些时候还会卖萌，这与人们所熟悉的印刷版《人民日报》的风格也形成了强烈的反差。

一些人认为，“@人民日报”与印刷版《人民日报》是“分裂”的。

尽管一个媒体在不同平台上保持一致的形象是重要的，但对于传统媒体来说，

① 《人民日报新来的“年轻人”：官方微博贴近民生》，载《东方早报》，2012-07-30。

如果它过去的形象与风格不适应社会的发展，不适应新媒体带来的变革，出现分裂或许不是一件坏事。微博上的新风格，不仅是传播语态改革的过程，更是传媒业深层变革的开始，是一个“试验田”。

这些变革不会在一开始完全触动传统媒体的体制，也不能马上改变传统媒体长期以来形成的惯性，但是，如果没有这种媒体内部的“试验”与“分裂”，主流媒体就更难实现其转型。

3. 以评论立足

除了大量的事实性新闻外，“@人民日报”也有相当数量的评论，而这也构成了它的特色。

“@人民日报”评论内容的一个代表是“你好，明天”，这是微博每天的最后一个帖子。虽然也是一个晚安帖，但“@人民日报”没有像多数机构微博那样提供心灵鸡汤式的内容，而是将每天最热门的话题、最具分量的评论，放在了这个栏目中。

虽然并非每个“你好，明天”帖都是精品，在140个字内对重大问题进行评点，也显得有些束手束脚，但是，写作者还是尽力在这样一个空间里，表达他们对于社会问题的关切意识，也试图为弥合不同的意见空间之间的裂缝而做出自己的努力。

在微博平台上，对于事实性信息的提供，公民新闻扮演了重要的甚至在某些时候是主要的角色，因此，意见性信息或者说评论，更能体现专业媒体的优势。另外，评论是新观念、新思维的直接体现，在这里面传达的态度，如果能与网民产生共鸣，其影响也就会更广。“@人民日报”在其中的尝试，也得到了不少网民的认可。

“@人民日报”的新尝试，与它原来在网民心中的印象有比较大的反差，所以比较容易在运行初期受到瞩目，但要形成长久的影响力，还需要持续的努力。体制对它的束缚，仍是难以逾越的。这种实践越往前深入，将要碰到的障碍、矛盾也会越多，一些问题已经在今天的“@人民日报”中逐步显现出来了。

二、“@江宁公安在线”

“@江宁公安在线”是南京市江宁区公安分局在新浪微博的账号，于2011年2月25日正式开通。开通一年多后，在《2012上半年新浪政务微博报告》中，它便跻身政务微博十佳应用奖的前三甲之列了。

公安系统的政务微博，在国内是行动较早且互动效果较好的一类。“@江宁公安在线”又是其中的一个代表。尽管只是一个区公安分局的微博账号，但是它现在的粉丝已经超过100万，影响力也是全国范围的。

1. 会卖萌的警察“婆婆”

与在它之前进入新浪微博的“@平安肇庆”、“@平安北京”等相比，“@江宁公安在线”并不是最早的行动者，在它开通之初，微博内容也以警方提示、警务工作、转发其他微博为主，是一个相对严肃、乏味的微博。但是后来，当微博运营者向“@平安肇庆”、“@平安北京”取经后，决定“将‘@江宁公安在线’定位为服务型微博”①，运营的思路打开了，微博运营的想法与手法，也开始变得丰富。

负责“@江宁公安在线”日常维护的是80后警官王海丁。由于一个人负责运营，所以他可以将微博个性化的一面更充分地展现出来。

“@江宁公安在线”的语言风格是卖萌，尽管对机构官方微博的卖萌网友态度

①《王海丁：“欢乐”的“江宁公安在线”》，见http://elite.youth.cn/zt/201209/t20120920_2453593.htm。

不一，但是，“@江宁公安在线”的卖萌却没有引起太多争议，王海丁自称“卖萌也算是网络语境的群众路线”①。

开始时他自称“警察蜀黍”，称粉丝们是“薯条”，后来，他有了一个更响亮的名字“婆婆”。这一方面是因为他的话多、絮叨等特征与婆婆吻合，另一方面也是他在与网友互动中产生的创意。

2. 微博辟谣的品牌代表

尽管卖萌是“@江宁公安在线”的特色，但是，真正让它成名的，并不是卖萌，而是辟谣。

“@江宁公安在线”发布的流传很广的微博都是辟谣帖，其中最著名的是细数微博谣言界十大“常青树”级别谣言（如“10086来电扣话费”、“尸油煮米粉”、“鸡蛋袭击车窗前挡风玻璃不能开喷水和雨刮”、“美国护照和中国护照的对比”）的帖子。除此之外，“@江宁公安在线”的辟谣帖还有上百个。

“@江宁公安在线”的辟谣之所以受到普遍认同，主要是因为其技术含量。一方面，它以警方掌握的专业知识与专业数据为依据；另一方面，用科学知识说话。此外，其形式上的“寓教于乐”，也是它受到欢迎的一个原因。

辟谣帖采用的是图片型的长微博形式，每条长微博内都配有生动的图片，在轻松幽默的故事和解说中，剖析谣言，普及常识。图8—13中显示的关于“地铁迷药”的辟谣长微博的局部，代表了它的一贯风格。采用长微博不仅可以有足够的容量与创意空间来发挥，也便于传播。这样的长微博也成为“@江宁公安在线”的招牌。

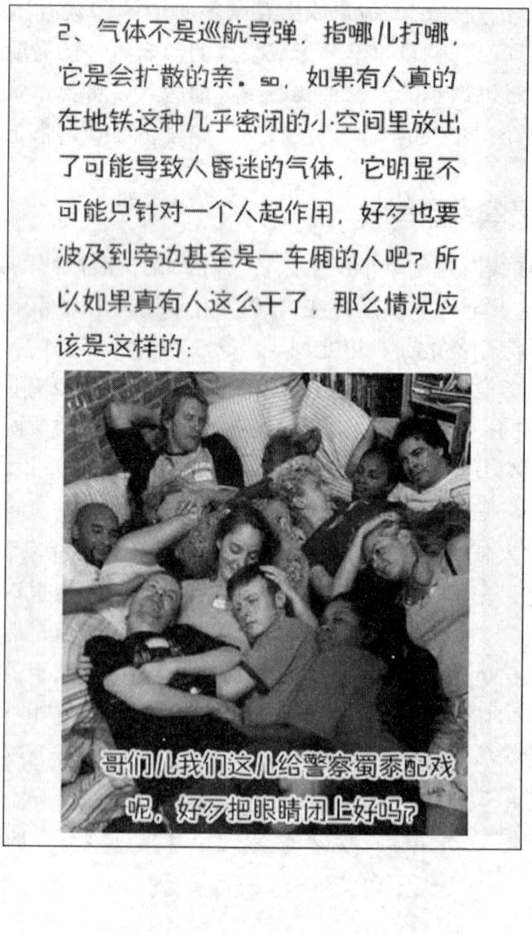

图8—13 “@江宁公安在线”的辟谣长微博“永不消失的都市传说——地铁迷药”(局部)

资料来源：http://weibo.com/1113218211/zmMQUrqju#!/1113218211/zmMQUrqju?type=comment#_rnd1427511341494。

① 《官微，鸡肋还是大V》，载《北京晚报》，2013-09-03。

在谣言不断的微博环境里，“@江宁公安在线”与“@果壳网”、“@谣言粉碎机”等账号一起，成为“辟谣界”的品牌，也在微博中普及了很多知识。很多网友一看到疑似谣言，就会想到找“@江宁公安在线”。

3. 在“欢乐”中服务

辟谣，使得“@江宁公安在线”的服务功能得以体现。当然，它的服务不只体现在辟谣上。

常规安全科普知识帖、警察蜀黍欢乐安全科普系列都是针对各种安全问题做的提示。它们采用的是与辟谣帖一样的长微博形式，同样是将过去警方冷冰冰的提醒变为形象的解说和生动的故事。

“@江宁公安在线”整体是“欢乐”的，而“欢乐”是网络中常见的一种文化基调。“@江宁公安在线”很好地把握了网络文化的这一基调，在自己的职责内核外包裹了轻松的外壳，将各种严肃的话题寄托在欢乐的方式中，在与网民同乐中服务网民。

在日常的微博中，“@江宁公安在线”也会转发其他与公安系统服务工作相关的信息，也会参与一些公共事件和话题的讨论，但是通常不会超越自己的职责边界。

对于政务微博来说，既要有人性化外表，又要履行机构的职能，两者之间的平衡分寸的拿捏，是一件很有挑战性的事。“@江宁公安在线”用它的方式告诉我们，只要态度真诚，定位准确，理解网络，懂得网民，这之间的平衡，是可以做到的。

三、姚晨微博

博客时代，徐静蕾、韩寒等一批名人，成为博客中的耀眼明星，而微博时代，最先脱颖而出的娱乐明星是姚晨。

新浪微博2009年8月28日开通，姚晨9月1日在这个平台上开通账号，2011年7月27日，姚晨粉丝数突破1 000万，成为新浪微博首个拥有千万级粉丝的账户。“微博女王”这样的称呼也开始伴随她。

像徐静蕾成为博客中的风云人物有着内在的必然性一样，姚晨成为“微博女王”，也有着其必然的逻辑。

1. 趁热打铁完成“人气变现”

姚晨是最早进入新浪微博的明星之一，这一方面体现出她勇于尝鲜的开放风格，另一方面也使得她因此前热播的电视剧《潜伏》获得的高人气被趁热打铁地变换成微博中的粉丝量。因此，她对天时的利用，是非常成功的。

2. 敢于做“公知”的娱乐明星

2009年12月19日，姚晨发出的一条微博是：

> 一道残忍的数学题：妈妈22岁生下我，19年前，妈妈每天都能看到我，现在我19岁了，已经半年没有回家看妈妈。而妈妈41岁了。如果妈妈可以活100岁，那么妈妈还可以活59岁，如果我依然半年回家看她1次，我这一生，妈妈这一生，就只有118次机会见面了，这道数学题的答案，我希望我是算错的。

在此之前还有一些私人化的微博，但后来她自己都删了，现在我们能看到的她的最早一条微博便是上面的内容。

这条转发的心灵鸡汤性质的内容，在某种意义上，是姚晨微博的早期基调之一。

在博客时代，徐静蕾是以她自己文艺青年的特质以及“后台”生活的展示为特点的，她的博客并没有太多公共信息，而这样的个人化路线，在微博中未必还能大行其道。

新浪微博的媒体偏向，决定着在这样的平台上公共性话题更能赢得注意力，因此，早期的新浪微博上，心灵鸡汤盛行，微博上的另一位风云人物李开复，也是以“人生导师”的形象获得大批粉丝的拥趸。

除了心灵鸡汤方面的内容，姚晨另一个关注重点是公益活动，她也时常在微博中发起或转发一些公益话题。在微博之外，她也参加了大量社会公益活动，还受邀成为联合国难民署中国区的代言人。

比起多数娱乐明星，她更敢于触及敏感话题，包括“动车事故”、“强拆”、雾霾等。她也会和微博中其他一些意见领袖保持互动。

姚晨自己曾表示：“当你被赋予了公众人物这一层平台后，你本能地就会有一种使命感，就是我应该发出自己的声音，要为这些人做些什么。”①

除了姚晨，在微博上，还有更多的明星也参与到公共话题讨论与公共行动中，人们对这些明星也有了新的认识。

3. 个性与个人生活的适度曝光

在粉丝过千万后，姚晨发出的微博是“千万不要被千万束缚”。尽管事实上她不可能不被“千万”束缚，但是这样一条微博，还是表现了她对个性的维护意识。

个性的适度曝光，这是微博中获得人气的必要条件，姚晨这样的公众人物，更需要通过其个性的展现，来获得某种外在标签，这也是不断赢得粉丝的基础。

姚晨曾对媒体记者说：“不要担忧这条微博没写好或怎样，如果你是个很装的人，你就想通过微博获取些什么，哪怕一两条就很容易露馅。在微博上，你特别能感受到这一点，就是大家都不傻，谁也甭想装。”②

尽管微博中必然有表演的成分，但是“表演”的度决定了微博的认可度，在这方面，姚晨的把握，是比较得当的。

在姚晨的微博中，她的“后台”生活曝光度也比较高，包括工作花絮、感情与家庭故事等，也包括她与前夫的恩怨。虽然离婚事件在某些方面给她带来了一些负面影响，但是，她也用自己的方式，在微博进行了公关。

虽然微博中有比较多的私人化内容，但在表达某些私人诉求方面，姚晨又会进行高度的自我约束。当她母亲的堂妹遇到了麻烦时，母亲哭着求姚晨帮帮忙，而姚晨在微博中写道：“老妈问我在北京认不认识能说上话的人，帮帮忙，我心酸不已。告知：妈，对不起，我真的谁也不认识……”

这也表明，姚晨对“公”与“私”的界限有清晰的认识，也较好地把握了两者之间的界限。

4. 熟练运用微博“语法”

除了以公共性话题赢得人们的认同外，姚晨在微博中的成功，还与她理解与熟

①②《专访姚晨：“微博上都不傻谁都甭装”》，载《南都娱乐周刊》，2012-01-09。

悉微博的“语法”有关。她表达的角度、语言风格等，契合了微博的环境。她在《武林外传》中扮演的“郭芙蓉”的风格，也会时不时在她的微博中闪现。“有趣”成为她的微博被粉丝认同的另一个因素。

【本章思考题】

1. 为什么说微博是一种社交化的大众传播?
2. 影响一个机构微博形象的因素有哪些?
3. 为什么微博传播中强调“讲故事”?
4. 在微博运营中如何进行信息传播的把关?
5. 如何实现传统媒体与其微博的互动?
6. 政务微博如何做才能赢得网民认同?
7. 企业应该如何运用微博?

第 9 章　微信：三个层级传播的贯通

与其他社会化媒体平台不同的是，微信将人际传播、群体传播、大众传播这三个层级的传播对等地聚合在一起，三者之间实现了无缝连接，全面贯通。

第 1 节　微信的发展及其价值

微信的瞬间爆发，被认为是一个奇迹。除了产品本身功能的因素外，微信搭上了移动社交的“早班车”，也是其成功的原因之一。

一、微信的发展

微信是腾讯公司推出的一款社会化媒体产品，它可以跨通信运营商、跨手机操作系统平台进行文字、语音、图片、视频等信息的实时发送。它既可以实现点对点的交流，也可以在朋友圈中进行信息分享，同时支持分组聊天、点对面传播（公众平台）等。信息发送本身免费，但使用微信会消耗网络流量。

目前微信还集成了在线游戏、在线支付、在线购物等功能。

微信主要基于手机、平板电脑等移动终端，虽然它后来也推出了电脑版客户端，但电脑端的功能与移动端的功能相比，还是有一定局限。

微信于 2011 年 1 月上线，2013 年 1 月注册用户数达到 3 亿。其积累 1 亿用户花了 14 个月时间，从 1 亿用户增长至 2 亿用户，花了 6 个月时间，而从 2 亿用户增长到 3 亿用户，仅用了 4 个月时间。[①]

CNNIC 发布的《2014 年中国社交类应用用户行为研究报告》，将微信作为即时通信工具的一种。其调查显示，截至 2014 年 7 月，微信在中国用户中的渗透率为 65.0%，经常访问率为 55.3%，如图 9—1 所示。[②]

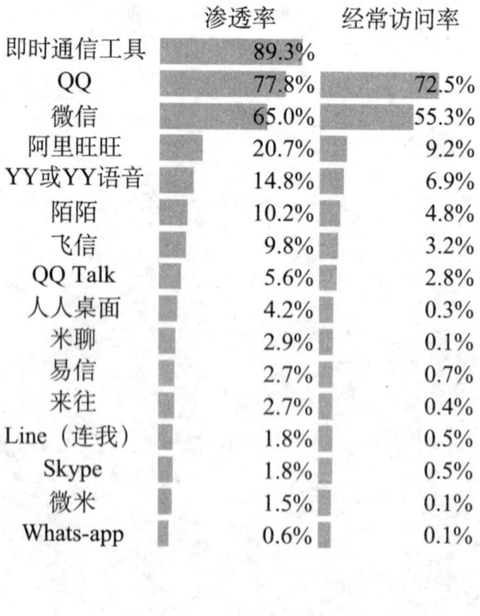

图 9—1　微信等即时通信工具的用户渗透率

资料来源：http：//www.cnnic.net.cn/hlwfzyj/hlwxzbg/201408/P020140822379356612744.pdf。

①参见《微信用户增长进入爆发期增速超新浪微博》，见 http：//it.sohu.com/20121214/n360460984.shtml。

②参见 CNNIC：《2014 年中国社交类应用用户行为研究报告》，见 http：//www.cnnic.net.cn/hlwfzyj/hlwxzbg/201408/P020140822379356612744.pdf。

微信公众账号或公众号的迅速增长，是2013年以来微信发展的主要亮点之一。大批已经开通了微博的名人、媒体、企业以及政府机构，也开始探索用微信公众账号的方式开辟新的沟通平台。与微博账号相比，微信公众账号的功能更为多样，探索空间也更为宽广。

根据微信官方发布的数据，截至2014年7月底，微信月活跃用户数已接近4亿；微信公众账号总数580万个，且每日新增1.5万个；接入APP总量达67 000个，日均创建移动APP达400个；微信广告自助投放平台上已拥有超过10 000家广告主。[①]另据腾讯发布的2014年第四季度财报，微信和WeChat（微信海外版）合并月活跃用户数达5亿。[②]

二、微信平台的主要价值

微信平台的价值主要体现在以下几方面。

（一）作为社交平台的价值

毫无疑问，微信最早是作为社交产品诞生的，无论它后来如何发展，社交都是它最核心的功能，也是支持它的其他功能的基础。

根据CNNIC发布的《2014年中国社交类应用用户行为研究报告》，网民在微信上使用较多的功能分别为文字聊天、语音聊天，二者使用比例均在80%以上。此外，使用朋友圈的比例为77.0%、群聊天的比例为61.7%（见图9—2）。[③]从这些数据中可以看出，社交方面的功能是微信用户的核心需求。

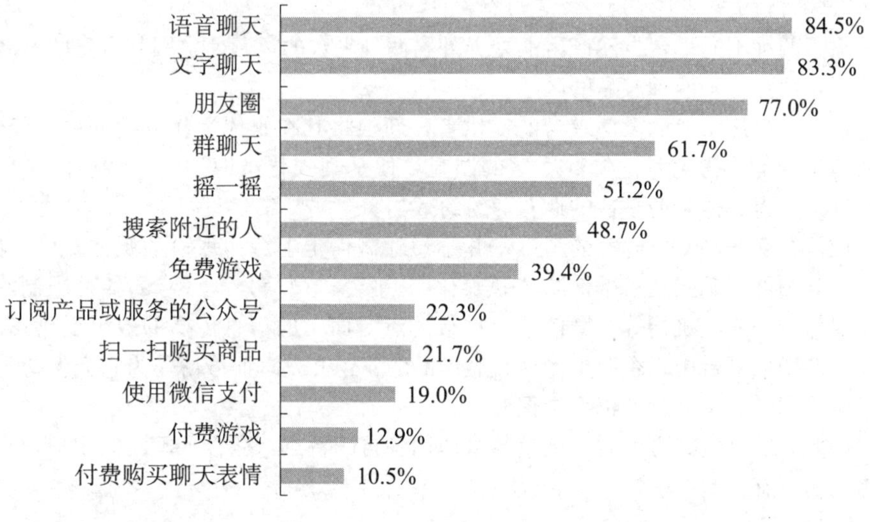

图9—2 用户在微信中使用的主要功能

资料来源：http://www.cnnic.net.cn/hlwfzyj/hlwxzbg/201408/P020140822379356612744.pdf。

相比短信等社交手段，微信不只具有点对点的交流功能，还能通过朋友圈等方式使用户间保持除点对点交流之外的更广泛、更密切的接触。

而与SNS等社交平台相比，微信的即时通信功能，又使它的社交黏性更强。

与微博相比，微信朋友间更多的是“强关系”，这也是社交黏性强的重要原因。

总体来看，微信用一种弹性的方式，在其平台上营造出各种不同的社交手段及社交圈，以迎合人们多样化的社交需求。

作为一种移动社交平台，微信也使得空间和场景的意义大大加强，“摇一摇”

①参见《微信官方最新数据：月活用户近4亿 公众账号总数达580万个》，见http://www.bianews.com/news/65/n437065.html。

②参见《腾讯发布2014年第四季度财报：净利58.6亿同比增49%》，见http://news.zol.com.cn/article/400771.html。

③参见CNNIC：《2014年中国社交类应用用户行为研究报告》，见http://www.cnnic.net.cn/hlwfzyj/hlwxzbg/201408/P020140822379356612744.pdf。

就是这样一种思维的应用。通过摇一摇这样一个简单的动作，微信用户可以获得基于地理位置的信息或服务，或者找到附近的用户。这为基于地理空间的社交及服务提供了基础。

微信诞生于微博在中国发展最热的时候，但很快，微信的风头开始超过微博，而与此同时，微博的发展似乎在减缓，于是微信成为微博替代者的论断也开始出现。

尽管微信对中国用户的社会化媒体的使用带来了很大的影响，但是，微信与微博仍是有很大差异的，主要表现如下。

1. 微博的公共信息诉求与微信的私人关系诉求

由于微博与微信的成员关系及传播特点有差异，人们对这两种平台的诉求也有所不同。对微博，人们获取公共信息的诉求更为突出；而对微信，人们维系私人关系的诉求更为明显。

因此，微博的活跃度往往需要一些公共事件或话题的驱动，如果某一时期的公共话题较少，或者某些话题由于平台管理的原因受到抑制，微博的活跃度就会下降。但如果多数用户并没有彻底脱离微博，而只是暂时潜水的话，那么一旦有话题的刺激，这些用户的活跃度又有可能复苏。

微信中的私人关系，对用户能产生更强的黏性，即使活跃度不高，微信的基础通信功能，也足以维系大多数用户。这是它作为入口的最大优势。

从用户对两种产品的选择来看，对公共信息交流更感兴趣的人，仍会较多地停留在微博中，而对私人社交更感兴趣的人，则会偏向使用微信。

2. 微博的媒体取向与微信的社交取向

除了两种不同平台自然产生的差异外，两种平台的运营商也因其自身的发展目标不同，而强化了两种产品的区隔。

作为中国最重要的微博平台的提供者，新浪将其在媒体运作方面的一贯经验，在微博平台上发扬光大。众多大 V 的凸显，便是其强化微博的媒体特色的重要手段。这也使得其他微博平台的运营商纷纷效仿。

而从社交产品 QQ 起家的腾讯，并不想让微信走上微博那样的媒体化的道路，相反，其内部明确强调了微信的“脱媒化”。平台对微信公众账号的各种限制，也使得媒体、企业、机构等在微信平台进行“点对面”的信息传播的效果受到影响。因此，在微信平台中，企业更多地在做产品的营销开发，而微博作为它们保持与公众日常沟通的一个平台，仍会被保留。

因此，从这两个方面看，微信与微博用各自的特点，迎合了不同的用户，它们更多的是互补。

(二) 作为媒体的价值

尽管与微博等社会化媒体平台比，微信的社交偏向更为显著，腾讯公司也极力避免它的过于“媒体化”，但很多媒体、企业、政府机构以及“自媒体人”还是对这个拥有几亿用户的平台的媒体属性寄予了期待与向往，以公众号为基础的媒体化探索，在微信平台上仍是此起彼伏。

从用户的角度来看，他们更多地倾向于在一个平台上能同时满足社交、信息获取等多种需求，因此具有媒体功能的社交平台，往往是他们的首选。

【案例】 移动媒体用户在移动终端使用社交平台的目的研究

2014年10月，中国人民大学新闻学院新媒体研究所联合腾讯“企鹅智酷”对移动媒体的用户进行了一次调查。* 调查问卷通过腾讯新闻客户端、腾讯网首页、QQ新闻弹窗（迷你腾讯网）、腾讯网科技频道、腾讯科技微信公众号等多个渠道发布。在109 783人参与的调查中，关于“在移动终端使用社交平台的目的”（多选）的问题的回答结果如图9—3所示，其中选择“获取新知识、新信息”以及“关注热点事件”的比例分别为31.42%和30.13%，排在前两位。这表明，部分用户在移动社交平台上与媒体有关的需求甚至超出了与社交有关的需求。而同一调查中，用户关于“移动终端使用的主要社交平台”的回答中，微信的使用比例为34.11%，仅次于QQ的使用率38.39%。综合这两方面的数据可以看出，微信这样的平台，其媒体的属性和价值仍是非常突出的。

* 本书作者是此次调查问卷的主要设计者之一。

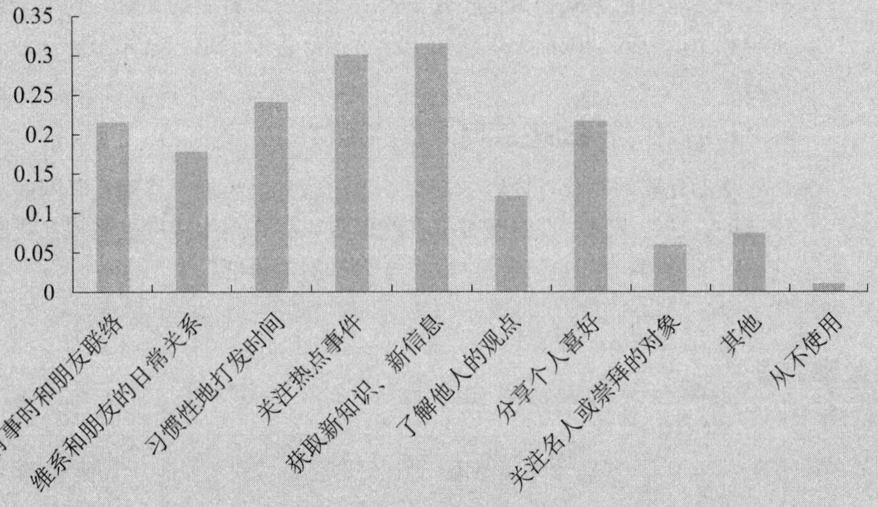

图9—3 移动媒体用户在移动终端使用社交平台的目的（多选）

公众号在微信中最具有媒体属性的功能，其传播特性在某些方面也与传播媒体相似，但微信的媒体属性不只限于公众号这个部分，公众号与朋友圈、群等都是连通的，公众号内容的价值放大，需要朋友圈与群的助推。

但总体而言，作为媒体的微信，在时效性方面并没有优势，有时候甚至会与其他网络平台存在较大的时间差。一些陈旧的内容，也容易在微信平台上反复传播。但每条公众号内容没有类似微博140个字这样的限制，又为它在深度表达上提供了一些可能。

作为一种媒体平台，就像微博一样，微信在反映社会生态、舆论动向等方面，也具有自己的价值，但微信中的情绪与意见表达，更为私密与分散，要从整体上对其进行把握更为困难。

（三）作为营销及服务平台的价值

对于企业来说，微信意味着全新的营销和服务可能。

但这并不代表着将传统的广告搬到公众号上或朋友圈中，就可称为微信营销。在某种意义上，微信并不是广告的温床，甚至可能是抵制广告的。在朋友圈里，硬广告可能导致被“拉黑”，即使在熟人间也是如此。而通过公众号来推送广告，也并不容易。一方面是公众号发布内容的数量受到的限制，另一方面则是被“折叠”起来的公众号内容不容易被人们打开，尤其在人们知道它是广告内容的前提下。

在微信中，企业可以提供直接的产品销售，而这一新平台上的产品销售，还会延伸到用户数据挖掘、用户管理、个性化服务等一系列环节，而这些环节，在传统的线下或线上营销中，往往是无法实现，或者是不能很好实现的。

微信也是一个个性化的服务平台。通过对服务号中功能的开发，向每个用户提供一对一的服务，是一种新的企业客服方式。这也同样适合于一些政府服务。

作为一个移动社交平台，微信的一个重要特点，是实现线上与线下的连接，也因此，它被作为O2O（online to offline）的一个重要渠道。

正如有研究者所说：“微信不仅仅是一个连接客户的工具，它完全是一种全新的客户体验生活方式；微信不仅仅是一个能带来订单的平台，它完全是一种全新的管理和生产方式；微信不仅仅是一个营销广告的渠道，它完全是一种全新的与客户对话的方式。”①

（四）作为移动互联网入口的价值

移动互联网时代，内容、社交、生活服务是人们对移动互联网的基本诉求，电子商务、在线支付、在线教育等在线服务，将在很大程度上重塑互联网。而作为社交入口的微信，也具有向生活服务平台扩展的可能。

【案例】 微信与支付宝：支付交锋

2013年8月，微信的“5.0版”推出“微信支付”功能。2014年1月初，微信支付开始与“嘀嘀打车”进行合作，用户在用嘀嘀叫车成功后，可以直接用微信支付进行付款，每笔车费减少10元，同时司机可能获得10元补贴。1月10日至2月9日，嘀嘀打车中平均日微信支付订单数为70万单，总微信支付订单约为2 100万单，补贴总额高达4亿元。*

2014年1月22日起，支付宝也推出类似的刺激手段。全国40个城市的市民只要使用“快的打车”APP内置的支付宝付款，或者用支付宝钱包扫描出租车司机的收款二维码付款，乘客每单可以得到10元奖励，司机每单可以得到15元奖励。支付宝钱包的数据显示，自从补贴活动推出以来，“快的打车”全国日均订单量已达到128万，单日最高订单量突破162万，其中使用支付宝钱包付车费的日订单数最高突破60万。**

2014年春节期间，微信推出的“抢红包”活动，使微信支付渗透到更多人的生活中。腾讯数据显示，从除夕到初八，有超过800万用户参与了抢红包活动，超过4 000万个红包被领取。***

*《微信支付嘀嘀打车补贴总额4亿元　用户突破四千万》，载《人民日报》，2014-02-12。

**《打车软件烧钱竞赛转为数据PK》，载《北京商报》，2014-02-12。

***《800万用户春节抢微信红包　马云称是珍珠港偷袭》，载《京华时报》，2014-02-10。

微信支付与支付宝的正面交锋，并不只是支付入口的争夺，支付实际上是互联网生活服务的核心，几乎所有服务都与支付有关。因此，抓住了支付这个命脉，也

①谢晓萍：《微信思维》，9页，广州，羊城晚报出版社，2014。

就占领了服务的入口。

微信支付更广阔的合作领域是电子商务。2014年2月，腾讯与大众点评网达成协议，腾讯对大众点评网进行战略投资，占股20%左右，投资额4亿美元。显然，大众点评网这样一个生活消费平台，对于微信平台及微信支付的价值转化与放大，具有至关重要的意义。

2014年3月，腾讯与京东联合宣布，腾讯入股京东15%，腾讯在微信、支付等移动入口领域与京东开展业务深度合作。

腾讯利用微信支付，向互联网支付领域的老大支付宝，发起了强有力的挑战。也由此全方位地向移动互联网的生活服务领域扩张。

因此，微信并不只是一个社交入口，它与人们的生活和服务的关联十分紧密，甚至是一个核心的辐射点，这带给它的盈利空间更大。

(五) 作为互联网的连接器的价值

马化腾认为，互联网将更多地连接用户的需求，腾讯的使命仍然是成为互联网的连接器，连接一切。微信、QQ都是在做连接器，在人、设备、服务之间形成智能的连接。腾讯做的是最低层的，往上要让传统行业自己去搭建应用。各行各业需要通力合作，才能发挥移动互联网的最大威力。①

当然，无论是人与内容、人与服务还是人与物的连接，都是以人与人的连接为基础的。微信正是用三个不同层级的传播，连接了移动空间中的人，这也就为它实现连接一切的目标，提供了基础。

因此，理解微信中人与人的关系及其传播方式，是理解微信的其他应用方向及价值的基础。

第2节　微信中的三种不同传播空间及其用户行为

微信虽然是以即时通信功能为基础的，但是对用户影响最大的是朋友圈、微信群和公众平台这三种传播空间，这三者有各自的结构和传播特点，其对应的用户行为特征也有所不同。

一、微信朋友圈

微信朋友圈是一种一对多的双向传播模式，每个用户分享的信息可以发送给所有好友，所有好友分享的内容在用户的个人账户中以时间为序呈线性排列。

微信朋友圈类似于微博的结构，但关系以强关系为主，信息传播的开放性比微博要弱。

(一) 微信朋友圈与微博传播模式的比较

微信朋友圈是在相互关注的用户之间进行信息分享的方式，因此，关注对象的特点，也决定了信息分享的特点。

根据CNNIC发布的《2014年中国社交类应用用户行为研究报告》，网民在微信中的联系对象，排在前三位的是现实生活中的朋友、同学、亲人或亲戚，如图9—4所示。②

①参见《马化腾：腾讯的终极目标是连接一切》，见http://www.ithome.com/html/it/110051.htm。

②参见CNNIC：《2014年中国社交类应用用户行为研究报告》，见http://www.cnnic.net.cn/hlwfzyj/hlwxzbg/201408/P020140822379356612744.pdf。

这一调查表明，微信朋友圈主要是由强关系构成的，这种强关系在很大程度上影响着人们的互动频率与互动内容。

在一定意义上，微信朋友圈的交流模式，与微博有些类似，但从用户之间的关系及互动性质来看，两者又有较大的区别。

1. 微信朋友圈的“小圈子”与微博的“大圈子”

从社交的角度看，微博用户更多地进行着大圈子的社交，与现实生活圈子之外的人的交流与互动占了上风，而微信用户更多地进行着小圈子的社交，也就是侧重于熟人圈子的交流。也可以说，微博中基于弱关系的交流较为普遍，而微信中更多的是基于强关系的交流。

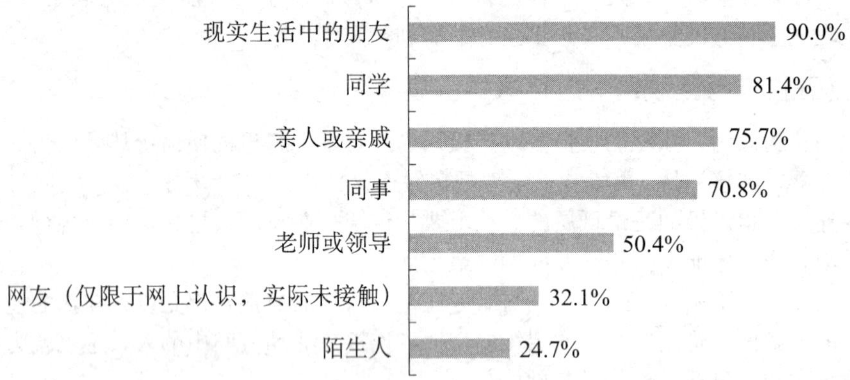

图 9—4 微信用户的联系人的构成

资料来源：http：//www.cnnic.net.cn/hlwfzyj/hlwxzbg/201408/P020140822379356612744.pdf。

每一个微博平台，从整体上来说，就是一个圈子，一个话题可以迅速传遍整个大圈子，并且围绕这个话题形成多种信息与意见的支流。

而微信平台，由难以计数的小圈子组成。虽然理论上来说，这些圈子之间都相互关联着，但毕竟各圈子之间还是有一堵无形的“墙”，信息虽然可以越过这些“墙”流入小圈子，但反向的信息与意见反馈却很难实现。因此，信息流相对单一。

在大圈子中，经过一定的博弈，会形成话语权力的差序格局。博弈中产生的意见领袖在信息传播以及意见表达中的作用更为突出，但这种权力结构是动态的，会经常因为各种因素的影响而发生变化。

而在微信的朋友圈交流中，话语权力相对平等。微信朋友圈里人们更注重情感联结，人们对于话语权力的关注也相对较少，因此，人们的关系会更为稳定、持续。

2. 微信朋友圈的“求同”与微博的“求异”

由于微信的一个重要作用是维系小圈子中的关系，并谋求社会资本的回报，因此在朋友圈中人们更倾向于关系的稳定和和谐。在观点表达上，人们更倾向于求同、维和，差异往往会被人们有意忽略或掩盖。

而微博这样的大圈子里，用户要凸显自己的价值，更需要的是表现个性与差异，差异会被人们强化、放大，并且成为博弈的重要手段。

3. 微信朋友圈的封闭与微博系统的开放

虽然两者都是由人与人的关系构成的社会网络，但微博是一个开放的系统，人的关系圈子不是固化的，而是流动的。这种开放可以促使微博整体显现一种异质性。

微博在其技术控制的传播机制方面，也更为开放。

微博从功能上保证了转发路径的公开与清晰可辨，从原创到每一个转发的链条，都可以被直观感知。而微信朋友圈虽然保留了转发功能，却隐去了转发路径，因此，一条信息在朋友圈里的传播轨迹是难以辨识的。

微博的评论内容是对所有用户公开的，不同用户之间的评论可以形成相互的参照，这为公开的社会交流提供了基础。而微信提供的是一个封闭的评论系统，只有互为好友的用户才能看到彼此在同一帖子下的评论。从隐私保护的角度来看，这样的设置不无道理，但从另一方面看，这样的评论，主要发挥的是私人社交的功能，而不是公共讨论的功能。

因此，微博中的信息传播也是在一个开放的系统中进行的，信息在微博平台流动时，各方面的用户在快速地形成对该信息的补充、对抗、辨识等其他信息，这样一个系统给信息的真伪鉴别、价值判断、筛选过滤以及自我纠正带来了可能。

而微信是一个相对封闭的系统，朋友圈更是如此。朋友圈虽然也可以有变化，但其结构是相对稳定的。尽管人们在现实中有较大的差异，但朋友圈更多地强调了同质性，它也会形成对异质信息与意见的排斥或抑制，成为相对封闭的信息系统。信息在微信平台的单一化流动，也增加了信息互动的难度。

（二）微信朋友圈的典型现象

微信朋友圈的关系构成特点，以及人们对朋友圈功能的定位，导致了朋友圈信息传播中的一些典型现象。

1. 无“自晒”，不微信

自晒，是微信朋友圈非常普遍的一种现象。在某种意义上，没有自晒，就没有微信。与 SNS 相比，以手机为互动终端的微信，为自晒素材的获得，提供了更多便利。而能自晒的朋友圈，也是微信与 QQ 这两种相似产品的一个重要差异。再加上受到朋友圈中的结构与氛围的影响，微信朋友圈将自晒推到了极致。

晒美食、晒子女、晒行踪、晒成果、秀恩爱等，成为自晒的主要内容。

自晒是一种自我披露的行为。尽管一些传统的跨文化传播研究认为，中国人在外人面前的自我披露更为谨慎，但是由于朋友圈的对象可控，所以用户在微信里自我披露更为大胆。

自晒也是一种自我形象的塑造过程。通过有控制的自我信息披露，人们可以将自己认为理想的那一面展示给他人，以求在他人心目中获得更高的评价，并获得更多的社会资本。

当然，并非每一个人都能恰当地把握自晒的度，过多的自晒，未必真会带来自己所期待的他人的肯定，反而可能会给他人造成压力，激发人们的攀比心理或其他不良情绪，最终结果可能是“拉仇恨”。

2. 每个朋友圈都有几个“点赞党”

第 3 章对于社会化媒体中的点赞行为及其动机进行了分析。而微信朋友圈，是网络中点赞行为最密集的地方之一。每个人的朋友圈里，都可能有几个无原则点赞的点赞党。

在朋友圈的强关系中，点赞往往是一种不假思索的互动行为，点赞这样的行为可以用更低的成本，向朋友示好，并表明自己的存在。

但是，不假思索、不分对象的点赞党，又往往会使点赞的效果大打折扣。当点赞失去基本的原则时，点赞的意义也就不复存在。他人对这种互动行为，也会熟视无睹。此时，点赞未必能带来社会资本的回报。

3. “鸡汤派”与“养生派”盛行

腾讯微信运营部门提供的相关数据表明，在微信中用户阅读最多的文章和分享最多的文章分别如图 9—5、图 9—6 所示。①

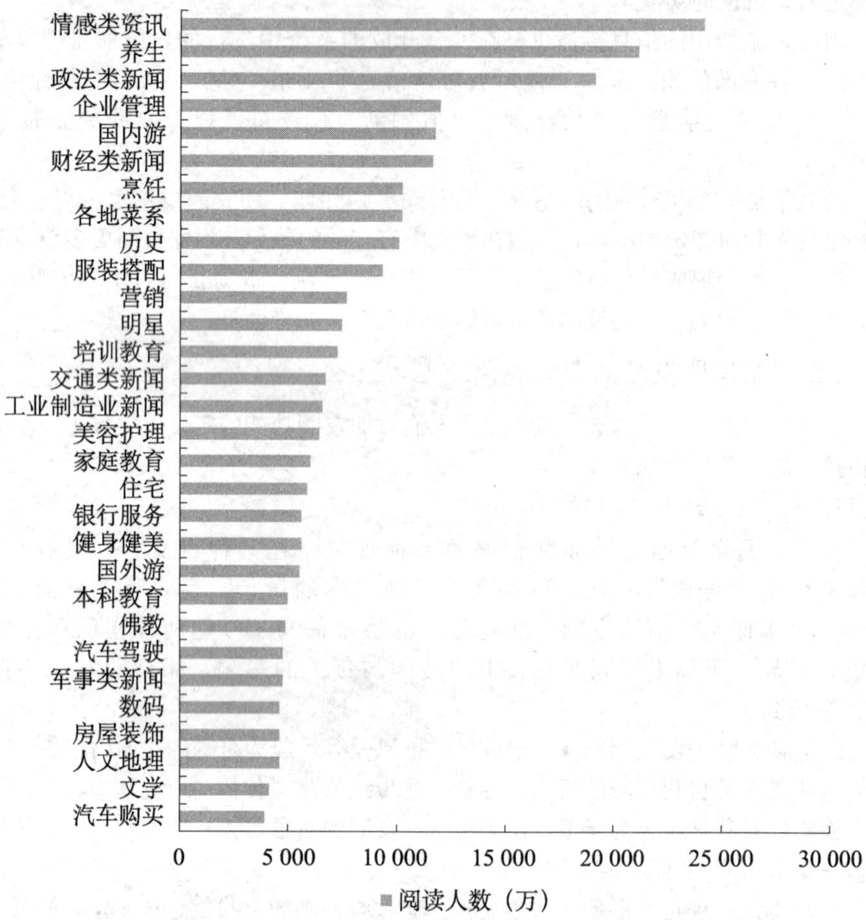

图 9—5 微信用户阅读最多的文章类型

这些数据表明，在微信中，人们对于心灵鸡汤这样的抚慰心灵、情感的内容，以及对于与健康、养生有关的信息，具有特别的兴趣。这些文章虽然多数来自公众号，但是在朋友圈里传播得最为广泛。

在朋友圈里，分享政治性话题或敏感社会话题，容易造成朋友之间的分裂，因此，人们一般更愿意分享“无害”、不刺激的“鸡汤”式内容。而分享养生方面的内容，还可以体现自己对朋友的关怀，赢得一定的人气。

无论是阅读还是分享这些信息，都体现了多数人的客观需要，但是，这些内容往往也有大量水分，在养生类信息中，也混杂了不少伪科学的内容。

①数据由腾讯相关部门向作者提供。数据采集的时间是 2014 年 9 月。

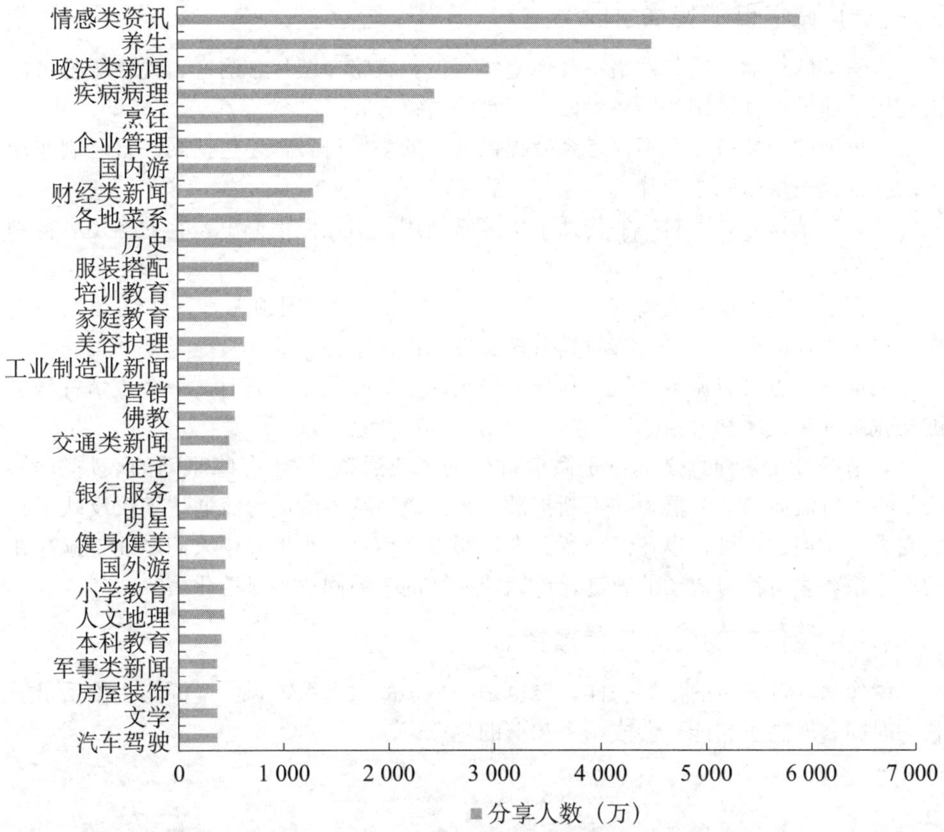

图 9—6　微信用户分享最多的文章类型

4. *披着科学外衣的谣言或伪科学泛滥*

朋友圈被公认为谣言最盛行的地方。这一方面是因为朋友圈本身的传播结构带来的自我封闭，另一方面也是因为朋友圈的“维稳”氛围。

在朋友圈的谣言中，披着科学外衣的谣言，或者伪科学，最有代表性。

今天中国人的平均受教育水平有了显著提高，但这并不意味着科学素养的提高，科学常识、科学精神的缺乏仍是中国人的普遍问题。人们对科学问题的认识与思考能力普遍不足，对于超越自己认识范围的科学知识，往往会采用极端的态度。一个极端是不加分辨地相信，另一个极端则是怀疑一切。而前者往往更为突出。

谣言一旦被加以科学的包装，例如所谓的科学家现身、贴上所谓权威机构的标签，或者加上一些似是而非的科学名词，就会使人们失去判断能力。

在碎片化的阅读环境中，人们也不愿意费时间对这些问题进行核实和求证，宁信其有不信其无的思维方式，也使人们屡屡掉入这些谣言的陷阱。

二、微信群

微信群是微信中小规模的多对多互动平台，多数微信群是现实关系的一种平移，另有少数微信群是基于弱关系形成的，但在互动中会慢慢转化为强关系圈子。

（一）微信群的传播手段

微信群的传播手段与网络中其他空间类似，文字、图片、语音、视频等都可以被利用。而另一种特别的传播手段，则是表情符号。

这里说的表情符号，不仅是系统提供的小的表情符号，还包括网民自己制作加工的各种代表情绪的小图片。

尽管表情符号在一对一的传播中也经常使用，但在微信群里，它的运用有特别的效果。

在很多时候，运用表情符号可以节省交流成本，一图顶万言，一切尽在不言中。作为图片的表情符号，有时具有多义性，比文字符号的含义更丰富。

表情符号也可以调节气氛，当交流中出现一些问题或障碍时，一个表情符号可能会化解冲突或缓和气氛。

表情符号在某种意义上也是微信群中的“流通符号”，有些原创的表情符号，会从一个群流向另一个群，并不断扩散开来。表情符号的广泛流通，不仅反映了它们受人们欢迎的程度，也在某种意义上证明着微信这个小世界中人们之间普遍存在的弱联系，表情符号流动的轨迹，可以使隐性的关系网逐步显性化。

（二）微信群的生态与传播特点

就像第 5 章分析的论坛一样，群也是一个小的生态系统，一个群能否维系足够长的时间，取决于它能否形成一个和谐的生态。

【案例】 微信群的生态

微信中流传的一个段子，形象地说明了这种生态的构成。

专家研究，一个温馨的群，往往是这样构成的：

（1）一两个风姿不减当年的万人迷。

（2）三四位逐渐转型成功的学者。

（3）五六名不甘老去的世俗愤青。

（4）七八个三天两头晒食物的吃货。

（5）若干个喜爱摆各种姿势拍照的潮人。

（6）众多宁愿潜水也绝不退群的呆粉。

（7）再加上，几个有事没事经常对掐的好友。

（8）时不时蹦出几句冷幽默的疑似思想家。

（9）掌握各种小道消息的所谓政客。

（10）几个个性张扬爱发黄段子的奇才。

（11）还有几个热心服务的管理。

（12）天天值夜班的，逗这个逗那个的。

（13）存储记忆能力超强的，回忆往事的。

（14）几个时常做诗词歌赋怡情养性的文艺骚客。

（15）以及一个内心强大，大爱大善的群主。

（16）几个公鸡般天天叫早的失眠者。

尽管这个段子未必适用于每个群的状态，也未必是一个科学的分析，但是，它生动地刻画出了微信群中各种成员的典型特征。

群主，是一个群的核心人物，作为群的发起者，他会对群进行定位，群的成员的整体构成也与他挑选的第一批成员相关，虽然成员们之后再拉入的新成员可能会在一定程度上改变他的初衷。成为一个群主，是一个可以自赋的权力，多数人会因此而付出很多努力和代价以维系这样一种权力。

在微信群中，也容易出现话语权力中心。虽然与微博的意见领袖相比，这些话语权力中心的影响力可能很有限，但是，他们也对整个群的氛围起着重要的影响作用。群中的话语权力中心可能是群主，这既因为先赋的权力，也因为群主为了维系自己的角色和群的稳定会付出额外的代价。但未必每一个群主都必定能成为话语权力中心。

微信群生态系统中另一个层次的重要角色，是活跃的信息贡献者，他们虽然不一定能影响他人的态度或群体整体意见走向，但是他们不断地发言或转发信息，给群不断带来新的话题，促使群保持着持续的活跃度。

而群中的更多人，常态可能是“潜水”，但如果有一个刺激性的话题出现，很多“潜水者”则会“浮出水面”，特别是当某些用来检验成员间的关系、群的凝聚力与成员忠诚度的话题出现时，多数人会“露头”表达自己的态度。

作为一种多对多，同时又是简单地以时间为序进行信息排列的空间，群并非是一个理想的交流平台。群中的信息呈现方式，很难进行话题的聚合，如果不是成员有意维护某一个话题的交流秩序，那么各种信息交织在一起组成一个队列时，话题的焦点无法突出，话题之间的关系也很难明确，各种信息缺乏语境，显得杂乱。

与此同时，由于熟人间关系的复杂与微妙，表达意见的自由度受到了较大的限制，很多时候人们也更愿意表达单纯的情绪，而不是复杂的意见。而一个人表达后，其他人复制、跟着站队的现象，在群里也较为普遍。

微信群里，自说自话的现象也比较普遍，很多成员发出的信息可能激不起回应，多数微信群往往有一个骤然升温、经过一段时间的保温最终由热到冷的变化过程。

一个新的群启动，往往有一定的由头，这个由头也是一个刺激源，会使得群的规模在较短的时间内扩大，随着新成员的不断加入、新老成员的相互问候，群的气氛会维持一段时间的活跃度。对群有认同感的成员，为了使群的影响力扩大，也会在早期投入比较多的精力。

但是，在一些临时性刺激因素消失后，群的活跃度会较快地回落，甚至很快陷入沉寂。

有助于保持或促进群的活跃度的因素主要有如下几种：

刺激源：美食、聚会、回忆、政治性话题，以及群中成员的各种人生大事，都可能刺激群成员“浮出水面”。

群内仪式：制造出某种群内的日常仪式，使之成为每天群内互动的基本方式，也是保持群的活跃度的一个方式。例如成员间每天的早安问候。当然，要让它们仪式化，需要有新颖且可持续的方式，但绝大多数群并没有形成这种仪式。

线下活动：线下的活动，可以将群里培养起来的感情转化为现实空间的互动行为，这些活动往往又可以为群提供更多话题。

游戏：诸如“抢红包”这样的游戏，可以激发成员的参与。

尽管多数群会有维护稳定的趋向，但并非所有群都能总是保持这种状态。当出现与价值观相关的话题时，群尤其容易分化。第 3 章中网民分析时提到的那些容易引起站队的话题，更是容易成为导火索。

（三）微信群与圈子化生存

对于个体用户来说，朋友圈其实更多的是一对一或一对多的互动，而并非圈子内的多对多的互动。而微信群，才真正构建了人们的圈子化生活。

微信群的圈子，以熟人圈子为主，尽管有些群开始出现时，并非彼此都认识，但是，进入群里的人，都可以通过某些社交链条连接起来，所以很多陌生人最终也可以变成熟人。

微信群的形成基础主要有以下几种：

基于现实社交关系形成的群，如同学、同事、朋友、家人等。

基于行业联系形成的群。尽管群成员不在一个单位，但他们处于同一行业，存在着业务交流与联系的可能。

基于思想交流形成的群。有些群可以横跨不同的职业群体或社会阶层，它们是为了思想的交流而存在的。

因此，微信群带来的圈子主要包括：亲友圈子、同学圈子、单位圈子、行业圈子、思想圈子等。

由于微信自身的限制，大多数微信群不超过 100 人，少数群可以达到 500 人甚至 1 000 人的规模，但相比微博，“群”这样的群体，基本还是小规模的互动。但人数越少的群，往往意味着每个人要分担的奉献度越大。

微信群对于某些成员来说，是快速地扩展社交圈子的一种手段，当然，要让“群友”变成实际的社会资本，必须付出足够多的互动努力。

群对于群内成员的某些信息的沟通来说，是一种便捷的方式，特别是对那些基于工作关系而形成的群。

群也可以给很多用户以归宿感，在某种意义上，这种归宿感比论坛或其他网络社区带来的精神上的归宿感更为实在。进入某些群，可能还会意味着获得某种身份，或被贴上某种标签。

每个成员可以身处多个群，也就是多个不同的社会圈子中，对不同圈子人们有不同的诉求，也会有不同的关系策略。

群可能孕育出特定的圈子文化，也可能改变现实圈子中的某些文化。

微信群所形成的圈子，既在一定程度上映射着现实社会的圈子，也在一定程度上复制着现实中的社会关系结构，包括权力关系。

以往的网络交往多是以打破现实社会的圈子为目标的，而群却反其道而行之。人们重新回到各种既有的社会圈子里，并且在某种意义上，被这些圈子加上了更大的“枷锁”。

中国社会本来就是人和人的界限感不明晰的社会，家庭成员之间、单位成员之间缺乏界限感，往往会使人觉得无法自主，而微信群在某些时候会进一步模糊成员之间的界限。

圈子往往会强化人们的同质性与服从性，而抑制异质性，尤其在意见表达方面。如上文所述，个体在群中的意见表达多数时候并未拥有充分的自由度，在那些对个体有着重要意义的群里，沉默的螺旋容易形成。

群往往也会形成集体的意志与集体行动，对于少数不愿意服从集体意志和行动的人来说，违背意味着要付出一定的代价。

进入一个群，不一定都是出于个人的意愿，这是微信群非常特殊的一个地方。每个用户都有可能在自己不知情的情况下被别人强行拉入某一个群，进入某种圈子，但并非每一个人都愿意留在这些圈子里。

与此同时，退群，是一件有风险的事。过去退群的行为是在众目睽睽下进行的。退群似乎成为一种宣言，表明对群内其他人的不满或蔑视，在他人眼里也会被视作一种“脱离”与“背叛”，而这可能对退群者的社会资本带来损害，以后在现实社会的这个圈子里就不太好混。因此，有段子称，在退群之前，将自己的用户名改为“有人”，当其他人看到“有人退出了群聊”这样的提示时，他们的心情可能会平和些。尽管这是段子，但也说明了人们被拉入各种并非自愿加入的群而欲罢不能的那种无奈。

尽管目前的微信优化了退群的体验，一个成员的退群不会再有明确的提示，但人们还是容易发现那些退群者。

过多的束缚感，也可能会导致更多的群被遗弃，最终使它们走向“荒芜”。

总之，微信群作为网络中最典型的圈子文化的平台，对于人们生活与社交带来的影响是超乎想象的。

三、微信公众平台

公众平台中有两种公众号。

其一是订阅号。限每天推送一次（早期的订阅号可以推送三次），以信息的传播为主，认证账号可以使用自定义菜单。

其二是服务号。限每月推送四次，以服务为主，有自定义菜单功能。

其中，订阅号的传播模式，更接近于传统的大众传播，但它也被微信平台的特点及用户的行为方式所改造。

（一）微信公众平台中用户的阅读倾向

根据 CNNIC 发布的《2014 年中国社交类应用用户行为研究报告》，网民在微信关注的公众号的类型分布如图 9—7 所示。[1]

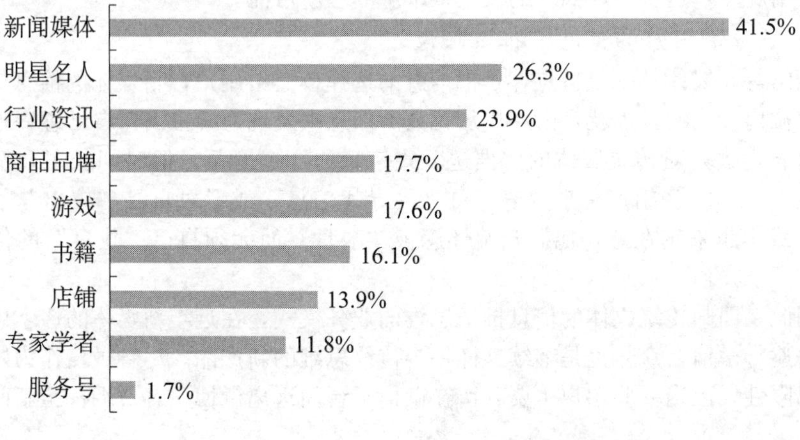

图 9—7　用户在微信关注的公众号的类型

资料来源：http：//www. cnnic. net. cn/hlwfzyj/hlwxzbg/201408/P020140822379356612744. pdf。

[1] 参见 CNNIC：《2014 年中国社交类应用用户行为研究报告》，见 http：//www. cnnic. net. cn/hlwfzyj/hlwxzbg/201408/P020140822379356612744. pdf。

微信公众平台，并没有沿袭典型的社会化媒体传播模式，在某种意义上，它是对传统媒体传播模式的回归。

腾讯微信运营部门提供的相关数据表明，平均每天每个用户阅读公众号文章的数量是5.86篇，日均阅读文章数超过3篇的用户占比51%。[①] 图9—8显示了更具体的数据分布。

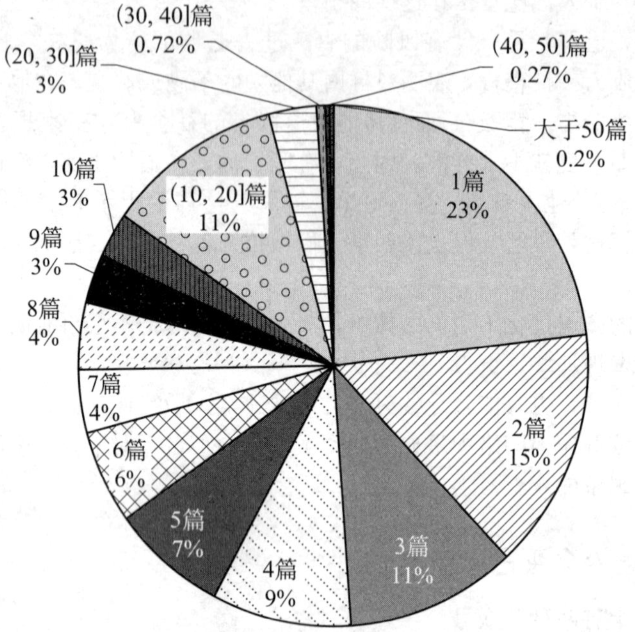

图9—8 微信用户的公众号文章阅读状况

但是，前文中的图9—5和图9—6也提示我们，微信中人们阅读的文章也有一些特定的趋向。从这些数据可以看出，与微博这样的地方不太一样的是，微信用户对于公众号阅读的偏好集中于提高自己的生活质量、修身养性等方面，虽然政法类新闻、企业管理、财经类新闻、历史等内容也有一席之地，但是在微信这样的平台上，“硬内容”的传播，仍需要克服更多障碍。

（二）公众平台的传播新可能

公众平台采用的传播模式，在某些方面继承了传统媒体，在微博式的传播模式盛行的情况下，这种“回归”的模式带来了一些新可能。

1. 顺应懒用户的信息“推送”模式

网络等新媒体的一个特点，是把信息的选择权交给用户，新媒体的信息传播多数是“拉出”式的，也就是由用户从无数的信息中发现与“拉出”自己感兴趣的那些。这看上去是对传统媒体的“推送”式信息的一个变革，但时间长了，情况也会发生变化。一些用户越来越懒于自己去寻找信息，或者对自己“拉出”信息所消耗的成本越来越在意，他们开始怀念被“喂食”而无须自己“找食”的传统媒体时代。

因此，回归传统媒体的信息推送思维的业务模式，在近年新媒体的探索中，越来越普遍。微信公众号也是继续这样一个传统思维的新产品。尽管微信作为媒体有很多局限性，但当一些用户主要驻留在微信平台而远离微博、客户端甚至新闻网站

①数据由腾讯相关部门向作者提供。数据采集的时间是2014年9月。

时，对于这些人群，微信公众账号提供的信息推送仍是必要的。

2. 明确的落点与完美到达率带来的诱惑

公众号的推送模式，还有一个重要的特点，那就是，从理论上说，每一次信息推送，最终都会到达订阅者那里，无论他们什么时候打开微信。而信息的落点，也是非常明确的。

这与微博内容扩散的不确定性相比，看上去有更大的诱惑力。

3. 信息超载时代的“减法”思维

与一般社会化媒体平台的信息泛滥甚至“溢出”的情形不同的是，微信公众号受到了严格的信息量的限制，这种限制当然并非技术本身的原因，而是微信平台管理者人工干预的结果。订阅号一天发送一次信息，服务号一个月发送四次公共推送信息，这样一种制约，在某种意义上，迫使信息发布者做减法，做精选与优化，将亮点凸显出来。

4. 三种信息圈的关联效应

微信公众号的效果并不只取决于它自身，微信中的三种传播空间，即公众平台、朋友圈、微信群，实现了无障碍关联，朋友圈、微信群对公众账号的信息传播有一定的扩散与放大作用。

（三）公众平台的局限性

尽管带来了一些新的可能，但公众号仍然存在很大的局限性。主要表现为以下几方面。

1. 有限的推送次数与媒体时效性的冲突

虽然对信息做减法在多数时候是需要的，但是，当信息推送次数受到严格限制时，某些时候的传播就会遇到障碍。特别是当突发事件发生时，如果当天的信息发送额度已经用尽，那么，公众号的传播者只能束手无策。

2. 用户黏性难以维系

尽管有些微信公众号是靠粉丝的忠诚来维系的，但是，真正能够获得死忠粉丝的公众号数量极为有限。很多用户出于尝鲜的目的订阅了某个公众号，但他们可能很快就会失去兴趣，有些用户会退订，有些用户即使不退订也会对公众号每天推送的信息视而不见，成为“僵尸粉”。

3. 点开率有限

尽管微信公众账号的信息可以百分之百到达其订阅者那里，但是，却无法保证信息百分之百被点开阅读。微信公众平台的设计，将所有“订阅号”都集中在一起，尽管有未读信息数量的提醒，但是对于那些被折叠在“订阅号”这个大的类别下的内容来说，用户的惰性往往意味着大量的订阅号内容是被无视的。

4. 表现形式受限

公众号内容的主要表现形式是图文组合，与新闻网页相比，其形式受到一定限制。某些时候，一些传播的创意无法实现。

5. 系统的相对封闭性

与微博、博客等平台相比，微信公众号内容的反馈较弱。此外，微信公众号内容向微信之外的平台如微博的扩散相对困难。

6. 深度阅读与移动阅读间的冲突

微信公众号的文章本身没有容量限制，这与微博形成对比，因此，很多人更愿意利用微信公众号来发布或阅读长文章，但微信阅读又往往是在移动终端、碎片时间里，因此，真正的深度阅读仍然难以实现。

第3章分析过网民的分享行为，尽管分享在社会化媒体中非常普遍，但人们对自己分享的内容未必会深读，甚至很多人并没有读完他们自己分享的文章。在微信里，这种情况也非常普遍。

7. “覆水难收”的发布机制

微信公众号的发布机制类似传统报纸，内容一旦发布后，就不能再更正，也不能被撤回。那些有问题的文章只能带着错误越传越广。尽管这可以促使信息发布者更为谨慎，但同时这对于纠正信息偏差又是一个障碍。

8. 获得粉丝的难度相对较大

关注微信公众号的操作相对隐蔽，很多人可能难以注意到，在微信平台上进行公众号推广的手段也有限。总体来说，公众号要获得粉丝，难度很大。

第3节　微信公众号的信息发布

对于微信公众号的信息发布来说，下面几个方面的技巧尤为关键。

一、公众号的“头条”选择

公众号信息的发布有两种形式，一是单条信息单独推送，二是多条信息组合推送。由于受到信息推送次数的限制，多数公众号会倾向于每天采用多条信息组合推送的方式，特殊情况下会采用单条推送。

对于组合推送的内容来说，通常一次的最大容量是8篇文章，但一般情况下，并不需要到达8篇这个极限，还是应该保证每次推送的内容可以“聚焦”。

无论一次推送中包含几篇文章，总有一篇是作为重点来推的，这类似于传统媒体的头条。

作为头条的内容，在推送界面出现时，图片更大，标题更醒目，图片内容对于吸引人们点击正文阅读具有重要的作用。头条的选择，如果能与订阅者的兴趣相呼应，将会进一步提升传播效果。

二、标题与引导语的写作

微信公众号的内容是“折叠”的，或者说是分层呈现的，不像微博那样可以把所有内容直接呈现在用户眼前，当人们决定是否要点击某篇文章时，标题及引导语起的作用，格外显著。

结合中国用户的阅读习惯，在微信文章的标题或引导语写作中，常常运用的技巧包括：

- 强调故事或观点的戏剧性与冲突性。
- 通过数字的运用给人权威、理性的感觉。
- 强调阅读的效率或可以获得的报偿。

【知识窗】 7种可以让公众入魔的标题

一位美国研究者在《7种可以让公众入魔的标题》(7 Types of Headlines That Will Turn on People's Attention Like Magic) 一文中，总结了标题写作中需要凸显的内容，包括：

- 有争议的问题。
- 有趣和有冲击力的。
- 教程和指南。
- 列重点，告诉人们怎么做。
- 突出新鲜事。
- 直接推荐，给出意见。
- 指出原因。*

尽管这些技巧并非是针对微信传播的，但是，它还是可以给微信文章标题的写作提供有益的启发。

*参见 http://www.bloggingpro.com/archives/2014/03/19/7-types-headlines-will-turn-peoples-attention-like-magic/。

- 强调前所未有。
- 运用设问、反问制造悬念。
- 击中人们感情的柔软之处。
- 寻找人性的软肋（怕吃亏、怕被孤立、怕错过、怕落下……）。
- 展现利益的诱惑。
- 运用流行词语。
- 运用文艺的辞藻与语法。

从现实来看，微信热门文章的标题中常用的词包括：必须、不得不、弱爆了、惊呆了、为什么、这才是、真相、别找了、终于、××告诉你、N张图告诉你、N分钟玩转……

总的来说，标题写作的核心，是揭示“卖点”、“痛点”、“泪点”等。当然，把这些手段运用过了头，就成了标题党。类似“不转不是中国人”的表达方式，也已经引起微信用户的“公愤”。

尽管标题遣词造句的技巧对于刺激点击率的确会起到作用，但是标题的核心，应该还是准确传达文章中的要点与亮点。

你怎么看

微信中常常出现“标题党”，你觉得应该如何评价这一现象？

三、公众号内容的版面编排

公众号的内容版面，主要体现为图文组合模式。

一个页面中，最好有几张与正文匹配的图片，可以分别放置于标题与正文之间以及文章中间的某个位置。图片既可以加强内容的实证性，也可以在视觉上起到调节作用。但如果没有合适的图片，也不必削足适履。

对于过长的文章，需要在文章开头加上内容提要，帮助用户了解全文。同时，也可以在文章中增加若干小标题，起到调节视觉和阅读引导的作用。

有些公众号会将文章分成若干部分，每一个部分用线条框出，甚至加上提示文字，使文章的结构更清楚。

正文页面的最后，可以加上自我推介性的一些内容，如微信号及关注方式、二维码、联系方式等。

与传统的印刷媒体版面和电脑终端的网页不同的是，为了在相对较小的屏幕上呈现内容，移动客户端上的正文通常可以不在段首空两个字。这样的版面看上去也会更整齐。公众号的内容编排，也应该遵循这样的规律。

同时，为了让人们阅读时眼睛能得到随时的缓冲休息，在段与段之间加上空行，也是常规性做法。

在字号和色彩的选择上，应该以适合多数用户的使用习惯为基本原则。对于有些文章，可以适当在某些关键词上加以色彩或字体变化来提示重点阅读内容。但是过多的变化，并不是一种好的用户体验。

四、公众号中的多媒体运用

尽管目前的公众号主要都是采用文字的形式，但是，多媒体也可以成为增强公众号特色的手段。

（一）语音的运用

【案例】 青音：晚安心灵语音

曾获得“金话筒主持人奖”的中央人民广播电台主持人青音，创办了心理安抚方面的自媒体公众账号“青音”。从 2014 年 1 月 1 日开始，她每天晚上通过公众号发布“晚安心灵语音”，对于她这样的广播节目主持人，以及心理安抚这样的内容来说，语音手段比文字更为合适，更容易产生亲近感。

【案例】 罗辑思维：视频脱口秀

自媒体的代表“罗辑思维”，其微信公众号也是以语音为主要手段的。罗振宇每天早上一条 60 秒的语音，聚焦于一个特定的话题，表达一个集中的观点。罗辑思维最受欢迎的产品，是视频脱口秀，罗振宇的声音也为人们所熟悉，但在微信里，很难将其一个小时时长的脱口秀节目完全搬过来，不过把其中的核心要素，如犀利的观点、罗振宇的声音等，移植到微信公众号里，也可以取得较好的效果。

让名人来“说话”，也是公众号可以采用的手段。与文字交流中可能存在的代笔现象相比，语音方式可以证明名人的真实存在，也可以让听者有近距离交流的感觉。

当然，无论是使用名人的语音，还是唤起用户的语音参与，可能都只是热闹一时。语音要能成为常规性的传播手段，也需要像文字信息一样，提高其内在价值。

【案例】《钱江晚报》：明星语音和方言声优

《钱江晚报》是比较早在微信公众号中尝试明星语音的媒体之一，该报曾先后在公众号中推出九把刀、成龙、白先勇、华少等十多个名人的语音，得到了比较热烈的反响。*

语音也可以作为一种用户参与的手段，《钱江晚报》也尝试过“用微信玩一回‘浙江方言好声优’”的活动，抓住“元芳你怎么看”这句话大热的时机，呼吁网友一起用方言来念这段话，得到了有效回复300条。**

*参见《潘越飞：我们想放弃微信了!》，见 http://www.huxiu.com/article/8293/1.html。

**参见上文。

（二）信息图表的运用

第8章分析了信息图表在微博中的应用，在微信这样的快餐化的阅读平台上，针对手机这样的屏幕，信息图表也具有重要的价值。图表如果设计合理、表达准确，则往往比文字更容易理解与接受，传播也更为方便。

微信中信息图表的制作原则，与微博类似，请参见第8章的相关内容。

（三）幻灯片的运用

幻灯片（通常我们称之为PPT），是用于展示的一种有效方式，过去通常用在教学、会议、提案等场合，但在今天的互联网，特别是移动终端上，幻灯片的应用也越来越常见。

对于研究报告性质的内容，幻灯片往往会比文字更适合于在网络这样的环境里传播。幻灯片的内容是对文字内容的一次提炼，它通常只放大其中的关键词、关键观点，而不需要完整的句子，这有助于在有限的空间里凸显出核心信息，使读者快速捕捉到要点。

【案例】央视新闻：一图解读

在“央视新闻”这个公众号中，有一个固定的栏目“一图解读”，这个栏目运用的手段就是信息图表。对于各种国际、国内的重大问题，它通过图表来展现思考的线索与逻辑。每个图表，实质上都是一篇评论，有时也像一个新闻专题。

图9—9展示的《400亿丝路基金　钱谁出?》这个图表，对400亿美元丝路基金的来源“外汇资产”进行了层层深入的解释。* 我国建立400亿美元丝路基金政策宣布后，遭到一些网友的质疑：当中国还有很多人上不起学、看不起病时，为什么国家出这么多钱成立这样一个基金?而图表的解释让人们看到，基金的来源是外汇储备，它只能在国际市场上使用，无法直接解决上学、看病等国内民生问题。图表进一步分析了外汇储备的不同投资渠道和收益，说明成立丝路基金的经济价值。这一图表用通俗、直观的方式普及了金融知识，也直接消除了网民心中的疑惑。

*参见 http://news.cntv.cn/2014/11/09/ARTI1415538913651962.shtml。

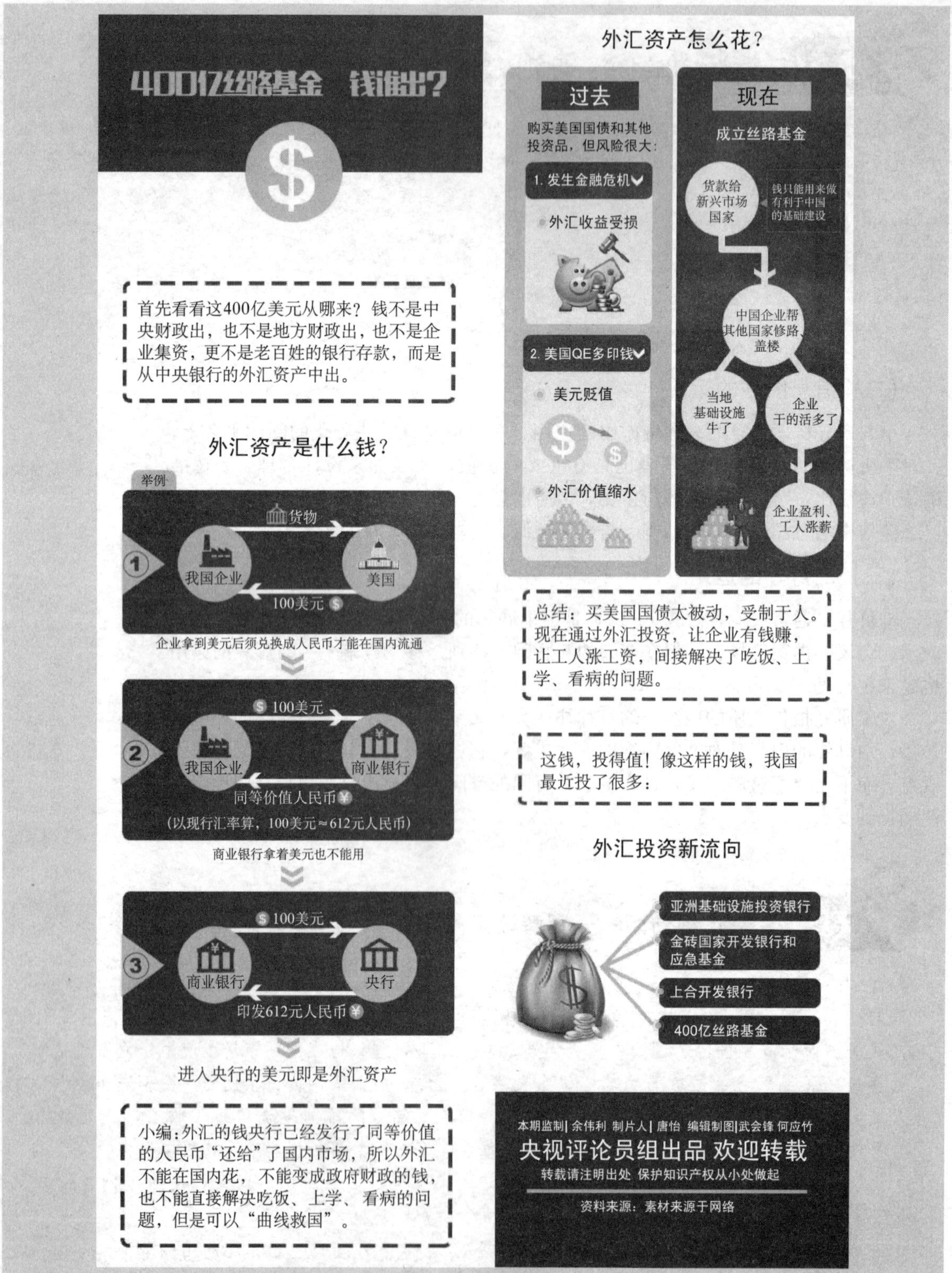

图 9—9　“央视新闻”公众号的信息图表《400 亿丝路基金　钱谁出?》（局部）

资料来源：http：//news. cntv. cn/2014/11/09/ARTI1415538913651962. shtml。

在微信中传播的幻灯片，需要注意以下几个方面：

突出有限的几个关键词：不要试图在一张幻灯里放太多的文字，堆砌太多的核心词，会失去幻灯片这种形式的意义。要尽可能聚焦于几个核心词，对相关的文字也做必要的锤炼，使人们能在最短的时间内理解与记忆。在形式上，一些需要强调的核心词，可以适当改变其大小与色彩，使其更为突出。

注重幻灯片之间的逻辑与节奏：幻灯片是一组信息构成的单元，每张幻灯片，不仅其本身在传达相应的信息，也和它前后的幻灯片间有着相应的承接关系。有一些幻灯片，可能就只是一些转折、承接性的文字，但是它们的存在，可以使整个幻灯片形成一种张弛有道的节奏。

【案例】 Business Insider：“移动互联网的未来”PPT

图 9—10（A）和图 9—10（B）是美国的 Business Insider 网站做的 PPT“移动互联网的未来”报告中的两张，两张幻灯片上都只有一行字，似乎两者完全可以集中在一张幻灯片上。但是，用现在的方式处理，第一张引出问题，提出悬念，第二张给予回答，这样使得答案更容易受到瞩目。引出问题的那张幻灯片，同时也是一个段落的标题，它可以起到提示后文的作用。

图 9—10（A）“移动互联网的未来”PPT 之一

图 9—10（B）“移动互联网的未来”PPT 之二

资料来源：http：//mat1.gtimg.com/tech/bi2014/bicn_the_future_of_mobile.rar。

图片与图表的应用：在应用图表时，最好加上一个醒目的标题，使图表中的数字的核心意义得到充分揭示，引导人们理解信息图表的要点。如图 9—11 中两条曲线分别代表 2008 年 12 月至 2013 年 12 月间 PC 终端上网流量以及移动终端上网流量的变化。[①] 如果仅仅让用户看这两条曲线，虽然他们能看到一个下降、另一个上升的趋势，但并不一定理解其更深的含义。而标题“现在超过五分之一的互联网流量来自移动”，就将移动互联网流量在互联网整体流量中日益上升的趋势及分量清晰地揭示出来。

幻灯片与信息图表有很多关联性和相通之处。其内在的逻辑线索、表达思维，可以参见信息图表的制作原则。

电脑终端的幻灯片都是横式的，但在手机屏幕上，如果采用这样的模式，一张幻灯片的空间就会很有限，可以考虑改用竖式的，以便使展示空间得到扩展。

①报告完整下载地址：http：//mat1.gtimg.com/tech/bi2014/bicn_the_future_of_mobile.rar。

现在超过五分之一的互联网流量来自移动

全球互联网流量（桌面VS移动）

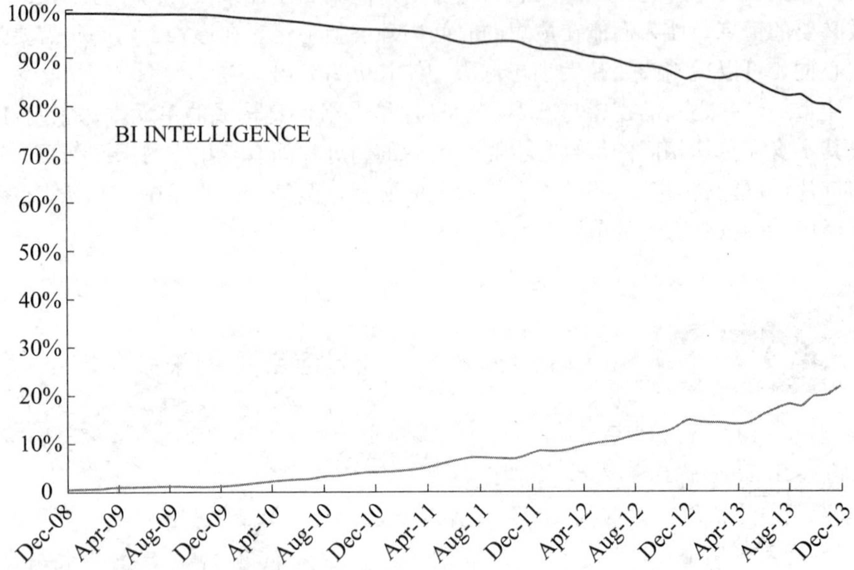

图 9—11　全球互联网流量发展（桌面 VS 移动）

资料来源：http：//mat1. gtimg. com/tech/bi2014/bicn_the_future_of_mobile. rar。

目前微信公众号不能直接使用 PPT 类型的文件，可以将幻灯片拆成一张张的图片，通过图片组合成幻灯片。

（四）HTML5 的运用

HTML 是万维网（WWW）网页制作的基础技术，自 1993 年 HTML1. 0 标准诞生以来，它也在不断发展。2014 年 10 月 29 日，HTML 的最新标准——HTML5 标准规范最终定稿并公开发布。运用 HTML5 技术制作的网页可以方便地在社会化媒体平台上被分享。

概念

HTML 是万维网（WWW）网页制作的基础技术。HTML5 可以实现多媒体内容的自由嵌入，互动更为便利，甚至可以实现 3D 效果，同时可以进行地理定位，有助于推动基于地理位置的应用。

HTML5 类似于网页中的 Flash 动画。HTML5 技术在电脑终端和移动终端都在普及，尤其对于 Flash 技术使用受到限制的移动终端来说，它的作用更为突出，它甚至可能会对今天流行的客户端方式产生一定的冲击。

在微信公众平台中，HTML5 也得到越来越多的应用，包括游戏、调查、广告、活动推介、互动内容传播等。

从内容传播的角度看，HTML5 的主要作用是，强化信息要点，提升视觉享受和参与体验。它比较适合于专题性的内容。

目前 HTML5 的专题的设计，主要是以图片为主组织起来的动态延续的信息单元，其中的图片既包括新闻照片，也包括信息图表或类似幻灯片的页面。在某些方面，它与幻灯片的模式是相似的，也类似于信息图表的动态展现。但 HTML5 页面中信息要点的出现可以是动画式的，这样可以通过动态顺序来强调页面中的信息要点及阅读流程。页面中可以有一些动态交互的部分，以展开信息细节。页面之间的切换方式更加灵活自由，趣味性可以做得更好。

HTML5 专题，相当于把以往电脑终端的 Flash 专题搬到了手机屏幕上。如果运用得当，则其效果会优于静态的页面；但是如果滥用这一手段，使页面中充斥了可有可无的动态效果或互动按钮，则可能会使用户产生厌倦感。

（五）视频的运用

目前微信公众号已经允许插入视频，这为公众号的内容表现提供了新的可能。

视频适合于那些需要用实证手段展示的内容，例如新闻事件、科学实验等。此外，利用视频做脱口秀等，也可以丰富公众号的形式。

但是，在微信中传播的视频，在长度上需要节制，例如限制在 10 分钟以内，甚至更短。这既是出于节约流量的考虑，也是出于控制时间的考虑。过长的内容，可以剪辑成若干集。

五、公众号发布的时间

公众号每天只能发布一次（少数早期的公众号是三次），那么，公众号的发布是否需要在时间上有特别的考虑？

图 9—12 是微信运营团队提供的微信用户阅读时间分布的数据。① 每一条线代表着某类文章的阅读时间分布，从总体来看，不同类型的文章，用户阅读的时间分布基本一致。通常用户从早上 6 点开始阅读公众号文章，在中午 11 点达到高峰，下午 2 点到晚上 10 点的阅读情况差不多，都属于阅读比较活跃的时段。

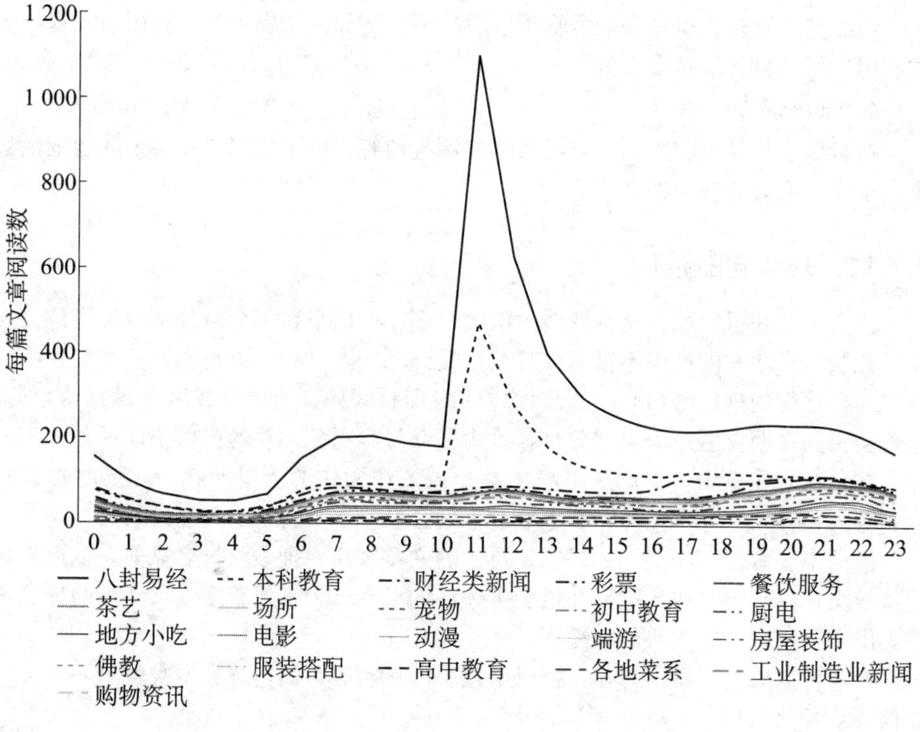

图 9—12 微信用户的阅读时间分布

理论上看，公众号文章在任何时候都可以被打开，但是，如果它们的到达是在用户阅读的高峰时段，那么，被用户关注、打开的机率可能会有所提高。但与此同时，如果用户订阅的数个甚至数十个公众号都在同一时段到达，那么，它们被关注的机率反而有可能下降。

①数据由腾讯相关部门向作者提供。数据采集的时间是 2014 年 9 月。

因此，很难简单地说公众号在哪个时段发布就一定会取得更好的效果。还是需要通过对订阅者的调查，以及根据公众号本身的定位，来确定最佳的发布时间。

六、公众号中的互动

公众号尽管在某些方面像传统媒体，但是也需要充分调动起用户的互动。公众号可以开展的互动方式有以下几种。

1. 用户提供反馈信息

公众号基本的互动方式是用户的反馈，这包括两种方式：一种是用户在与订阅号的对话页面中发送相关信息；另一种是在阅读公众号文章时“点赞”或发表评论。

当反馈信息量较多时，要回复每一个评论或问题，不太现实，但如果对所有反馈都无动于衷，也会影响到公众号的形象。所以有选择地进行回复仍是必要的。

2. 用户参与内容生产

除了推动与回应用户的反馈外，公众号另一种主要的互动方式，是设置用户报料、投稿功能，使用户参与到公众号的内容生产中。具有自定义菜单功能的公众号，在这方面具有更多的优势。后文将进一步介绍自定义菜单。

3. 组织活动

组织互动活动，也是公众号常用手段之一。例如前文提到的，利用语音这一方式让用户展现自己的地方方言。

4. 组织调查

在微信公众号内容中，可以插入一些调查内容，以了解用户在某个问题上的意见、态度，或对公众号的评价等。

七、公众号的推广

公众号要获得粉丝，比在微博中困难得多。微信平台不会给公众号做推广，相反，公众号在朋友圈推广不得当，甚至会受到惩罚。

公众号得到推广的核心，还是优质的内容和服务，当内容或服务得到认可时，用户会主动在朋友圈或微信群分享，这为公众号赢得新的粉丝提供了前提条件。

在公众号文章中，要让用户清楚地知道关注操作的入口所在，必要时加以提示，因为很多用户并不知道在文章标题下的公众号名，就是加关注的入口。

微信中也有搜索功能，如果能让自己的文章在用户搜索时排名靠前，也可以使公众号文章得到更广的传播，并增加被关注的机会。为了便于搜索，文章的标题需要突出一些用户可能关心的关键词。

企业可以通过与微信合作，提供卡包中的优惠券，而优惠券本身就是一个关注微信公众号的入口。

微信的“附近的人”的功能，已经对有实体店铺的商家开放。通过微信平台资格审查的商家，可以通过这一方式，使自己的公众号信息进入到“附近的人”的名单中，增加曝光与被关注的机会。

除了微信平台外，微信公众号的推广还需要借助一些其他的平台，如网站、微博、博客、点评网站等。提供二维码，通常比只给微信号，更便于用户操作。

一些线下的推广活动，特别是带有物质刺激的活动，也可以带来一定的粉丝量，但如果这些粉丝只是因为利益诱惑而关注了公众号，那么难以形成长远价值。

第4节　媒体的微信应用

公众号运营是媒体微信应用的常规方式，此外，还有其他的与微信的互动方式。

一、媒体的公众号运营

除了前文提到的微信公众号运营的一般规律外，媒体的公众号运营还需要注意以下几方面的问题。

（一）媒体公众号的定位

今天大多数媒体都开始双管齐下，既有微博账号，又有微信公众号。但如果这两者的定位完全一样，则可能收效有限。

如前一章所分析，微博对于媒体来说，一个很重要的作用，是品牌的再塑造。这种塑造需要通过持续的互动来实现。而由于微信公众平台的限制，虽然公众号也可以有互动，但是效果通常不如微博。因此，对于媒体来说，微信公众号应以提供高纯度、高营养的信息为主，而不是以互动为核心的。它应该是对传统媒体平台和微博平台中信息的提纯，是一天当中最有价值的信息的汇集。另外，由于微信容量相对较大，一些深度报道也适合通过公众号进行传播，当然，在形式上可以做些优化，以适应更快速、更碎片化的阅读。

但是，不少媒体的微信运营是由独立的新媒体部门来承担的，它未必有调动整个媒体最优资源的能力，所以在资源上会有一定限制，不一定总是能够把媒体一天内最精华的内容传递出来，甚至可能主要是在一些边缘性的内容上做文章。

但是从长远来看，如果要发挥微信平台的优势，微信运营部门就应该拥有调动、整合各部门资源的权力。

除了发掘优质内容并进一步提纯外，公众号内容与媒体其他内容也可以是互补、延伸的关系，包括角度的、风格的、形式的等多个方面。

从内容来源方面看，媒体微博除了自己媒体的原创内容外，有时也会转发其他媒体或其他来源的信息，而微信公众号这样“寸土寸金”的地方，提供的必然是媒体的原创内容。

媒体公众号通常以整个媒体机构或媒体某个部门的名义来设置，但某些时候，将媒体人的个人品牌与相关内容作为特色突出，会使公众号显得更为个性化，也可以充分利用名人的品牌号召力。如“央视新闻周刊—岩松说”，便是突出了白岩松这一个人品牌。

（二）公众号的栏目设置

作为媒体的公众号，将媒体的一些特质继承下来是必要的，这包括栏目化的运作方式。

公众号的栏目可以是传统媒体优质栏目的延续，也可以是全新设置的栏目。因为公众号空间有限，所以栏目设置不宜过多。然而，尽管每个栏目不一定每天都出现，但一个栏目如果出现的间隔太长，就失去了意义。

栏目名称需要简洁，太长的栏目名称会影响到排版。

媒体公众号如果经过认证，就有了“自定义菜单”的功能。自定义菜单指的是在订阅号的页面底部长期存在的功能项。自定义菜单可以是常设性的互动功能，如投稿、报料、社区，也可以是公众号固定的栏目。此外，还可以将媒体最重要的资源，如经典报道、数据资料等，通过菜单提供给用户，以便他们随时查阅。媒体的一些其他资源，如微博、客户端、其他公众号等，也可以通过菜单进行推荐。某些服务内容，也可以在菜单中提供入口。

有了自定义菜单，媒体的公众号就有了更多的空间。那些常设的栏目，可以弥补推送信息量受限这个不足。这些菜单也可以将用户引向与媒体有关的其他资源。当然，并不是所有用户都会注意到自定义菜单的存在或有效使用这些菜单，对这些深藏的内容的介绍与推广，仍是必要的。

二、微信与传统媒体的其他互动形式

微信对媒体的意义不仅是公众号，媒体对于微信的创造性应用，还有很大空间。

2015 年 2 月，中央电视台、北京电视台、江苏卫视等在其春节联欢晚会中，都采用了微信的“摇一摇”功能与观众进行互动，观众也可以通过“摇一摇”来抽取电视台及广告商发的“红包”。“摇一摇”这样一个简单的动作，开始成为社交电视中的标配。

2015 年 3 月 10 日，微信正式推出“摇电视”功能，这一功能是“摇一摇”中的一个常设选项。当用户使用“摇电视”功能时，手机可以自动识别附近的电视节目，并将与之匹配的信息或互动活动推送给用户。

“摇电视”的功能包括，发放优惠券、用户投票表态、观点交流、参与节目相关互动环节等。

而“摇电视”更深层的作用体现为，它可以收集参与互动观众的相关信息和数据，为节目的收视效果评估、广告投放等提供更为精确的依据。

除了“摇一摇”外，在已经综合了多种商业服务功能的微信平台上，媒体还有更多的可应用的方向，包括媒体的发行、广告的投放、电子商务的开展等方面。

第 5 节　政府机构的微信应用

政府机构的微信应用，也有一定的特殊规律。

一、政务微信与政务 O2O

在一轮政务微博热之后，政务微信也开始为越来越多的政府机构所关注与采用。

但政务微信并非政务微博的简单升级版，在手段与思维上，它都与政务微博有很大差异。

政务微信通常也可以采用两种形式，订阅号与服务号，但无论是订阅号还是服务号，都需要强调个性化服务。因此，政务微信可以看作政务 O2O 的一种手段。

O2O，指的是线下与线上的结合，因此，政务 O2O 也就是致力于将人们在线下产生的问题与需求，通过线上的方式来进行便捷化的处理。特别是要解决那些在移动状态下产生的服务需求。

政务 O2O 并不是一个学术化的概念，但它形象地说明了政府机构利用新媒体技术的一个新的阶段。与早期的网络问政不同的是，政务 O2O 不再需要某些新闻网站的问政栏目作为中介，它也不是一种亡羊补牢式的出了问题寻求解决的途径，而变成政府机构的直接办事窗口。

在某种意义上，政务微信中的服务号，也是电子政务在移动时代的升级，它们致力于满足移动状态下公众更丰富的实时服务需求。

政务微信提供的服务没有定势，它取决于管理者的智慧和创意。

有些政府机构采用订阅号与服务号并用的方式，但订阅号并不一定要成为所有政府机构的标配，如果服务号已经能够满足公众的需求，那么订阅号可能会沦为鸡肋。这样还不如集中精力办好服务号。

二、政务微信中的信息推送

显然，政务微信与政务微博在定位上存在差异，政务微博作为民意瞭望台的功能、作为关系平台的功能，在政务微信中，很难实现。从信息发布角度看，政务微信更多的是要充当权威信息发布平台的角色。

政务微信与政务微博的粉丝群体也有所不同，因此，需要考虑到粉丝的定位，来决定它们各自的内容重心。

政务微信的信息，主要应该集中于机构本身最权威的信息资源这个部分。

你怎么看

政务微博与政务微信的区别是什么？

【案例】 国家统计局微信公众号“统计微讯”

图 9—13 是国家统计局微信公众号“统计微讯”的界面。它的自定义菜单中，突出了国家统计局的核心资源，即相关的统计数据，“统计数据”包括“月度”、“季度”、“年度”数据等，这些数据在它们发布之时，未必会得到很高的关注度，但人们可能会在很多时候需要了解或引用它们，这个自定义菜单为人们查询这些数据提供了便利。

图 9—13 “统计微讯”的界面

除了权威信息外，政务微信也可以结合自身的职能，在“有用”的信息上做文章。

政务微信的日常信息推送，既要保证信息的权威性与服务性，又要让表现形式为微信用户所接受。前文提到的微信公众号的一般传播技巧，都可加以利用。

三、政务微信中的服务

政务微信的服务，是个性化的一对一服务，它依赖更多的是实时的数据处理技术，而不是人工。

通过微信开放的应用接口，连接相关的数据库，利用可定制的菜单，便可以在微信中开辟“办事窗口”。

在这方面，一些交警系统的微信服务号，走在了政务微信的前列。这既是因为移动传播与公共交通这两者天然相关，也和交警系统较高的信息化程度相关。当然，仅有这些还不够，它更需要创新的思维。

【案例】 武汉交警：在微信中开发服务功能

武汉交警系统是较早在微信中开发服务功能的政府机构，它于2013年8月8日推出的微信服务号“武汉交警”，成为全国第一家对交通违法信息进行移动推送服务的政务微信公共账号。

在武汉交警的微信服务中，查询违章信息，获得的不仅有文字信息，还有相关的图片。图片作为证据，对于违章的认定，起到了关键的作用，当然，这一功能的背后有强大的技术作支持。在交通违章的相关服务中，人们不仅可以查询自己是否有违章行为，还可以直接通过微信来启动缴纳罚款的手续。此外，它还设有查询路况的功能，可以指定特定路段进行实时路况的查询。

【案例】 厦门交警：轻微交通事故的处理功能

微信公众号“厦门交警”也提供了很多实用的服务。图9—14是厦门交警的微信服务号的一个界面，从中可以看到，这个界面集成了“上报拥堵”、“查询路况”、“查询违章”、“自助移车”、“事故处理”等与交通相关的常见服务。

其中一个创新性的应用是轻微交通事故的处理功能。在发生轻微的事故后，用户只要把发生事故的现场及车辆照片拍下，标识图片位置后上传给公众号，就可以完成事故的上报。这样的功能，在越来越多地区的政务微信中得到推广。

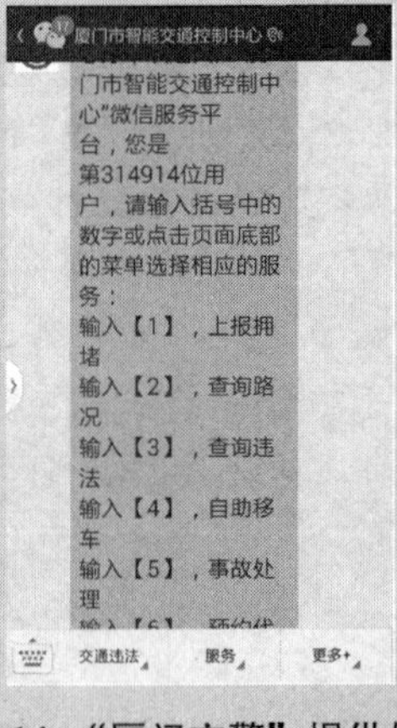

图9—14 “厦门交警”提供的服务

微信中的“上报拥堵”功能，则使得 UGC 成为警方信息的一个补充。厦门现有 1 000 多个探头和 150 余套流量采集设备，无法全方位覆盖整个厦门城区，即使在探头覆盖的区域也无法全部实现交通拥堵警情全天候自动报警功能。按照平台系统提示选择“位置”，拍摄照片上传，拥堵信息就自动传输到智能交通集成控制平台上，在警用电子地图中显示出来。后台工作人员通过视频探头或人工电话确认后，就可以发布信息分享给更多人。*

“自助移车”功能的实现是，用户将阻挡自己的车辆拍下照片上传，系统后台便会把这辆车主的手机号码发给用户，这样就可以及时找到车主。

*参见《厦门交警：把微信当成服务民生的好载体》，见 http://news.163.com/13/0922/18/99D861CF00014JB6_all.html。

【案例】 东莞交警：排队叫号查询功能

图 9—15 所示是东莞交警微信服务号，除了与其他交警微信服务号相似的违章信息查询等功能外，还有“东莞车管所业务大厅排队叫号查询”等让人耳目一新的功能。线下信息的线上实时查询，在这里被发挥到了极致。

图 9—15 “东莞交警”提供的服务

从这些案例中我们可以看到，政务微信的服务，有很大的创新空间。当然它要以政府机构的信息化和电子政务为前提，在实施中，还需要特别注意信息安全问题。

你怎么看

你有使用过政务微信账号吗？你认为这些账号值得改进的地方在哪里？

四、政府机构内部的微信应用

对于政府机构来说，微信还有另一个重要的功能，那就是作为内部沟通的平台和渠道。这既可以通过订阅号的方式也可以通过微信群的方式来实现。

这种内部微信应用，是组织内部传播的一种新形式，是过去的组织内联网的一个变种。像内联网一样，内部微信公众号或微信群，可以更快实现组织内的信息传递与共享，并且有助于使组织中下行传播占主导地位的现象被改变，上行传播变得更容易实现。

内部微信，对于政府机构这样的组织的内部文化的形成与改善也具有一定作用。除了强化和推广组织已有的文化，微信交流的平等性，也有利于创造一种更为平等、民主的文化氛围。一些公共事务的决策，通过微信群等方式进行广泛的讨论，也可以促进决策过程的公开、透明与民主化。

与政府机构及其所在行业有关的信息、知识的共享，也有助于学习型组织的培养。

内部微信交流中形成的一些信息，也可以通过对外的政务微信进行传播，反之亦然。两者间可以形成更好的互动。

第 6 节　企业的微信应用

微信不仅可以改变企业的营销手段、模式与思维，也可能会引发企业内部流程的变革。

一、微信对企业的价值

微信对企业的价值主要表现在以下几方面。

1. 拓展营销渠道

微信营销与 SNS 营销、微博营销等，虽然在某些方面是相似的，但它毕竟是一个新的渠道，渠道的拓展，也意味着营销对象规模的扩展。

微信是基于移动空间的应用，这是与它结合的产品与服务的创意的来源。作为一种重要连接器，它为线上与线下的营销及服务的结合提供了多种可能。

2. 改善用户结构

汇添富基金的王志敏认为，与微信财付通的合作，不仅带来了几十万的新客户，更重要的是弥补了用户结构中的不足，即微信带来了大量的白领年轻用户。①

这样的案例并非个别现象。微信不仅拓展了营销的渠道，也可能为企业带来它们以往没有触及的某些群体，这使得用户的结构得以改变。

3. 变革客户服务与管理模式

微信不仅是企业的一个营销渠道，也是一个新的用户管理平台。用户管理的意义，不只是提供简单的售后服务，还需要维系与用户的长久关系，将他们转化为未来的持续用户。

例如，联想公司在售出电脑之后，会有一个用户注册的环节，利用微信这一平台，用户注册率大大提高。目前联想每卖出 100 台电脑，会有 20 个用户的注册信息来自微信平台，预计这个比例还将进一步提高。用户通过微信扫描电脑进行注册，注册时间可以缩短为 3 秒，而之前的注册时间通常需要 8 秒，且微信注册使信息的准确率得到保证。

用户通过微信进行注册后，不仅可以让联想获得自己的资料以便进行售后服务，还可以收到公司发来的各种实时信息，用户获得了与企业持续的关系。联想相关部门负责人称，这是一个管理客户、跟客户连接的好办法，而这也意味着服务号把联想的 IT 系统的 ERP（enterprise resource planning，企业资源计划系统）、CRM（customer relationship management，客户关系管理系统）等连接上了。②

因此，微信带来的新的客户管理模式，也使得微信在企业的应用，延伸到了更多的部门，在一定程度上，它会促进企业流程的再造，以及企业的管理平台的再造。

①参见谢晓萍：《微信思维》，131 页，广州，羊城晚报出版社，2014。

②参见上书，52 页。

4. 构建企业内部协同平台

利用微信企业版，或者企业本身开发的建立在微信平台上的应用，微信也可以成为企业内部的沟通与协同新平台。它在一定意义上可以充当企业的内联网，也可以将企业的各种系统整合进来，使得企业在内部的信息沟通、协同工作方面，有一个更为便捷的通道。

二、微信营销的基本思维

微信不仅意味着新渠道、新手段，也意味着新思维。微信所需要的新思维主要包括以下内容。

（一）变广告为直销

过去企业在媒体中的营销，多为广告或品牌营销，更多的是为了提高企业或产品的知名度，而在微信平台中，这样的广告未必会达到理想的效果。

但是，微信平台的优点是，它可以直接引入销售手段，因此，它更多的不是致力于给用户留下持久的印象，而是通过对用户的即时购买欲望和行动的刺激，产生销售行为。

微信平台的销售主要通过以下几种方式实现：

一是直接在微信公众号的界面中提供销售入口；

二是在微信公众号的文章中提供销售入口。

要能吸引用户在微信中产生购买行为，折扣仍是最基本的诱惑。

此外，服务的快速实现，例如限时达，也是用户的突出需求。因为微信使用中有很多场景，都有时间的紧迫性。“好药师”公众号推出的“药急送”正是顺应这样一种需求而产生的。类似地，餐厅、快递等服务，也需要以时间上的高标准，作为吸引客户的手段。

实现服务时效及个性化程度的提升，需要以对用户空间位置的把握及匹配服务的提供为基础，特别是与住宿、交通相关的需求，是直接与场景捆绑在一起的。这些场景下，位置因素常常会比价格因素优先得到考虑。

（二）变季节性营销为场景性营销

以往的企业营销，常常会有一定的季节性，即在某些时段，如节日或与产品功能相关的季节，会加大营销力度。

但是今天基于微信的营销，更多的不是强调季节的因素，而是强调场景的因素，也就是针对产品或服务使用的特定场合和情境，来设计新的营销活动。尽管场景也包含了一定的季节性因素，但是它从季节这一单一的时间变量，扩展到了空间、生活环境、社交氛围等更多的维度，且强调对这些变量的复合作用进行观察与应用。

今天用户使用手机及微信的典型场景包括在家（家里又有客厅、餐桌、床上、卫生间等多个细分场景）、乘坐或等待交通工具、伴随工作或学习、聚餐等。当然，除了这些典型场景之外，每个用户每天还在其他的固定或移动场景中切换。当用户在某个场景里时，如果一个针对此情此景的产品或服务推广“从天而降”，那么他们采用此产品或服务的机率也就会更高。

例如，针对移动端用户经常早上在卫生间看手机这一特点，有商家推出了“马桶秒杀”活动，即在早晨时段进行秒杀这样的促销。它对应的场景就是早间的卫生间，这样的营销活动既有创意，又能取得比较好的效果。

手机使用往往与碎片时间联系在一起，“碎片”在某种意义也是一种场景特征。它意味着需求的转瞬即逝，对用户需求的实时洞察与满足，也就变得格外重要。

（三）变“要你看”为“我要看”

尽管微信平台最初并不鼓励广告这样的营销模式，甚至是没有提供硬广告形式，但是随着微信的发展，在朋友圈的信息流中投放广告也开始出现。这意味着企业的微信营销增加了广告这一手段。

网络用户并不绝对排斥广告，但是他们的前提条件是广告不会伤害用户体验，不会产生“入侵感”。因此，在社会化媒体，广告投放的策略，需要更为精心的设计。

在微信之前，微博推出各类广告时，就受到了网民的反对，即使某些广告（例如来自淘宝的商品广告）是个性化推荐的。

但是，当2015年1月25日微信首次选择宝马、VIVO智能手机以及可口可乐这三个不同层次的产品推出信息流广告时，却收得了意想不到的效果。

与以往人们拒绝广告的情况不同的是，很多用户都在期待着广告的到来，特别是看到宝马广告，不少人似乎产生了中大奖的满足感，并在朋友圈炫耀，而看到可口可乐广告，则感觉被“深深鄙视”。

无论是兴高采烈还是沮丧失意，这几个广告在微信朋友圈的热议度都是超乎想象的，人们也在这种期待、好奇和热议中接受了信息流广告。此外，人们更好奇的是广告投放是否采用了大数据技术，尽管事实上此次广告投放主要依据的是用户的手机操作系统，但从长远来看，基于用户行为偏好的大数据分析，的确是微信广告投放的重要依据。微信积累的用户数据，也使得它为大数据引导的广告投放，提供了基础。

通过大数据进行广告的个性化推送，需要深入把握用户心理，在很大程度上，人们所希望看到的广告，并非完全基于他们实际所处的社会阶层与生活状况，而是基于他们对理想目标的设定。

在大数据等技术的精确“制导”下，广告对用户的“命中率”（也即匹配度）将进一步提高。这也就意味着，这样的广告是用户自己想要看的，而不是企业强制让他们看的。

（四）让用户带动用户

社会化媒体营销多是口碑营销，而微信还可以将口碑营销往前再推进一步，即不仅利用用户之间的口口相传来实现品牌传播，还可以使老用户带动新用户，形成更大的用户规模。

例如，中粮我买网在微信中的团购，就是利用人际传播的力量，去获得用户规模。团购有明显的优惠，但往往需要达到一定用户量（例如15个用户）才能成团，而要达到这个规模，完全靠用户自己去组织。为了获得优惠，用户会通过各种方式来发动朋友参与。微信中的强关系，也使得这样一种人拉人的方式更为有效、可行。

滴滴打车（原名为嘀嘀打车）等的红包分享，采用的也是这样一种用户拉动用户的模式。

让用户带动用户，不仅可以降低营销成本，而且会使营销的效果更好。

三、微信营销与服务的具体方式

微信营销与服务的主要方式包括以下几种。

(一) 微信商城

无论是利用微信本身的功能，还是利用第三方应用，在微信中开店，已经变得简单方便。微信商城日益成为企业的一个直营渠道。

与电商类APP相比，微信商城的优势在于，它直接嵌入人们最常使用的微信平台，被人们有意无意打开的机率更高，特别是在微信公众号消息的诱惑下。

微信商城的销售往往依赖于相关公众号的信息推荐。在公众号中，除了突出商品的优惠外，还可以定期地推荐商城的一些产品，例如通过背景介绍或深度分析的文章，使人们了解商品的特点。以往企业投放在媒体上遮遮掩掩的“软文”，可以名正言顺地出现在自己的公众号中。如果内容与形式得当，这些文章可以有效地促进商城的销售。

微信商城中的商品信息，很容易在微信朋友圈或群中分享，这可以使得用户间围绕商品展开互动变得更为简便。

在微信商城中，适时发起团购，尤其是通过用户相互拉动的团购，不仅可以给用户带来满足感，也可以有效促销。

微信商城也可以设计一些游戏，在游戏中设置优惠券等奖励，以促进流量与销售业绩的提升。

(二) 微信客服

微信客服，也是微信服务的一种主要方式。特别是对于电子产品等需要较强的客服支持的产品。

微信客服，依然可以采用人工与机器服务两种方式。人工客服可以提供个性化的反馈与服务支持，但是，如果一个产品的用户问题很多，人工客服恐怕力所不及。

有数据称，2013年小米的微信公众号收到的消息量达到5 000万条，但人工回复的只有10%。[1]由此可见，技术在微信客服中扮演了至关重要的作用。

要实现高水准的机器客服水平，需要以精确的用户数据收集，以及大数据技术、人工智能等技术为保障。今天的企业大多还不具备这样的能力，但这将是未来的发展方向。

(三) O2O服务

微信商城是向O2O服务延伸的一个起点，但是，要实现真正的O2O，还需要线下的服务的创新，以及ERP、CRM等相关系统的改造。

微信与上品折扣的合作，为线下与线上服务的结合，提供了经验。

电子商务网站“一号店”也探索了自己的O2O模式。在北京和上海的一些商务区、地铁附近，它投放了一些广告牌，广告牌中每个商品下面都有二维码。消费者可以通过扫描二维码后直接用手机购买商品，确认数量、填地址、下单后，当天

①参见谢晓萍：《微信思维》，97页，广州，羊城晚报出版社，2014。

【案例】 上品折扣：O2O 服务

上品折扣成立于 2000 年，2009 年开创了基于实体门店商品配送的线上线下实时库存价格共享的电子商务模式，2014 年 4 月，上品折扣成为国内首家微信实体店落地的商家。

上品折扣的 O2O 主要通过以下几种方式实现。*

线下销售的线上付费。对于那些在实体店购买商品的消费者，允许他们用手机支付，这样免去了他们在交款时排队的麻烦。

个性化商品推荐。由于有线上的数据，因此，上品折扣将以前导购员向用户推销的方式，转变成根据用户的需求，通过数据分析去推荐消费者需要的产品。

线上、线下的限时抢购活动的统一。线上抢购的好处不仅在于方便自由，还在于可以将优惠信息分享出去。

此外，O2O 还体现为线上销售的线下提货，以及线上、线下调货、退货的统一。

上品折扣也完成了自己的 ERP 系统的改造，经过改造后，上品折扣官网、多渠道网站、移动终端和实体门店这四者的所有库存可以实现实时联动，从而实现全国调货和多渠道退货，如微信上购买的商品可以在实体店退货，反之亦然。

* 参见谢晓萍：《微信思维》，208～219 页，广州，羊城晚报出版社，2014。

这些商品就可以送到用户手里，这种模式被有的研究者称为 O2O 模式的“虚拟超市”。[①]尽管一号店采用的并非微信这一入口，但类似这样的模式，在微信中是很容易实现的。

除了零售业可以充分利用 O2O 来实现拓展与转型外，服务业对 O2O 的需要更为迫切。而服务业的 O2O，更需要对场景的理解与运用。

例如，现在有很多的 O2O 服务是针对“家”这样一种场景的，并且把过去很多需要“离家”才能实现的服务变成“在家”就可以完成。58 到家、E 袋洗等，都是基于这样的理念设计的服务模式。尽管今天它们的模式并非是完美的，但是，基于家或者其他特定场景进行产品设计，在未来，将是 O2O 服务的方向。

总体来看，O2O 意味着，在用户、需求、产品与服务的功能、产品与服务的支持资源这四个要素的两种不同状态（线上、线下）之间，形成合理的关联链条，要达成这样的链条，需要用户数据的有效获得，也需要相关数据处理技术的支持。微信的作用，正体现在它对用户数据的采集，以及为这四种要素而形成的连接。

第 7 节　微信应用案例分析

微信本身是一个产品，也是一个平台，在其基础功能上开发出来的新的应用，为这个平台的日益强大提供了支持。其中，微信团队自己开发的“微信红包”和“摇一摇”两个应用，具有特别的意义。

一、微信红包

微信红包是微信于 2014 年 1 月 27 日推出的一款应用，此应用基于微信 5.2 版本运行。功能上可以实现发红包、查收发记录和提现。

这一功能的推出，正值春节前夕。随着春节的到来，红包功能很快被用户知

①参见沈拓：《场景化消费是 O2O 模式的特色》，见 http://www.tmtpost.com/55838.html。

晓，以此为基础的抢红包活动也开始逐步走向高潮。2014 年除夕开始，至大年初一的 16 时，参与抢微信红包的用户超过 500 万，总计抢红包 7 500 万次以上。领取到的红包总计超过 2 000 万个，平均每分钟领取的红包达到 9 412 个。①

这次的微信红包活动，不仅使微信红包成为春节期间的热门话题，也大大地促进了微信的银行卡的捆绑率，带动了微信支付的普及，为微信与滴滴打车、大众点评网、京东商城等的合作，做了铺垫。

2015 年春节，红包热进一步在微信用户中升温，甚至改变了大批微信用户春节期间的生活方式。据腾讯发布的数据，除夕当天微信红包收发总量达 10.1 亿次，是 2014 年的 200 倍。除夕至初五，微信红包收发总量为 32.7 亿次。②

微博、支付宝等也开始推出抢红包活动，中央电视台及几大地方电视的春节联欢晚会，也引入了红包互动，大批企业也通过各种平台发放红包。

微信红包，引领了一种新的生活方式，也构成了一种特殊的“年景”。

微信红包可以以多种方式发放，其中在群里进行的“抢红包”，是红包得以流行的重要因素。抢红包的风靡，可以在以下几方面给我们带来启发。

1. 借势传统文化习俗

微信红包在春节期间推出，顺应了过年发红包的传统习俗。它吸取了中国传统春节文化的一些元素，但又完全改变了春节期间人们的互动方式。

因为与春节这样一个特定的时间和场景关联，所以发红包、抢红包可以周而复始。每一年都有可能形成一个新的高潮。

2. 利用人性特点

虽然微信红包多数额度并不大，但即使这样的小利，对于人们来说，也是意外之财，而且是来自他人的，这总会让人有占了便宜的感觉。这种心理满足，是商家发同样数额的优惠券难以实现的。

抢红包是一种游戏，但它又不同于以往的网络游戏。它有真金白银的流动，在某种意义上，它有一定的赌博成分，尽管多数人不是以挣钱为目的，但不服输的心理会使人们欲罢不能。

从发红包这个角度看，人们乐此不疲。一方面是为了受到众人的瞩目；另一方面也是为了可以融入群里，如果只抢不发，也会受人鄙视。此外，微信红包的数额可以量力而行，即使发出的红包只有几块钱，也可以占据“给予”这样的心理优势。

当抢红包变成一种风潮时，不参与者，总会有被微信群、朋友圈排斥的感觉。因此，跟风的心理会推动更多的人加入“抢红包”队伍。

3. 调动用户的自娱自乐

微信红包的传播与推广，靠的是用户的人际关系链条。人际传染往往比企业宣传更为直接有效，因此，这一活动得以迅速传播。

抢红包规则简单，只有几个点击动作，所以它容易上手，人人可参与。

抢红包很容易变成微信群里互动的一种方式，这时没有平日里的话语权差异，也不需要任何话题的刺激，几个简单动作，构成了你来我往，使人们乐在其中。很多群也会制定接力发红包的规则，使这个游戏持续下去。

微信红包的发放者是用户，而过去传统的企业营销往往是需要企业自己的大量

①参见《微信红包用户超 500 万　平均 1 分钟抢 9 412 个红包》，见 http://news.qq.com/a/20140202/003494.htm。

②参见《微信红包收发总量为 32.7 亿次　除夕收发为 10.1 亿次》，载《中国经营报》，2015-02-28。

投入。微信红包将“群众路线”这样的互联网思维发挥到了极致。用户自己掏钱，相互馈赠，自娱自乐。尽管腾讯公司需要为用户的提现支付手续费，但相比抢红包活动带来的巨大的宣传效应，它的投入也是值得的。

与此相比，过去很多商家，包括电商，会给用户赠送一些优惠券，但由商家来发放的这些优惠券，有使用范围的限制，用户真正获利有限。与此同时，用户觉得羊毛出在羊身上，对这些优惠的兴趣也就有限，而金额少的优惠，更是难以对用户形成诱惑。

4. 刺激人们的竞争精神

抢红包的一个关键是“抢”，人们能否抢到红包、抢到多大金额的红包，都需要通过竞争来实现。手快有手慢无，抢红包检验了人们的敏捷程度，顺带也检验了抢红包者的手机、带宽和对新技术的熟悉程度。因此，即使只抢到一分钱，也会带来超乎想象的心理满足。

抢红包中的竞争，还体现为运气的竞争，一个红包被分割成若干金额不等的小红包，这就有意制造了戏剧化冲突，制造了人们的心理落差。人们在意的不是抢到的钱的多少，而是运气的排名。希望下次运气好些，也是一抢再抢的动力。

由于设置了竞争的门槛，所以获得任何金额的红包，都会让人们觉得自己有成就感，有捡了便宜的满足感。

5. 连接虚拟与现实世界，让一时的游戏固化为长久的习惯

微信红包成为风潮，人们纷纷被卷入，但要能发红包或收红包，便需要在微信中绑定银行账号。即使多数人只是为了收红包，大多也绕不开绑定银行卡这一关。因此，微信用小小的利益诱惑，使很多用户开始接受微信支付这一方式。

微信红包虽然是春节期间启动的，但此后，这一方式可以持续和常态化。微信红包可以成为用户之间小额支付的一种便捷方式。在微信红包基础上形成的 AA 收款等功能，进一步方便了用户。因此，在业界看来，微信红包是互联网金融的一种创新手段。

以往在社交平台上出现过很多风靡一时的游戏，如偷菜、抢车位等，但这些游戏仅仅只是虚拟世界的互动，与现实世界无关，而微信红包既具有游戏的性质，又直接连接着现实利益与需求，因此，它带来的影响更为持久。

6. 红包演变为一种媒介

抢红包虽然主要是微信用户的自娱自乐方式，但它也有向企业或其他机构用户延伸的可能，并且空间很大。企业很容易将它转化成营销的方式，因此，滴滴红包、大众点评红包等顺水推舟地出现了。它们仍然借用网民的传播链条，将过去企业发放的优惠券，变成用户之间的相互施惠，既为用户做了人情，又为企业赢得了知名度与更多用户，甚至这些红包的成本还可以转嫁出去，例如滴滴打车的红包发送界面，还可以为其他企业或产品做广告。

最终，红包变身成了一种媒介，特别是变成了可以承载广告的载体。拥有红包的发放渠道，就拥有了广告或营销的渠道。因此，红包的价值上升到了一个新的层次。

二、微信“摇一摇”

“摇一摇”是微信中的一个基本功能，通过摇一摇手机这样的动作，用户可以

发现同时也在摇手机的其他用户。

但是，今天的“摇一摇”已经不只是发现附近的朋友，还可以“摇歌曲”、“摇红包”、“摇电视”、“摇周边”。后者更是为微信的商业化应用，带来了新的想象空间。

1. 源于自然与本能的简单设计

摇一摇这个动作本身，只是功能的一个触发器，其作用就如人们用手指点击一个菜单一样。

张小龙说到“摇一摇”的设计思想时提到，自然往往和人的本性相关。微信的“摇一摇”是个以“自然”为目标的设计。抓握、摇晃，是人在远古时代没有工具时必须具备的本能。手机提供了激发人类这项远古本能的条件。设计“摇一摇”时，目标是和人的“自然”或者说“本能”动作体验做到一致。“摇一摇”的体验包括：动作——摇动；视觉——屏幕裂开并合上来响应动作；听觉——有吸引力（男性是来福枪，女性是铃铛）的声音来响应动作；结果——从屏幕中央滑下的一张名片。整个界面没有菜单和按钮，但几乎没有比它更简单的交互体验了。①

张小龙还认为，可以让用户的行为变成可传播的符号。用户如果经常去想摇一摇这个动作，那这个动作本身就成为一个符号，一个可以传播的符号。②这也许是他采用摇一摇这个动作而不是传统的某个触屏动作的原因之一。

也许对用户来说，他们体会的摇一摇没有那么玄妙，他们只是感觉这个动作简单自然，有意思，而这一功能，在发现陌生人，或者用户间相互交换微信名片时，最为有用。

当然，“摇一摇”功能初期主要用于陌生人交友中，甚至一度沦为所谓“约炮神器”。这样一种偏差，也使得这一功能差一点被人们的“口水”葬送。幸运的是，后来，微信团队将这样的功能推到了另一个层次。

2. 在“摇歌曲”、“摇红包”、“摇电视”中得到重生

微信“摇一摇”的强势回归，缘于2015年春节的“摇红包”。把摇一摇这个动作与红包功能结合起来，去除了“摇一摇”曾经在人们心中的那种暧昧色彩，所有用户都可以名正言顺地摇手机，抢红包。

在此前，“摇一摇”已经推出“摇歌曲”功能，人们听到附近某个自己喜欢的音乐，摇一摇手机，就可以识别那首音乐是什么，而微信也随即把这个音乐“搬”了过来，在微信界面上就可以播放这段音乐。

这样一个设计，再次将张小龙所说的回归本性发挥到极致，人们分享音乐也有了一种更为简单而神奇的方式，它让人们忽略了机器的运行过程，而感受到了一种隔空取物的快感。

在“摇红包”大获成功后，“摇一摇”又顺势推出了“摇电视”功能。将电视与微信的互动常态化。电视台在此之前开发的各种社交电视平台，也或多或少受到“摇电视”的冲击。

3. 未来还有更多场景可能

“摇一摇”不会只停留在春节、电视、音乐等场景。微信团队正在开发的“摇周边”功能，正在使它适用的场景变得更为丰富。

例如，对于一个会议来说，“摇周边”可以包含如下功能：

摇班车信息：用户在班车前摇一摇，获取乘车信息。

①参见马超：《张小龙：微信“摇一摇”是人类的本能》，见 http：//36kr.com/p/107994.html。

②参见《张小龙解读微信“摇一摇”：将产品做成行为符号》，见 http：//www.donews.com/net/201309/1598848.shtm。

摇住宿信息：用户在酒店大堂摇一摇，获取房间信息。

摇一摇签到：用户在会场前摇一摇，成功签到。

摇一摇投票：用户在晚会现场摇一摇，为节目投票，且投票结果直接显示在屏幕上。

本质上，“摇一摇”只是一个与空间环境和场景进行互动的信号，“摇一摇”的背后，是开发者对于人们在不同环境与情境下的行为与需求的认识，这种认识越丰富、越深入，“摇一摇”的功能也就会丰富。当然，这也离不开环境信息采集、环境识别、数据分析与匹配等技术的支持。

【本章思考题】

1. 为什么微信发展如此迅速?
2. 微信的“入口”和连接器的作用体现在哪些方面?
3. 微信朋友圈对你的影响有哪些?
4. 微信群的圈子化生存会带来什么影响?
5. 微信公众号是否是一种理想的大众传播平台? 为什么?
6. 微信热门信息的标题有哪些特点? 你如何看待微信“标题党”现象?
7. 微信中哪些传播形式比较有效?
8. 媒体应该如何利用微信?
9. 政府机构应该如何利用微信?
10. 企业应该如何利用微信?

第 10 章 其他社会化媒体平台

社会化媒体是一个不断发展中的事物，除了前面几章重点分析的论坛、博客、SNS、微博、微信等，其他很多社会化媒体平台也有广泛的用户，也具有应用与研究的价值。

第 1 节 电子邮件平台

如果从诞生的年代来看，电子邮件无疑是一种“古老”的网络传播方式，也是互联网最基础、最核心的应用之一。它不像微博、微信等社会化媒体应用那样新鲜、有活力，也在很多时候只是被当作一种通信工具，而不是社会化媒体平台来认识。

但是，作为用户基础最为庞大的一个平台，电子邮件平台也具有社会化媒体的一些基本特征。它是以用户为主角、以用户的人际关系网络作为传播渠道的。尽管大多数情况下电子邮件只是被当作私密的通信工具，但是，长期以来，电子邮件营销一直是企业网络营销的一种重要手段，这表明它也具有一定的媒体属性。

对于那些很少接触新兴的社会化媒体平台的用户，例如一些老年用户，电子邮件也是他们的一种社区。他们之间的邮件交往，也促进了他们对小群体与大社会的认知。对这些人群来说，电子邮件的社会化媒体特性更为明显。

因此，电子邮件也需要从社会化媒体的角度来加以认识，但本节并非研究电子邮件的所有特点，而是主要研究电子邮件平台与社会化媒体相关的特点。

一、作为社会化媒体的电子邮件的传播特点

电子邮件既是私人通信的工具，也可以用于公共传播，从公共传播的角度看，邮件传播具有以下特点。

1. 普通用户在邮件的公共传播中处于相对被动的地位

虽然电子邮件也可以通过人际网络进行公共信息的传播，但是，对于普通用户来说，他们多数时候只是信息的接收者和中转者，而非原创者，也就是说他们多处于被动的位置。

与 SNS、微博、微信等不同的是，用户在电子邮件系统里能建立的人际关系网络的规模相对有限，如果不是与他人有直接的邮件来往，则很难建立起关系链条。加上人们对邮件的功能定位，人们也不会刻意追求邮件联系人数量的增长。所以从传播对象范围来看，一般用户在邮件平台很难进行大规模的公共传播。

与此同时，如果不是出于特定的目的，普通用户一般不会将原创的内容进行大规模的群发。当然，如果他们接收到有价值的内容，他们可能会进行转发，但相对来说，规模也有限。

2. 电子邮件可产生基于私密链条的接力式传播

像很多社会化媒体平台一样，电子邮件的传播也是接力式的，当然，它基于更

为私密的链条，其传播轨迹可以隐匿。

当然，因为邮件的转发比微博、微信的转发更为麻烦，要使邮件在用户那端激发起他们的转发欲望，就需要邮件的内容具有足够的价值。

3.“独享”的邮件会有更好的传播效果

从用户心理来看，通常会觉得单独发给自己的邮件更有价值，而群发的邮件，意味着自己只是群体中的一员，在发件者心目中没有特别的分量。同时，作为唯一的邮件接收者，他会认为邮件的内容与自己的关联度更高。

因此，用户对“独享”的邮件内容，一般会比群发的邮件内容，更为关注。要提高传播效果，就要尽可能让邮件看上去是只为某一个用户发的，尽管事实上可能采用的是群发邮件的方式。

二、作为社会化媒体的电子邮件的应用方式

如果把电子邮件当作一种社会化媒体看待，它的应用方式主要包括以下两方面。

(一) 组织文化的传播

组织传播包括组织的对内传播和对外传播两个方面。

组织传播的一个主要目标是组织形象与文化的塑造与传播。在这方面，电子邮件有着独特的作用。

电子邮件既可以作为组织文化的内部传播渠道，也可以作为对外传播手段。

尽管今天的组织文化的内部传播可以通过传统内刊、即时通信平台、微信公众号等多种方式进行，但电子邮件仍然是一种常规的方式，其传播效率高，且保存更为方便。

电子邮件也可以作为组织的对外传播手段，利用邮件列表方式，定期、定向地向某些特定群体发送邮件，也可以实现组织信息与文化的传播。

作为组织文化传播手段的邮件，其重点不在于组织自身的服务或产品营销，而在于形象的塑造。因此，应该避免过于硬性的自我推销性内容，而尽可能给邮件接收者提供有价值的参考信息或服务信息。

从邮件的发送对象来看，通常这样的邮件应该面向那些与组织有业务往来或对组织感兴趣的对象，接收对象不应过泛，否则容易被一部分人当成垃圾邮件。

> **概念**
>
> 组织是指人们为了达到某种共同目标，将其行为彼此协调与联合起来所形成的社会团体。政府机构、包括媒体在内的各种企业、教育机构、非政府组织等，都可以称为组织。

(二) 企业的营销与服务

企业的电子邮件营销与服务中，目前最常用的方式包括邮件列表与邮件客服。

1. 邮件列表

电子邮件营销是网络营销中较早采用的一种方式，它的效果早已为网络营销界所认可。直到今天，电子邮件营销仍然被认为是行之有效的。

邮件列表是实现电子邮件营销的主要手段。邮件列表不同于群发邮件，更不同于垃圾邮件，在基于用户自愿加入的前提下，通过为用户提供有价值的信息，同时附带一定数量的商业信息，实现网络营销的目的。

按照邮件的内容，邮件列表可分为新闻邮件、电子刊物、网站更新通知等类型，不同类型的邮件列表的表达方式有所区别，所能实现的功能也不一样。

一般来说，企业经营邮件列表有几种主要目的：开展公司产品或服务的促销；形成与用户的交流、沟通；开辟一个新的广告空间；开展收费信息服务。当然，多数时候是前三种。

建立邮件列表的主要资源包括：

现有客户：这是可充分利用的最好的资源。将每一次交易产生的客户加入邮件列表，为他们提供后续信息服务，特别是不定期提供优惠信息，有助于促进他们对其他产品的兴趣，提高他们的忠诚度。

其他业务的消费者：可以与非竞争性的企业建立合作关系，通过互惠方式交换客户资源，这样就可在其他公司向其消费者发送的邮件中加入介绍自己的产品或服务的信息。

网站的访问者：在网站上，采取相应的措施，鼓励访问者自愿加入邮件列表。例如，邀请人们订阅新闻邮件、提供免费的咨询及免费的信息、提供免费的软件下载等。

广告：无论利用网络广告还是非在线广告，都要留下自己的邮件地址，以鼓励人们通过邮件与企业联系，以此建立潜在消费者列表。

邀请已有的客户推荐新的客户：通过客户之间的人际传播，来获得更多的客户。当然，最好给那些有贡献的参与者以回报，以鼓励他们的积极性。

租用邮件地址列表：租用那些已有规模的邮件列表，例如著名网络公司的邮件列表，但这可能要花费较大的代价，而且租来的客户不一定是自己理想的营销对象。

通过会员组织推广：设法吸引那些基于某种共同兴趣或原因而形成的一个群体，“集体”加入邮件列表。为此可以对会员提供特别的优惠或服务。

2. 邮件客服

除了通过邮件列表的方式来进行主动的企业营销外，邮件客服对于企业来说，也有至关重要的意义。

今天企业主要的客服方式仍然包括邮件方式。客服，不仅解决客户遇到的具体问题，也是企业的一个窗口，是一个常设性的对话渠道。在邮件客服中，这种窗口与渠道的性质同样表现得非常充分。

在进行邮件客服时要把握好以下几方面。

直面问题：用户通过邮件求助、投诉，一定是把问题的解决作为首要诉求。如果客服不能直接解决这些问题，而是用“打太极”的方式与客户周旋，无论文字表达能力多强，都无济于事。

个性化回答：客服工作非常繁重，因此，针对常见问题，会有一些固定的答案或模板，但是，并非所有客户的问题都能通过这种程式化的方式来解答，客户碰到这些程式化的方式，也会对客服的真诚产生怀疑。所以要尽可能给予个性化的回答。即使是事先准备好的答案，也要尽可能在形式上让客户感觉到是专门为他准备的。

人性化交流：比个性化回答更高的境界是人性化交流，尽管在很大的工作强度的压力下做到这一点更为困难，但是，这仍然是客服需要追求的一个目标。今天部分客服工作已经由机器人来自动完成，但在人工客服部分，要避免像机器那样的冷冰冰的、千篇一律的交流方式，要让客户感觉到自己作为一个活生生的人的存在。

人性化交流，也体现为一定的灵活性，当客户提出的问题一时无法解决时，可以通过变通的方式使他们获得满足，当然这不同于“打太极”、推卸责任。

上述原则，不仅适合于邮件客服，也适合于在电子商务网站的客户点评后的留言、在线实时客服等。在某种意义上，客服也是一种技术活，好的客服不仅可以为企业留住和带来更多的客户，也可以为自己赢得声誉。

三、电子邮件传播的形式要点

在电子邮件的传播中，虽然邮件传播者一般不会直接与收件者打交道，但“文如其人”，好的邮件，可以体现出传播者的素养，带来好的传播效果。相反，用粗俗的方式推送邮件，不但可能一无所获，还可能彻底毁坏自己的形象。

用于公共传播的邮件，需要在形式上注意以下几个方面。

1. 注重标题

一个无标题的邮件，如果出现在私人交流领域，是无关紧要的，但是对于公共信息传播来说，无标题的邮件，会使得其面目不清，很多用户对这样的邮件，可能完全没有点开的兴趣。

邮件的标题中，需要尽可能避免那些被系统作为垃圾邮件识别的关键词，如与促销有关的用语、电话号码等。在国内，邮件标题中出现“发票”这样的词，往往也会被系统当作垃圾邮件来对待。

2. 慎用附件

一些邮件传播者会采用附件的方式来传播主要内容，但是，用附件，相当于给邮件接收者又设置了一道门槛，对于懒惰的用户来说，打开附件的额外代价是他们不愿意承担的。而且有些附件未必能在每台电脑上都顺利打开。因此，要尽可能避免附件的方式，必要时可以通过链接的方式，将用户引导到有详细内容的网页上，而不是附件。

3. 焦点集中

虽然邮件的篇幅没有太多限制，但试图在一个邮件里传递太多信息，最终可能一无所获。

一个邮件最好只有一个焦点，这样可以使邮件的接收者很快抓住要点。

如果有若干个焦点的话，需要通过分行、改变文字外观等方式，使每一个焦点都能得以突出。

4. 适当运用多媒体

如今的网络带宽情况越来越好，因此，在邮件正文里加入多媒体内容也越来越常见，将正文整合成一个图文并茂的页面，也变得越来越可行，但还是要避免邮件体积过大，增加接收者的负担。邮件背景不要过于花哨，以免影响主要信息的传播。

5. 用好签名档

运用好邮件签名档，将传播者的相关信息整合起来，可便于邮件接收者查询。

6. 控制节奏

邮件虽然可以实现百分之百的到达率，但邮件的传播者还是要克制自己滥发邮件的冲动。同样的内容反复发送、短时间内频繁轰炸，都不会带来好的效果，反而会让自己变成用户黑名单中的一员。

尽管邮件发送不一定像电视节目播出、报纸出版那样有精准的时间节点，但保持一个合理的时间间隔，在相对固定的时间点发送，应是一个好的习惯。

第 2 节　即时通信平台

一、即时通信平台中两个层级的社会化媒体

即时通信应用，首先是个体交流工具，对于个体来说，即时通信传播的功能主要表现为：个体交流、信息共享、人脉资源积累、个人信息与情绪披露等。

但以此为基础，即时通信应用在不同的条件下，也可以成为群体、组织甚至大众传播的渠道。因此，它在很多时候，也具有社会化媒体的属性。总体来看，即时通信平台作为社会化媒体的意义，主要是通过“群”这样一种方式和某些特殊时刻的大众传播“网”表现出来的。

（一）即时通信平台中的“群”

对于群体而言，即时通信工具对于群体信息的交流、群体文化的形成，具有一定的作用。

在 QQ 等即时交流渠道中，“群”的应用越来越普及。所谓“群”是指一种多人交流的服务。一个网友在创建群以后，可以邀请朋友或者有共同兴趣爱好的人到一个群里面聊天。在群内除了聊天，还有论坛、相册、共享文件等多种交流方式。

“群”的应用，使即时通信工具在群体传播方面具有了更大的作用。而很多“群”的形成，都是以各种娱乐和流行文化的话题为基础的。

由于即时通信工具在很大程度上有积累人脉资源的功能，因此，人们加入某个“群”往往是出于兴趣、爱好、学历、背景、社会地位等方面的考虑。有很多人可能同时处于几个不同的交流圈子中，如同学的圈子、同事的圈子、朋友的圈子，每一个圈子都具有自己的社会特征。在不同圈子中，他们都会找到与这个圈子中人的“交集”，也就是说这个交流圈子中的人往往有一定的同质性。

尽管在网络即时通信工具普及之前，很多人也有自己的交际圈，但是，即时通信交流的频繁和方便，在更大程度上强化了人们的交际圈子，从而促进了各类人群的形成。即时通信交流的自由性与高度选择性，也可以打破过去由物理空间因素规定的人群区隔，而形成由文化因素规定的各种人群。

即时通信平台的“群”与微信群在传播机制、传播特点等方面有很多相似之处，在此不再赘述。

（二）即时通信平台中的“网”

当一些条件被触发时，即时通信平台也可以连接成为一个以个人为节点的复杂的交流网络，成为大众传播的平台。

从微观上看，即时通信交流是点对点的，但是，从宏观上看，每一个参与交流的个人只是一个庞大而复杂的交流网络中的一个节点，这一点与 SNS、微博、微信等是一致的。在即时通信平台上，也存在着强关系与弱关系。

利用即时通信工具进行的传播，如果能将弱关系激活，将所有人的关系连通，同样能够产生广泛的社会影响，在某些时候它的能量甚至不亚于大众传播渠道的能量。

这个交流网络不仅在信息传播方面有较高的效率，也容易造成群体情绪与社会压力的扩散。除了人们之间直接的信息传输外，签名档这样一种传播手段，在情绪与压力扩散方面的作用也是显著的。例如，集体签名行为，会给不加入集体行动的人带来心理压力，出于各种因素的考虑，人们有时不得不最终“从众”。

二、作为社会化媒体的即时通信平台的主要影响

如果把即时通信看作一种社会化媒体，它的影响在以下几个方面尤为突出。

(一) 即时通信传播与舆论的传播及表达

作为一个规模庞大、节点众多的社会网络，即时通信也可以成为舆论传播的一个渠道，成为舆论表达的一种手段。

即时通信工具要成为舆论传播的一个渠道，前提是互联网或社会上已具备一定的舆论形成的意见气候。即时通信网络是通过点对点的方式进行传播的，在这个网络中，不存在大规模的群体互动，很难就一些问题进行广泛而深入的讨论。在舆论形成方面，即时通信工具主要扮演广而告之的角色，只是传达简单的信息、态度和情绪。如果在此之前社会上没有为大多数所认同的意见倾向，那么，在即时通信网络中所进行的信息和态度的传递，就会受到各个层级的阻碍。因此，即时通信工具是舆论的传递者与放大者，它只有与其他渠道进行互动，才能在舆论形成过程中发挥作用。如果这个渠道是一个封闭的系统，那么并不容易直接酝酿出舆论。

即时通信网络中舆论表达的主要手段，一是通过一对一的对话方式进行舆论“接力”，二是通过签名档等“集体签名”的方式进行信息传播。

即时通信网络中的舆论表达，更多的是基于简单的二元取向的态度表达。人们只是简单表示“是”与“否”。但是，具有规模效应的态度趋同，在很多时候，甚至比复杂的辩论过程更容易产生舆论的力量，而且也更容易导致从众现象和沉默的螺旋效果。

(二) 即时通信传播与社会动员

第2章提到，社会化媒体在社会动员方面，具有强大的能力。即时通信工具在社会动员方面，也扮演着重要的角色。人情化、隐秘性、高效性等，是其社会动员的特点。2005年4月在国内一些大城市发生的“反日游行”等案例，就较好地反映了即时通信工具的社会动员功能。

对于即时通信工具在社会动员方面的能力，如果运用得当，将有助于促进民众的社会参与；但是，如果运用失当，则可能给社会带来潜在的危机。

概念

维基（Wiki）技术指的是一种超文本系统。这种超文本系统支持面向社群的协作式写作。也就是说，这是在互联网上支持多人协作的写作工具。

第3节　维基应用

在维基页面上，每个人都可浏览、创建、更改文本，系统可以对不同版本内容进行有效控制管理，所有的修改记录都被保存下来，不但可事后查验，也能追踪、

恢复至本来面目。这也就意味着每个人都可以方便地对共同的主题进行写作、修改、扩展或者探讨。

维基技术理念最成功的应用，是维基百科。维基百科的创办者是吉米·威尔士(Jimmy Wales)。英文版 Wikipedia（http：//en. wikipedia. org/）于 2001 年 1 月 15 日开始建设，中文版 Wikipedia（http：//zh. wikipedia. org/）的建设始于 2002 年 10 月底。

维基百科的作用不仅在于对那些已有的知识进行系统整理，而且同样可以在新闻传播尤其是突发新闻报道中发挥作用。

而维基百科以及类似的百度百科、互动百科等平台在中国正在被越来越多的人认识，应用范围也越来越广，在公共信息传播方面的潜力是很大的。

一、维基传播的基本特点

维基传播的特点如下。

1. 维基传播是一种协作性工作

与博客不同，维基提供的工具，是以促进共同协作为基本目标的。网民在维基中的协作，不仅有助于更好地完成特定的任务，还使得平等、沟通、合作等互联网精神得以实践。

前面的章节已经指出，维基中的协作，在某种意义上可以促进维基平台上的“自组织”的形成。不仅维基可以创造多元的文化，而且其形成的“自组织”本身，也是网络文化精神的体现。

2. 维基倡导平等对话

维基提供的是一种开放、平等的工具，无论是在某一条维基内容的编辑过程中，还是在整个维基平台上，所有参与者都是相对平等的。人们对于同一事物认识的不同层次、不同角度、不同观点都可以同时呈现，受众从每一个维基的词条中看到的是一个平等的对话过程。这种对话，不仅有助于受众看到事物的多个侧面，也可以使网民在无形中受到对话精神的熏陶。

3. 维基是“焦点”文化与“边缘”文化的结合

维基文化既体现了网络中或现实社会中的热门话题，同时又可以满足人们对某些个性化内容的兴趣。

热门话题在很大程度上是网络社会或现实社会的“焦点”。当今中国的网络中，在诸如百度百科、互动百科这样的维基平台上，那些新出现的热门词条，往往反映了社会中某些重要事件或话题，是社会的一个敏感风向标，同时也可以勾勒出一定社会阶段的典型特征。

例如，国内维基应用网站互动百科推出了每日、每月以及年度十大热词榜。其中，2014 年的年度十大热词为依法治国、马航、APEC 蓝、埃博拉病毒、冰桶挑战、监狱风云、克里米亚、《小苹果》、奶茶恋、玉兔号。从这些词里我们可以看到阶段性的社会热点及其演变轨迹。

但与此同时，边缘的或小众的文化也可以在维基中找到它们的栖身之地。《长尾理论》一书曾将维基百科作为长尾应用的一个典范。有些词条可能只有少数人感兴趣，传统的大百科全书肯定是不会收录的，但在维基平台上，哪怕是这样的词

概念

维基百科（Wikipedia）是一个基于维基技术的多语言的网络百科全书的全球协作计划，这是一部用不同语言写成的网络百科全书。

条，也可以建立起来，而且可能得到不断的修改、完善。

二、维基用户的使用与满足

维基平台是以协同工作为基础的，也就是说它体现的是集体的力量，而非个体的能力与形象。既然维基并不能直接给个人的社会资本带来直接的收益，为什么参与维基项目的用户仍然趋之若鹜？

如果以马斯洛的需求层次理论来看维基用户，那么，这些用户所追求的更多的是尊重、自我发展等高层次需求。

1. 社会分享需要

分享是维基应用的一个重要特质，也是很多维基用户参与维基协作的动机之一。将知识、信息通过维基平台分享，是一种利他同时也利己的行为，因为在给予他人的过程中，人们也可以从他人那里获得。

2. 自我提升需要

参与维基建设，也可以在一定程度上实现个体的自我提升。例如参与维基词条建设，可以不断学习到新的知识，开阔视野，在其他用户的鼓励下，个体提升自己的愿望会越来越强烈。

3. 社会报偿需要

在维基平台上，人们的成果还可能得到社会的认同，获得他人的尊重，甚至获得一定的实质性报偿。来自社会的积极反馈，也是人们在维基平台上坚持下去的重要原因。因此，一些维基平台也建立了相应的激励机制，如给参与建设较多的用户以荣誉性称号，给予不同待遇等。

4. 自我表达需要

参与什么样的内容建设，在一定程度上，也是一种自我表达的方式。人们的兴趣爱好、价值取向等，都可以从他们贡献的内容中体现出来。尽管在维基应用中，人们较少直接表达态度，但他们可以借知识与信息的选择来表达自己的意见与情绪。

三、维基的主要应用方向

（一）基于维基的知识生产

维基是为知识共享而生的。目前维基最大的应用也仍然在知识分享领域。在2001年维基百科启动之后，维基词典（Wiktionary）、维基教科书计划、维基资源计划、维基语录计划等也陆续启动。

维基百科等应用，使人类知识在一个单一的平台上以前所未有的规模汇聚起来。

维基百科不仅在广度上超过了任何百科全书，还实现了另外一种突破，那就是对于某一事物的多元认识的集成。传统百科全书对一个对象的介绍，往往只能反映某些主流的观点，而维基百科允许不同人的不同认识在同一个平台上展现。虽然这可能削弱词条的权威性，但却使人们有了更广的认识视野。

维基应用也意味着知识不再是某些专家的专利，而是人类共同智慧的集成。知识的生产变成不同人之间的认识与智慧进行交流、碰撞的过程。

【知识窗】 Wikipedia 的目标

Wikipedia 最初的构想是由拉里·桑格（Larry Sanger）提出的。截至 2015 年 2 月，Wikipedia 已有超过 471 万个英语词条，除英语外，还有 8 种语言的词条超过 100 万，包括中文在内的 8 种语言的词条在 40 万～100 万之间。总语种达 288 种，总词条数超过 3 436 万。* 这是任何一个专业的百科全书都不能达到的规模。

维基百科的“目标及宗旨是为全人类提供自由的百科全书——用他们选择的语言所书写的，全世界知识的总和”**。依靠广大网民的参与，它达到了这一目标。

* 参见 http：//en. wikipedia. org/wiki/Wikipedia：About。

** 《什么是维基百科（Wikipedia）》，见 http：//wikipedia. jaylee. cn/。

维基也使知识的更新达到了前所未有的速度。维基百科等应用往往能以最快的速度反映世界上最新的知识进展，而传统的百科全书由于受到出版周期的限制，会产生严重的滞后现象。

维基也促进了知识的共享，知识在各类人群中得以更自由的流动，人们也能获得平等的接触知识的机会。

除了维基百科外，维基的模式，也可以用于其他的协同性知识生产项目。

（二）基于维基的新闻传播

作为目前最大维基应用的维基百科，并不只是对那些过去时的事物进行解释，也可以将正在发生的社会事件作为词条。因此，这些词条在某种意义上也成了一种新闻报道。

2005 年 7 月 7 日上午 8:50，4 颗炸弹同时在英国伦敦地铁的几个车站爆炸，在专业媒体报道发布之前，就有一位叫莫文的网民在维基平台上对此事进行了报道，之后，这个维基社区的其他成员开始跟进莫文的报道，他们丰富着事件的细节，纠正着报道的误差，跟踪着事态的进展。“那天快结束的时候，超过 2 500 人已经创作了一个 14 页的易于理解的报道，比任何一则新闻所提供的信息都要丰富得多。”①

“他们证明了维基百科全书的力量，同时表明成千上万个分散的志愿者可以创造出快速的、富有流动性和创新性的工作，而这种工作的表现要超过那些最大的且资金雄厚的企业。”②

尽管目前在中国，维基直接应用于新闻报道的例子还不多见，但是，在百度百科、互动百科的一些词条中，我们可以看到非常明显的新闻色彩，尽管人们并不一定是有意识地把这些词条当作一个报道来写。

维基更强调多人协作，如果这一思想应用于新闻报道，将改变博客应用中“你写我看”和“写的人少看的人多”的现象。任何人都可以成为新闻的发布者与加工者。一些重大的新闻报道，可以利用这种技术实现跨媒体、跨地区的合作。

而更具实质性意义的是，对于一个新闻事件的报道，可以由不同的人根据自己所掌握的信息来进行补充、更新，报道始终处于一种动态的状态，这会促使人们不

①② ［加］泰普斯科特、［英］威廉姆斯：《维基经济学：大规模协作如何改变一切》，76 页，北京，中国青年出版社，2007。

断地探求事实的真相。

而普通人通过维基平台所做的新闻报道，也会成为对专业媒体报道进行检验的手段。

学者高钢认为，维基新闻的传播方式可以推动以下目标的实现：新闻价值的公众确认、新闻信息的全程提供、新闻分析的多元展开。在同一平台之上围绕同一个信息主题或实现同一个传播目标而展开的网际协作，将实现全新的信息传播模式，这种模式将使信息更加丰富，解析更加多元，验证更加苛刻，讨论更加理性。①

(三) 基于维基的社会协作

2007年来自加拿大的泰普斯科特和来自英国的威廉姆斯共同完成了《维基经济学》一书，他们将协作基础上生成的“投入和共同创造”的经济模式命名为“维基经济”(Wikinomics)。这本书的副题解释了维基更长远的意义：“大规模协作如何改变一切”。

维基在推动着知识生产中的协作，但这种协作思想的意义远不止在这个领域。协作生产、协作商业、协作科研、协作创作，这些都正在网络中变成现实，尽管它们未必都要采用维基系统。

维基和其他数字技术一道，在推动着人类社会向这样一种协作的方向进步。这也将是信息社会的一个重要特点。协作改变的不仅是个别工作、个别任务的完成模式，也不仅是社会经济的运行模式，更重要的是社会中个体的关系及其结构方式。个体这个节点，通过各种协作网络，与他人发生着丰富的联系，实现着自己的社会价值。

四、“维基解密”引发的风波

除了以上这些典型的影响，维基应用还有可能带来一些意想不到的影响。

2010年7月26日，采用维基模式的“维基解密”网站，在《纽约时报》、《卫报》和《镜报》的配合下，在网上公开了多达9.2万份驻阿富汗美军秘密文件，引起轩然大波。这一大宗军事情报泄密事件，被认为是美国1971年“五角大楼文件泄密案”的“2.0版本”。10月，它又曝光了40万份伊拉克战争相关密件。11月22日该网站宣布，将在下一次大规模泄密行动中，公开美国政府的300多万份机密文件。12月7日，维基解密网站创始人朱利安-阿桑奇在英国遭到逮捕，他被指涉嫌强奸。12月14日，阿桑奇获得保释。

这一系列解密行动引发了各国政府对安全保密的担忧，但也有很多普通人为维基解密叫好，认为这是促进信息公开，对政府实行有效监督的一个重要举动。

尽管维基解密网站只是维基应用中的一个个案，但是，对于维基以及整个互联网来说，如何在促进信息公开与社会公共安全、个人隐私保护等方面找到平衡，是一个需要不断探索的问题。

第4节　各有所长的垂直化社区

除了前面分析的论坛、博客、SNS、微博、微信等典型的社会化媒体应用外，互联网上还有很多垂直化社区，它们虽然难以简单地被归入某一社会化媒体类别，

①参见高钢：《谁是未来新闻的报道者？——维基技术的本质及对新闻报道的影响》，载《国际新闻界》，2008(6)。

但是，它们也推进着社会化媒体应用的深入，并以其在某个领域的专业定位，赢得了自己的影响力。

一、YouTube

作为目前世界上最大的视频分享网站，YouTube 在今天仍有着不可替代的作用。

（一）YouTube 的发展

YouTube 是世界上最大的视频网站，公司于 2005 年 2 月 15 日注册，其创始人中查德·赫利（Chad Hurley）、陈士骏（Steve Chen）、贾德·卡林姆（Jawed Karim）等 3 人是 Paypal 的前雇员，其创办初衷是方便朋友之间分享录像片段。

YouTube 的第一部影片由卡林姆上传，长度只有 19 秒。但到了 2006 年，YouTube 上已有 4 000 万条短片，每天吸引 600 万人浏览。①

2006 年 11 月，谷歌公司以 16.5 亿美元收购了 YouTube，并与环球唱片、Sony BMG、华纳音乐、哥伦比亚广播公司达成内容授权及保护协议。

2008 年 11 月，YouTube 与米高梅公司、狮门娱乐公司（Lionsgate）等达成协定，后者允许 YouTube 在其美国网站内播放它们的完整长度的电影和电视剧。

2010 年 3 月，YouTube 开始免费提供某些内容的影片或系列电视剧，还开始尝试大型体育比赛转播，其中的印度超级板球联赛的转播被 YouTube 称为全球第一个免费的重大体育赛事的在线直播。

2011 年 4 月 11 日，YouTube 宣布，该公司一周年以前发布的视频直播平台 YouTube Live 开始推出按次付费服务。

2014 年，YouTube 广告收入达到 40 亿美元，比 2013 年增长了 10 亿美元。②

（二）YouTube 的特色与创新

YouTube 的特色主要表现在以下几方面。

1. 网络视频时代的先行者

在 YouTube 成立时，视频还不是网络中主流的传播手段，这主要是由于网络带宽因素的限制，但是，YouTube 已经预见到了网络的视频时代的到来，因此率先涉足这一领域。

YouTube 不只是提供一个视频播放平台，而是以视频为媒营造了一个社区，因此它提供了大量互动的功能，如评级、加入收藏、评论、与他人分享、观看相关视频、查看用户播放列表等功能。这不仅提升了用户的观看体验，也为视频的分享、社区化交流提供了更多的可能。

2. 以 UGC 起家的典范

YouTube 的发展与 UGC 这个概念的走红几乎是同步的。

视频类 UGC 比文字类 UGC 生产和传播的门槛相对要高。以往由于技术和设备本身的高门槛，完成视频的制作与发布，只是电视媒体的专利，但数码相机、摄像机等设备的普及，以及各种数字视频制作软件的流行，为降低视频制作的门槛提供了基础。然而仅有这个还不够，视频的传播是 UGC 更重要的动力，YouTube 恰好提供了这样一个草根化视频发布与分享的平台。

①参见《盘点谷歌史上十大并购案　安卓没上榜却最超值》，见 http://tech.hexun.com/2012-08-18/144895262_2.html。

②参见胡卷卷：《YouTube 十年，规模在，对手变了，还不舍得多分点给创作者?》，见 http://36kr.com/p/220689.html。

因此，有人把 YouTube 带来的这一变革称为“视觉媒体的民主化趋势”[①]。

对 YouTube 来说，UGC 不仅体现在原创方面，也体现在用户对内容的收集与整合方面。尽管 YouTube 最初定位是个人录像的分享，但是从一开始就有人将电视节目和电影的片段放在上面，YouTube 于是成为美国免费的录像资料馆，进而发展到几乎无所不包的地步。在重大突发事件发生后，YouTube 更是被当作一个主流媒体。有人称，当世界上有什么事情发生时，YouTube 已成为美国人上网观看视频必不可少的第一站。[②]

UGC 不仅给 YouTube 带来了无限的资源，也给 YouTube 不断制造出热点，使它始终为人们所瞩目。YouTube 中的火爆视频，也成就了大量网络红人。

YouTube 也在不断采取手段刺激 UGC 的生产，它在美国、澳大利亚、日本和墨西哥四个国家推出的观众向视频上传者打赏的功能，就是其中的一个手段。

3. 通过专业化壮大自己

2007 年开始，YouTube 在推动内容的原创性和专业化方面加大了力度，它鼓励创业者、制作人和电视明星们开设频道，并提供了给制作人贷款、广告分成等激励政策。在签订协议后，谷歌会在合作频道上投放广告，从所产生的收入中提取 45%的分成，其余归频道所有。[③]这样的政策，为 YouTube 吸纳了更多专业的力量。

许多专业媒体也进驻到 YouTube 上，寻求它们的社会化媒体之道。例如，2007 年 3 月，英国的 BBC 与 YouTube 达成合作，在 YouTube 上开设了三个专门频道。

2012 年，YouTube 推出了一个原创频道计划，预算 2 亿美元，重点面向传统媒体、视频制作公司和 YouTube 原生网络红人。

一些分析者认为，2014 年的 YouTube 就像是 20 世纪 80 年代的有线电视。Collective Digital Studio 的 CEO 雷扎·伊扎德（Reza Izad）认为，“有线电视花了 10 到 15 年时间才成熟起来。而 YouTube 走向成熟则要快速得多”[④]。

4. 直面版权挑战

对于 YouTube 这样一个视频 UGC 网站来说，侵权问题必然是它面临的最大的风险。

在早期，YouTube 的基本态度是：如果没有被投诉，就放任自流；如果有公司投诉，则将被投诉的内容撤下。但这样的消极政策显然对其发展是一个阻碍。

后来它和多家电影、音乐以及广播公司达成了版权使用协议，这使得它可以合理使用的版权内容不断增多。

进一步，YouTube 开发了专门的版权认证系统，这个系统可以将用户上传的内容与数据库里受版权保护的内容进行比对，一旦发现用户上传的内容侵犯版权，就会将其删掉。根据 YouTube 提供的数据，2009 年，使用 YouTube 版权认证系统的内容提供商数量已超过 1 000 家，使用该技术的 YouTube 视频总量已超过 100 万个[⑤]，到 2013 年该系统已经识别了超过 2 亿个视频[⑥]。

但是，YouTube 创始人赫利也表示，版权不应该成为人们随时随地观看视频的一道“障碍”。如何在保护版权的同时，满足用户多样化的需求，仍然是 YouTube 需要不断面对的问题。

尽管 YouTube 在美国甚至全球仍然有着巨大的影响力，广告收入也可观，但

① 《YouTube 在美国大行其道》，载《第一财经日报》，2006-04-24。
②参见上文。
③参见《YouTube 平台形成一整个好莱坞式的产业》，见 http：//tech.163.com/14/0829/23/A4ROUV2E00915BF.html。
④同上。
⑤参见《YouTube 版权认证系统将涉及百万视频》，见 http：//www.pcpop.com/doc/0/442/442617.shtml。
⑥参见《YouTube 创始人：给版权松绑！不要让它制约》，见 http：//it.sohu.com/20130804/n383329282.shtml。

它目前仍没有实现盈利。而 Vessel、Vimeo、Facebook、Twitter 等竞争对手也对它发起了挑战，因此，未来的 YouTube 还面临着进一步变革的可能。

二、大众点评网

大众点评网于 2003 年 4 月成立于上海。它通过第三方消费点评的方式，来提供本地生活信息，今天它已经发展成国内最有影响力的消费点评社区，同时也成为一个重要的交易平台。

（一）大众点评网的发展

大众点评网的创始人叫张涛，2003 年他在美国留学后回到上海。热爱美食的他发现寻找美食是一个难题，这成为其创业的一个基本动机。张涛自称大众点评网的模式来源于几个方面的启发：一是他在国外生活时接触过的通过问卷向公众收集餐馆评论的书籍《查氏餐馆评鉴》；二是维基百科的用户生产内容模式；三是亚马逊网站的书评方式。①

2003 年 4 月，大众点评网正式成立。

2006 年，大众点评网获得红杉资本的首轮 100 万美元投资，这也是红杉资本成立投资的早期项目之一。

2007 年，大众点评网获得谷歌的 400 万美元投资。在这轮投资前，谷歌曾想以 1 亿美元收购大众点评网，但遭到大众点评网的拒绝。

2011 年，大众点评网得到挚信资本、红杉资本、启明创投、光速创投四家联合投资共 1 亿美元。

2014 年 2 月，腾讯宣布与大众点评网战略合作，获持大众点评网 20%股份。

2009 年 11 月，大众点评网推出了 Android 客户端，目前大众点评网已经覆盖了几乎所有的移动平台。

据媒体报道，截至 2014 年第四季度，大众点评网月活跃用户数超过 1.9 亿，点评数量超过 6 000 万条，收录商户数量超过 1 200 万家。②

（二）大众点评网的特色与创新

大众点评网的特色与创新主要体现在以下方面。

1. *用户是个性化内容的源泉*

在提供本地生活信息方面，大众点评网与许多地方性门户网站的目标是一致的。许多地方性门户网站也一直声称要提供全方位的本地生活信息，但是它们的思路都是利用专职编辑，而显然，靠有限的几个网站编辑，不可能将一个地区所有餐馆、商家的信息一网打尽，也很难做到实时更新。如果靠商家来提供信息，那么这些信息也是广告性质居多，很难满足用户的需求。

大众点评网的模式，给了地方性门户网站以及媒体网站一个启发：实时的、动态的、有针对性的服务信息，往往产生于用户自己，只要设计一个合理的平台，就可以让用户群体自身完成服务信息的不断生产过程。网站的成本降到了最低，而效果却是最佳的。

张涛认为，“我们相信大众的智慧可以创造神话。大众点评网就是来自众人智慧的点评”③。

①参见《大众点评网张涛：用大众的智慧缔造神话》，见 http://www.enet.com.cn/article/2008/0411/A20080411220692.shtml。

②参见《大众点评张涛：O2O 领域还有 50 倍以上增长》，见 http://news.hiapk.com/app/20150203/1586825.html。

③《大众点评网张涛：用大众的智慧缔造神话》，见 http://www.enet.com.cn/article/2008/0411/A20080411220692.shtml。

2. “铁打的营盘流水的兵”同样是有效的机制

与其他很多社区不同的是，大众点评网的结构模式，可以称为“铁打的营盘流水的兵”，被点评的对象是固定的，而参与点评的用户却来来往往，通常一个用户在一个点评的对象处只会留下一次评论。这看上去社区成员并不稳定，但是并不妨碍信息源源不断地生产。

尽管社会化媒体的目标主要是激发与强化人与人的直接关系，但大众点评网也让我们看到了另一种可能，人与人之间的关系，也可以以“物”或其他对象为中介，这样一种松散的人与人的联系，同样可以成为社区的基础。

3. 先集聚用户再集聚服务

第1章提到，在《网络利益》一书中，约翰·哈格尔三世和阿瑟·阿姆斯特朗认为，在虚拟世界要盈利，需要先聚集用户生产的内容，以此来形成好的社区与平台，再在这个基础上开发盈利模式，大众点评网正是这样一种思路的典型代表。

4. O2O 的领跑者

在各种社会化媒体平台中，大众点评网从社区向服务的延展更为顺畅，盈利模式显得更为顺理成章。在今天，它已经成为了 O2O 的一个代表。

对于 O2O 的实现来说。移动终端是关键，因此，大众点评网格外重视移动端的开发。2009 年，它已经开始在移动端发力了。

2010 年，大众点评网开始切入团购服务。张涛认为，从本地生活消费来讲，服务的对象就是消费者和店家，而消费者有三大需求：找信息、找优惠和享受服务。大众点评网的起家是从信息切入的，解决人们去哪里吃饭的问题。而满足消费者找优惠需求的就是优惠券和团购。[①] 但大众点评网的领导者也意识到，团购实际上只是为大众点评网导流模式服务的一个很小的分支，大众点评网未来的发展方向是继续加固 O2O 导流的核心商业模式。通过“上游接流量，下游拓服务”的方式来增强本平台的规模化和影响力。[②]

张涛还把 O2O 分为“决策”和“交易”两大类需求。他认为，大众点评网要做个决策平台，交易方可能是自己，也可能是携程这样的合作伙伴。[③]

无论大众点评网本身怎样定义自己的 O2O 方向，它都已经完成了其“基础设施”建设，这正是让很多线上或线下企业羡慕的。

三、豆瓣

尽管豆瓣也被一些人称为社交网站，但它与一般意义上的社交网站还是有很多区别的，核心的差异是，它是通过内容来连接人的关系，而不是直接将人们的社会关系复制到网络中。在某种意义上，它是传统的论坛与社交网站的一种结合，它把论坛中以内容为纽带来聚集人群的思维继承了下来，但又没有将人们圈定在一个个的小圈子里，而是以类似社交网站的方式，构建了一个开放的关系网络。

因此，本书将豆瓣放在本章，作为一个独特的社会化媒体个案加以研究。

（一）豆瓣的发展

豆瓣的创始人叫杨勃，是留学美国的物理学博士。2000 年回国之后，他曾从事了四年的物流工作，后来开始尝试自己设计网站。他当时的想法是，虽然自己看

①参见《大众点评的 O2O 探索：革自己的命》，见 http://tech.qq.com/a/20120802/000026.htm。

②参见《大众点评张涛：O2O领域还有 50 倍以上增长》，见 http://news.hiapk.com/app/20150203/1586825.html。

③参见《大众点评如何完成 O2O 升级?》，见 http://money.163.com/14/0327/07/9OB1A4QH00253G87.html。

了很多书，但跟周围同事、朋友沟通起来还感觉自己学的东西有限。帮助大家分享自己的东西、发现一些新的东西，成为他设计自己的新网站的出发点和核心理念。于是他参照了标签（tag）、亚马逊的内容推荐等一些做法，构建了自己网站的框架。2005年3月，豆瓣正式创办。

豆瓣的内容都是用户生产的，可以说是典型的Web 2.0的应用，也是一种新型的社区。

豆瓣的核心版块包括豆瓣读书、豆瓣电影、豆瓣音乐，它是以书、电影、音乐等为纽带来建立用户之间关系的。每个注册用户看到任何一本书、一部电影，都可以点“我看过”、“我想过”、“我听过”、“我正在听”等，用户只需要用鼠标点击而不用键盘输入就可拥有一个自己的“书单”。根据用户看过的东西，豆瓣马上会推荐一些他最可能感兴趣的东西，用户也可以很快发现自己还没有听说的好东西，而且可以由此购买自己感兴趣的书或下载感兴趣的音乐和电影。

在豆瓣，用户和用户之间有很多互动的可能。人们读了某本书、看了某部电影，或听了某些音乐，就可以发表评论。评论成为人们互动的一个重要方式。但即使人们不留下任何评论文字，系统也有可能使他与别人产生联系。例如，用户只要在豆瓣有超过8本书或者8部电影名这样的清单，网站便会自动推荐和他口味最像的人，并且可以了解到那些人最近在看什么书、听什么音乐。由此，用户也会在豆瓣拥有一个叫“臭味相投”的圈子，用户可以了解这个圈子中发生的任何事情。

在发展到一定阶段后，豆瓣也推出针对博客的服务“我上”，帮助每一位用户在纷繁复杂、日益膨胀的博客内容中，快速、有效地发掘出自己最感兴趣的信息。后来又发展为“豆瓣九点”，它以“物以类取，人以群分”为出发点，进行分类博客文章的聚合展示。与较为流行的基于内容的博客聚合不同，“豆瓣九点”的内容分类是基于人的兴趣与选择。豆瓣将每一类内容称为“套”。每个“套”的内容的形成是由具有相同兴趣的特定人群的选择来决定的，它不一定局限于某个主题，因为一个人群的兴趣的各个方面都有可能在这一类中展现出来。在豆瓣“二套”，更多的是对传媒、新闻等感兴趣的人群，“三套”人群更多关注美食、设计、生活等，而“四套”人群则更多关注IT界。

虽然豆瓣用户可以通过书、电影、音乐等进行互动，但基于这些内容进行的互动更多的是单链条的，而豆瓣小组带来了更丰富的群体互动的可能。

由于音乐是豆瓣的一个主要话题，所以豆瓣还开发出了豆瓣FM的功能，这是一个个性化的音乐收听工具，它可以根据用户的喜好，自动发现并且播出符合用户音乐口味的歌曲。

豆瓣同城是豆瓣的另一个重要功能，它提供了与电影、音乐、阅读及聚会等方面相关的线下活动信息，并提供了线下活动的发起、组织等功能。

在豆瓣，除了生产与浏览内容以及互动外，也存在着很多的交易。用户看到自己感兴趣的东西，可以从网站推荐的网上书店进行购买，网站也提供了相关价格的比较。与有关网上书店的销售分成，成为豆瓣的主要盈利模式。

2012年，豆瓣推出数字阅读服务“豆瓣阅读”，豆瓣阅读的内容涵盖了小说、历史、科技、艺术与设计、生活等多种门类，既有收费作品，也有免费作品。

2012年5月，豆瓣电影开启在线购票和选座位功能。

2013年，豆瓣“东西”服务推出。它的目标是“发现东西”，通过整合豆瓣用户已分享的大量商品内容，帮助用户发现自己感兴趣的商品，并将其引导至相关的卖家。

近年来豆瓣的另一个创新，是阿尔法城，这是独立于豆瓣的一个实验性项目。它是一个虚拟城市社区，于2010年12月上线。上线之初，即由用户自己投票决定坊名、街道名等，是一个由用户决定发展方向的产品。自阿尔法城上线至2011年9月它的图形版界面推出，已经拥有6.2万居民和144条街道，“城市自发生长”的想法和机制得到验证。杨勃表示，阿尔法城是游戏还是虚拟社区，都由用户说了算。在杨勃心目中，阿尔法城是一座“非常多样、富有活力的城市”，未来有多种商业模式的可能。①

（二）豆瓣的特色与创新

豆瓣的特色与创新之处主要表现如下。

1. “文艺小清新”卖点的成功确立

在某种意义上，豆瓣与大众点评网的方向是类似的，都是针对某个商品对象进行评价。但是，由于豆瓣是面对书、音乐和电影这三种特殊的文化商品，因此，一下就与烟火气息浓厚的大众点评网拉开了距离。

在豆瓣之前的网络社区林林总总，定位多样，尽管其中一些也有文艺的或小清新的风格，但都没有什么影响力，而总体来看，早期影响力大的网络社区更多地偏向政治或与现实关联密切的话题，高声的甚至火药味很浓的辩论成为很多社区的基调。而豆瓣凭借它的三个核心话题（书、音乐、电影）以及良好的互动机制，很轻松地赢得了文艺小清新的标签。

豆瓣一开始就形成了一种格调，即心平气和的表达，用户之间不是以辩论为目的，而是以相互的交流、学习、欣赏为基调，当然还有安静的自说自话。

豆瓣算不上专业的文学艺术类网站，用户的评论未必深刻，但是，以每一部特定作品为导向来引导用户互动的机制，促使多数用户至少会很认真地写下他们的评论，评论不仅是用户感言的抒发，也在某种意义上变成专业知识与见解的一种暗中较量，这种机制有助于推动高质量的文章的形成。

渐渐地，对于网民来说，上不上豆瓣，就便成了是否是文艺青年的一个标志。而要强化自己的文艺、小清新等特质，用户也会在看什么书、讨论什么电影、参与什么小组、给自己加什么标签等方面花很多心思，因为这些都是塑造自己形象的手段。而经过人们刻意营造的个体形象，最终也影响到了豆瓣的整体文化格调。

在一定意义上，豆瓣变成小说、音乐、电影领域的一个晴雨表，“豆瓣评分”值也成为这几类作品的一个评价指标。

2. 用户主导的内容生产系统

豆瓣是一个完全由用户来生产内容的网站，但它的结构方式与早期的论坛有明显不同。

有研究者认为，豆瓣没有硬分类的“狭隘的刚性”，也没有tag的“无法讨论的发散”，豆瓣在硬分类和tag之间寻找到了一个平衡点——书目数据库。因为一本书你再怎么给它贴标签，它的书名也是固定的。围绕着书目数据库而展开讨论，就是豆瓣从另外一个角度组织了信息。②

豆瓣内容形成的起点，是那些主动型的网民所提供的自己所读过的书、看过的

①参见《豆瓣阿尔法城新版上线 用户决定其生长方向》，见http：//tech.qq.com/a/20110906/000319.htm。

②参见《豆瓣的力量》，见http：//blog.donews.com/maitian99/archive/2006/04/24/843838.aspx。

电影、听过的音乐的清单，以及相关评论和博客。这些内容提供了很多个基础节点，这些节点之间又因为网站技术系统所提供的相应功能，例如条目、标签或网站推荐，开始产生各种联系，从而编织出内容的基本网络。

而对于那些被动型（只是浏览，而不主动创造内容）的网民来说，他们的活动的意义在于通过自己的点击，使更多的内容之间产生联系，从而丰富和发展网站的内容网络的关系。此外，也可以通过自己的点击，参与网站的投票活动，从而决定内容的排列。

与传统网站由编辑来决定逻辑结构的内容网络不同的是，网民在豆瓣所感受到的内容网络更多的是由他们自己的兴趣来决定的。网民成为内容关系的主宰者，而不是奴隶。

豆瓣的内容生产机制，一方面是内容指向明确，就是某一特定的书、电影或音乐，因此可以激发那些主动型的网民参与内容生产的积极性，另一方面又可以使那些被动型的网民很容易实现个性化的满足，而且他们也可以用轻松的方式对内容的关系（例如在首页上推荐的内容）产生贡献。更重要的是，它提供了一种新的关系架构。由于每一个个体在内容之间都起着穿针引线的作用，内容与内容的关系变得更为多样化，人与内容的关系也变得更为自由、灵活。

当然，有时过于自由与复杂的关系，也会带来迷失感。虽然在豆瓣可以始终沿着自己的兴趣指向去生产与消费内容，但是也难免有离自己的原始起点越来越远的时候。虽然它带来很多的意外收获，但是也会增加网民的负担。不过，这种现象更容易发生在刚刚到豆瓣不久的成员身上。资历较老的成员，会慢慢形成自己的习惯。

3. 基于内容网络的人际网络编织机制

豆瓣的内容形成的机制，也成为人与人之间关系形成的机制。从结构上来说，豆瓣的社区是一种网状的结构，用户不是被圈定在某一个论坛或小组里，而是从自己的兴趣出发，多线索地编织起自己的人际网络。

有研究者认为，用相同兴趣作为媒介，把人和人的社会关系真实地搬到网上，也使得豆瓣相对于一般交友网站或者QQ更有针对性，加入“友邻”的往往是不认识但趣味相投的朋友，这比随意添加陌生人要有效和可靠得多。实际上，豆瓣的豆友们已经在现实生活中组织了各种各样的聚会、活动，豆瓣的SNS已经远远把传统阅读社区抛在了后面。阅读—评论—交友—社区，豆瓣彻底抓住了Web 2.0的核心特征。①

对于每一个成员来说，豆瓣的社区提供了一种以“兴趣爱好”为纽带扩展人际关系的可能。这种关系的形成无须刻意，它更多的是伴随着内容关系的形成而自然形成的。

在豆瓣有很多“圈子”——小组，而任何一个人都可以加入多个小组，方法也极为简单，这就使每一个人的丰富性与多样性通过他加入的小组得到体现，而其人际关系网络的扩张，也是通过这种简单的办法得以实现的。

4. 新型的知识扩展机制

对于信息时代的人来说，知识的自我更新与扩展越来越成为生活中的一个重要内容。与通过专业型网站或搜索引擎进行的知识学习不同，豆瓣提供了一种新的知

①参见《豆瓣模式研究》，见http://www.mangbar.com/document/bd18e8290d54a67d010d58eed555007b。

识扩展链。它既有内在的逻辑关联，又使知识的扩展不过分封闭在某一个领域内。因为这种扩展不是以专业分类为基础的，而是以“人”为基础的。即使是有相同兴趣的几个人，他们读过的书单也会存在差异，这种差异为别人的知识扩展提供了新的线索，并具有更多的发散可能。因此，先“求同”再“求异”，成为豆瓣成员知识扩展的一种重要方式。

与通过多数网上书店介绍去阅读新书不同的是，豆瓣的评论以及人际关系的作用，对于人们探求新知识的愿望有更强烈的促进作用，在知识学习方面的效果通常也会更好（见图 10—1）。当然，与此同时，别人的评论等也会给自己带来先入为主的印象，完全取决于别人或网站推荐也会在知识扩展方面存在一定的局限。

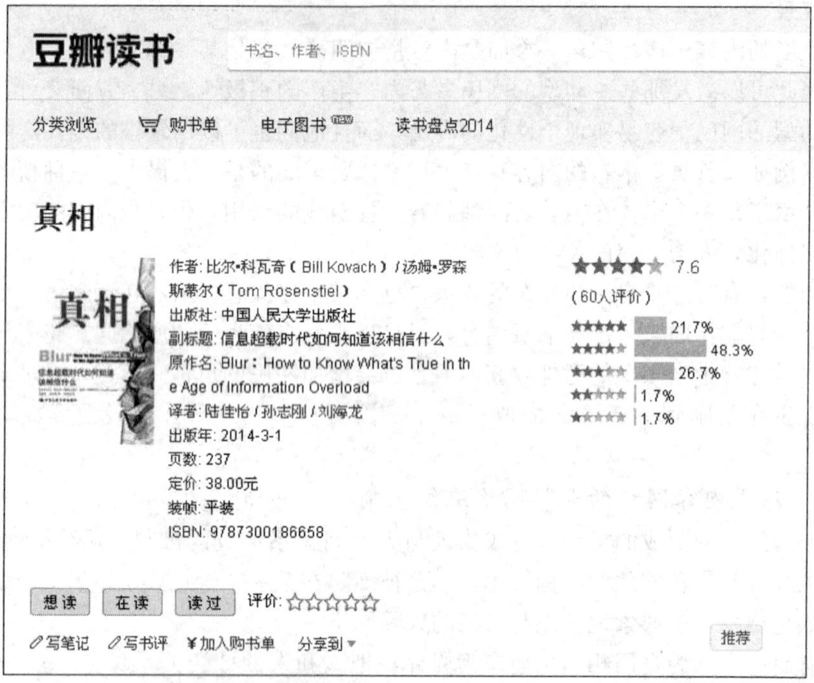

图 10—1 《真相》豆瓣读书页面

5. 社会化的文化消费环境

在传统时代，文化消费往往是个人化的，即使人们在一个电影院与几百人同时观看一部片子，他们也无法进行深入的交流。这种消费仍然是个人性的。

但是网络为文化的消费提供了一种社会化的环境，这种社会环境虽然不一定出现在某个具体的消费活动的当时（例如在看电影或读书的具体过程中），但是却会对消费产生重要的影响，包括消费对象的选择、消费的方式以及效果等。

豆瓣更是编织了一种文化的经纬，每一个节点是一个文化产品，例如书或电影，但每一个节点又不仅仅是孤立的产品，它实际上吸收了很多来自社区成员的“能量”（点击量、评价等），这种能量会辐射到另外一些人身上，影响到他们对这些文化产品的判断与选择，甚至对某一种文化的好恶。这种影响自然是一把双刃剑。

有人认为，豆瓣代表了小众文化。而杨勃认为：“豆瓣网不能代表小众文化，因为小众文化的定义是有千千万万的小众文化。豆瓣网作为一个平台，能够促进小众文化的传播，因为豆瓣网的设计是以个人为中心，不是以资源为中心。在豆瓣网促进出版物传播的过程里，它不是推动者的角色，是拉动者的角色。随着社会的进步，人群的兴趣会越来越多，小众也会越来越多，加起来就是大众的事情。作为一个网站，你可以专门服务于一个小众群体，把他们服务得非常周到。豆瓣网的定位是我们在这方面没有定位，我们并没有服务任何一个小众群体，任何人都可以来用。比如排行榜，所有人加起来是一个大的排行榜，但每个人有自己的排行榜，豆瓣网推荐的是给你的排行榜，但这些加起来又是一个庞大群体……”①

应该说，豆瓣是大众文化与小众文化的交织。正如杨勃所意识到的那样，小众的东西加起来就是大众的事情。这显然不能理解为一种简单的数学相加，但在一定程度上表明，在一种社会性的文化消费氛围下，小众的文化往往是不能持久的，很容易被大众文化所压制、同化。排行榜以及在它下面隐藏的用户投票机制实际上就代表了大众对小众的一种抑制。

在豆瓣以及类似的网站所提供的这样一种浓烈的社会性的文化消费环境下，小众文化以及每个个体的个性及独立性的保持，显然已经不是某一个网站要面对的问题。它是网络对社会文化生活日益渗透所带来的一个普遍问题。

6. 新营销理念的实践

虽然豆瓣的起点可能不是营销，但是正如一些研究者所指出的，它无形中在实践现代客户管理（CRM）的思想，即以客户为中心，建立读者数据库，进行针对性的读者服务，让读者得到最好的购物体验。② 豆瓣是一个典型的先聚集客户与兴趣，再为他们找商品的地方。

豆瓣的这种做法，并不是它自己的发明，而是在很大程度上借鉴了亚马逊网上书店的经验。但不同的是，豆瓣的起点首先是读书，而不是卖书。让读书人找到并买到自己喜欢的书，与让自己的书被人喜欢被人买，虽然看上去只是一个主动与被动的差别，但前者更顺应人们的心理需求。

虽然豆瓣起源时是一个文艺青年的大本营，但在今天，它也不可避免地要解决盈利的问题。豆瓣的整个机制中蕴藏着很多商机，就像杨勃所说，核心的想法是只要是一个有用的网站、有价值的网站，它的规模足够大就一定会找到好的收入模式，不用特别着急。③

在有用的信息与交流的基础上，热门电影的售票、图书的购买、同城活动中的一些营销等，已经为豆瓣带来了基础的盈利模式。

在豆瓣，也可以看到像“东西”这样的导购服务。尽管它与淘宝等有着直接的连接，但是，“东西”里的商品，并非商家推送的，也不是豆瓣组织的，而是由豆瓣用户自己推荐的，这可以在一定程度上保证在这里出现的商品与用户的口味相契合。

即使有了一些探索，豆瓣的盈利压力仍然很大。移动终端下，豆瓣能否形成更多元的盈利模式，阿尔法城项目能否如豆瓣负责人所期待的那样带来丰富的盈利可能，仍是未知数。

与此同时，这些商业模式对于豆瓣的既有形象与定位是否会带来损害，用户是否愿意接受过分强烈的商业气息，也需要继续观察。

①《Web 上的文化之旅》，见 http：//www. xinhuanet. com/xhft/20061107/wzsl. htm。

②参见《豆瓣模式研究》，见 http：//www. mangbar. com/document/bd18e8290d54a67d010d58eed555007b。

③参见《Web 上的文化之旅》，见 http：//www. Xinhuanet. com/xhft/20061107/wzsl. htm。

四、知乎

知乎是知识型社区的代表，尽管在它之前已有百度知道等功能相似的社区，但知乎的架构与互动机制，使得它的发展更为令人瞩目。

（一）知乎的发展

知乎有三位联合创始人。周源曾是 Meta 搜索创始人，后任知乎 CEO；李申申原就职于 Meta，后任知乎 CTO（首席技术官）；黄继新曾任搜狐财经主编、创新工场资深投资经理，后任知乎 COO（首席运营官）。周源认为，知乎的目标是："持续生产高质量、可沉淀的信息，并让有价值的信息和人都关联起来。"①

知乎的参照对象是美国的问答社交网站 Quora，其模式与 Quora 类似。

知乎于 2010 年 12 月开始运行。知乎早期采用邀请制注册方式，这一方式为知乎赢得了一批高质量的用户，为高质量、可沉淀的内容的生产打下了基础。

在启动三个月后，它获得了李开复的投资，一年后获得启明创投的近千万美元投资。

2013 年 3 月，知乎向公众开放注册。

（二）知乎的特色与创新

知乎带来的启发主要包括以下几方面。

1. 知识仍是力量

中国改革开放初期，"知识就是力量"这句话曾激励了无数年轻人对知识的追求。而在娱乐至上与消费主义盛行的今天，知识要变成一个社区的核心驱动力量，却是一个具有挑战性的事。

在互联网上，人们普遍将知识的梳理与挖掘工作交给了机器，搜索引擎更是在这方面扮演着重要的角色，但是，机器的能力毕竟有限，人工力量的加入仍是必需的。

在知乎之前，维基百科中文版、百度百科、百度知道等已经出现，它们都与知识的贡献和分享有关，也在一定程度上形成了自己的影响力。但是，尽管其根基也是社区，它们更多的属性却是工具性平台。这些平台里，知识的生产更多是为了解决实际问题。

而在知乎，更看重的是知识作为可分享的资源的属性，人们的知识的多少、知识梳理的能力以及见解水平，成为彰显自己的形象与品位的指标。

虽然在多数社区里都有知识的共享，但是知乎这样的社区完全聚焦于知识的共享，这使得知识的各种附加价值在其生产与共享的过程中被激发与放大。

2. 关系与答案两个维度编织的社区结构

在以知识为基本驱动力的社区里，知乎采用了基于关系和答案两维线索编织的组织结构。

知乎的基本组织结构也是人与人的关系，人们可以通过关注其他用户来建立关系，基于这种关系获得自己感兴趣的内容。

尽管在知乎之前，已经出现过诸如百度知道这样以答案来进行关系结构的社区，但是，在百度知道这样的地方，人们的关系只围绕答案展开，关系是一次性

①阑夕：《知乎向左，果壳朝右》，见 http：//lanxi.baijia.baidu.com/article/20070。

的。而在知乎，人们既有临时性的围绕答案形成的关系，也有长期的关注关系，长期关系的维系，可以使社区更为持续、稳定。

而与微博不同的是，知乎把内容的生产机制限定为提问与回答。在内容生产者与消费者之间建立起了一种单线索的关系。答案成为知乎的另一个组织维度。

知乎信息的组织界面类似于微博，既有将所有关注对象的动态整合在一起的“首页”，也有专门显示自己动态的“我的主页”，而且它还专门有一个话题频道，可以超越现有的关系约束，直接定位于某个特定话题。

3. 答案质量与关系资源双重维度凸显的“代理人”

信息爆炸时代的用户对信息深加工的需求变得尤为迫切，深加工包括信息的过滤与筛选、提纯、信息的优化与沉淀，以及特定信息、知识、见解的提供等。但用户的本性又是懒的，借用他人之力进行信息的深加工，也就变成普遍需求。

因此，今天的信息深加工需要一些专门的环节来实现，参与深加工的，既有专门的机构，也有个体，在未来，还会有越来越多的“机器”（技术）。这三者都可能成为一般用户的代理人，代替一般用户进行信息的深加工。

尽管百度知道也有基于问题的代理人机制，但在那样的社区里，只见答案不见人，代理人更多地隐身于答案背后，他既往解答问题的能力与水准、声誉等个人背景，没有得到足够的呈现。人们之间的关系，基本是“一锤子买卖”的关系。而且很多时候，人们是从百度搜索引导到百度知道的。虽然百度知道也提供了类似个人频道的用户信息以及问答信息的整合，但在人们对百度知道的需求习惯已经定型的情况下，这些方式并没有发挥足够的效果。

而由于知乎采用社交关系与答案两个维度来组织社区结构，因此，它的代理人也是从答案质量和社会关系双重维度中凸显出来的。社会关系的背景可以使每一个用户以更为立体的方式存在，那些受到普遍关注的代理人，其社会关系资源往往也更丰富，这样的代理人，具有更高的可信度，也更能使用户产生持久的依赖。

此外，知乎的最优知识与观点的诞生，也得益于用户间的协同，这同样是基于关系资源的。

4. 问答之意不唯答案

在百度知道，人们要的就是解决实际问题的答案，整个平台上问答的功能很单纯，虽然它也可以称为社区，但整个平台更偏向工具性。

而在知乎，提问与回答，不仅是为了答案本身，也成为人们展示个人经历、能力、魅力的一个方式。

在知乎的提问和回答中，还可以看到很多用户个人经历的陈述，这些经历可能是引出或回答问题的由头，也可能就是人们要表达的核心。也正是这些内容，可以使人们的互动产生更多的感情色彩，而不只是冷冰冰的答案。

因此，知乎社区也展现了丰富的现实生活的图景，尽管知乎热点未必都是现实生活中的热点。

当然，在某种意义上，这样的氛围，也可能带来另一个极端，就是使人们沉溺于展示自我，而忘记了问答的初衷。

5. 有形与无形的激励机制

前文提到，用户本身是懒的，要让他们努力地为他人提供答案，或进行信息的深加工，必须靠激励机制。

像其他很多社区一样，知乎也有点赞的功能。即使是简单的赞同，也会对问题的回答者起到激励作用。这里的点赞也比微信、微博中的点赞显得更有分量，因为它们确实是对答案质量的一种认可。

知乎也有粉丝数量这一激励线索，它在一定程度上显示了一个用户的声誉的累积。

知乎更重要的激励，也许是它无形中形成的一种"符号化意义"。与豆瓣类似，在知乎的声誉，代表了一种格调。

6.《知乎日报》成为UGC向PGC的转化器

2013年，知乎推出了以知乎社区内容为基础的《知乎日报》。

知乎联合创始人黄继新认为，《知乎日报》"不是媒体，它应该超越媒体。我们通过知乎，发现和鼓励出了你们，发现了这群前所未有的高质量创造者。知乎日报便是这些创造者神奇之处的自然扩散，是这个内核看起来很小，但热量极为庞大的星云的旋臂"①。

对于社会化媒体平台来说，尽管UGC是核心，是主要的内容来源和社交动力，但越来越多的社会化媒体平台不满足于UGC的生产，它们需要将UGC的能量聚积起来，促进其向PGC的转化。《知乎日报》这样一个看上去还打着传统媒体标签的产品，就代表了这样一个向专业化方向靠拢的努力。

五、果壳

果壳也是一种知识型社区，但与知乎不同的是，它把定位缩小到了科学知识领域，在这样的定位上，果壳同样大有作为。

（一）果壳的发展

果壳的创始人姬十三是神经生物学博士。自2004年起开始进行科学方面的写作，先后在十多家媒体上开设科学专栏。

2008年4月，姬十三发起民间科普组织科学松鼠会。2010年11月，姬十三创立果壳传媒，以商业化传媒运作方式向公众传播科技内容、倡导科技理念，果壳网同时上线。

以"科技有意思"作为其口号的果壳网，吸引了上百万的用户。

在这里，用户可以关注感兴趣的人，阅读他们推荐的文章，也可以将有意思的内容分享给关注的人；用户还可以成立各种兴趣小组，进行更深度、更专业的互动。此外，"果壳问答"也有类似知乎的问答机制。

除了果壳网，果壳传媒后来又陆续推出了MOOC学院、知性社区、研究生APP等产品。

（二）果壳的特色与创新

果壳的特色与创新之处主要表现为以下几方面。

1. 构造科学传播的共同体

有研究者认为，豆瓣、果壳和知乎对应的分别是"文艺青年"、"科学家"和"思想者"。如果用一个词来表示这三个网站的核心内容，它们对应的分别是"情感"（文艺的本质是情感）、"知识"和"观点"；相应地，它们所激发的动机分别是

①黄继新：《知乎为什么要做〈知乎日报〉这个新APP?》，见http://www.zhihujingxuan.com/13579.html。

“情感交流”、“知识传播”和“观点分享”。①

尽管知乎与果壳都涉及知识领域，但是，与知乎相比，果壳聚焦的是科学，而不是宽泛的知识。

这样一种定位也许与其创始人姬十三的科普作家背景有关。

姬十三认为科普的价值在于“如实反映科学共同体的声音”，因为大众化的媒体通常讲究平衡报道原则，如“它们（媒体）报道转基因，在采访一个科学家之后，一定要再去采访一个农民，把他们的表述以同样的分量放在刊物上”。作为科学的布道者，姬十三无法认同这种操作方式，因为科学的本质就是追求真相，既然是真相，就应当追求明确定义，而不是模糊处理，“科学共同体可能是很小的一撮人，但是他们在科学问题上的看法，就要比其他99%的人更大，这是我们遵循的一个规则”②。

果壳既在反映科学共同体的声音，本身也在构建着一个科学传播的共同体。它以不同于以往大众媒体的方式，对公共进行科学知识的普及。

对于今天的中国来说，科学知识的普遍缺乏，已经成为国民素质的一个软肋。互联网虽然是科技的产物，但在某种意义上，它也成为各种伪科学、违背科学常识的谣言的传播渠道。科学知识的传播，在今天变得尤为重要。

2. 以辟谣形成品牌

作为一个科学传播的共同体，辟谣成为果壳的重点，也成为其声誉形成的重要基础。

果壳总是能对那些最流行、最经典的谣言做出反应。2011年3月，当日本因大地震发生核泄漏事件时，微博出现了种种谣言，抢盐风波也在中国各地蔓延。果壳迅速召集这方面的专业人才进行辟谣、科普，他们的帖子得到大量媒体的转载。这也使得果壳在新浪微博等平台上一举成名。

果壳专门成立了谣言粉碎机这样的主题小组，其背后是几十人的专业团队。为了把辟谣做得更为严谨，他们常常将一个谣言分解为若干部分，每个部分交给相应学科的专家分析。破解时间最长的谣言，从选题到文章发表，用时五个月。③

果壳的每一篇辟谣文章，都有着论文般的严谨，每篇文章后都有参考文献，参考文献最多的一篇，达到20多条。④

3. 科学性，还是大众化，这是一个艰难的选择

在果壳网上线的时候，姬十三曾经这样说，我们的目标始终是面向公众倡导科技理念，让鲜活的科技内容走进流行文化。

但要让科技内容走进流行文化，使其大众化，却并不是一件容易的事。

果壳网主编徐来曾说：“科学本身是严谨的，一旦大众化就会出现偏差，而对果壳来说，有偏差就会被人指责说他们的品牌有问题，所以果壳的内容会比其他提供者提供的内容更加艰深，同时也就意味着接受程度可能下降。”他还认为，科学必定是挑战大多数人的常识和舒适区的。果壳推出的《盘点2014十大科技谣言》在优酷的顶踩比为2.9∶1，不接受辟谣的人比例相当高。而果壳也发现，不接受辟谣的，多是青少年。

即使面对种种抗拒，果壳还是坚持以科学性为核心，但同时也尽力让科学变得有意思。这是它所理解的大众化。

①参见《知乎、豆瓣、果壳有什么相似之处?》，见http：//zhidao.baidu.com/link?url=kT2tKLoLXaQR0TJXk_ywWhtepyrUly1KLkht1kFg0G69C2KJxRkgNbmCnqvMO4xJS9EfXms7qXF-gudjhIIbFTqWKCFuc6BS89U1shYzfOy。

②《姬十三：到了第五年，果壳里的宇宙，才开始爆炸》，见http：//tech.163.com/api/14/1225/09/AEA3UVF8000915BF.html。

③④参见《果壳网：赛先生常与人性为敌》，见http：//chuansong.me/n/1280081。

4. 在UGC中激发PGC

初期，果壳的组织与传统媒体无异，姬十三将科学划出多个细分领域——如生物、化学、天文、医疗等，然后试图在每个领域安置一个编辑来负责内容生产。“其实中国是没有‘科学记者’这个编制的，我需要从一些科普主题的撰稿人里面去挑，或者是理科生里写作能力比较好的那种人，找到之后放到果壳来培养。”但姬十三后来发现，这种做法欠妥当：一方面，人才流失很严重，对于理工学背景的人而言，普通的网络媒体编辑很难成为一条职业路线，兴趣驱动只能维持几年时间，如果无法向他们证明果壳的市场空间，人力资源就有问题；另一方面，媒体的玩法缺少新意，让一群崇尚创造力的人从事一份重复性的工作，说服力太弱。①

因为这样一种认识的转变，今天的果壳，仍是以UGC为主，但是，从界面架构来看，它又具有PGC的痕迹，其主要表现是：

作者群体的“专业化”：尽管很多作者不是全职的“职业”作者，但他们是具有某些领域的专业知识和专业水准的“专业”作者，他们就像传统媒体的编辑、记者一样，保证了果壳内容的质量。

信息流的“公共化”：与微博上只有个人化的信息流、人人各自为政不同的是，果壳有很多公共页面，也就是将分散的个人创作汇集成公共信息流，读者的注意力可以更多集中在公共信息流上。可以说，果壳的内容整合机制借鉴了门户网站的模式。

社群关系的“众包化”：果壳的作者理论上是多来源的，但他们无形中形成了一个“众包”的社群，他们之间的关系，不是简单的关注与被关注，而更多的是分工与协作。在某种意义上，这些作者也构成了一个“专业共同体”。

5. “从MOOC开始，离钱更近一些”

今天的果壳已经不满足于内容生产。MOOC学院的出现，也许是果壳的一个重要转折点，它预示着果壳开始从基于社区的内容生产向基于社区的服务提供转化。

MOOC（大型开放式网络课程）学院原是果壳社区里的一个MOOC小组，2013年夏天升级成为独立产品。为实现差异化，果壳自己的定位是专心做国外MOOC的入口，MOOC学院与Coursera、edX等海外MOOC平台合作，翻译并引进海外的教育资源。

除了MOOC学院，果壳还推出线下活动“万有青年烩”，并把这个活动做成半UGC模式：果壳冠名，各个大学社团承办。这个活动对于MOOC学院的品牌推广起到了有效作用。②

MOOC学院也是果壳走向商业化的一个重要产品。果壳从2012年起就开始了商业化的探索，主要方式是与一些商业科技品牌合作，为它们讲述品牌故事。根据果壳网COO姚笛透露的消息，2012年、2013年这种方式分别给果壳带来了500万、1 000万人民币的收入。③2014年12月，果壳获得好未来、IDG等机构共2 000万美元的C轮融资，MOOC学院是它赢得投资的一个重要因素。

你怎么看

你使用过哪些垂直社区？你认为它们的共同点和差异各是什么？

①参见《姬十三：到了第五年，果壳里的宇宙，才开始爆炸》，见http://tech.163.com/api/14/1225/09/AEA3UVF8000915BF.html。

②参见《果壳C轮2 000万美元融资背后：从MOOC开始，离钱更近一些》，见http://www.huxiu.com/article/104363/1.html。

③参见阑夕：《知乎向左，果壳朝右》，见http://lanxi.baijia.baidu.com/article/20070。

逐渐的商业化表明，自称“商业意识曾较弱”的姬十三终于想明白了作为一个科技网站的最终去向，“果壳一直在做离钱特别远的事情，今天至少离钱近了一些”。但果壳的商业化行为与它原有的定位是否会产生冲突，是否会出现姬十三所说的“为气质所累”①，仍是一个未知数。

【本章思考题】

1. 你是否认同电子邮件是一种社会化媒体，为什么?
2. 即时通信在什么情况下可以视作社会化媒体?
3. 你如何看待维基百科的影响?
4. 试分析垂直社区发展的共同规律。
5. 试比较豆瓣、知乎与果壳的共性和差异。

① 《果壳 C 轮 2 000 万美元融资背后：从 MOOC 开始，离钱更近一些》，见 http：//www.huxiu.com/article/104363/1.html。

第 11 章 社会化媒体产品的开发与平台的运营

社会化媒体平台的运营者，在很大程度上是在给个体用户和媒体、政府机构、企业等提供一个舞台，但社会化媒体平台不可能永远只为他人作嫁衣，如果自身没有强大的生存能力，特别是没有足够的盈利能力，社会化媒体平台就不可能持续。因此，解决社会化媒体自身的生存与发展问题至关重要。

尽管各种社会化媒体平台的传播机制不尽相同，发展模式也有所差异，但它们的开发与运营还是有着很多共通性的。本章将探讨这些共同的规律。

第 1 节 社会化媒体产品开发与运营的基本线索

微信开发者张小龙认为，一个产品经理需要做到四点。①

了解人性。而人性的特点是，人是懒惰的，人是跟风的，人没有耐心，人不爱学习，人对随机好奇。产品应该满足人的情感需求，产品不要改变人们的常识习惯，设计时要顺应日常习惯。

了解群体心理。要重视“屌丝”用户群，他们有存在感的渴望；为群体效应而做，容易产生传播放大的效果。

产品经理应像上帝一样，建造系统，制定规则，让群体在系统中演化。

要注意产品的用户体验，要提高自己的艺术品位、质量要求，要设计的是作品而非产品。

尽管这几个方面更多的是张小龙的个人体验，但是，对于社会化媒体产品的设计与开发来说，这些个人体验也有普遍的启发作用。

总体而言，社会化媒体产品开发与运营的基本线索如图 11—1 所示，主要包括以下几个阶段：

以洞察人性（包括个体的和群体的）和满足人性化的需求为核心寻求产品的基本方向；

以提供互动（包括人际的、群体的等不同层次）为基本目标，在互动的形式、手段、社群结构、场景（空间或情境）、报偿机制等方面的设计中寻找自己的定位，设计产品的核心要素；

以良好的用户体验打动与粘住用户，形成用户规模；

在用户规模基础上探索各种盈利模式，争取平台化，以平台优势吸引各方开发者，以便进一步丰富平台的功能，强化平台的黏性。

当然，并非所有社会化媒体产品最终都能成为平台，只有那些用户规模与黏性足够大的产品，才有平台化可能。

①参见《张小龙眼中的产品经理》，见 http：//www. woshipm. com/xiazai/114800. html。

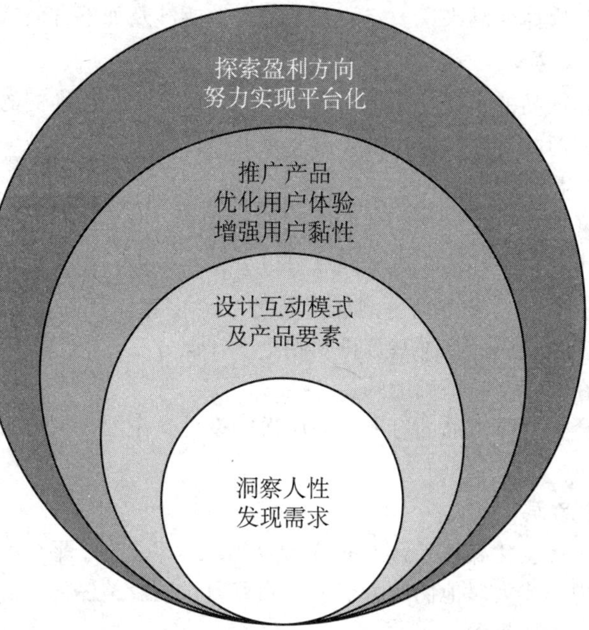

图 11—1　社会化媒体产品的开发与运营线索

第 2 节　社会化媒体产品的开发

社会化媒体产品开发的目标，是在理解产品的构成层次基础和生存环境基础上，对产品的核心元素及互动模式等进行设计。

一、社会化媒体产品的五个层次

将社会化媒体作为产品来开发，就需要对产品本身的构成有基本的认识。这也是认识社会化媒体开发过程的另一条线索。

从市场营销的角度看，科特勒关于产品的五个层次的划分，被人们广为接受。这五个层次包括：核心利益层次（产品能够提供给消费者的基本效用或功能）、有形产品层次（产品在市场上出现时的具体形态）、期望产品层次（用户在购买产品时对产品的特点、质量、使用便利程度等方面的期望）、附加产品层次（使产品与其竞争对手相区别的附加服务和利益）、潜在产品层次（产品可能产生的延伸或演变）①，如图 11—2 所示。

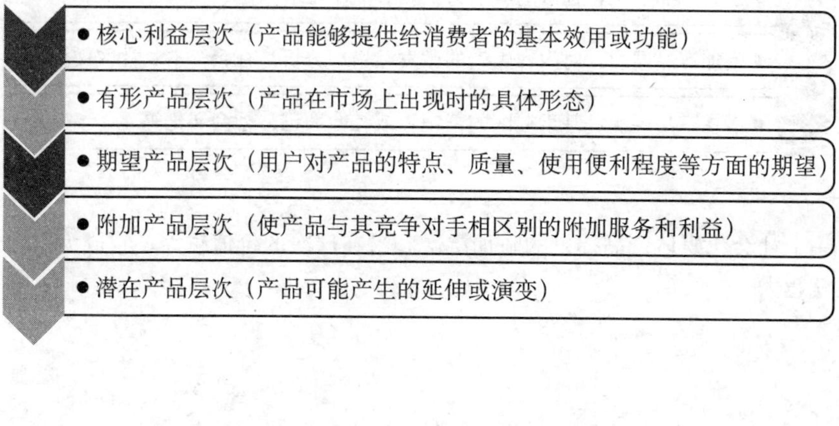

图 11—2　社会化媒体产品的五个层次

①参见［美］菲利普·科特勒等：《市场营销管理》（亚洲版），下册，66 页，北京，中国人民大学出版社，1997。

对于社会化媒体产品来说，它的五个层次主要涉及如下方面（见图11—3）。

1. 核心利益层次

社会化媒体产品的主要功能是满足人性的深层需求，给人们的社交与互动提供空间。这也是在产品开发的最初阶段需要重点考虑的。

2. 有形产品层次

虽然所有社会化媒体产品的基本目标是一致的，但人们的社交与互动可以通过不同方式来实现。一个社会化媒体产品得以生存与发展，需要有足够独特的功能定位，满足人们不同的诉求方向。例如，同是社会化媒体产品，微博侧重于媒体属性，微信侧重于社交属性，维基百科则侧重于知识分享，但归根结底，三者殊途同归，都是建立在社会互动基础上的。

因此，社会化媒体产品的有形产品层次的设计，主要是围绕互动模式的设计来展开的。

3. 期望产品层次

人们在一个社会化媒体平台上的持久活动，不仅取决于平台的功能定位，还取决于平台里的内容或人对他们的吸引力、黏着力，以及整体的社群氛围，这些因素也是用户黏性的主要来源。

这个层次的产品价值的实现，既与产品的设计有关，也与产品的运营有关。

4. 附加产品层次

社会化媒体产品的附加层次是很多的。平台上的关系互动可以带来内容的生产与传播。对于一般用户来说，他们希望通过社会化媒体中的社交来积累自己的社会资本。而对于整个平台来说，长期的互动，可以形成独有的文化。社会化媒体平台的经营者，则可以利用成员的资料以及他们生产的内容，进行成员分析。而这些都是社会化媒体产品延伸价值产生的基础。

5. 潜在产品层次

同样，社会化媒体产品可以在不同层面产生转化可能。对于企业来说，社会化媒体空间的培育，是营销的基础，所以社会化媒体里的社区可以向营销空间转化。对于整个社会来说，社会化媒体是社会舆论、社会文化的孕育场所之一。

- 核心利益层次：社交与互动
- 有形产品层次：不同偏向的社区平台
- 期望产品层次：社区的吸引力、黏着力、社群氛围
- 附加产品层次：对内容生产的激发、用户分析、社会资本、社区文化等
- 潜在产品层次：基于社区的营销，或社会舆论、社会文化等

图11—3 社会化媒体产品五个层次涉及的内容

一个社会化媒体产品提供的附加层次和潜在层次的价值越大，它成为平台的潜力也就越大。

二、社会化媒体产品的生存环境分析

社会化媒体产品的开发，不仅仅是孤立的产品的设计问题，它首先需要对产品未来的生存环境进行分析与考虑。

（一）产品的支持结构分析

社会化媒体产品是新媒体产品的一种，整个新媒体产品的市场结构对于新的产品的生存会产生直接的影响。好的结构可以弥补产品本身的不足，反过来，一个强大的产品，如果缺乏好的产品结构的支持，可能也会陷入孤掌难鸣的境地。

对于普通用户来说，新媒体给他们提供的主要是以下几类产品：

网络接入：接入服务既包括终端这样的硬件产品，又包括相关软件及带宽提供这样的基础服务。

内容产品：这既包括专业媒体生产的内容，也包括用户生产的内容，后者在新媒体中的分量日益上升。

关系产品：关系产品是新媒体产品的一个特色。关系产品不仅可以满足人们的互动、社交愿望，维系人们的社会关系，还可以带来社群，也就是基于社区的同好者的群体。社会化媒体应用就是最主要的关系产品。

服务产品：今天新媒体功能日益丰富，电子商务、在线教育、在线金融、在线医疗等，也在迅速发展。这些服务产品的开发，对于未来新媒体的发展，意义重大。

从这四者的结构关系来看，网络接入无疑是基石，而关系产品是内容产品和服务产品的基础，它为内容产品和服务产品聚集规模化用户，并增强了内容产品和服务产品的黏性。内容产品满足人们对环境认知的需求，同时也成为社交的润滑剂，而服务产品是盈利模式的主要体现，它同时也可以为内容产品与关系产品积累用户规模与用户数据。内容产品、关系产品、服务产品是相互融通、相互支撑的。

作为关系产品，社会化媒体产品在整个产品结构中，具有重要的地位，但是，如果不能与其他几种产品贯通、互动，它也会缺乏发展的动力。所以在开发新的社会化媒体产品时，同样需要对市场结构，即产品的支持结构，进行分析，这主要包括两方面的考虑：

一是一个企业所拥有的产品之间的结构，也就是要考虑到原有产品与新产品间的关联，以及原有产品可以对新产品形成如何的支持；

二是自己的产品在整个市场结构中的位置，也就是考虑如何与整个市场中其他产品形成可能的连接。

（二）竞争性产品分析

就像其他所有产品开发一样，社会化媒体产品的开发，也需要对竞争对手有足够的认识。这包括如下几方面：

竞争性产品的市场定位及市场份额分析。从中可以判断市场是否已经得到充分满足，自己的产品是否还有生存与发展空间。

竞争性产品的优劣势及经营状况分析。从中可以吸取其经验教训，也可以判断市场的机会有多大。

在对以上情况做出清楚判断的前提下，可以考虑是将那些产品作为自己的对手对待，还是作为自己的结盟对象处理。某些时候，甚至可以考虑收购对手或与之合并。

三、社会化媒体产品的核心元素设计

一个成功的社会化媒体产品的设计与运营，需要考虑到多种要素。图 11—4 显示的是在设计阶段需要考虑的最主要的六个元素。

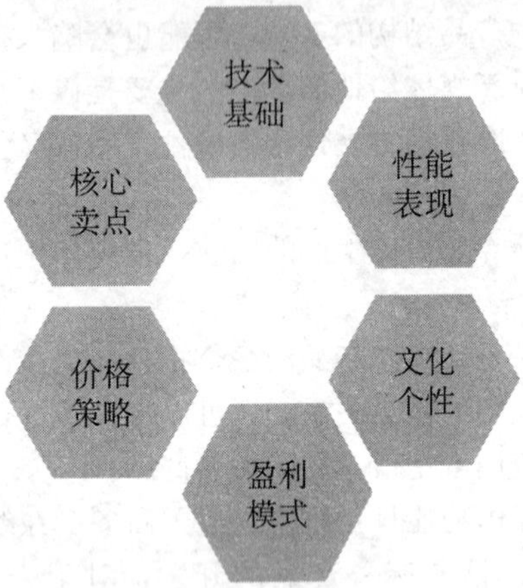

图 11—4 社会化媒体产品设计中的六个核心元素

（一）技术基础

对于社会化媒体产品来说，好的技术，是好的用户体验、优良的性价比的基础。

从新媒体的发展过程来看，技术是在不断进步的，尽管未必每一个新出现的技术都能最终赢得市场，但整体来看，技术总是会在市场的选择中实现不断的更迭。判断什么样的技术可以为市场所认可，什么样的技术只是过眼烟云，对于今天新媒体产品的开发来说，是一个重要的前提。

在新媒体时代，好的技术有一个重要的评判标准，那就是它的开放性，以及对其他同类技术的连通性与兼容性，尽管有时也有例外。例如，苹果公司的操作系统技术，在开放性方面有局限性，但它靠产品优越的性能、良好的用户体验，以及文化上的召唤力，一定程度上弥补了封闭的技术的不足。但与此同时，尽管在操作系统上苹果的技术是封闭的，但它在手机应用开发方面却是开放的。正是它提出的“应用”这样一个概念，带来了丰富的基于苹果操作系统的应用市场，这是苹果手机超出其他手机的更重要的原因。

好的技术，不仅取决于理论上的先进性，还取决于市场的力量，这既包括技术开发者、投资者或行政力量的推动，也包括用户的选择。

（二）核心卖点

一个产品要在市场立足，自然需要具备一定的价值，使之成为产品的核心卖点。有些产品的价值是独一无二的，不可替代的。而有些产品的价值虽然未必是独特的，但可以通过在产品的其他层次上的创意与挖掘，来产生自己的核心卖点。今天的所谓差异化竞争，更多的是在核心利益层次之外的其他层次展开的。

对于社会化媒体产品来说，其核心卖点，往往是从人性需求与互动模式两者的组合中获得的。

（三）性能表现

性能表现是一个产品实现自己的价值、满足用户需求的能力与程度。这既包括产品直接的性能，也包括那些可以延伸的、潜在的性能。而后者，对于社会化媒体产品来说，也有重要的价值。

对于社会化媒体产品来说，除了其形式、功能等的吸引力外，性能表现还体现在几个方面：产品加载的速度、界面友好性、产品的延伸性等。总体来看，它们都可以被视为用户体验。

但用户体验并不只是取决于产品的性能表现，它还与技术基础、核心卖点、文化个性等其他要素相关。

（四）价格策略

与性能表现联系在一起的，是价格因素。但新媒体产品存在一定的特殊性，由于免费成为互联网的一种习惯，所以很多好的产品，都是以免费方式提供的。

早期的互联网是一片较少受到商业利益熏染的乐土，免费是技术爱好者和拥有自由主义精神的人们之间的一种相互馈赠。但后来商业化的“免费”模式的兴起，则是“别有用心”的，即试图用免费带来注意力和流量，然后将流量转化为广告或其他盈利模式。当然，并非所有的网站都能够成功地将注意力和流量“变现”。

从社会化媒体产品角度看，一般的价格策略是，从免费的基础服务起步，赢得足够大的用户规模，形成足够强大的平台，再在此基础上发展收费的用户服务，如游戏等。

（五）文化个性

社会化媒体产品都是基于“人与人的连接”这样一个文化基因，但每一个不同的产品，还应该有自己的文化个性，这种个性与产品的价值个性是相辅相成的。

一个社会化媒体产品的文化个性，来源于先天与后天两种因素。先天的因素，即是产品设计中已经考虑到的文化个性。例如，相比博客，微博在内容发布的字数上的限制，就决定了它有更多的快餐、碎片一般的文化特性。而像豆瓣这样的社区，把互动的基础设定为音乐、书籍、电影，也就决定了它先天的“小资”气息。但也有些社会化媒体产品的文化个性是在网民的互动过程中形成的，例如各种论坛的价值取向、风格定位和其他文化烙印，都是由这些论坛里的人的活动慢慢打上的。

（六）盈利模式

一个产品的最终目标是带来收益。因此产品最终导致的盈利模式，是产品发展的核心动力。后文将对此进行专门的分析。

四、社会化媒体产品中的“互动”设计

社会化媒体产品的核心是“互动”，产品的独特市场卖点、文化个性以及盈利模式等，都取决于产品对于“互动”这个核心的理解与设计。

从技术的角度看，社会化媒体也可以称为社会化软件。

【知识窗】 吉恩·史密斯：社会化软件的构成要素模型

美国研究者吉恩·史密斯（Gene Smith）设计了一个模型（见图 11—5），分析了社会化软件（social software）的构成要素，他指出，一个社会化软件应用由如下几种要素构成。*

身份标识（identity）：个体的身份标识。

存在（presence）：个体是否在线的状态。

关系（relationships）：与他人的关系。

分享（sharing）：分享活动。

名声（reputation）：个体在社会化平台中的名声。

对话（conversations）：个体间的对话交流。

群组（groups）：由部分个体构成的群组。

这七个元素构成了一个类似蜂巢的结构，核心是“身份标识”。

史密斯的这个模型，正是指出了社会化软件中的“互动”涉及的基本要素。当然并非每一个社会化软件都需要具备完整的七个元素。不同平台功能、定位不同，它们的构成元素的重点也有所不同。

他运用自己的模型分析了诸如 Flickr、Twitter、Digg 这样的网站。他认为：Flickr 最重点的元素是“分享”，缺失的是“存在”这一元素；Twitter 最看重的是“存在”这一要素，但“名声”、“群组”、“分享”的要素是缺失的；Digg 看重的是“分享”与“对话”，而缺失的是“存在”和“群组”。

史密斯对于这三个网站的分析也许未必适用于它们今天的情形，但是，他关于社会化软件的要素的分析，在我们分析社会化媒体的新产品开发时可以借鉴。

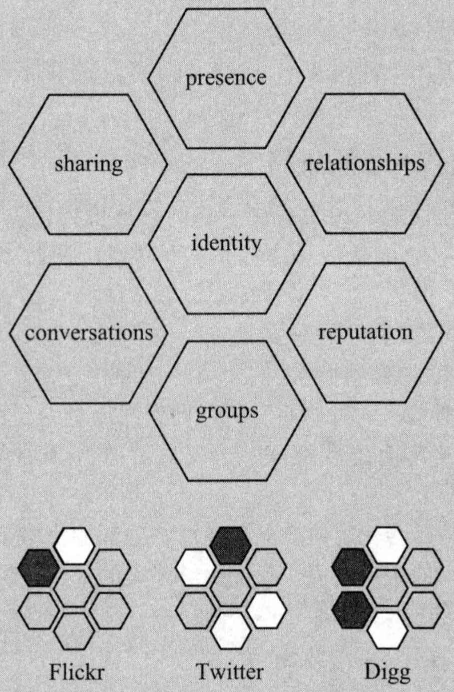

图 11—5　吉恩·史密斯的“社会化软件的要素”模型

图中下方三个网站的模型中，颜色最深的是最重要的要素，浅色表明次之，而白色表示该要素缺失。

资料来源：Gene Smith，Social Software Building，see http：//nform. ca/publications/social-software-building-block。

* See Gene Smith，“Social Software Building，” http：//nform. ca/publications/social-software-building-block.

参照史密斯的模型，以及现有的社会化媒体产品，社会化媒体产品的“互动”设计中，需要考虑的重点因素包括如下几方面。

(一) 个体的存在方式

个体的存在方式又可以表现为以下几个方面。

1. *身份的获得：注册或不注册*

对于稳定的社会化互动来说，个体身份的确定性，是必要的。所以绝大多数的社会化媒体都会有用户注册这样一个基本机制，它赋予了用户一个明确的身份，这个身份也在一定程度上有助于约束用户的行为。

当然，个别社会化媒体没有设定“用户注册”这一门槛，例如在部分中国网站的“新闻跟帖”这样性质的论坛里，不需要注册也可以发言。这一方面是为了人们可以更加畅所欲言，另一方面是为了更便捷地完成内容的生产。但这样的论坛相对较少。

2. *身份标识的性质：实名或匿名*

对于网络来说，个体身份标识，一种取向是实名，另一种取向是匿名。实名又分为前台实名与后台实名两种。前台实名即是网民在社区中显现的用户名称与其真实姓名一致。而后台实名则是指，在用户的注册中提供真实姓名，但在社区中显现的仍然可以是昵称。

在早期的社会化媒体中，整体的身份标识取向是匿名的。互联网发展的初期，人们倾向于以戴着面具的方式在网络中与他人互动，匿名给了人们一种“安全感”。

但是，随着互联网在人们生活中的渗透，很多网民发现，匿名状态虽然为人们表达观点、释放压力提供了一种较为安全的方式，但它给人们带来的满足仍然有限。如果要通过互联网更好地扩展自己的社会关系，获得更实际的社会资本，匿名可能会成为一种障碍。Facebook 这样的实名社区，正是在这样的背景下诞生的，实名甚至成为 Facebook 产品设计中的一个亮点。

对于实名这种方式，如果是出于产品个性设计的考虑，只要产品经得起市场的考验，那么用户是可以接受的。但是，如果是用行政的方式去强行推行实名制，并且其出发点是为了进行言论的管制，那么，网民可能未必会接受。尊重市场规律，尊重网民选择，才有可能使实名逐渐成为网民普遍接受的网络社会的规则。

但是，新媒体产品往往会出现不断的轮回。从匿名化到实名化，是社会化媒体产品的一轮进化过程，但在一定时候，实名化又可能向匿名化发展。无论是实名还是匿名，都应该是以适应网络社会演变规律为前提的。

3. *在线状态的标识：在线或隐身*

在社会化媒体产品的互动过程中，是否显现一个用户的在线状态，也是需要考虑的一个问题。

把在线状态考虑在内的产品，往往会使产品的“即时互动”变得更为突出。

但对于一些用户来说，他们不希望暴露自己的行踪，或者不希望被太多的即时互动所拖累，因此，给予他们隐身的权利，是必要的。

(二) 人群的性质

一个社会化媒体平台聚集着的人群的关系是什么性质的，互动的用户群体可以到达什么样的规模，都是设计中需要考虑的基本问题。

1. 熟人圈子与陌生人圈子

一个平台是陌生人的萍水相逢，还是熟人的聚会，是可以用相应方式来加以限定的。早期的匿名的互联网，多是偶然相遇的陌生人的圈子，但是诸如“校友录”这样的社区的出现，使熟人圈子开始流行。到了SNS时期以及后来的微信，熟人圈子成为社会化媒体平台的主流选择。

圈子的选择与身份标识有着直接的关联，通常的情况是匿名对应着陌生人圈子，实名对应着熟人圈子。即使有些熟人圈子表面上看用的是昵称这种匿名方式，但是时间一长，昵称下的面孔，也会变得众人皆知，与实名并没太大区别。但如果产品要有创新，就可以打破过去的固定的逻辑。近年兴起的“无秘”等熟人圈的匿名社交，正是将原来的链条打破重新组合产生的新产品。

2. 大圈子与小圈子

圈子的成员的数量，对互动的质量，会产生相应的影响。虽然这两者并非一定是正相关或负相关。

有些产品会刻意限制圈子的规模，如微信的群。微信群对人数的限制，主要考虑的是避免微信群的“媒体化”，但规模的限制也会影响到群内成员互动。有些群在人数限制这个前提下，对成员的挑选会更为严格。

当人数过多时，如果互动又是多对多的，那么，针对特定问题的深层讨论就会变得比较困难，甚至连焦点话题都很难产生，最终出现大家都在自说自话的情况。在规模比较大的微信群中，这样的现象是比较突出的。在很多论坛里，这种情况也非常明显。

而在人数较少的圈子里，尽管话题焦点容易凸显，但是，交流也很容易进入封闭状态。在这样的圈子里，如果没有活跃人物，也可能变成死水一潭。

3. 同质圈子与异质圈子

对圈子进行设定的另一个维度，是对圈子成员之间相似度上的考虑。很多社交网站允许成员的异质性，而LinkedIn这样的网站，则强调成员的同质性。当然，相似度不仅可以是身份上的，也可以是兴趣爱好、价值取向等方面的。

（三）平台的结构模式

一个社会化媒体平台总是以某种结构，将人、内容、互动等元素结合在一起。社会化媒体常见的结构模式有以下几种。

1. 以内容为中心的封闭结构

论坛是这种结构的代表。在论坛里，“空间”是用于承载内容的，用户没有自己独立的“空间”，用户要显示自己存在，必须通过与内容相关的动作，用户之间的关系也是通过内容上的互动来体现的。

封闭性则表现为，一个论坛有着一个清晰的地界，这个地界往往通过对用户的“准入”方式来加以明确。但后来的贴吧，则将封闭性进一步发挥，将一个论坛定位在一个特定的话题对象上。

与论坛相似，维基类应用，也是这样的结构，它的封闭性是通过词条这个特定的内容对象来体现的。而点评类网站、电子商务网站中的社区，也都是基于一个特定对象进行的封闭互动。

2. 以内容为中心的开放结构

知乎这样的网站，依然是围绕着内容来展现人与人的关系的，但是，它并没有把人局限在一个个特定的区域里，人是自由流动的，但一个个问题将人们连接起来。人们的关系也不是被简单固定在“关注”关系中，而是通过各种问题可以形成自由的组合。

3. 以个人为中心的封闭结构

博客的出现，使社会化媒体的结构开始转向以个人为中心，每个人的博客是一个个人空间，也是一个自我展现的舞台。无论是否发布内容，这个空间都会显现出个体的存在。

但博客空间相对封闭，虽然也可以与他人的博客进行链接，但是，不会将他人博客的内容直接呈现在自己的空间里。

4. 以个人为中心的开放结构

SNS 开启了以个人为中心的开放结构，微博、微信在很大程度上继承了这样的结构模式。每个用户的个人首页，都可以使个体得到独立的体现，与此同时，他人的帖子也可以进入到这个页面上的“时间线”中，个体与他人之间形成了浑然一体的共存。

对于以人为中心的结构来说，“标签”是一个非常重要的将人与人的关系引伸到人与内容的关系的手段。

当然，社会化媒体平台的结构关系不限于以上几类，寻找新的结构模式，也是创意的源泉之一。

(四) 一对一互动方式

社会化媒体平台上基本都有用户个体之间的一对一互动，一对一互动也可以有不同的方式。

1. 对等式模式——你来我往

对于满足用户的即时通信需要的平台来说，必须提供对等式的交流模式。技术上看，双方处于对等的位置上，进行你来我往的交流。

2. 中心式模式——我写你看

博客等平台，不必基于对等的交流。博客写作者与阅读者之间，是一种不平等的关系，写作者居于中心，而阅读者处于被动的位置。

在微博、微信等平台，也可以看到这样的模式的痕迹，尽管在这些平台上，以个体为中心的结构比博客更开放。

3. 依托中介模式——“它”为媒

在维基类应用中，人们之间可以不进行直接的互动，但他们通过词条这样的中介物，产生了联系，这也是另一种形式的互动。豆瓣、大众点评网以及电子商务网站的点评社区等，也是以某个特定对象为中介来建立人与人的联系的。此外，游戏也是人们互动的一种中介。

一个社会化媒体平台上，可能不止一种互动模式。例如，在微信平台上，既有“朋友圈”这样的中心式模式，又有即时通信这样的对等模式。

（五）群体互动模式

多数社会化媒体平台都会出现群体性质的互动。主要模式有以下几种。

1. 简单集合式

对于某些社会化媒体平台或应用来说，群体的意义主要是产生规模，以吸引到的用户数量来衡量群体互动的结果或群体影响力。“投票类”的应用往往就基于此。

2. 集体开会式

QQ群、微信群等，提供的是一种无中心的多对多互动，每个人都可以在互动空间里发表自己的意见，也没有特别的手段来规定人们的等级。但是，这样的群体互动，通常会自然地形成一些“领袖”人物，他们会对最终的互动走向产生较为明显的作用。

3. 站队式

在知乎这样的平台上，人们通过对同一问题下不同回答的拥趸程度，来形成各自的“站队”。人气的高低、答案的影响力，直接从队列的长度（赞同的数量）体现出来。当然，与现实世界站队不同的是，网络中的“站队”可以设计成兼顾性的，也就是一个人可以同时支持多个对象。

（六）互动的手段

早期的社会化媒体中的互动，主要是基于文字的，而今天的互动已经到达了多媒体阶段。

对新的产品的设计来说，互动手段的选择也是新创意的一个来源。一方面，可以考虑多媒体手段综合运用可能给产品带来的创意；另一方面，也可以从突出某一种“单媒体”的应用的思路上去寻求突破。

视频网站的兴起，与这个平台只强调视频这一种手段有关。而在SNS类网站里，只强调用图片手段的Instagram、Pintrest等，也获得了成功。在近年，中国的“喜马拉雅”、“荔枝FM”等，以音频为手段，专为那些“听觉动物”提供极致服务，也同样受到了欢迎。

游戏也是常见的一种互动手段，即使在互联网的早期，诸如MUD（多人地牢）这样的社交游戏就已经出现，SNS、微信等，使得社交游戏更为风靡。它们不仅增加了互动的趣味性，也提高了互动的“安全性”。因为基于文字、图片等传统手段的互动，往往可能带来误解，而游戏互动在某种意义上可以剥离那些风险因素。当然，它也可能带来另外的风险——如果试图对一个对象发起一个不适宜的互动游戏，则可能会招来对方的反感。

社交游戏并不一定要双方或多方的直接对抗，今天的社交游戏很多时候还是单人完成的，但是，它的结果可以在社交平台上分享，这种游戏就具有了社交的意义。他人分享的游戏结果，可以变成某种诱导或刺激因素，使更多人卷入其中。因此，通过社会化媒体在各种单人的行为中引入游戏式的对抗元素，也变得普遍。今天很多健康类的社交应用，就是将分享每天走路的步数等信息，变成一种游戏式的对抗，激发了人们健身的热情。

在移动时代，地图在互动手段中扮演的角色越来越重要。例如，对于聚会类的应用来说，基于地图的标识、点评、导航等功能，应该成为其标配。

在手段上的创新，还可以体现为对某一种手段应用的“量级”的规定。Twitter 正是通过限制文字篇幅的手段，而产生了与博客不同的卖点。

(七) 互动的场景

第 2 章指出，今天的社会化媒体产品开发，需要更多地考虑“场景”的意义。在社会化媒体产品中设计互动场景时，可以主要考虑以下几种线索。

1. 公开的与隐匿的

在网络空间里的互动，可以是公开的，也可以是私下的、隐匿的。当然，今天的社会化媒体产品并非只有这两种选项，还可以是有选择性地进行公开或隐匿。

2. 空间相关的与空间无关的

有些发生在网上的互动，并不在意与现实空间的关联。但是，今天越来越多的社会化媒体产品，旨在增加与现实世界的互动。因此，与现实空间相关的产品越来越多。

与空间相关的互动又可以包括如下情形：

强调到过某一地理位置。通常以签到为表现形式，在旅游类产品中，这种强调较为突出。

强调以某一特定地理位置为目的地。如针对约会、聚餐等开发产品时，这种强调是有必要的。

强调移动状态下的导航。尽管导航主要依赖技术手段，但互动也是导航的一种方式。因为有些问题并非用地图就能完全解决，需要导入用户的人工力量。当然，地图在这时会扮演基础性角色。

强调位置的接近性。即将地理位置的接近性，作为互动的前提，如查找附近的人。

3. 行为无关的与行为相关的

有些互动与用户的行为无关，例如即时通信可以随时随地进行。但也有很多互动主要发生在某一个特定的行为情境中，如看电视、听音乐、购物、吃饭、乘车等。以特定行为为互动的前提来设计产品，是今天社会化媒体产品开发的一个方向。对于可能成为“互动桥梁的行为”的认识越丰富，产品的设计空间也就越大。

4. 时间无关的与时间相关的

场景常常也与时间因素有关，特别是一天中的时段、一年中的季节、节日等相关因素。这些因素也可以成为互动的特定影响因素。

当然，多数互动可以不受时间因素的限制，全天候无差异地进行。

(八) 互动的回报

人们使用社会化媒体产品，总是或多或少要谋求回报。因此，在产品设计时，要尽可能让人们感知到自己得到了报偿。体现回报的主要方式如下。

1. 诉诸名声

通过某些方式，让用户感受到自己的名声的提升。粉丝的数量、点赞的数量、点击的数量、评论的数量等，都是名声的直观呈现。

2. 诉诸权利或等级

对于用户不同的付出与努力程度，给予不同的权利或等级评价，也是使用户感知到回报、促进他们不断努力的一种主要手段。等级在某种意义上，也会与用户的名声相关联。

3. 诉诸利益

给予直接的奖励。例如，根据用户对流量的贡献给予广告的分成等，也是社会化媒体的报偿方式之一。

当然，在进行互动设计时，以上每一种要素下的选择，都未必是单选项，而是可以在多种选项中进行组合。而一个社会化媒体的产品，也是多种要素及其多种选项的复杂的排列组合。

基于这些要素的考虑，不仅适合于一个大型的、平台级的社会化媒体产品的设计，也适合于附加在平台上的小的社会化媒体应用的设计。

五、社会化媒体产品的创新法则

尽管各种产品的开发，有着很多偶然因素的推动，有些时候也需要“灵光一现”，但是，当我们梳理所有新媒体产品特别是社会化媒体产品的内在发展线索时，还是会看到一些规律。在某种意义上，它们也给社会化媒体产品的未来创新提供了思路。

（一）创新法则之一：在钟摆式运动中寻找最大势能

新媒体产品的发展，很多是钟摆式运动。

前文提到，新媒体产品开发，需要了解人性，特别是像社会化媒体这样的产品，更是基于对人性的基本把握。而人性的特点是，人在某个方向的需求达到一定的满足后，就会产生向它的反面发展的需求。也就是说，一个需求走到“极点”，就会有回摆的运动。

例如，网络社区早期是以匿名为其基本特征的，但是，这种匿名社区越发展，人们对实名的需要就变得越来越迫切，这也是Facebook获得成功的基础。Facebook也带动了一批实名SNS的流行。

但这并不是终点。当人们已经习惯网络中的实名社交时，新一批匿名社区却又开始“回潮”，在中国，“无秘”、“乌鸦”等便是这种新型匿名社区的代表。在“实名”与“匿名”社区间切换，是用户在社会资本与心理释放之间寻找平衡的过程。这意味着，“实名”或“匿名”化产品都有其市场。

做社会化媒体产品的设计，往往需要对钟摆运动中的极点的判断能力，极点是“势能”最大的地方，也是回摆的时间节点。新媒体的创新，往往是一个在钟摆运动中寻找最大势能的过程。

但回摆并不是回到原点，重复过去的运动，而是要注入新的元素，加入新的动力。例如，新一轮的匿名社区，并不是完全回归陌生人世界，而是在特定熟人圈子中的“匿名”，在回归中，它又蕴含了创新元素。这种熟人的匿名社区既可以让人们有一定程度的自由，又可以较好地维系社会资本。

（二）创新法则之二：通过“限制”求“突破”

在今天的新媒体环境下，人们的时间更为碎片化，人们的注意力更为分散。在某种意义上，它们会成为“限制”，而这其中也蕴含着“突破”的可能。

1. 内容上的限制

专注于某一个（或几个）“窄”的领域（如豆瓣）甚至某一个话题（如贴吧），往往可以促进深度上的突破。

2. 形式上的限制

前文指出，尽管今天已经进入多媒体、全媒体时代，但多媒体并不一定适用于任何人、任何时候。仍然有一部分用户偏爱耳朵的享受，某些题材，如音乐、语言教学、评书等，仍然有赖于音频媒体。同样地，仍然有一批“视觉动物”，会格外钟情于图片、视频这样的手段。

因此，把一种感官手段运用到极致，有时可以带来更高程度的满足。通过对手段进行“限制”或者说“窄化”，也是社会化媒体产品的创新路径。

在多媒体时代如何进行单媒体的市场细分，是一个需要不断探索的问题。当然，这并非等于维持传统媒体的做法。

形式的限制还可以有其他可能性。例如，知乎将形式限定为问答，从而使它的定位凸显出来。

3. 量上的限制

给用户更大的空间，似乎应该是社会化媒体产品追求的目标，但有时反其道而行之，却可能带来意想不到的效果。

例如微博有字数的限制，微视、美拍等有视频拍摄时间的限制，这样的限制，反倒使得技术门槛、参与门槛进一步降低，人们参与的频率、持续度会因此而增加，从结果上来看，是带来了更大程度的解放。

微信公众号信息发布数量的限制，促成了媒体内容的“萃取”与用户注意力的“聚焦”，在某种意义上，也是提供了突破的可能性。

4. 用户权限的限制

给予用户更多权限一直是多数社会化媒体产品提高用户体验的目标，但是，也有的产品有意限制用户权限。例如，美国的社会化媒体平台 Product Hunt，是一个推荐科技圈新产品的社区，但它始终对发表产品评论的权限进行严格控制，目前只有 2%的用户拥有评论权限，而拥有这些权限的人，的确都是行家，这也保证了平台内容的高质量。

（三）创新法则之三：提供从业余到专业的速成工具

美图秀秀、美拍等产品近年来风靡一时，即使用户没有受过专业训练，也可以瞬间成为图片美化或视频剪辑的高手。这些产品给我们的启发是，不要试图要求每个用户都有专业的背景，但要用工具让他们变成高手。

当社会化媒体的用户普遍参与到内容生产过程中时，如何通过相关的技术与机制，来提高用户内容的专业表现力，或者将其转化为专业的内容，应当成为产品创新中着重考虑的地方。

第 3 节　社会化媒体产品的推广

再好的产品，也需要一定的市场推广。社会化媒体产品的市场推广主要包括推广定位和推广手段两个方面。

一、社会化媒体产品的推广定位

在社会化媒体产品的开发中，有一个突出的现象，那就是，如果一个产品受到市场的欢迎，那么往往很多同类产品会蜂拥而出。例如，当新浪将其微博这样一个产品成功推向市场后，其他几家商业门户网站以及一些媒体网站，也推出了它们的微博平台，这使得产品的竞争变得更为激烈。

在市场上面临着同质化的产品的竞争时，如何才能进行自己产品的推广？对产品进行更细化的定位，是推广的基本策略之一。

同类产品在设计时，其核心卖点是类似的。因此，推广时期的再定位，主要是通过挖掘产品在附加产品和潜在产品层面的价值，特别是其文化特质，来吸引特定人群的。

【案例】 微博产品推广广告语

四家门户网站在进行微博产品的推广时，它们打出的广告语分别是：

新浪：加入微博分享新鲜　有什么新鲜事想告诉大家

搜狐：来搜狐微博看我　分享你身边的精彩

网易：记录我们的微生活

腾讯：与其在别处仰望，不如在这里并肩　记录身边的事情和点点滴滴的感动　这就是我们140个字的碎语人生

新浪的广告语将微博功能的重点放在分享新鲜事方面，也就是强调微博的分享文化。搜狐的广告语，一条是以普通人的分享为诉求点，与新浪类似，另一条则与名人的推广活动结合，“来搜狐微博看我”中的“我”，主要指的是各类名人，它强调了微博可以与名人近距离接触这样一个特点。网易的广告语强调了“微”这个特征，其微博产品的设计，也同样是围绕“微”来做文章的。例如，将微博用户称为“微生物”。腾讯的广告语主要针对新浪、搜狐微博平台的名人战略提出了自己的不同定位，强调微博文化的平等性，以诱惑用户到其平台。

这些广告语，很难简单评判孰优孰劣，它们只是传递了不同网站对其产品方向的认识，也与对应企业一贯的文化是相关的。

二、社会化媒体产品的推广手段

一个新的社会化媒体产品出现后，通常需要市场的推广和培育，通常采用的推广手段包括如下几种。

（一）名人战略

借助名人效应，来进行社会化媒体新产品的推广，是一种常见的策略。在博客与微博的推广中，这种策略运用尤其普遍。

名人战略在社会化媒体产品的推广中，主要可以起到以下作用。

1. 利用名人的影响力来迅速传播产品

就像其他产品一样，名人使用某个社会化媒体产品，也可以产生广告效应，使产品的知名度、普及度得到迅速提升。

2. 利用名人对粉丝的号召力来快速集聚用户

一个名人进入到某个平台，他的粉丝也会相应跟进。因此，名人可以带来大规模的用户的聚集。对于平台来说，这样的推广，无疑会起到事半功倍的效果。

3. 利用名人生产的内容来形成注意力焦点和黏着力

第1章指出，社会化媒体有“媒体偏向”与“社交偏向”的区分。对于像博客、微博这样的“媒体偏向”的平台来说，用户在这里总是希望有一些可以持续引起他们兴趣的内容。名人生产的内容，尽管并非总是有“营养”的，但对粉丝来说，仍然具有不可替代的吸引力，可以成为这些用户持续的注意力焦点，这也有助于他们在社会化媒体平台上坚持下去。

当然，名人战略并非总是畅通无阻的，在利用名人战略时，如果处理不好某些问题，也可能会使效果走向反面。

如果一个社会化媒体产品只是把关注重点放在名人身上，而忽略了为普通人提供更多的发展空间或更好的服务体验，那么这样的产品生命力也有限。

一个产品或平台如果把用户分成三六九等，也容易引起部分用户的反感，这也会影响平台的稳定性。

如果过于依赖某一个或几个名人，那么一旦这些名人声誉出现问题，或者他们弃用产品、离开平台，就可能带来毁灭性打击。

（二）事件或话题营销

在市场营销中，事件营销是一个常见的方式。对于社会化媒体产品来说，利用好的时机，抓住好的事件，也可以为产品的市场推广带来好的效果。

事件营销中的“事件”，既可以是有意策划的，也可以是一个现成的事件。但无论是策划事件还是利用现成的事件，事件营销都需要注意天时、地利、人和。过于人为、牵强制造的事件，未必会起到好的效果。

事件营销中的天时，一种情况是指抓住某个已经发生的事件与营销目标之间的关联性，来推动营销活动的进行，另一种情况是指在策划某个事件时，要注意与大的环境相适应，顺势而为，而非与时势背道而驰。

地利，指的是其传播的平台与环境氛围。社会化媒体本身是一个极具传播力的平台，但是这种传播力是基于人际关系网络的激发。社会化媒体的营销，需要很好地利用自身的平台特点，有效地激发起其中的关键节点（如意见领袖）的参与，并尽可能激活网络的更多节点。而击中人心、符合网络文化基调的话题，能赢得更多的地利。

人和，则是基于对人的心理的把握。事件及相关话题要与人们的兴趣相吻合，事件的表现形式、活动方式，应该能给人们带来一定的心理刺激与心理满足。刺激可以促进参与，而报偿可以促进可持续化。

除了通过事件来进行社会化媒体产品的推广外，话题也可以成为一种营销手段。

与事件营销相比，话题营销的适用面更广，一般成本也更低。

【案例】 冰桶挑战：社会化媒体平台的推广活动

在与社会化媒体平台相关的事件营销中，“冰桶挑战”是一个典型的案例。虽然它的目的不是为社会化媒体本身做品牌推广，但它在倡导公益参与的同时，无形中也彰显出社会化媒体的传播力。成为了 Facebook、YouTube、微博等社会化媒体平台自身的一个极好的推广活动。

冰桶挑战的活动，是为了唤起人们对“肌肉萎缩性侧索硬化症”（英文简称为 ALS）的关注以及帮助这一罕见病的患者而发起的活动。正式活动于 2014 年 7 月在美国发起，很快风靡全球。参与者要在网络上发布自己被冰水浇遍全身的视频内容，然后要求其他人来参与这一活动。活动规定，被邀请者要么在 24 小时内接受挑战，要么就选择捐出 100 美元。

冰桶挑战活动的创意，有几个重要的特点：

其一，从传播机制来看，它充分利用人际关系网络的传播力量，通过接力的方式来促进话题与活动的扩散，这正是社会化媒体的特长。在这样的人际网络中，有价值的话题可以以裂变式的方式传播，其传播效率是惊人的。

其二，从设计的话题和参与形式来看，它给宏大沉重的内核裹上了一层“轻薄化”外衣，将帮助罕见病患者这样一个沉重的话题转换成冰桶浇水这样一种看上去有些娱乐性的方式，这也正迎合了网络文化的特点。

其三，这个事件的参与门槛及成本较低，多数人都可以参与，这也使得它容易被各种阶层的人所关注与效仿。能让更多的人被卷入而不是做旁观者的事件，往往会有更好的传播效果。

其四，从参与者的心理来看，这个活动既激发起人们的同情心，也可以适当满足人们的虚荣心，被点名实际上是一种名声与地位的象征。通过视频来展现冰水当头而下的情景，通常也可以给参与者带来更高的人气。因此，参与者不仅是在贡献，也在获得相应回报。

因为整个活动主要是通过互联网特别是各种社会化媒体平台传播，因此，与此相关的 IT 公司的领导者的参与更为积极，微软公司的比尔·盖茨、Facebook 公司的马克·扎克伯格、谷歌公司的谢尔盖·布林和拉里·佩奇、亚马逊公司的杰夫·贝索斯、苹果公司的蒂姆·库克等 IT 界名人，都参与了这一活动。在中国，互联网界的名人也是这个活动最积极的参与者与传播者。而这些人在网络中的影响力巨大，他们的示范效应，也带来了整个活动的迅速推广。与此同时，不少娱乐界、体育界明星的加入，也使这个活动变得更加令人瞩目。

尽管对冰桶挑战活动也有一些争议，但是，无论如何，它成功地吸引了人们的注意，这是一个不争的事实。

尽管冰桶挑战这样的事件并不能反复复制，但是它的成功经验是值得借鉴的。

在网络中，特别是在社会化媒体中，话题的确是可以被制造出来的。制造话题的思路主要包括两个方面：在一个已有的事件基础上延伸出话题；依据特定的时机或针对网络中的文化氛围创造出话题。

近年来的大量案例说明，在网络中很容易制造出话题，如“杜甫很忙”、“元芳你怎么看”、“土豪我们做朋友吧”等，也会出现很多的网络流行词语，如“我和我的小伙伴都惊呆了”、“人艰不拆”等。制造话题与流行语，也可以提高社会化媒体平台的知名度和人气。

（三）推广活动

今天很多新媒体企业都有庞大的产品推广部门，这些部门的工作人员需要配合新产品的宣传，利用各种场合（如会议、活动）到相关的行业、机构或用户群体中进行直接的推广活动。

例如，在博客产品的推广中，新浪博客的运营人员曾在人民大会堂门口直接面向“两会”代表或委员进行博客的宣传，动员他们在新浪开博客。

微博推广大战时，各家网站也是各显神通。新浪“从前台到总裁都在推广微博。甚至连送外卖的和在楼下趴活的出租车司机都不放过”①。在用户达到一定规模后，新浪又针对政府机构这样的行业用户进行专门推广活动，如在各种会议中宣讲微博对政府机构的价值，使政务微博数量激增。

腾讯在微博推广活动中推出了“微博上墙”这样一种新颖的形式，微博上墙又叫“微博大屏幕”，即微博用户发送相关话题，工作人员在后台挑选其中一部分内容在微博大屏幕上展示，这种形式主要用于一些会议或活动的现场大屏幕中。这样一种形式，使微博用户有机会让自己的微博内容被更多人看到，获得成就感，这也有效地促进了一部分用户进入微博平台。

当然，除了专门的部门外，在很多时候，新媒体企业的每个员工都可能有推广自己企业产品的任务。而充分调动用户的力量，让用户成为产品的推广者，是更高明的策略。

例如，微信红包本身是微信支付的一个推广活动，但它巧妙地把推广活动的主体变成用户本身，将推广的成本也部分转移到用户身上，而这样的做法并没有引起用户的反感，反而让人们乐此不疲，这不能不说是一种非常聪明的做法。广而言之，游戏是社会化媒体平台的一种推广手段，好的游戏通常可以迅速利用用户本身的积极性带动产品的推广。

发起和参与公益活动，也是社会化媒体平台重要的推广方式之一。它可以较好地调动网民的力量，通过网民形成口碑效应。

（四）广告

广告在社会化媒体产品的推广中，仍然有着显著作用。当然，对于社会化媒体产品而言，其广告的设计与投放策略，应该更多地考虑如何带来用户的讨论与参与。

第 4 节　社会化媒体平台的用户体验与用户黏性

一个社会化媒体产品的普及率及其生命力，不仅与产品的设计和推广有关，更与用户体验和用户黏性有关，这两者是产品在运营过程中形成的累积效果。

一、社会化媒体平台的用户体验

所谓用户体验，是指用户在接触、使用产品时所形成的各种心理感受。包括产品的功能性、易用性、界面友好性、视觉的感受、品牌的感受等。用户体验越好，产品的黏性越强，品牌忠诚度越高。

前文提到了社会化媒体设计的六个核心元素，但并没有将用户体验单独列出，这是因为用户体验取决于多种要素的共同作用。

① 《微博之战——争夺中国人的“意见”与“关系”》，载《南方周末》，2011-04-08。

除了产品本身之外，人们在社会化媒体中的使用体验还与这个平台上人与人的互动相关。因此，社会化媒体平台的用户体验可以分为两大部分：产品形式上的体验和情感上的体验。

（一）产品形式上的体验

从产品形式方面看，用户体验主要体现在以下几方面。

1. 产品获得的便利性

再好的产品，如果用户获得它时障碍重重，也不会带来好的体验。在同质化产品竞争越来越激烈的情况下，获得的便利性，在某种意义上也是赢得竞争的一个重要方面。

获得的便利性，既体现为它被人们发现的便利性，也表现为下载、安装等具体操作的便利性。

社会化媒体产品往往都有注册的要求，但对用户来说，不断注册新的账号，一是手续烦琐，二是容易忘记自己的账号、密码。因此，允许不同产品的账号的通用，也是提高产品获得的便利性的一个方面。

2. 界面的友好性

社会化媒体本身需要通过一定的界面与用户产生关系，用户对于产品界面的使用体验对用户的影响十分重要，这主要包括：

方便程度。例如，各种操作能够一目了然地被发现，操作简单，稍微复杂一些的操作有指南式的帮助。今天社会化媒体的应用越来越多地依赖移动终端，移动状态下人们对方便度有更高的要求，“一指搞定”各种操作应该成为基本要求，摇一摇、扫一扫等，为用户体验的更高标准提供了示范。在未来，更多的智能化人机互动方式，将为用户体验的提升提供更多的可能。

适配程度。这里所说的适配，是指界面设计与用户一般习惯的适应、吻合程度。如果界面设计能顺应用户的一般习惯，那么用户在一个新的界面里可以无师自通，在使用时也能减少时间、精力等成本。

个性程度。尽管多数用户在某些产品的使用中有些普遍的习惯，但用户之间也会有差异，界面设计需要考虑这些差异性，而这需要通过某些个性化设置来实现。例如，允许用户自定义界面的风格、界面的布局等，这使得产品既具有兼容性，也能实现个性化。

3. 广告的和谐性

今天的社会化媒体产品中，仍然可能会有广告出现，用户对粗暴推送的广告会有排斥的心理，所以在无法避免广告的情况下，使广告的推送方式、表现形式，与整个平台的氛围以及用户的需求相协调，可以降低用户对广告的排斥，带来更好的广告效果。如果与大数据技术结合，针对用户在不同阶段的特定需求，进行广告的适配，则效果会更好。

（二）情感上的体验

社会化媒体与其他产品不同的是，它不仅是工具，更是社交场所，所以产品的设计与运营，要把用户在情感上的体验作为一个重要考虑。这方面主要涉及以下问题。

1. 新用户的体验

很多用户进入一个新的社会化媒体平台，会感觉茫然，因为进入了一个“四下无人”的空间，如果没有别人的主动关注、没有他人的指点，他很可能永远会处于这种状态，也无法充分体验产品的全方位功能。微博上曾经发生的“局长开房门”事件，就是该局长把微博当作 QQ 来使用，致使自己与情人的对话在微博上公之于众。抛开该局长个人的私德不谈，这个事件从某个角度反映了一些用户在新的社会化媒体产品使用中的典型遭遇。

对于社会化媒体产品来说，让用户进入一个新平台的同时也进入一个“宾至如归”的社交空间，是非常重要的。其关键，是要通过相应手段帮助用户迅速形成和扩展自己的关系圈子。目前一般产品的做法，是通过用户的手机通讯录、邮箱通讯录等，完成用户关系的初始化启动，再通过推荐算法来帮助他们不断发现新朋老友。当然，如果用户不愿意泄露自己的手机或邮箱通讯录，则可以通过推荐相关用户，特别是名人用户的方式，帮助他们进入人际交流的圈子。

2. 群体氛围

常态下，用户的情感体验与群体氛围相关。

如果用户在社会化媒体平台互动中获得更多的是愉悦的、积极的、友善的情感体验，那么，他对这个平台的依赖感也会较强。

反之，一个敌意的、给人负面压力的社区氛围，会使用户产生抵触情绪。当然，某些时候，与他人的对抗（如持续的辩论）也会成为一个用户留在某个平台的动力，但这毕竟不是一种愉快的体验，因此也很难成为持久的动力。

因此，对于社会化媒体产品的运营者来说，用户体验的营造与整个平台的管理水平直接相关。

3. 社交圈扩展机制

社会化媒体产品不仅要为新用户提供社交圈的启动机制，也需要持续为用户提供社交圈的扩展机制，使他们获得社会资本的持续扩张。

这样的扩展机制是两个方向的：

一方面，让用户被更多人注意，这样有助于他们进入更多人的社交圈，各种方向的用户推荐，都有助于这一目标的达成；另一方面，为用户去发现他们潜在的关系，这既可以是现实中的朋友关系，也可以是因为兴趣、利益而在网络中形成的新关系。

4. 激励制度

对于用户来说，他们在产品中的活动可以获得鼓励，在社区中的参与可以获得回报，都可以带来好的情感体验。

二、社会化媒体用户黏性的形成

一个产品能否持续地吸引用户，或者使用户欲罢不能，是决定一个产品能否成功的重要因素。人们常常将产品在这方面的能力称为用户黏性。

用户黏性往往来源于产品的基本功能。那些能满足人们最基本需求的产品更容易产生黏性。

从新媒体角度看，关系需求是人们的基本需求，而人与人的关系，往往比人与内容的关系，更能产生持久、牢固的黏着力。社会化媒体产品的用户黏性也就往往强于内容产品的用户黏性。

用户黏性的形成，也常常与惯性有关。在新媒体产品中，用户界面形式往往更容易固化为人们习惯中的一部分。良好的用户体验，尤其可以带来牢固的习惯。

产品的转换成本，也是黏性的一个来源。如果一个用户放弃这个产品，需要付出比较大的代价，那他就更难以摆脱这个产品。而社会化媒体中用户的关系圈，是这种转换成本的表现之一。换一个交流平台不难，但如果新的交流平台上没有自己的朋友，这个平台就毫无意义。

文化基因的认同，或文化上的共鸣感，同样也有助于用户黏性的形成。

用户黏性与用户体验直接相关，但它也并不等同于用户体验。好的用户体验通常可以带来较强的用户黏性，但某些时候，用户黏性可能也来源于较差的用户体验。例如，转换成本高，是一个不好的用户体验，但它却可以形成较强的用户黏性。

好的产品，应该尽可能在提供良好的用户体验的基础上，去增强用户黏性。

第 5 节　社会化媒体产品的盈利模式

社会化媒体产品也会有盈利的目标。很多产品尽管在初始阶段似乎是不以盈利为目的的，但在长远的发展中，必然包含盈利的需求。社会化媒体产品要解决自身的盈利问题，才能有持久的生命力。

一、社会化媒体盈利的新思维

尽管社会化媒体产品在盈利手段上与门户网站、其他网络产品或者传统媒体产品有着一定的相似性，但是，也需要在以下的新思维中寻找灵感与突破。

1. 连通思维

社会化媒体连接着人与人，也在某种意义上连接着人与终端、人与内容、人与服务，多通道的连接，是社会化媒体盈利模式的新来源。

因此，社会化媒体要努力地寻找或建立新的连接通道，建立起人—人、人—内容、人—服务等的相互连通结构，并在此基础上去探索几者融合、互动带来的盈利新可能。

2. 聚合思维

社会化媒体可以把个体与个体连接起来，也可以把分散的个体聚合成为大规模的群体，而到达一定规模时，群体的力量会产生质变。

充分利用聚合机制，将聚合后的人群变成盈利的手段或动力，在今天也变得日益可行。众筹模式，就是其中的代表。

3. 单点思维

社会化媒体的盈利，还有另一个方向，那就是要重视“单点”，即挖掘个体用户的个性化服务。在今天技术已经可以实现个性化分析的基础上，把每一个独立的个体这个单点服务好，同样也可以产生盈利可能。

二、社会化媒体的主要盈利手段

社会化媒体的主要盈利手段包括如下几种。

(一) 广告

对于各种社会化媒体平台来说，硬性的广告形式主要可以分为如下几种，当然，它们之间也有可能交叉。

1. 常规广告位展示广告

这类广告是传统网络广告的延续，它们以图标或横幅的方式出现在页面的某些醒目位置。这些广告通常是面向所有用户的，不会因人而异。

2. 个性化推荐广告

针对用户的浏览记录、个人信息偏好等，进行定向的广告推送，使广告与个人需求有更好的吻合。在新浪微博与淘宝网启动合作后，新浪微博右侧的广告，都是淘宝商品的推荐，而这些商品是根据用户在购物网站的浏览或购买记录来选择的。在大数据技术普及的今天，这样的个性化推荐广告必将越来越流行。

当然，这样的广告既需要解决个性化的问题，更需要解决智能化与人性化的问题。因为有些商品，用户买完可能还需要同类商品，而有些商品，用户的需求是一次性的，如果他购买后还反复地出现这些商品的推送，其效果恐怕适得其反。

3. 信息流广告

通常广告是出现在用户阅读的信息流之外的，但是，在今天的一些社交平台，如 Facebook、QQ 空间、微博与微信平台上，也出现了插入信息流的广告，它们与用户接收到的其他信息混合在一起，也会随着信息的刷新而“沉没”。

进入信息流的广告，更容易引起人们的关注，但它们也有招致用户反感的风险。只有深刻了解用户的个人偏好，使广告尽可能与个体的风格、品位、阶层及需求相吻合，才可能收到较好的效果。因此，信息流广告本质上也是一种匹配性广告，它不能千篇一律地出现在所有用户的信息流里，而同样要基于算法来进行广告的投放。

但正如第 9 章分析微信的信息流广告时所指出的，这样的广告推送策略，不仅是一个数据收集与算法的准确度的问题，也是一个对用户心理（虚荣心、争强好胜心等）的把握问题。信息流广告的匹配不完全根据人们的实际状况，而更多地基于人们的期待目标或自我定位。过于实在的判断，反而可能会导致用户的不满。而对于后者的分析，在未来的通过大数据推送的广告中，需要进一步引起重视。

采用信息流广告的形式，应该以不伤害用户体验为前提。Facebook 是采用信息流广告比较多的平台，但它在近年来也以用户的反馈为前提，来平衡广告投放与用户体验之间的关系。

4. 视频插播广告

今天很多社会化媒体平台都有相应的视频服务，在视频中插入广告，也变成视频服务提供者的主要广告形式。

视频插播广告，出现在人们的视频观看进程中，在技术上也可以做到用户不能跳过这些广告，所以它具有较强的强制性。

但是，如果不考虑用户体验，一味强化这样的广告，最终也可能使用户逃离整个平台。

5. 页面载入或退出过程中的插播广告

一些社交产品在载入首页或退出平台时，会插入一个或几个广告，这也是强制性较强的一种广告形式。但与视频插播广告一样，伤害用户体验的广告，风险仍较大。

从广告的发布权来看，社会化媒体的广告主要还是由运营方来控制发布。但今天一些社会化媒体平台也推出了自助式广告服务系统，如 Facebook、Twitter 和新浪微博等。

当然，未来社会化媒体的广告形式将不会完全停留在上述形式上。Facebook 创始人扎克伯格认为，"最好的广告形式是通过朋友获得消息。Facebook 有意为广告商提供创建社交广告的最佳工具。我们认为，广告中包含你所关心的对象的趣味内容越多，运营人员就越能给 Facebook 的用户带来更多增值体验"①。对于各种社会化媒体来说，调动用户关系资源，创造更人性化的、更友好的广告形式，将是未来的一个新的努力方向。

（二）电子商务

在社会化媒体中，即使广告做得再巧妙，也需要有所节制。但是，如果能通过数据分析洞察用户的需求，直接向他们定向推荐电子商务的入口，反而可能受到欢迎。

即使像豆瓣这样"文艺化"的社交平台，最终也开始了多元的电子商务经营。这表明，电子商务与社会化媒体的结合，将是未来的大势所趋。

社会化媒体平台要开展电子商务，基本都要靠合作模式。另起炉灶办电子商务平台，成本太大，且很难在规模、声誉、价格、服务等方面与已有的大型电商平台竞争。即使是像腾讯这样的财大气粗的公司，在自办了易迅网这样的购物平台后，最终也转向与京东开展合作。新浪微博与淘宝的合作也说明，在今天，社交平台需要更多依靠与成熟的电子商务平台的合作，来寻找盈利可能。

（三）收费应用或服务

绝大多数社会化媒体在启动时对用户是免费的，但是，在它取得一定的用户规模后，就需要酝酿对用户的收费应用或服务。

① 《Facebook 与 LinkedIn 案例小结：在社交网络领域，统一标准的盈利模式并不存在》，见 http：//www. huxiu. com/article/3858/1. html。

【案例】 微信：收费表情服务

2013 年 8 月，微信升级到 5.0 版时，推出了收费表情服务，尽管多数用户对这一服务表示抗拒或不接受，但这样的服务也并非毫无价值。在日本，与微信类似的应用 Line，已经在收费表情方面取得了一定收益。据称 Line 一个季度可收入 5 800 万美元，其中贴图表情收入占 30%。它还为企业提供付费的表情定制服务，只要肯花钱，就能创建自己的专属表情。*

* 参见《微信 5.0 部分表情符号成了收费项目》，载《人民日报》，2013－08－23。

可见，用户并非永远都是一毛不拔的，收费服务推广的关键，是服务的不可替代性和稀缺性。

面向一些特定的机构用户开展收费服务往往能更快见到成效。例如，新浪微博可以为企业提供微访谈组织等服务，以微访谈形式进行企业的宣传。

（四）基于会员制的盈利模式

以会员制为基础的盈利模式，目前主要是两个方向：一是向会员收费，二是会员合作创收。

以提供高质量、高附加值的服务为前提，面向会员收费，是社会化媒体常见的盈利模式。新浪微博的会员制就是典型的例子。

罗辑思维则把社会化媒体应用中的会员服务推向了深入。尽管看上去罗振宇对招募的付费会员没有给出明确的服务承诺，甚至自称是“史上最无理的会员召集”，但是，他的目标是利用会员的规模与力量，开展社群电商，会员合作创收。他所依赖的资源，并非他自己和团队的，而是会员自身的。罗辑思维的实践是否会成功，还需要时间来证明，但是将网民聚集成社群，挖掘社群成员的价值，这或许是未来的社会化媒体盈利的新方向。

第6节　社会化媒体产品的平台化和生态化

一个成功的社会化媒体产品，往往会发展成为一个用户规模庞大、吸纳服务众多的平台，而平台的持续发展，有赖于将其作为一个生态系统进行经营。

一、社会化媒体产品的平台化目标

今天的新媒体发展已经越来越多地呈现出平台化的趋向，也就是说，一个用户规模足够大、用户黏性足够强的产品，可以变成用户稳定的活动平台，于是许多产品会向这个平台靠拢。从总体来看，在一个大的应用方向中，用户基本集中在一个或少数几个大的平台上。

能够被称为新媒体平台的地方应该具备以下几个方面的特质：

与某个产品只是在单一环节提供单一功能的满足不同，一个平台应该涵盖更多的功能环节。

平台的建设主体是开放的，平台也是由所有主体共同经营的。一个良性的平台生态决定了这个平台上不同的生产者的积极性与贡献度。

平台是产品的孵化器。平台需要为新产品的开发提供用户基础以及开放的技术接口。

平台还意味着，它所聚集的，不是简单的用户，而是“成员”。“成员”是平台的基本构成单元，他们既是使用者也是参与者。平台的兴衰，与成员的各种活动直接相关。

平台的核心作用，是“连接”。如果各个环节、各个产品只是简单地被堆积在一起，缺乏内在的连通，那么，这很难被称为平台。一个理想的平台，应该同时可以实现内容的连接、关系的连接、服务的连接，同时也可以实现内容—关系—服务这三者之间的连接。而这个平台还会体现终端或管道的特质。当然，一个平台会有自己的侧重点，但是，如果没有其他几个方面的支撑，这个平台的影响力则会受到限制。

前文提到，网络产品主要分为四类，网络接入、内容产品、关系产品和服务产品，它们都有向平台转化的可能性，但以关系产品为核心的平台，其黏性最强，因为用户的转换成本是最高的。

因此，社会化媒体转换成平台的机会是最大的，当然，要在林林总总的社会化媒体产品中脱颖而出，还是需要种种因素的推动。

一个好的平台，还应该具有对其他产品或系统的开放性。

研究者谢文认为，对于互联网平台来说，真正的开放必须具备三要素：一是对应用层面开放；二是对平行的平台开放，即一个 ID 走天下；三是对人的行为关系数据的分享。[①]虽然他所指的是互联网平台，但是，在社会化媒体平台里，对开放性的要求是类似的。

虽然开放性在表面上会削弱某一个产品的垄断性，但是开放实际上也造就了另一种垄断——一个平台开放和连通的规模越大，吸纳的相关产品越多，用户对它的依赖性也就越强，达到一定用户规模时，它在市场中的话语权也就越强。

二、社会化媒体平台的生态化经营

当社会化媒体产品强大到成为一个平台时，那么这个平台的运营就应该被当作一个生态系统来考虑。这个生态系统的目标是创造一种共生共荣的环境，这样一种生态建设，需要考虑几个方面的平衡。

（一）秩序与自由的平衡

对于用户来说，对一个社会化媒体平台，总会有自由与秩序的双重需求。一方面，他们希望自己拥有表达的自由、行动的自由；另一方面，他们也不希望受到无秩序的平台中他人给自己带来的妨碍与伤害。

对于平台的运营者来说，秩序更是他们希望维护的。

从维护秩序角度看，一些社会化媒体设立的管理者角色，如论坛的版主、微博的小秘书等，有着存在的必要。但是，如果管理者把握不好度，过多限制成员的表达权利，那么这样的平台很容易被管死。

新浪微博设立的“社区委员会”制度，在某种意义上是对社区秩序维护方式的一次革新，它招募相关领域的专家和普通微博用户进入社区委员会，在一些微博纠纷发生时，让委员会成员扮演仲裁者或陪审团成员的角色，这不仅减少了官方运营者的工作压力，也可以更好地借力网民的智慧。当然，在实践中，这一制度未必得到完美实施，但是，这样的思维，应是有益的。

（二）各种用户间的平衡

对于用户来说，社会化媒体的生态系统需要为每一个用户提供生存的土壤，在各种不同类型的用户间创造一种有机的“食物链”。这主要包括以下两方面的平衡。

1. 领袖级用户与普通用户的平衡

目前很多大型的社会化媒体平台，会将培养的重点放在领袖级的用户上，而草

①参见徐洁云：《互联网平台化：诱惑与竞争》，载《第一财经日报》，2011-09-08。

根化的用户相对被忽视。那些围观、仰望着领袖的草根，是否会因此有被边缘、被抛弃感，因而可能反过来抛弃平台？被凸显出来的领袖们，如何激励他们对平台生态产生贡献？这些问题如果不处理好，最终会影响到平台的生态的稳定性，进而影响到平台的发展。

2. 个体用户与机构用户的平衡

现在多数的社会化媒体平台都有个体用户和机构用户两种类别，两者性质不同，在平台中的生存方式不同，平台对两者的管理策略也有所不同。而忽略其中任何一方，都可能造成生态的失衡。

（三）内容生产、消费及流动的平衡

尽管从整体看，社会化媒体的信息流量非常大，但是，有相当一部分流量并非来自用户原创，而是转发。对于多数用户来说，他们在一个平台待的时间越长，主动生产内容的动力可能就越小，他们会退化为单纯的信息的消费者。

但是，这会意味着平台中的信息供给出现问题，最终也会出现“食物链”的中断。

因此，推动内容的生产，在社会化媒体运营中至关重要。

越来越多的平台开始对那些积极的生产者采取激励措施。新浪微博甚至出现了针对“自媒体”的特区政策，为“自媒体”的经营者疏通了以原创内容获得收益的渠道，包括根据阅读量进行的内容付费和广告分成，以及粉丝的打赏等。类似这样的措施，的确是非常必要的。

此外，即使社会化媒体平台有足够的内容供给，但如果在内容的生产者与消费者之间没有形成渠道疏通，也不能形成有效的内容流动，对重要的内容进行人工的或技术性的推荐，有助于平台中内容的畅通流动，也有助于提升平台的人气。

（四）盈利模式与用户体验的平衡

对于社会化媒体平台的运营来说，盈利模式与用户体验之间的平衡，往往最难拿捏。

IT观察者洪波在分析近两年新浪微博出现的衰落现象时指出，微博用户之所以不断流失，除了受到微信等其他产品的影响外，也是因为微博自身的商业化、广告营销与其定位相冲突。微博的价值来自其对用户活跃度的商业兑现，但是商业化一定程度上影响了用户体验，进而造成用户活跃度的降低。①

这种困境，不仅仅是新浪微博所面临的。所有大规模的社会化媒体平台，或多或少都在受到这一问题的困扰。

（五）特色与全面的平衡

当一个社会化媒体产品向平台化方向发展时，它的功能也必将越来越丰富、全面，但是，当过于丰富的功能开始冲淡、淹没产品原有的特色时，平台的生态也就会出现问题。

例如，新浪微博是以其媒体化偏向为立足之本的，它的影响力也来源于其在公共信息传播、公共意见表达方面的能力。同时新浪微博也在不断推出新的功能，包括类似微信群的微博群功能等。然而对用户来说，这些功能不仅是鸡肋，甚至可能会影响到用户体验，削弱微博的特色。因此，一个平台的加法做到一定程度，就需

①参见洪波：《再见，网易微博!》，载《南方周末》，2014-11-05。

要开始做减法。如果不得已要做成大而全，也应该在界面设计上尽可能凸显自己的特色。

（六）各种产品及其开发者间的平衡

一个社会化媒体平台往往会集聚很多其他产品及其开发者。对于用户来说，多元的产品可以给他们提供更多样的满足，而作为基础平台的生态建设，应该是保证多种开发者、多种产品之间的平衡，避免让某一个开发者对其他开发者形成威胁。

【本章思考题】

1. 社会化媒体产品的设计者应该具备哪些素质?
2. 社会化媒体产品的成功要素有哪些?
3. 社会化媒体平台的用户体验与用户黏性是否有关系?
4. 社会化媒体在盈利模式上还可以如何创新?
5. 试分析一个社会化媒体产品个案。
6. 为什么说社会化媒体平台是一种生态系统?

后 记

2008 年，当我的一个博士生准备以社会化媒体这样的视角来写作她的博士论文时，她一次次忧心忡忡地问我，社会化媒体这个概念可以用吗？她之所以有这样的担心，是因为这个术语在那时的中国学界，似乎还并不热门。

短短几年过去，社会化媒体这个术语不仅随时出现在我们的视野里、相关的研究中，也成为“显学”。这种情形甚至不只发生在新闻传播领域，对于社会学、政治学、公共管理、市场营销等领域，都是如此。

在互联网的发展历史中，有些说法最终会成为过眼云烟，而有些概念则注定会与我们长久同行，因为它们不仅具有外在的标签，还是绵延不绝的变革的开端。社会化媒体这个术语，正是这其中的一个。

2004 年，当我完成《中国网络媒体的第一个十年》这部著作时，我已经预感到了互联网新的一次革命的开始。当时，我更多地聚焦于“新一代互联网”和“Web 2.0”这样的概念；而后来，当社会化媒体这个概念进入我们视野时，我意识到，它，更好地揭示了互联网正在发生的变革的本质。

社会化媒体的勃兴，不只是意味着网络传播技术与形式的升级，更意味着整个互联网属性及传播模式的变革。它也在以前所未有的方式，改变着我们的现实社会。

对这样的变革及其机制进行理论上的研究，会使我们对过去发生的和正在发生的一切有更深入的认识，也会对将要发生的一切做出更明晰的判断。

但这样一种研究也并非只是“形而上”的。今天我们越来越多地看到政府机构、媒体、企业的招聘启事上突出地注明，它们需要社会化媒体的运营人才。但是，目前这样的人才培养，还缺乏足够丰富的理论支持。因此，实践的发展也在召唤着我们研究的推进。

本书试图将对社会化媒体的理论研究与实践解析两者结合起来，在理论性的探究与实战性的指南中找到平衡。尽管本书未必达到了这样的目标，但是，它至少是在向这个方向努力。

每次完成一部书稿开始写后记时，我都没有解脱感与成就感，而是感觉格外沉重，这也正是此时我的感受。因为以网络发展的铁律来说，这样的书完成之时，也就是新一轮修正、升级的开始。

希望在未来的一段时间里，我能从更多学者的研究和实践的进展中实现自我认识的升华，为这本书的升级做好准备。

感谢每一位给我的研究带来启发的研究者和从业者。

感谢我的同事们、朋友们，以及我的亲人们。

彭兰

2015.4

图书在版编目（CIP）数据

社会化媒体：理论与实践解析/彭兰著．—北京：中国人民大学出版社，2015.5
21 世纪新媒体专业系列教材
ISBN 978-7-300-21417-7

Ⅰ.①社… Ⅱ.①彭… Ⅲ.①传播媒介-高等学校-教材 Ⅳ.①G206.2

中国版本图书馆 CIP 数据核字（2015）第 120434 号

21 世纪新媒体专业系列教材
社会化媒体
理论与实践解析
彭兰 著
Shehuihua Meiti

出版发行 中国人民大学出版社
社 址 北京中关村大街 31 号　　**邮政编码** 100080
电 话 010－62511242（总编室）　　010－62511770（质管部）
010－82501766（邮购部）　　010－62514148（门市部）
010－62515195（发行公司）　　010－62515275（盗版举报）
网 址 http://www.crup.com.cn
经 销 新华书店
印 刷 北京溢漾印刷有限公司
规 格 185 mm×260 mm 16 开本　　**版 次** 2015 年 7 月第 1 版
印 张 23.75 插页 1　　**印 次** 2022 年 1 月第 8 次印刷
字 数 551 000　　**定 价** 58.00 元

关联课程教材推荐

书号	书名	作者	定价	出书时间
978-7-300-27214-6	新媒体概论（第三版）	匡文波	49.80 元	2019-08
978-7-300-24588-1	网络传播概论（第四版）	彭兰	45.00 元	2017-07
978-7-300-28094-3	网络传播导论（第三版）	钟瑛	49.80 元	2020-05
978-7-300-21033-9	超越门户：搜狐新媒体操作手册	吴晨光	39.80 元	2015-05
978-7-300-26519-3	数据新闻概论（第二版）	方洁	49.80 元	2019-02
978-7-300-25971-0	自媒体之道	吴晨光	49.80 元	2018-07

配套教学资源支持

尊敬的老师：

衷心感谢您选择使用人大版教材！

相关的配套教学资源，请到人大出版社网站（www.crup.com.cn）下载，或是随时与我们联系，我们将向您免费提供。

欢迎您随时反馈教材使用过程中的疑问、修订建议并提供您个人制作的课件。您的课件一经采用，我们将署名并付费。让我们与教材共成长！

联系人信息：

地址：北京海淀区中关村大街 31 号 206 室　　龚洪训　收　　邮编：100080

电子邮件：gonghx@crup.com.cn　　电话：010-62515637　　QQ：6130616

如有相关教材的选题计划，也欢迎您与我们联系，我们将竭诚为您服务！

选题联系人：　　电子邮件：　　电话：

翟江虹　　zhaijh@crup.com.cn　　010-62515636